Oktay Bilgi | Gerald Blaschke-Nacak | Judith Durand | Thilo Schmidt |
Ursula Stenger | Claus Stieve (Hrsg.)
„Qualität“ revisited

Schriftenreihe der DGfE-Kommission Pädagogik der frühen Kindheit

Herausgegeben von der
Kommission Pädagogik der frühen Kindheit der Deutschen Gesellschaft für Erziehungswissenschaft

Vorstand der Kommission:
Bianca Bloch | Melanie Kuhn | Marc Schulz | Wilfried Smidt

Oktay Bilgi | Gerald Blaschke-Nacak | Judith Durand | Thilo Schmidt | Ursula Stenger | Claus Stieve (Hrsg.)

„Qualität" revisited

Theoretische und empirische Perspektiven in der Pädagogik der frühen Kindheit

BELTZ JUVENTA

MIX
Papier aus verantwortungsvollen Quellen
FSC® C089473

Dieses Buch ist erhältlich als:
ISBN 978-3-7799-6386-8 Print
ISBN 978-3-7799-5693-8 E-Book (PDF)

1. Auflage 2021

Herstellung: Myriam Frericks
Satz: Datagrafix, Berlin
Druck und Bindung: Beltz Grafische Betriebe, Bad Langensalza
Printed in Germany

Weitere Informationen zu unseren Autor_innen und Titeln finden Sie unter: www.beltz.de

Inhalt

„Qualität" in der Pädagogik der frühen Kindheit – eine Einleitung

Oktay Bilgi, Gerald Blaschke-Nacak, Judith Durand, Thilo Schmidt, Ursula Stenger und Claus Stieve

Das Konstrukt „Qualität" bestimmt spätestens seit den 1990er Jahren zu einem wesentlichen Teil den frühpädagogischen fachpolitischen und fachwissenschaftlichen Diskurs in Deutschland. Ausgeprägter noch als in den benachbarten Disziplinen Sozialpädagogik und Schulpädagogik ist „Qualität" in der Pädagogik der frühen Kindheit in den letzten Jahrzehnten zu einem zentralen Topos geworden. Fragen nach ihrer Ausgestaltung, Messbarkeit und Wirkung auf Kinder beschäftigen eine in der Pädagogik der frühen Kindheit inzwischen etablierte Forschungsrichtung (vgl. Anders 2013; Kluczniok 2018). Zudem führten steigende gesellschaftliche Erwartungen an eine professionalisierte Frühpädagogik zu gesetzlichen Verankerungen von Qualitätssicherungs- und -entwicklungsmaßnahmen für Kindertageseinrichtungen (z. B. seit 2005 in § 22a SGB VIII; seit 2019 durch das Kita-Qualitäts- und- Teilhabeverbesserungsgesetz). Berufspraktische Fragen der Umsetzung solcher Maßnahmen stehen im Fokus eines wachsenden Fortbildungs- und Evaluationsmarktes für Kitas (vgl. Becker-Stoll/Wertfein 2013; Tietze/Viernickel 2017). Eher gering ausgeprägt ist dagegen der Theoriediskurs um Qualität.

Die Qualitätsdiskussion in der Pädagogik der frühen Kindheit ist durch unterschiedliche Diskussionsstränge und Impulse gekennzeichnet. Versuche ihrer Systematisierung gab es bereits Ende der 1990er Jahre (Fthenakis 1998). Zu unterscheiden sind u. a. strukturell-prozessuale Zugänge (Becker-Stoll/Wertfein 2013; Tietze 2004), politische Strategien der Steuerung (z. B. die 1999 vom BMFSFJ ins Leben gerufene Nationale Qualitätsinitiative, welche die Ausarbeitung von Qualitätsentwicklungsverfahren initiierte, ex. Tietze/Viernickel 2017; Heller et al. 2009) und kritisch-analytische Perspektiven (Dahlberg/Moos/Pence 2013; Honig 2004; Neumann/Honig 2009). So wurde z. B. von Honig (2004, S. 23 ff.) ein normatives Verständnis von Qualität im Sinne „generalisierter Erwartungen" an die professionelle Leistung von Kindertageseinrichtungen von einem relationalen Verständnis pädagogischer Qualität unterschieden, mit dem soziale Strukturierungen durch Qualitätspraktiken untersucht wurden. Postmoderne bzw. dekonstruktive Forschungsarbeiten zum Qualitätsverständnis (ex. Moss/Urban 2010; Moss 2015) bemühten sich hingegen um eine politische und ethische Erweiterung des Qualitätsdiskurses. In kritischer Abgrenzung zu standardisierten und auf Objektivierung zielenden Qualitätsverständnissen werden ethische Werte und Kategorien, wie

Pluralität, Demokratie, Beziehung und Gemeinschaft als zentrale Dimensionen pädagogischer Qualität(en) vorgeschlagen (Moss 2015, S. 38).

In der gegenwärtigen Forschung lassen sich u. a. folgende Entwicklungen ausmachen:

1. Im Kontext des umfassenden Ausbaus an Betreuungsplätzen in den letzten Jahren (Autorengruppe Bildungsberichterstattung 2020, S. 86-90) werden wissenschaftlich begründete und empirisch gestützte Indikatoren struktureller Qualitätsbedingungen und Standards (z. B. hinsichtlich des Fachkraft-Kind-Schlüssels) in die fachpolitische Diskussion eingebracht (Viernickel et al. 2016; Viernickel in diesem Band). Politische Akteure werden von Fachverbänden wiederholt aufgefordert, qualitativ hochwertige Bedingungen frühkindlicher Bildung sicherzustellen (z. B. BAG BEK e. V./EWFT/FBTS 2017). Hinzu kommt ein ausgeprägter Vergleich der strukturellen Bedingungen in den verschiedenen Bundesländern (ex. Bertelsmann Stiftung 2020).
2. Weitere Qualitätsmessinstrumente (neben ECERS/KES) werden aus dem angelsächsischen in den deutschsprachigen Raum übertragen (z. B. Anders/Wieduwilt 2018; Perren/Frei/Herrmann 2016; Schmidt et al. 2018). Neue Instrumente werden entwickelt, um bestimmte Qualitätsbereiche genauer und sensitiver erfassen zu können (z. B. Weltzien et al. 2017). Analysen offenbaren in den letzten Jahren zudem „blinde Flecken" in der programmatischen und normativen Ausrichtung sowie in der Messgüte verbreiteter Qualitätsmessinstrumente (Eberlein/Schelle 2018; Mayer/Beckh 2017, 2018; Stamm/Edelmann 2013).
3. Forschungsvorhaben aus jüngerer Zeit richten den Fokus auf das Erleben von Kindern. Ein Forschungsstrang ist auf das Wohlbefinden von Kindern in Kindertageseinrichtungen gerichtet (Eberlein/Schelle 2018; Howard et al. 2018; vgl. auch Becker-Stoll 2017). Ein weiterer fußt auf pädagogisch-ethischen Grundlagen der Partizipation und nimmt die Sichtweise von Kindern auf frühpädagogische Qualität in den Blick (Nentwig-Gesemann/Walther/Thedinga 2017; Knör et al. in diesem Band). Andere Studien zielen darauf, Qualität in Kitas *von Kindern ausgehend* zu messen (Kluczniok/Schmidt 2020; Smidt/Embacher 2020). Diese Studien wollen dazu beitragen, gängige Operationalisierungen von Prozess- und Interaktionsqualität in Kitas, die von pädagogischen Fachkräften ausgehen und auf eine Gruppe von Kindern gerichtet sind (KES, CLASS) zu erweitern und ggf. zu validieren (vgl. Schmidt et al. 2018).
4. Damit zusammenhängend nehmen Prozesse und Interaktionen zwischen pädagogischen Fachkräften und Kindern nach wie vor einen zentralen Raum der frühpädagogischen Qualitätsforschung ein (Schelle/Friedrich/Buschle 2020; Wadepohl 2016). Entsprechend richtet ein Forschungsstrang der frühpädagogischen Qualitätsforschung die Perspektive auf Desiderata dieser Forschungen, indem bspw. Fragen einer nachhaltigeren Implementierung von

Qualitätsentwicklungsmaßnahmen bearbeitet werden (Mackowiak/Wadepohl/Beckerle 2021; Wadepohl/Hormann in diesem Band) sowie ein stärkerer Fokus darauf gerichtet wird, wie die Kinder diese Interaktionsprozesse mitinitiieren und -gestalten (Perren et al. 2019).

Weitere Impulse sind von der 2017 vom Bundesministerium für Bildung und Forschung ins Leben gerufenen Förderrichtlinie „Qualitätsentwicklung für gute Bildung in der frühen Kindheit" zu erwarten, in der seit 2018 zehn Forschungsprojekte und ein Meta-Vorhaben gefördert werden (BMBF, o. J.).

Jenseits dieser Entwicklungen sind grundlagentheoretische und kritisch-analytische Perspektiven auf Qualität in der Pädagogik der frühen Kindheit noch wenig entwickelt. So ist bisher nur unzureichend expliziert und analysiert, auf welchen impliziten normativen Prämissen verbreitete Qualitätsmessinstrumente in der frühpädagogischen Forschung im Detail fußen. Auch das Konstrukt „Qualität" an sich wird in der Pädagogik der frühen Kindheit in seinen normativen Implikationen und Wirkungen bisher noch wenig hinterfragt. Das ist insofern problematisch, als dass „Qualität" und ihre Messung in der frühpädagogischen Forschung nicht selten den Charakter einer „epistemologischen Autorität" einnehmen und Forschungsergebnisse steuerungslogisch gedeutet werden (Bilgi/Stenger 2017).

Der Band zielt deshalb darauf, den Diskurs um „Qualität" in der Pädagogik der frühen Kindheit in theoretischer Hinsicht zu erweitern und aktuelle Entwicklungen in der Qualitätsforschung aufzuzeigen. Er entstand aus einer gemeinsamen Tagung der Empirie- und der Theorie-AG der DGfE Kommission Pädagogik der frühen Kindheit heraus, die am 7. und 8. November 2019 in den Räumen des Deutschen Jugendinstituts in München stattfand. Die Tagung nahm die aufgeführten Entwicklungen zum Anlass, den Diskurs um Qualität kritisch-konstruktiv weiterzudenken und dabei auch die Funktion von Wissenschaft zu reflektieren. Aufbauend darauf wird in diesem Band gefragt, welche expliziten und impliziten theoretischen und methodologischen Grundannahmen die aktuelle Qualitätsforschung kennzeichnen, welche neuen theoretischen Fragen und empirischen Zugänge angesichts aktueller Entwicklungen relevant werden und wie sich kritisch-konstruktive Theorieperspektiven in den Diskurs einbringen lassen.

Der Band ist in vier Themenschwerpunkte gegliedert:

1) Vergewisserungen zu theoretischen Grundlegungen und methodischen Zugängen

Die im ersten Themenschwerpunkt versammelten Beiträge bemühen sich um eine stärkere Theoretisierung sowie eine kritisch-systematische Erweiterung bisheriger Qualitätsbegriffe in der Pädagogik der frühen Kindheit. Querschnittthemen sind übergreifende Fragen zum Verhältnis von normativen und deskriptiven

Aspekten pädagogischer Qualitätskonzepte, von Theorie und Empirie sowie von kritischer und affirmativer Qualitätsforschung in der Pädagogik der frühen Kindheit. Unter welchen gesellschaftlichen und historischen Voraussetzungen, normativen Vorannahmen und (erkenntnis-)theoretischen Denkweisen wird Qualität überhaupt zur Problemdiagnose der Pädagogik der frühen Kindheit? Auf der Grundlage multiperspektivischer Zugänge (historisch, diskursanalytisch, systemtheoretisch, phänomenologisch) wird das aktuelle Forschungsfeld zur Qualität in der Pädagogik der frühen Kindheit kritisch exploriert und weitere mögliche Perspektiven für die Theoriebildung entwickelt.

Christiane Thompson diskutiert in ihrem Beitrag „Über die fraglichen Wirkungen transparenten und evidenten Wissens. Ambivalenzen des Qualitätsdispositivs im System frühkindlicher Bildung", wie es im Zuge faktenbasierter Qualitätsdiskurse und Datafizierungsprozesse im Feld der Frühpädagogik zu grundlegenden Verschiebungen auf erkenntnispolitischer sowie subjektivierungstheoretischer Ebene kommt. Mit der Foucaultschen Analysefigur des Dispositivs kann Thompson am Beispiel evidenzbasierter Qualitätsforschung zeigen, wie durch Systemmodellierungen theoretisch-begriffliche und erziehungswissenschaftliche Metareflexionen deutlich an Legitimität verlieren sowie neue Formen der Autorisierung pädagogischen Handelns mit qualitätsbezogenen Erwartungen und Legitimationsverpflichtungen von Akteuren in frühpädagogischen Feldern einhergehen. Der Beitrag schließt mit einem machtkritischen Appell für eine stärkere erziehungswissenschaftliche Theoretisierung von Qualität ab.

Der Beitrag von Elmar Drieschner „Prozess- und Outputqualität. Eine Erörterung aus erziehungs- und bildungstheoretischer Sicht" fragt nach der Verhältnisbestimmung von logisch-systematischen Erziehungs- und Bildungstheorien und methodisch-analytischer Empirie. Drieschner sieht die Funktion der allgemeinen Erziehungs- und Bildungstheorie in einer nicht normativen logisch-systematischen Orientierung der Qualitätsforschung im Sinne einer „réflexion engagée". In Anschluss an Erich Wenigers Differenzierung von Theorien ersten, zweiten und dritten Grades veranschaulicht Drieschner am Beispiel der pädagogisch relevanten Dialektiken von „Gegenwart und Zukunft" sowie „Nähe und Distanz" die systematisierende und legitimierende Funktion von Erziehungs- und Bildungstheorien für die Dimensionen der Prozess- und der Ergebnisqualität. Der Beitrag setzt wichtige Impulse für die systematische (Weiter-)Entwicklung eines „dynamischen", „dialektischen" und „balancenbewussten" Verständnisses von pädagogischer Qualität.

Der Beitrag von Oktay Bilgi „Qualität pädagogisch gedacht: Ein historisch-systematischer Beitrag zum Qualitätsverständnis in der Pädagogik der frühen Kindheit" fragt nach den gegenstands- und begründungstheoretischen Implikationen eines möglichen pädagogischen Qualitätsverständnisses für die Pädagogik der frühen Kindheit. Ausgehend von historischen und aktuellen Konstellationen wird die Frage nach einem pädagogischen Verständnis von Qualität vor dem Hintergrund pädagogisch-anthropologischer und ethischer Dimensionen reflektiert. Auf dieser Grundlage entwickelt der Beitrag Gedanken zu einem situationsorientierten Qualitätsverständnis, das inhärente, nicht-standardisierbare Güter und Maßstäbe als wesentliche Qualitätsaspekte fokussiert. Abschließend wird eine (leib-)phänomenologisch orientierte Forschungsperspektive skizziert und das leiblich-sinnliche Involviert-sein als methodologisch-methodische Möglichkeit eines forscherischen Zugangs zu Phänomenen der Qualität vorgeschlagen.

Der Beitrag von Stephanie Karcher und Claus Stieve „Phänomenologische Perspektiven auf den Begriff der ‚Qualität'. Annäherung aus einer Erforschung frühpädagogischer Räume" leistet eine phänomenologische Analyse der vielschichtigen Qualitäten pädagogischer Räume und erweitert die bisherigen normativen Qualitätsdebatten um eine deskriptive Perspektive. Der Beitrag greift zunächst auf traditionelle erkenntnistheoretische Bestimmungen von Qualität als die sinnlich-affizierende Beschaffenheit der Dinge zurück und ergänzt diese um gestalttheoretische und phänomenologische Überlegungen zum Aufforderungscharakter von Räumen. Im Rahmen einer ethnografischen Untersuchung zu „RaumQualitäten" wird am Beispiel des raumtheoretischen Motivs der „Mitte" ein mehrdimensionales Verständnis von „Raum-Qualitäten" herausgearbeitet, das Qualität als ein relationales, dynamisches sowie ereignishaftes Feld von Aufforderungen und Anregungen zwischen Kindern, Fachkräften und Dingen fasst. Der Beitrag bietet auf theoretisch-empirischer Basis ein deskriptives Qualitätsverständnis an, das auf gegenstandstheoretischer Ebene danach fragt, was überhaupt die „Qualitäten sind, die die Erfahrung von Räumen" als solche strukturieren.

Der Beitrag von Annett Maiwald „Die strukturelle *qualitas* der institutionellen Kleinkinderziehung. Soziologisch-strukturtheoretische Überlegungen zu den Dependenzen pädagogischer Qualität" richtet die Aufmerksamkeit aus soziologisch-strukturtheoretischer Perspektive auf deskriptiv-analytische Klärungen zur Qualität der institutionellen Kleinkinderziehung. Ausgegangen wird von erkenntnistheoretischen Fassungen von Qualität als Beschaffenheit (qualitas), die in der sprachlich prädizierenden Bestimmung durch Erfahrungssubjekte hervorgebracht und manifest wird. In Unterscheidung zur Normativität der aktuellen Qualitätsdebatte verbindet sich damit die These, dass die pädagogische Qualität von Kindertageseinrichtungen die soziale Beschaffenheit der Kleinkinderziehung zur Voraussetzung hat, die sukzessive aus der Familie hinaus verlagert und unter Bedingungen der Erwerbstätigkeit von Berufspersonen ausgeübt wird. Dieser Blickwinkel schafft die Voraussetzung des eingeführten Entwurfs eines Strukturmodells des Kindergartens, das die strukturelle qualitas der institutionellen Kleinkinderziehung in ihrer „spezifischen Form von Sozialität" bzw. als „sozialisatorische Praxis" in das Zentrum der Auseinandersetzungen stellt.

2) Erweiterte Perspektiven auf Steuerung und Struktur

Unter den zweiten Themenschwerpunkt werden Beiträge subsumiert, die den Blickwinkel auf die Steuerung und die strukturelle Verfasstheit von Qualität in der institutionellen Frühpädagogik richten. Sie erweitern bisherige Auseinandersetzungen über Qualitätssteuerung und Strukturqualität im Kita-Bereich um eine Übersicht des aktuellen Forschungsstandes zu strukturellen Qualitätsmerkmalen, um das Verhältnis von Trägerqualität und Kita-Strukturqualität (einschließlich ihrer jeweiligen Operationalisierung), um die Frage nach den wohlfahrtsstaatlichen Interessen in der Kita-Qualitätsdiskussion und um eine feministisch-ökonomiekritische Perspektive auf aktuelle Qualitätsfragen in der frühen Kindheit. Bis auf den ersten Beitrag, der empirisch ausgerichtet ist, nähern sich die Beiträge dem Themenfeld in erster Linie theoretisch-analytisch an.

Der Beitrag „Die empirisch gestützte Identifikation struktureller Qualitätsmerkmale und Standards in Institutionen frühkindlicher Bildung, Betreuung und Erziehung“ von Susanne Viernickel thematisiert in der Forschung als wesentlich erachtete Merkmale von Strukturqualität frühpädagogischer Einrichtungen – insbesondere die Qualifikation des pädagogischen Fachpersonals, den Personalschlüssel bzw. die Fachkraft-Kind-Relation und die Gruppengrößen in Kitas. Dabei zeigt Viernickel Ergebnisse nationaler und internationaler Studien zu Zusammenhängen zwischen Strukturmerkmalen mit der Qualität pädagogischer Prozesse und mit Parametern kindlicher Entwicklung auf. Zudem thematisiert sie die Herleitung und den Nutzen von Mindest- und wünschenswerten Standards für die institutionelle Frühpädagogik. In einem weiteren Abschnitt setzt sie sich methodenkritisch mit den Herausforderungen der Extrahierung struktureller Qualitätsmerkmale auseinander.

Im Beitrag „Qualität der Steuerung oder Steuerung der Qualität? – Theoretische und methodische Überlegungen am Beispiel der TrEiKo-Studie“ gehen Kirsten Fuchs-Rechlin, Justus Peters, Maria Gerth, Sylvia Müller, Tijen Atkaya und Christiane Meiner-Teubner der Frage nach, wie sich die Steuerung durch Kita-Träger und die Strukturqualität von Kitas theoretisch fassen lassen und wie die Schnittstelle zwischen diesen beiden Ebenen entworfen werden kann. Neben theoretischen Überlegungen zum Verhältnis von Steuerung und Qualität im System Kita und zu Merkmalen von „Trägerqualität“ werden auch forschungsmethodische Implikationen angesprochen. Die Überlegungen sind in ein emgrößer angelegtem Forschungsprojekt verortet, das untersucht, wie Träger ihre Einrichtungen steuern und welchen Einfluss dieses Steuerungshandeln auf die Strukturqualität der Einrichtungen hat. Hierzu werden forschungsmethodische Zugänge skizziert.

Im Beitrag „Wohlfahrtsstaatliche Interessen an der Qualität der Bedingungen des Aufwachsens und der Qualität der Kindertagesbetreuung“ setzen sich Thomas Grunau und Johanna Mierendorff mit der Frage nach den Interessen des deutschen Wohlfahrtsstaates an der Sicherung, Gestaltung und Kontrolle der Bedingungen des Aufwachsens in der frühen Kindheit auseinander. Hierzu skizzieren der Autor und die Autorin zunächst eine wohlfahrtstaatliche Perspektive auf die frühe Kindheit bzw. die Kindheitspädagogik. Daran anschließend beleuchten sie wohlfahrtsstaatliche Transformationen vom fürsorgenden zum aktivierenden Wohlfahrtsstaat und zum Dispositiv einer Bildungskindheit. Die Sicherung von Qualität in Kitas fassen Grunau und Mierendorff in ihrem Beitrag als ein Steuerungsinstrument auf, durch dessen Nachweis das Dilemma aus dem arbeitsmarktpolitischen Erfordernis der Nutzung institutioneller Betreuungsangebote und der pädagogischen Forderung zur Gestalt dieser Angebote bearbeitbar wird.

Der Beitrag von Lena Scheuring „Qualität für Alle? Materialistisch-feministische Impulse für die Qualitätsdebatte“ erweitert das Verständnis von pädagogischer Qualität um eine feministisch-ökonomiekritische Perspektive. Der Beitrag nutzt wichtige Impulse der Care-Debatte um die gesellschaftlichen und ökonomischen Voraussetzungen der aktuellen Qualitätsfrage in der frühen Kindheit zu beleuchten. Ausgehend von der Diagnose einer Krise der Reproduktionsarbeit (Winkler) weist Scheuring darauf hin, dass der private, nicht entlohnte Sektor der Sorgearbeiten in der frühen Kindheit den blinden Fleck der aktuellen pädagogischen Qualitätsforschung markiere. Der Beitrag diskutiert Erklärungsmodelle zu Reproduktionsmechanismen geschlechtsspezifischer Ungleichheiten durch Sorgetätigkeiten und schließt mit dem Vorschlag ab, die normative Dimension von pädagogischer Qualität um care-ethische Fragen eines „guten Lebens“, „lebenswerter sozialer Sorgebeziehungen“ und „Care-Tätigkeiten“ zu erweitern.

3) Kindorientierung und Qualität aus der Perspektive von Kindern

Der dritte Themenschwerpunkt Kindorientierung und Qualität aus der Perspektive von Kindern richtet den Fokus explizit auf eine bedeutsame Akteursgruppe in Kindertageseinrichtungen, die häufig (implizit) als Forschungsgegenstand, aber selten als Akteur im Qualitätsdiskurs in Erscheinung tritt: die Kinder. So wird einerseits im Rahmen standardisierter Qualitätserfassungen meist Qualität auf Ebene der Kindergruppe erfasst und die individuell von Kindern erlebte Prozessqualität vernachlässigt. Weiter stellt sich die Frage, ob und inwiefern Kinder als aktive Forschungssubjekte und Konstrukteure von Qualität in den Diskurs einbezogen werden (müssen) sowie nach der Angemessenheit methodischer Zugänge, um die Kinder adäquat mit ihrer Perspektive zu beteiligen. Beide Forschungslücken werden in diesem Themenschwerpunkt bearbeitet und Schlussfolgerungen für eine stärker an die Bedarfe und Perspektiven von Kindern ausgerichtete Qualitätsdebatte gezogen.

Mit Bezug auf ein interperspektivisches Verständnis von Qualität als einem dynamischen Konstrukt, bei dem das Zusammenspiel aller Akteure in die Konstitution und Herstellung von Qualität bedeutsam ist, sowie mit Verweis auf die Verankerung von Beteiligungsrechten von Kindern in nationalen wie internationalen juristischen Kontext, bekräftigen Iris Nentwig-Gesemann und Bastian Walther in ihrem Beitrag „Kinder als Akteure der Qualitätsentwicklung in KiTas“ die Notwendigkeit, Kinder als Akteure in den Qualitätsdiskurs gleichberechtigt einzubeziehen. In der Tradition der praxeologischen Kindheitsforschung arbeiten sie auf der Grundlage verschiedener Forschungsprojekte im Kontext des Kinderperspektivenansatzes (Nentwig-Gesemann et al. 2020) heraus, welche Dimensionen und Bereiche von Qualität aus Sicht von Kindern relevant sind und inwiefern der Einbezug der Kinderperspektive als elementarer Bestandteil pädagogischer Professionalität gesehen werden muss. Abschließend werden Potenziale des Einbezugs der Kinderperspektive für eine Qualitätsentwicklung in Kindertageseinrichtungen diskutiert.

Der Beitrag „Zur Relevanz von Kinderbefragungen als Zugang zur Qualität der Kindertagesbetreuung“ von Emely Knör, Susanna Roux (†), Julian Heil, Ulrike Bertrand und Katja Thalhofer nimmt den Befund einer Erwachsenenzentriertheit des Qualitätsdiskurses in der Pädagogik der frühen Kindheit zum Anlass, methodische Fragen des vertiefenden Einbezugs kindlicher Sichtweisen zur Qualität in Kindertageseinrichtungen zu stellen. Mit Fokus auf den methodischen Zugang der Studie „Kindertagesbetreuung aus Kindersicht“ (KiKi) werden Möglichkeiten und Herausforderungen qualitativ ausgerichteter Interviewstudien mit Kindern reflektiert und Anschlüsse für die Weiterentwicklung von Forschungsmethoden eröffnet. Die Studie fußt auf Erfahrungen bei der Umsetzung von dialogisch angelegten Kleingruppen- und Einzelinterviews mit 47 Vorschulkindern aus zwölf Kindertageseinrichtungen.

Abschließend stellt der Beitrag „Zielkindbezogene Bewertung der pädagogischen Qualität in Kitas. Daten einer explorativen Feldstudie“ von Regine Schelle und Noemi Eberlein die Frage, inwiefern bei der Bewertung pädagogischer Qualität das einzelne Kind angemessen berücksichtigt wird. Auf der Basis empirischer Daten der „Methodenstudie-Qualität in Kindertageseinrichtungen (MS-Kita)“ werden sowohl gruppen- als auch zielkindbezogene Qualitätsratings vergleichend dargestellt mit dem Ziel, Unterschiede beider Vorgehensweisen sowie methodischen Herausforderungen insbesondere mit Blick auf eine zielkindbezogene Qualitätserfassung aufzuzeigen. Um die Gestaltung pädagogischer Interaktion besser auf die individuellen Bedürfnisse und heterogenen Voraussetzungen der einzelnen Kinder ausrichten zu können, plädieren sie dafür, gruppenbezogene Verfahren zur Qualitätsbewertung in Kitas mit zielkindbezogenen Verfahren zu ergänzen.

4) Erweiterte Perspektiven auf Prozesse und Interaktion

Die Beiträge des vierten Themenschwerpunktes stellen Forschungen zu Desiderata bzw. Fragestellungen des Diskurses um bereits vorliegende Qualitätsentwicklungs- und -messverfahren vor. Vorgestellt werden Erweiterungen bestehender Perspektiven auf Prozesse frühpädagogischer Fachperson-Kind-Interaktionen, um deren Qualität präziser, d. h. auch valider und reliabler in den Blick zu nehmen und anwendungsorientiert fördern zu können.

Der Beitrag von Heike Wadepohl und Kathrin Hormann „Nachhaltige Implementierung der KoAkiK-Weiterqualifizierung zur Förderung der Qualität kognitiv aktivierender Fachkraft-Kind-Interaktionen im Kita-Alltag“ bezieht sich auf Ergebnisse einer Interventionsstudie im Zusammenhang der Weiterbildungsmaßnahmen KoAkiK I und II (kognitive Aktivierung in inklusiven Kitas). Diese fußen auf Befunden, dass sich 1) ko-konstruktive, kognitiv anregende Interaktionen zwischen Kindern und frühpädagogischen Fachkräften im Alltag von Kindertageseinrichtungen eher selten bzw. in einer geringen Qualität finden lassen und 2) die nachhaltige Implementation von Weiterbildungszielen nur schwer durch die punktuelle Durchführung einer Maßnahme gewährleistet wird. Vor diesem Hintergrund stellen die Autorinnen Strategien eines langfristigen Transfers der Ziele der Maßnahmen in die Praxis sowie erste empirische Ergebnisse der interviewgeleiteten Evaluation dieses Implementationsprozesses vor.

Sonja Perren, Isabelle Kalkusch und Carine Burkhardt Bossi gehen in ihrem Beitrag „Die Rolle des Kindes bei der Gestaltung der frühpädagogischen Praxis – schwer zu (er)fassen?“ von dem Forschungsdesiderat aus, dass die vorhandenen Qualitätsmessinstrumente trotz der hohen Relevanz des Verhaltens der Kinder für die Qualität frühpädagogischer Praxis vorrangig die Aktivitäten der Fachpersonen und weniger die der Kinder fokussieren und erfassen. Um die Rolle des Kindes in solchen Messungen genauer analysieren zu können, stellen sie das ECCOM-Beobachtungsverfahren (Early Childhood Classroom Observation Measure) und dessen Einsatz in Schweizer Spielgruppen vor. Außerdem werden Reliabilitäts- und Validitätsanalysen zum Verfahren sowie ein Einblick in ein Modell zur Erfassung kind-initiierter pädagogischer Praxis präsentiert.

Literatur

Anders, Yvonne (2013). Stichwort: Auswirkungen frühkindlicher institutioneller Betreuung und Bildung. Zeitschrift für Erziehungswissenschaft 16, H. 2, S. 237-275.

Anders, Yvonne/Wieduwilt, Nadine (2018): Die „Sustained Shared Thinking and Emotional Well-Being (SSTEW)“-Skala. Ein neues Instrument zur Erfassung der pädagogischen Qualität von Kindertageseinrichtungen. Frühe Bildung 7, H. 1, S. 52-54. https://doi.org/10.1026/2191-9186/a000361 (Abfrage: 02.02.2021).

Autorengruppe Bildungsberichterstattung (2020): Bildung in Deutschland 2020. Ein indikatorengestützter Bericht mit einer Analyse zu Bildung in einer digitalisierten Welt. Bielefeld: wbv.

BAG BEK e. V./EWFT/FBTS (2017): Wissenschaftlerinnen und Wissenschaftler rufen auf: Qualitätsstandards in der frühen Erziehung, Bildung und Betreuung jetzt angleichen, dauerhaft verbessern und finanziell sichern. www.bag-bek.eu/fileadmin/user_upload/2017-08-28_Aufruf_Qualita_tsgesetz.pdf (Abfrage: 14.09.2017).

Becker-Stoll, Fabienne (2017): Plädoyer für eine emotionale Wende in der frühen Bildung. In: Nentwig-Gesemann, Iris/Fröhlich-Gildhoff, Klaus (Hrsg.): Forschung in der Frühpädagogik X. Zehn Jahre frühpädagogische Forschung – Bilanzierungen und Reflexionen. Materialien zur Frühpädagogik, Band 21. Freiburg: FEL, S. 251-254.

Becker-Stoll, Fabienne/Wertfein, Monika (2013): Qualitätsmessung und Qualitätsentwicklung in Kindertageseinrichtungen. In: Stamm, Margrit/Edelmann, Doris (Hrsg.): Handbuch frühkindliche Bildungsforschung. Wiesbaden: Springer Fachmedien.

Bertelsmann Stiftung (Hrsg.) (2020): Länderreport Frühkindliche Bildungssysteme 2019. Transparenz schaffen – Governance stärken. Gütersloh: Verlag Bertelsmann Stiftung.

Bilgi, Oktay/Stenger, Ursula (2017): Über den Stellenwert von Grundlagentheorie in der Forschung der Frühpädagogik. In: Nentwig-Gesemann, Iris/Fröhlich-Gildhoff, Klaus (Hrsg.): Forschung in der Frühpädagogik X. Zehn Jahre frühpädagogische Forschung – Bilanzierung und Reflexion. Materialien zur Frühpädagogik Band 21. Freiburg: FEL, S. 131-150.

BMBF, (o. J.). Qualitätsentwicklung für gute Bildung in der frühen Kindheit. www.empirische-bildungsforschung-bmbf.de/de/2187.php (Abfrage: 01.02.2021).

Dahlberg, Gunilla/Moos, Peter/Pence, Alan (2013): Beyond Quality in Early Childhood Education and Care. Languages of Evaluation. 3. Auflage. New York: Routledge.

Eberlein, Noemi/Schelle, Regine (2018): Aspekte kindlichen Wohlbefindens als Indikator für pädagogische Qualität? Eine Dokumentenanalyse von Qualitätsmessinstrumenten für den frühpädagogischen Bereich. Diskurs Kindheits- und Jugendforschung 13, H. 4, S. 387-402.

Fthenakis, W. E. (1998): Erziehungsqualität: Operationalisierung, empirische Überprüfung und Messung eines Konstrukts. In: Fthenakis, W. E./Textor. M. (Hrsg.): Qualität von Kinderbetreuung: Konzepte, Forschungsergebnisse, internationaler Vergleich. Weinheim: Beltz, S. 16-39.

Heller, Elke/Preissing, Christa/Boldaz-Hahn, Stefanie/Krüger, Angelika/Köpnick, Jana/Macha, Katrin/Schallenberg-Diekmann, Regine/Urban, Mathias (2009): Qualität im Situationsansatz. Qualitätskriterien und Materialien für die Qualitätsentwicklung in Kindertageseinrichtungen. Berlin: Cornelsen.

Honig, Michael-Sebastian (2004): Wie bewirkt Pädagogik, was sie leistet? Ansatz und Fragestellung der Trierer Kindergartenstudie. In Honig, Michael-Sebastian/Joos, Magdalena/Schreiber, Norbert (Hrsg.): Was ist ein guter Kindergarten? Theoretische und empirische Analysen zum Qualitätsbegriff in der Pädagogik. Weinheim und München: Juventa, S. 17-36.

Howard, Steven J./Siraj. Iram/Melhuish, Edward C./Kingstond, Denise/Neilsen-Hewetta, Catherine/de Rosnay, Marc/Duursma, Elisabeth/Luu, Betty (2018): Measuring interactional quality in pre-school settings: introduction and validation of the Sustained Shared Thinking and Emotional Wellbeing (SSTEW) scale. In: Early Child Development and Care 7, S. 1017-1030. https://doi.org/10.1080/03004430.2018.1511549 (Abfrage 02.02.2021).

Kluczniok, Katharina (2018): Pädagogische Qualität im Kindergarten. In Schmidt, Thilo/Smidt, Wilfried (Hrsg.): Handbuch Empirische Forschung in der Pädagogik der frühen Kindheit. Münster: Waxmann, S. 409-428.

Kluczniok, Katharina/Schmidt, Thilo (2020): Socio-cultural disparities in the quality of children's interactions in preschools. In: European Early Childhood Education Research Journal 28, H. 4, S. 519-533.

Mackowiak, Katja/Wadepohl, Heike/Beckerle, Christine (Hrsg.) (2021): Interaktionen im Kita-Alltag gestalten. Grundlagen und Anregungen für die Praxis. Stuttgart: Kohlhammer.

Mayer, Daniela/Beckh, Kathrin (2017): Überprüfung der Validität der Skalen KES-R und KRIPS-R zur Erfassung der pädagogischen Qualität in Kindertageseinrichtungen: Ergebnisse der NUBBEK-Studie. In: Psychologie in Erziehung und Unterricht 64, H. 3, S. 181-202.

Mayer, Daniela/Beckh, Kathrin (2018): Erfassung pädagogischer Qualität in Kindertageseinrichtungen. In: Frühe Bildung 7, H. 2, S. 67-76.

Moss, Peter (2015): Über die Qualität hinaus zu einer ethischen und politischen Frühpädagogik. In: Kalicki, Bernhard/Wolff-Marting, Catrin (Hrsg.): Qualität in aller Munde. Themen, Positionen, Perspektiven in der kindheitspädagogischen Debatte. Freiburg/Basel/Wien: Herder, S. 31-40.

Moss, Peter/Urban, Matthias (2010): Democracy and Experimentation. Two fundamental values for education. Gütersloh. https://core.ac.uk/download/pdf/162629001.pdf (Abfrage: 27.01.2021).

Nentwig-Gesemann, Iris/Walther, Bastian/Thedinga, Minste (2017): Qualität aus Kindersicht. Eine Studie des DESI-Instituts im Auftrag der DKJS. www.dkjs.de/fileadmin/Redaktion/Dokumente/programme/180914_Quaki_Abschlussbericht_web.pdf (Abfrage: 02.02.2021).

Nentwig-Gesemann, Iris/Walther, Bastian/Bakels, Elena/Munk, Lisa-Marie (2020): Kinder als Akteure in Qualitätsentwicklung und Forschung. Eine rekonstruktive Studie zu KiTa-Qualität aus der Perspektive von Kindern. Gütersloh: Bertelsmann Stiftung.

Neumann, Sascha/Honig, Michael-Sebastian (2009): Das Maß der Dinge. Qualitätsforschung im pädagogischen Feld. In: Friebertshäuser, Barbara/Rieger-Ladich, Markus/Wigger, Lothar (Hrsg.): Reflexive Erziehungswissenschaft: Forschungsperspektiven im Anschluss an Pierre Bourdieu. Wiesbaden: Springer VS, S. 191-210.

Perren, Sonja/Frei, Doris/Herrmann, Sandra (2016): Pädagogische Qualität in frühkindlichen Bildungs- und Betreuungseinrichtungen in der Schweiz: Erste Erfahrungen und Befunde mit dem CLASS Toddler Beobachtungsverfahren. In: Frühe Bildung 5, H. 1, S. 3-12.

Perren, Sonja/Sticca, Fabio/Weiss-Hanselmann, Barbara/Burkhardt Bossi, Carine (2019): Let us play together! Can play tutoring stimulate children's social pretend play level? In: Journal of Early Childhood Research 17, H. 3, S. 205-219.

Schelle, Regine/Friederich, Tina/Buschle, Christina (2020): Qualität in der Kita. Mögliche Impulse eines interaktionistischen Professionalitätsverständnisses – Ein Diskussionsbeitrag. In: Diskurs Kindheits- und Jugendforschung 15, H. 2, S. 199-216.

Schmidt, Thilo/Smidt, Wilfried/Kluczniok, Kathrin/Riedmeier, Magdalena (2018): Interaktionsqualität in Kindertageseinrichtungen – Eine vergleichende Betrachtung standardisierter gruppen- und zielkindbezogener Erhebungsverfahren. In: Diskurs Kindheits- und Jugendforschung 13, H. 4, S. 459-476.

Smidt, Wilfried/Embacher, Eva-Maria (2020): How do activity settings, preschool teachers' activities, and children's activities relate to the quality of children's interactions in preschool? Findings from Austria. In: European Early Childhood Education Research Journal 28, H. 6, S. 864-883.

Stamm, Margrit/Edelmann, Doris (2013): Zur pädagogischen Qualität frühkindlicher Bildungsprogramme: Eine Kritik an ihrer ethnozentrischen Perspektive. In: Diess. (Hrsg.): Handbuch frühkindliche Bildungsforschung. Wiesbaden: Springer VS, S. S. 325-341.

Tietze, Wolfgang (2004): Notwendigkeit und Perspektiven von Qualitätsentwicklung und Qualitätssicherung in Kindertageseinrichtungen. In: Wehrmann, Ilse (Hrsg.): Kindergärten und ihre Zukunft. Weinheim und Basel: Beltz, S. 406-419.

Tietze, Wolfgang/Viernickel, Susanne (Hrsg.) (2017): Pädagogische Qualität entwickeln. Praktische Anleitung und Methodenbausteine für die Arbeit mit dem Nationalen Kriterienkatalog. Vollständig überarbeitete und aktualisierte Auflage. Weimar/Berlin: das Netz.

Viernickel, Susanne/Fuchs-Rechlin, Kirsten/Strehmel, Petra/Preissing, Christa/Bensel, Joachim/Haug-Schnabel, Gabriele (2016): Qualität für alle. Wissenschaftlich begründete Standards für die Kindertagesbetreuung. 3. Auflage. Freiburg i. Br.: Herder.

Wadepohl, Heike (2016): Interaktionsgestaltung frühpädagogischer Fachkräfte in Kindertageseinrichtungen. Hannover: Gottfried Wilhelm Leibniz Universität. https://doi.org/10.15488/8883 (Abfrage: 20.02.2021).

Weltzien, Doris/Fröhlich-Gildhoff, Klaus/Strohmer, Janina/Rönnau-Böse, Maike/Wünsche, Michael/Bücklein, Christina/Hoffer, Rieke/Tinius, Claudia (2017): Gestaltung von Interaktionen. Ein videogestütztes Evaluationsinstrument. Manual. Weinheim und Basel: Beltz Juventa.

I Vergewisserungen zu theoretischen Grundlegungen und methodischen Zugängen

Über die fraglichen Wirkungen transparenten und evidenten Wissens

Ambivalenzen des Qualitätsdispositivs im System frühkindlicher Bildung

Christiane Thompson

Qualität[1] ist nicht gleich Qualität, so sagt man. Diese im alltäglichen Sprachgebrach gängige Formel zeigt an, dass in „Qualität" Prozess und Vergleich angelegt sind. Als prozessuale Kategorie wird Qualität über die zahlreichen Wortverbindungen offensichtlich, die mittlerweile auch den Alltag pädagogischer Organisationen bestimmen: „Qualitätsverbesserung", „Qualitätssicherung", „Qualitätskontrolle", „Qualitätsstandards" oder auch „Qualitätsprüfung". Diese Konzepte, die sich im Begriff „Qualitätsmanagement" bündeln lassen, verweisen zugleich auf die Herkunft von „Qualität" aus jüngeren Managementdiskursen und -modellen, allem voran dem *New Public Management* (Reinermann 2011; Schedler/Proeller 2006). Damit ist sogleich die komparative Seite von „Qualität" angesprochen; denn Qualität bezieht sich auf die Leistungsfähigkeit und den Output von (pädagogischen) Organisationen, die unter dem Einsatz von Benchmarking, Kennzahlen etc. vergleichbar gemacht und einer Beurteilung unterzogen werden.

Seit den 1990er Jahren hat sich der Diskurs um die „Qualität" des Bildungs- und Erziehungswesens im deutschsprachigen Raum fest etabliert. Nachdem im Zuge der westdeutschen Bildungsreformen Quantität und Ausmaß der Versorgungen mit „Bildung" im Vordergrund gestanden hätten, so Helmke, Hornstein und Terhart (2000, S. 7), seien erst in den 1980er und 1990er Jahren Qualität und Exzellenz zu leitenden Themen geworden. Ein wesentliches Motiv in diesem Diskurs ist die Effizienz staatlich organisierter Angebote zu Bildung, Erziehung und Betreuung. Ganz entsprechend des zuvor genannten managerialen Leitbildes werden die Institutionen des Bildungs- und Sozialwesens zunehmend aus der Perspektive ihrer Leistungsfähigkeit für öffentliche Aufgaben betrachtet, um die Zuweisung knapper werdender öffentlicher Mittel legitimieren zu können. Der Qualitätsdiskurs, der sich seit gut drei Jahrzehnten bezogen auf das Bildungs- und Erziehungssystem etabliert hat, ist mithin im engen Zusammenhang der auf Effizienz und Leistung bezogenen bildungspolitischen Umsteuerung zu sehen (zur „Neuen Steuerung" im Schulsystem vgl. Altrichter/Maag Merki 2016).

---

1 Den verantwortlichen Herausgeber_innen danke ich für zahlreiche weiterführende Hinweise zur ersten Fassung dieses Textes.

Die angesprochene Transformation wird rhetorisch mit der „Wissensgesellschaft“ bzw. einer „wissensbasierten Ökonomie“ in Verbindung gebracht, d.h. mit dem permanenten Wandel von Wissen in nach- bzw. spätkapitalistischen Gesellschaften. In der Wissensgesellschaft müssen alle Akteure und Organisationen ihr Handeln permanent anpassen und neu ausrichten (Höhne 2006). „Wissen“ bildet in diesem Diskurs eine Leerstelle: ein Optimierungsversprechen in der Organisation gesellschaftlicher Prozesse. Der Begriff der Qualität nimmt diese Verbindlichkeit der „wissensbasierten Transformation“ auf und macht sie auf die Bildungs- und Erziehungsinstitutionen applizierbar: „Qualität“ stellt ein „Instrument“ dar, das die bildungspolitische Umsteuerung im Hinblick auf eine wissensbasierte Ökonomie *moderiert.*

Dies lässt sich eindrücklich an der Schule nachvollziehen. In den zurückliegenden zwei Jahrzehnten wurden im Zeichen von Bildungsqualität Leistungsvergleichsstudien instituiert, schulisches Lernen verbindlich auf Kompetenzen und Kompetenzmodelle umgestellt, Bildungsstandards festgelegt und ein als *Bildungsforschung* betriebenes Monitoring implementiert. Diese Maßnahmen verweisen auf ein verändertes Netz von Akteuren, die sich um die Belange der Schule kümmern, darunter insbesondere die OECD, die als Mittler zwischen unterschiedlichen Akteuren und Positionen – Nationalstaaten, transnationalen politischen Akteuren, großen Unternehmen und Bildungsmärkten – zu einer treibenden Kraft im Umbau des Bildungswesens geworden ist (vgl. Ydesen 2019).

Auch im Bereich der frühkindlichen Bildung, Erziehung und Betreuung hat sich ein Wandel vollzogen, der sich insbesondere, aber nicht nur an der flächendeckenden Einführung von Bildungs- und Erziehungsplänen in den Ländern vor ca. 20 Jahren festmachen lässt. Die bildungspolitische Aufmerksamkeit gegenüber einer frühen Bildung, Erziehung und Betreuung dokumentiert sich an vielfältigen Initiativen der Fort- und Weiterbildung (z. B. die Weiterbildungsinitiative für pädagogische Fachkräfte, vgl. dazu Becker-Stoll 2011), an den Debatten um die Akademisierung der Frühpädagogik (Thole 2008) sowie die Bereitstellung von Forschungsmitteln, um eine frühpädagogische Professionalisierung kompetenzorientiert voranzubringen.[2] Ohne Zweifel bildet „Qualität“ bei diesen Maßnahmen und Initiativen ein Schlüsselkonzept, das die Rede zur Weiterentwicklung der Frühpädagogik *organisiert* und die verschiedenen Stränge und Motive dieser Rede – verbesserte institutionelle Versorgung bzw. Bereitstellung früher Bildung, verbesserte Arbeitskonzepte für Kindertageseinrichtungen, verbesserte Aus-, Fort- und Weiterbildungen etc. – *ins Verhältnis setzt.*

2 Die Förderlinie „Ausweitung der Weiterbildungsinitiative Frühpädagogische Fachkräfte (AWiFF)“ wurde mit insgesamt 7,5 Millionen Euro vom *Bundesministerium für Bildung und Forschung* unterstützt. Zur Bezugnahme auf Qualität in der Weiterbildung: vgl. Hippel/Grimm (2010).

Diese einleitende Sichtung zeigt, dass sich die Rede von Qualität bzw. Bildungsqualität nicht in der Aufwertung eines *wissenschaftlichen Begriffs* erschöpft. „Qualität“ und „Leistungsfähigkeit“ von pädagogischen Organisationen stellen vielmehr ein *Dispositiv* dar, in dem sich unterschiedliche Praktiken des Regierens und Steuerns verzahnen und überlagern. Mit dem Begriff des Dispositivs hat Michel Foucault jene „heterogene Gesamtheit“ bezeichnet, die aus Elementen wie „Diskursen, Institutionen, architektonischen Einrichtungen, reglementierenden Entscheidungen, Gesetzen, administrativen Maßnahmen, wissenschaftlichen Aussagen, philosophischen, moralischen und philanthropischen Lehrsätzen“ bestehen (Foucault 2003, S. 392). Über die Verzahnung solcher Elemente in einem Dispositiv eröffnet sich die Möglichkeit, spezifische Wissensformen zu etablieren, welche die Position von Akteuren und ihr Verhältnis zueinander in einem Praxisbereich neu ausrichten.

Im (früh-)pädagogischen Feld werden – wie oben bereits formuliert – über „Qualität“ seine Weiterentwicklungsmöglichkeiten moderiert, indem bildungspolitische Ansprüche, institutionenbezogene Maßnahmen, Ausstattungsforderungen, Professionalisierungsperspektiven etc. verzahnt werden. Dieser Beitrag legt den Fokus darauf, welche Wissensformen dabei favorisiert werden und wie diese zuletzt auf die pädagogischen Akteure wirken. Die Ambivalenzen und Engführungen des Qualitätsdispositivs zeigen sich in einer auf Transparenz setzenden Systemperspektive, die der theoretischen Arbeit wenig Raum lässt und die pädagogische Praxis entlang eines Messbarkeitsanspruchs neu ausrichtet. Im ersten Teil des Beitrags wird die Meta- und Systemperspektive des Qualitätsdispositivs herausgearbeitet werden. An ihr lassen sich die Evidenzorientierung und der atheoretische Zug des Qualitätsdispositivs festmachen. Unter dem Stichwort der „Wirksamkeit der Qualität“ wird im zweiten Teil gezeigt, wie sich über die Vorstellung einer epistemischen Evidenz der Qualität pädagogische Autorisierungen und Handlungsfähigkeiten verschieben. Das kurze Fazit schließt mit der Frage nach dem Ort einer erziehungswissenschaftlichen Theoriebildung in der Frühpädagogik sowie der Aufgabe, das Wirken des Qualitätsdispositivs weiter zu erforschen.

Zwei Bemerkungen bzw. Einschränkungen sind vorauszuschicken. Zum Ersten kann der Beitrag nicht beanspruchen, die vielfältigen Beiträge zu „Qualität“ aus den vergangenen Jahren einzuholen. Der Beitrag bleibt an dieser Stelle tentativ, indem er Operationen des Qualitätsdispositivs an Beispielen belegt bzw. plausibilisiert. Zum Zweiten ist dieser Beitrag nicht als *Plädoyer gegen Qualität* oder deren empirische Überprüfung zu verstehen. Es gibt mittlerweile nicht nur elaborierte Studien zu „Qualität“, welche deren Multiperspektivität betonen (Viernickel 2016). „Qualität“ stellt einen gemeinsamen Fluchtpunkt des Arbeitens in einem Feld bereit, das eine Vielfalt von Akteuren (Länder, Träger, Kommunen etc.) mit komplexen Verantwortlichkeiten und Organisationsstrukturen aufweist (Diskowski 2015). Dass wir Daten zur Lage der Kinderbetreuung benötigen und dass diese auch Aufschluss darüber geben, was in Kindertageseinrichtungen geleistet werden kann und was nicht, wird nicht bezweifelt. – Der vorliegende Beitrag setzt grundlegender an: Er fragt danach, wie sich das Feld der Frühpädagogik entlang der hier verhandelten Wissensformen verändert und welche pädagogischen Objektivierungen und Subjektivierungen damit verbunden sind (Jergus/Thompson 2015; 2017).

1. „Qualität" als Versprechen der Transparenz

Die Bezugnahme auf „Qualität" lebt von der Vorstellung einer Identifizierbarkeit des Besseren, welche nicht von Normen- und Ideenkonflikten tangiert wird: Wenn über Qualität gesprochen, vollzieht sich dies zumeist abgelöst von ideellen Horizonten, in denen sich frühpädagogische Einrichtungen zumeist bewegen (seien diese konfessioneller, reformpädagogischer etc. ausgerichtet). Mehr noch: Der Gütemaßstab von Qualität rekurriert auf eine Evidenz des Faktischen, wie sich an der kürzlich veröffentlichten Bertelsmann-Studie deutlich machen lässt. Überschrieben mit „Schlechte Rahmenbedingungen erschweren die Bildungsarbeit der Kitas" (Bertelsmann 2020) gibt die Studie einen statistischen Überblick über „Wichtige Gradmesser für ‚gute' KiTas", ohne den Begriff ‚gut' inhaltlich füllen zu müssen. Der Verweis auf die Kriterien – „genügend pädagogisches Personal", „‚gut' qualifizierte KiTa-Teams" sowie „kleine Kindergruppen" – steckt den Rahmen der Qualität hinreichend ab (ebd.).[3] Entscheidend ist nun das statistische Wissen, das als „Medium von Aufklärung" eingesetzt wird: Zusammengestellt in „Länderreports" und dargestellt in Vergleichen von 2013 zu 2019 *stehen die Daten für die institutionelle Wirklichkeit* von Kindertageseinrichtungen. Letztere erscheint wiederum als defizitär, weil die statistische Referenz eine Abweichung zu dem aufweist, was „wissenschaftlich empfohlen" wird (siehe ebd.).

Die erkenntnispolitische Verschiebung besteht darin, an die Stelle einer systematisch-theoretischen Bestimmung die Erfassung des Betreuungsschlüssels zu setzen. Dies wird in diesem Forschungsfeld als Abrücken von „ideologischen Überzeugungen" verstanden (vgl. Marttila 2014; Biesta 2011) und als positiv eingeschätzt. Dem fügt sich die disziplingeschichtliche Vorstellung, dass Empirisierung eine rein deskriptive Sache sei – orientiert an Überprüfbarkeit ‚statt an philosophischen Normdebatten' (siehe z. B. Bos/Postlethwaite 2014, S. 253). Im weiteren Verlauf der Argumentation möchte ich den atheoretischen Zug genauer kennzeichnen, der in dieser Verschiebung zum Vorschein kommt und der im Qualitätsdispositiv angelegt ist.

3 Es soll an dieser Stelle nicht bestritten werden, dass die Erfüllung eines pädagogischen Auftrags von diesen Aspekten abhängt. Der beispielhafte Bezug auf diese Studie ist erkenntnispolitisch motiviert. Mit Erkenntnispolitik wird bezeichnet, auf welche Weise über (wissenschaftliches) Wissen etwas als Wahres hervorgebracht wird. Für diese an Foucault und das Verhältnis von Wahrheit und Macht fokussierende Perspektive vgl. Seitter 1985 und Reichenbach/Ricken/Koller 2011.

Eine auf Kennzahlen angelegte Qualitätsbestimmung geht von einer Systemperspektive aus und versieht formalisierte Aspekte der pädagogischen Wirklichkeit mit einem Qualitätsmarker. Nur auf diese Weise wird die Institution einer politisch-gouvernementalen Steuerung zugänglich.[4] Die Diskussion in der Frühpädagogik konzentriert sich auf Orientierungsqualität, Strukturqualität, Prozessqualität sowie Ergebnisqualität (Kalicki 2015). Alle diese Qualitätsbestimmungen richten sich auf nachvollziehbare Aspekte im System der institutionellen Betreuung, Erziehung und Bildung von Kindern. Diese werden aber nicht begrifflich-systematisch oder phänomenbezogen bestimmt, sondern als Elemente eines Systems – häufig „in Kästchen und Pfeilen"[5] – dargestellt. Roland Reichenbach hat diese Darstellungsform der empirischen Bildungsforschung gerade hinsichtlich ihres Abrückens von theoriegeleiteter und begrifflicher Diskussion kritisiert (Reichenbach 2020, S. 148ff.). Umgekehrt lässt sich formulieren: Der Versuch, die zentralen Erkenntnisquellen als empirische auszuweisen, führt zu Modellierungen und Formalisierungen, in denen epistemologische und metatheoretische Reflexionen in der Tendenz ausgegrenzt oder an die Positivität empirischer Daten rückgekoppelt werden.[6]

Die epistemische Priorisierung von Leistungskennzahlen und eine formal bleibende Systemmodellierung kann mithin insofern als atheoretisch beschrieben werden, als sie sich über weite Strecken einer begrifflich-diskursiven Kritik entzieht. Ohne eine metatheoretische Perspektive, in welcher Weise Wissensformen im Erkenntnisbildungsprozess eine Rolle spielen, vollzieht sich im quantifizierenden Qualitätsdiskurs eine positivistische Reduktion. Der oben bereits beschriebene Gestus einer *nicht-ideologischen Aufklärung* über Qualität setzt überdies einen hegemonialen Anspruch: Rechtfertigen muss sich, wer Fragezeichen an der Rede von „Qualität" und deren vermeintlich *neutraler* Systemperspektive anmeldet.

Die Modellierung von Kompetenzen und die Bestimmung von Qualität gehören zu einem Prozess, bei dem Wissenschaft zunehmend auf die Erhebung von Daten und deren Vergleich verpflichtet wird. Das wird an den Entwicklungen um die sog. „Evidenzbasierung" nachvollziehbar, die zu einer förderpolitischen Verschiebung in der Erforschung institutioneller Bildung geführt hat (vgl. Jornitz 2008; Bellmann/Müller 2011). Aufgrund der Möglichkeit, zunehmend große Daten aus dem Bildungsbereich zu aggregieren bzw. auszuwerten, gewinnt eine *algorithmische Rationalität* an Bedeutung. Ein erstes Handbuch zum *Educational*

4 Für den Zusammenhang von Zahlen und politischer Steuerung ist nach wie vor Rose (1999) lesenswert.

5 So auch bezüglich Qualität in der Frühpädagogik: vgl. dazu das sogenannte Strukturmodell der Qualität (Tietze et al. 2016).

6 Beispielhaft lassen sich die Anforderungsbeschreibungen anführen, die bei der Modellierung von Kompetenzdimensionen und -niveaus erfolgen. Prozeduraler Dreh- und Angelpunkt bleibt die „empirische Überprüfbarkeit" – unter Ausschluss weiterer begrifflich-systematischer Reflexionen.

Data Mining ist bereits im Jahr 2010 erschienen. Es gibt mittlerweile erste große Plattformen, welche Daten aus dem Bildungsbereich für unterschiedlichste Analysezwecke sammeln und zur Verfügung stellen.[7] Große Firmen und StartUps entwickeln technische Lösungen im Bereich der Learning Analytics und versprechen auf diesem Weg die Steigerung von Bildungsqualität.

Angesichts dieser Entwicklungen ist es nicht verwunderlich, dass Rob Kitchin bereits im Jahr 2014 Befürchtungen zu einem wissenschaftlichen Paradigmenwechsel und einem „Ende von Theorie" ausgesprochen hat (Kitchin 2014). Seines Erachtens wird man Wissenschaft angesichts der Datenmengen und dem Tempo ihrer Verarbeitung als „datengetrieben" („*data-driven*"; ebd., S. 2) bezeichnen oder gar von einer „Datenrevolution" sprechen müssen, welche die Erziehungswissenschaft, die Bildungspolitik und die von Wirtschaftsunternehmen bestimmte Bildungspraxis vollkommen umgestalten werden (ebd.). Diese, wie Kitchin sie nennt, „*exploratory science*", arbeitet nicht mehr systematisch und hypothesenbasiert; sie lässt sich das, was ansteht, von Korrelationen sozusagen „agnostisch" („*agnostic data-analytics*"; ebd., S. 4) vorgeben. Gegen diesen Paradigmenwechsel und eine Digitalisierung der Wissenschaft erhebt Kitchin kritische Einwände, die sich auf die Reduktion von Komplexität und Multiperspektivität, die positivistische Engführung und Einengung des Wirklichen auf Daten sowie das Ausblenden der normativen Dimensionen wissenschaftlicher Praxis beziehen. Letztere sei immer als positioniert zu betrachten (ebd., S. 8 ff.).

Der längst in Gang gekommene Prozess der Datafizierung mag für das Feld der Frühpädagogik noch Zukunftsmusik sein. Deutlich sichtbar wird indes der Versuch über das Qualitätsdispositiv eben jene systemische Gesamtperspektive zu konturieren, die sich zukünftig durch weitere Daten wird „auffüllen" lassen. Dazu sei als Beispiel die kürzlich erschienene Studie „Metaanalyse zur Wirkung von Weiterbildungen für pädagogische Fachkräfte zur Steigerung der Interaktionsqualität" angeführt (vgl. Egert/Dederer 2018), an der sich die Stoßrichtung des Qualitätsdispositivs zusammenfassend vor Augen führen lässt: Es wird *erstens* eine quantifizierende empirische Quelle zugrunde gelegt, nämlich das „Classroom Assessment Scoring System", das die Qualität von Fachkraft-Kind-Interaktionen evidenzbasiert abbilden soll. *Zweitens* wird unter der Überschrift einer „Metaanalyse" offensiv angestrebt, verschiedene Aspekte des Systems zu *relationieren* – konkret: die Wirkung von Weiterbildungen für pädagogische Fachkräfte und die Steigerung von Interaktionsqualität. Damit wird *drittens* die Quantifizierung von Qualität für verschiedene Stakeholder *verbindlich* gemacht. Wenngleich dies im Rahmen *eines* wissenschaftlichen Vorhabens nachvollziehbar ist, muss doch folgender Punkt als problematisch markiert werden: Es wird über die sich als evidenzbasiert verstehende Auswertung aller bestehenden Studien

---

7 Beispielhaft sei hier angeführt: https://pslcdatashop.web.cmu.edu/ (abgerufen am 06.09.2020).

der Anspruch erhoben, *eine generalisierte und diagnostisch verbindliche Sicht auf das Verhältnis von Fachkräfte-Weiterbildung und Interaktionsqualität zu gewinnen*. Das Transparenzversprechen ruht auf einem fundamentalistischen Wissenschaftsverständnis auf, das sich der Pluralität von Perspektiven verweigert, die man beispielsweise auf pädagogische Interaktionen haben kann.

2. Die Wirksamkeit der Qualität

Was die Rede von Qualität insgesamt bestimmt – so auch in der eben angeführten Metaanalyse –, ist die *Wirksamkeit* pädagogischer Interventionen, die im Weiteren beleuchtet werden soll. Michael-Sebastian Honig hatte bereits in einem Beitrag von 2002 die zentralen Schwierigkeiten der Konzeptualisierung und Identifizierung pädagogischer Qualität benannt. In seinem Aufsatz hält Honig fest, dass angesichts des Technologiedefizits der Pädagogik die Vorstellung einer quantifizierbaren Wirkung bzw. Wirksamkeit problematisch ist (Honig 2002: S. 225). Seine Kritik trifft vor allem eine entwicklungspsychologische Ausrichtung von pädagogischer Qualität. Diese, so Honig, übersehe, dass pädagogisches Handeln eine multireferentielle Angelegenheit sei. In ihr gibt es also nicht nur ein *sich entwickelndes Kind*. Wie Honig im Anschluss an Luhmann und Schorr (1979) und deren These vom „Technologiedefizit der Pädagogik" verdeutlicht, können Intentionen und Wirkungen des pädagogischen Handelns nicht kausal aufbereitet werden. Sie erfolgen im reflexiven Zusammenspiel von System-, Fremd- und Selbstreferenzen.

Honigs Ausführungen sind nicht nur deswegen bis heute aktuell, weil sie auf die problematischen Normierungen kindlicher Entwicklung hinweisen, die sich durch eine entwicklungspsychologische Grundierung von Qualität vollzieht (ebd., S. 227). Die Einschätzung, dass eine evaluative Generalisierung von Qualität nicht der Vielfalt und Pluralität von Perspektiven und Funktionen im Feld der Frühpädagogik entspricht, ist ein entscheidender Hinweis dafür, dass eine Reflexion erforderlich ist, *welche Wirkungen die Bezugnahme auf „Qualität" nun selbst im multireferentiellen Feld der Frühpädagogik haben*. Es stellt sich also die Frage danach, wie sich die Bedingungen und Kontexte pädagogischen Handelns unter der Instituierung des Qualitätsdispositivs verändern.

Eben dies ist die Blickrichtung, die im Projekt „Autorisierungen des pädagogischen Selbst"[8] verfolgt wurde. Im Zentrum standen die Veränderungen im Feld der Frühpädagogik, die sich als „Innovation frühkindlicher Bildung"

---

8 Das DFG-Forschungsprojekt „Autorisierungen des pädagogischen Selbst" habe ich in gemeinsamer Leitung mit Kerstin Jergus durchgeführt (2012-2015). Wissenschaftlich mitgearbeitet haben in diesem Projekt Sandra Koch, Pauline Starke und Sabrina Schröder (vgl. Jergus/Thompson 2017).

vollziehen (Jergus/Thompson 2015, 2017). Der Gedanke von Veränderungen im frühpädagogischen Feld mag zunächst abstrakt und unkonkret erscheinen. Am Beispiel der Studie von Melanie Schmidt, die die „Wirksamkeit von Schulinspektion“ beleuchtet hat (Schmidt 2019), lässt sich die Stoßrichtung der feldtheoretischen Forschung veranschaulichen. Schmidt zeigt, wie *im Prozessieren von Schulinspektion* Wirkung und Wirksamkeit als Ergebnis des Inspektionsprozesses selbst hervorgebracht werden, wie also, kurz gesagt, im Miteinanderhandeln der beteiligten Akteure ein spezifisches Verständnis von guter Schule bzw. gutem Unterricht autorisiert wird und entsprechende Verantwortlichkeitszuschreibungen erfolgen.

Ein wichtiges Ergebnis unseres Projekts ist, dass im Rekurs auf frühkindliche Bildungsprozesse die pädagogischen Fachkräfte einerseits zur zentralen Instanz im Sinne von Verantwortlichkeit gemacht werden, dass sie andererseits aber mit der Unsicherheit des Vollzugs von kindlichen Bildungsprozessen und damit der Unsicherheit ihrer je besonderen Handlungseinsätze konfrontiert werden (Thompson 2017a). Damit geraten die Fachkräfte in einen Regress von Legitimationsverpflichtung und Wirksamkeit, indem nicht mehr einholbar ist, dass ihr pädagogisches Handeln maßgeblich von Bedingungen bestimmt wird, die sie kaum beeinflussen können (ebd.).[9] Es verändert sich die Art und Weise, wie Akteure im Feld der Frühpädagogik zueinander ins Verhältnis gesetzt werden. So treten den Fachkräften nun Eltern gegenüber, die sich aus der Warte der Qualität als jene verstehen, die eine verantwortliche Entscheidung im Hinblick auf die Bildungszukunft ihrer Kinder treffen müssen; aber auch die Fachkräfte treten mit spezifischen Ansprüchen an die Eltern heran (Jergus 2017). Es eröffnet sich hier ein Feld von Erwartungen, Ansprüchen und auch Entscheidungen der Akteure, das u. a. Verhandlungen zwischen Betreuungsnot und Betreuungsengpässen bzw. beruflicher Belastung (auf allen Seiten) in Gang setzt.

Die Veränderungen im Feld der Frühpädagogik setzen dabei an einem Bildungsbegriff an, der in unterschiedlichster Weise aufgerufen und mobilisiert werden kann. An der bereits aufgegriffenen Bertelsmann-Studie (2020) lässt sich exemplarisch zeigen, wie der pädagogische Auftrag der Frühpädagogik moderiert bzw. neu ausgerichtet wird: Dort wird geäußert, dass unter schlechten Ausstattungsbedingungen nur die Betreuung von Kindern vollzogen werden könne, individualisierte Bildungsmöglichkeiten aber nicht zu leisten seien. Diese Argumentation impliziert eine Abhebung, wenn nicht sogar Priorisierung von Bildung gegenüber den Betreuungs- und Erziehungsaufgaben (da erstere eben besserer Ausstattungsbedingungen bedarf). „Bildung“ meint dabei

9 Dieser Aspekt dürfte dafür, ob und wie das eigene pädagogische Handeln als „erfolgreich“ und „anerkennbar“ verstanden werden kann, als zentral gelten. Es eröffnet sich zugleich das Feld von Enttäuschung, Desillusionierung und gefühltem Misserfolg.

die Optimierung der Einzelnen unter Vernachlässigung der Sozialität und Solidarität im Mitsein (vgl. Masschelein/Ricken 2003). Es handelt sich also um einen sehr spezifischen Bildungsbegriff, dessen systematische Valenzen nicht diskutiert werden.

Bei den skizzierten Veränderungen des frühpädagogischen Feldes kommt den erkenntnispolitischen Verschiebungen, die im ersten Teil angeführt wurden, eine wichtige Rolle zu. In unseren Untersuchungen von frühpädagogischen Fortbildungsveranstaltungen konnten wir immer wieder feststellen, was Moss zur breiten Verwendung des Qualitätsbegriffs festgehalten hat: Mit Qualität wird eine von Expertinnen und Experten gestützte Macht eingesetzt (Moss 2015, S. 33). So vernahmen wir in unseren ethnografischen Beobachtungen wiederholt die Bitte, einen verbindlichen Qualitäts- und Beurteilungsmaßstab bereitzustellen, der eine sichere evaluative Grundlage für das unsicher gewordene Handeln ermöglichen würde. Die Anrufung vollzog sich dabei unter der als selbstverständlich gehandelten Voraussetzung, dass die Güte pädagogischen Handelns eine *eindeutig und objektiv identifizierbare Größe* sei. Es wurde, mit anderen Worten, eine Expert_innen-Autorität reklamiert, welche eine eineindeutige Sprache bereitstellen sollte, um Gewissheit bezüglich eines qualitätsvollen pädagogischen Handelns zu erlangen (Thompson 2017b). Auch wenn es sich nicht um ein technizistisch enggeführtes Verständnis frühkindlicher Bildung handelte, wie Dahlberg et al. (2013) dies im Zuge eines dominanten angloamerikanischen Qualitätsdiskurses bestimmt haben, so zeigte sich deutlich die Verschiebung der Autorisierung des Pädagogischen: Eine Autorisierung von Expertise bzw. von Daten und Objektivierbarkeit tritt an die Stelle situationsbezogener multiperspektivischer Verhandlungen und Erfahrungen mit dem eigenen Handeln (siehe dazu aus historischer Perspektive: Reh 2014).

3. Ein kurzes Fazit und Appell pädagogischer Theorie

Das Qualitätsdispositiv, das sich in zahlreichen pädagogischen Arbeitsfeldern etabliert hat, ist an einer Sicherung und Prüfung pädagogischer Leistung orientiert. Letztere unterliegt einer weitreichenden Empirisierung, bei der nicht nur eine Überprüfung vermittels Datenerhebung erfolgt, sondern sich auch die Konzeptualisierung von Qualität und Leistung maßgeblich über (empirisch zu operationalisierende und zu prüfende) Korrelationen im Systemblick vollziehen. In diesem Beitrag wurde deutlich gemacht, dass mit der Datafizierung des Bildungswesens diese Konzeptualisierung zusehends theoretisch-begriffliche Zugänge und erziehungswissenschaftliche Metareflexionen abwertet. Mit anderen Worten: Die Zunahme verfügbarer Daten im Bereich des Bildungswesens lässt sich mit Kitchin (2014) so interpretieren, dass sich aufgrund der Möglichkeit, große Datenmengen algorithmisch auszuwerten, ein Paradigmenwechsel vollzieht, der Theorie, Begriffsarbeit wie auch eine hypothesenbildende Forschung obsolet werden lässt.

Die Wirksamkeit bildet das Rückgrat des Qualitätsdispositivs, da ohne die Überprüfbarkeit der Wirksamkeit von pädagogischen Interventionen eine Verbesserung oder Verschlechterung des Outputs des Bildungssystems nicht identifizierbar wäre. Mit Honig (2002) lässt sich auf eine Engführung hinweisen, da unberücksichtigt bleibt, dass pädagogisches Handeln eine multireferentielle Angelegenheit ist. Zu untersuchen ist entsprechend, welche Folgen die Implementation des Qualitätsdispositivs für das Selbstverständnis der pädagogisch Handelnden hat. Unsere eigenen Untersuchungen verweisen an dieser Stelle auf Verschiebungen im pädagogischen Feld: Deren Akteure werden in veränderter Weise zueinander positioniert, da die Beteiligten angerufen sind, sich wechselseitig unter qualitätsbezogene Erwartungen zu stellen (Thompson 2017a). Für die pädagogischen Fachkräfte bedeutet dies einen Regress von Legitimationsverpflichtung und Wirksamkeit, der Qualität personalisiert und den Außenblick auf das gesamte Feld mit seinen inhärenten Handlungsbedingungen verschattet.

Angesichts dieser Entwicklungen sollte man nicht nur von „Nebenwirkungen" oder „Nebenfolgen" der Neuen Steuerung sprechen (Bellmann/Weiß 2009). Es ist demgegenüber nötig, die Verschiebungen in den Autorisierungen und Selbstlegitimierungen der Beteiligten zu bestimmen und zu analysieren, wie diese grundsätzlich die Vorstellung pädagogischen Handelns und pädagogischer Professionalität verändern. Eine weitere Beobachtung zum gegenwärtigen Sprachgebrauch: Wenn von „blinden Flecken" des Qualitätsdiskurses gesprochen wird, so legt dies nahe, dass die Hauptsache im Blick bleibt. Was aber, wenn „Qualität" nicht das ist, was schon im Blick ist, sondern als „Aufgabe von Theorie" zu fassen ist?

Zum Ausgangspunkt wird dann die Vielfalt von erziehungswissenschaftlichen Wissensformen und pluralen Diskursfeldern im Feld der frühkindlichen Bildung – so auch Dahlberg et al. (2013) in ihrem Buch „Beyond Quality in Early Childhood Education and Care". Die Vielfalt und Pluralität von Wissen und Wissenschaft enthalten m. E. theoriebezogen eine spezifische Wertigkeit: Erziehungswissenschaftliche Theoretisierungen (von Qualität) eröffnen einen Raum für Dialog und Auseinandersetzung um das, was Anspruch darauf erheben kann, „Qualität" genannt zu werden. Nicht die Abbildung oder Identifizierung der Bildungs-, Erziehungs- und Betreuungswirklichkeit ist das letzte Bestreben, sondern die systematische Exploration von Widerstreit und Differenz. Dies impliziert, dass ein letztes Urteil nicht gefällt ist, dass die *Frage nach der Qualität weiterbesteht*. Damit verbunden ist die Möglichkeit eines Andersdenkens von Pädagogik, Bildung und Qualität. Ich verstehe Theorie also als eine Arbeit, welche Pluralität und Widerstreit als verbindliche Referenz für das Weiterdenken nimmt. Wie hoffentlich an diesem Beitrag deutlich geworden ist, geht dies nicht in der Praxis von Begriffsbildung auf: Wir müssen berücksichtigen und untersuchen, wie Wissensformen Handlungsfähigkeit figurieren – also welche Möglichkeiten und Optionen uns diese für das Handeln geben oder auch versperren.

Literatur

Altrichter, Herbert/Maag Merki, Katharina (Hrsg.) (2016): Handbuch Neue Steuerung im Schulsystem. Wiesbaden: VS.

Becker-Stoll, Fabienne (2011): WiFF – Die Weiterbildungsinitiative frühpädagogische Fachkräfte als Innovationsoffensive im Feld der Frühpädagogik. In: Frühe Bildung 0, H. 0, S. 54-55.

Bellmann, Johannes/Müller, Thomas (Hrsg.) (2011): Wissen, was wirkt. Kritik evidenzbasierter Pädagogik. Wiesbaden: VS Verlag für Sozialwissenschaften.

Bellmann, Johannes/Weiß, Manfred (2009): Risiken und Nebenwirkungen Neue Steuerung im Schulsystem. Theoretische Konzeptualisierung und Erklärungsmodelle. In: Zeitschrift für Pädagogik 55, H. 2, S. 286-308.

Bertelsmann (2020): Schlechte Rahmenbedingungen erschweren die Bildungsarbeit der Kitas. https://www.bertelsmann-stiftung.de/de/themen/aktuelle-meldungen/2020/august/schlechte-rahmenbedingungen-erschweren-die-bildungsarbeit-der-kitas (abgerufen am 26.08.2020).

Biesta, Gert (2011): Warum „What works" nicht funktioniert: Evidenzbasierte pädagogische Praxis und das Demokratiedefizit der Bildungsforschung. In: Bellmann, Johannes/Müller, Thomas (Hrsg.): Wissen, was wirkt. Kritik evidenzbasierter Pädagogik. Wiesbaden: VS Verlag für Sozialwissenschaften, S. 95-122.

Bos, Wilfried/Postlethwaite, T. Neville (2014): Internationale Schulleistungsforschung: Ihre Entwicklungen und Folgen für die deutsche Bildungslandschaft. In: Weinert, Franz (Hrsg.): Leistungsmessungen in Schulen. Weinheim und Basel: Beltz, S. 251-267.

Dahlberg, Gunilla/Moss, Peter/Pence, Alan (2013): Beyond Quality in Early Childhood Education and Care. Languages of Evaluation. London: Routledge.

Diskowski, Detlef (2015): 20 Jahre Qualitätsdebatte in der Kindheitspädagogik – Anmerkungen zu Erfolgen und Defiziten. In: Kalicki, Bernhard/Wolff-Marting, Catrin (Hrsg.): Qualität in aller Munde. Themen, Positionen, Perspektiven in der kindheitspädagogischen Debatte, Freiburg: Herder, S. 23-30.

Egert, Franziska/Dederer, Verena (2018): Metaanalyse zur Wirkung von Weiterbildungen für pädagogische Fachkräfte zur Steigerung der Interaktionsqualität. Staatsinstitut für Frühpädagogik. https://www.ifp.bayern.de/imperia/md/content/stmas/ifp/metaanalyse_interaktionsqualitat_egert___dederer_2018_final.pdf (abgerufen am 29.08.2020).

Foucault, Michel (2003): Das Spiel des Michel Foucault. In: Dits et Ecrits III. Frankfurt/M.: Suhrkamp, 391-429.

Helmke, Andreas/Hornstein, Walter/Terhart, Ewald (2000): Qualität und Qualitätssicherung im Bildungsbereich: Schule, Sozialpädagogik, Hochschule. 41. Beiheft der Zeitschrift für Pädagogik. Weinheim und Basel: Beltz, S. 7-14.

Hippel, Aiga von/Grimm, Rita (2010): Qualitätsentwicklungskonzepte in der Weiterbildung Frühpädagogischer Fachkräfte. Weiterbildungsinitiative Frühpädagogische Fachkräfte. WiFF Expertisen, Band 3. München.

Höhne, Thomas (2006): Wissensgesellschaft. In: Dzierzbicka, Agnieszka/Schirlbauer, Alfred (Hrsg.): Pädagogisches Glossar der Gegenwart. Von Autonomie bis Wissensmanagement. Wien: Löcker, S. 297-305.

Honig, Michael-Sebastian (2002): Pädagogische Qualität als erziehungswissenschaftliches Problem. In: Neue Praxis 32, H. 3, S. 216-230.

Jergus, Kerstin (2017): Die Pädagogik der Eltern und die Pädagogik der Erzieherinnen. Zur Positionierung von Eltern im Rahmen frühpädagogischer Settings. In: Jergus, Kerstin/Thompson, Christiane (2017) (Hrsg.): Autorisierungen des pädagogischen Selbst. Wiesbaden: VS Verlag für Sozialwissenschaften, S. 201-230.

Jergus, Kerstin/Thompson, Christiane (2015): Innovation im Horizont frühkindlicher Bildung. Innovation im Horizont frühkindlicher Bildung? In: Zeitschrift für Pädagogik 61, H. 6, S. 808-822.
Jergus, Kerstin/Thompson, Christiane (2017) (Hrsg.): Autorisierungen des pädagogischen Selbst. Wiesbaden: VS Verlag für Sozialwissenschaften.
Jornitz, Sieglinde (2008): Was bedeutet eigentlich ‚evidenzbasierte Bildungsforschung'? Über den Versuch, Wissenschaft und Praxis verfügbar zu machen am Beispiel der Review-Erstellung. In: Die Deutsche Schule 100, H. 2, S. 206-216.
Kalicki, Bernhard (2015): Pädagogische Qualität und Qualitätssteuerung. In: Kalicki, Bernhard/Wolff-Marting, Catrin (Hrsg.): Qualität in aller Munde. Themen, Positionen, Perspektiven in der kindheitspädagogischen Debatte, Freiburg: Herder, S. 12-22.
Kitchin, Rob (2014): Big Data, New Epistemologies and Paradigm Shifts. In: Big Data & Society, Apr.-Jun, S. 1-12.
Luhmann, Niklas/Schorr, Karl Eberhard (1979): Das Technologiedefizit der Erziehung und die Pädagogik. Zeitschrift für Pädagogik 25, H. 3, S. 355-365.
Marttila, Tomas (2014): Die wissensbasierte Regierung der Bildung – Die Genese einer transnationalen Gouvernementalität in England und Schweden. In: Berliner Journal für Soziologie 24, S. 257-287.
Masschelein, Jan/Ricken, Norbert (2003): Do We Still Need the Concept of Bildung? In: Educational Philosophy and Theory 35, H. 2, S. 139-154.
Moss, Peter (2015): Über die Qualität hinaus zu einer ethischen und politischen Frühpädagogik. In: Kalicki, Bernhard/Wolff-Marting, Catrin (Hrsg.): Qualität in aller Munde. Themen, Positionen, Perspektiven in der kindheitspädagogischen Debatte, Freiburg: Herder, S. 31-40.
Reh, Sabine (2014): Prekarisierung der Profession. Historische Autorisierungsmuster zwischen Profession und Expertise. In: Kessl, Fabian/Polutta, Andreas/Ackeren, Isabell van/Dobischat, Rolf/Thole, Werner (Hrsg.): Prekarisierung der Pädagogik – Pädagogische Prekarisierung? Erziehungswissenschaftliche Vergewisserungen. Weinheim und Basel: Beltz Juventa, S. 27-42.
Reichenbach, Roland (2020): Über Neomanie und die posttheoretische Phase in der Erziehungswissenschaft. In: ders.: Bildungsferne. Essays und Gespräche zur Kritik der Pädagogik. Herausgegeben von Rolf Bossart. Zürich: diaphanes, S. 137-152.
Reichenbach, Roland/Ricken, Norbert/Koller, Hans-Christoph (2011) (Hrsg.): Erkenntnispolitik und die Konstruktion pädagogischer Wirklichkeiten. Paderborn: Schöningh.
Reinermann, Heinrich (2011): New Public Management. In: Lewinski-Reuter, Verena/Lüddemann, Stefan (Hrsg.): Glossar Kulturmanagement. Wiesbaden: VS Verlag für Sozialwissenschaften, S. 263-271.
Rose, Nikolas (1999): Powers of Freedom. Reframing Political Thought. Cambridge: University Press.
Schedler, Kuno/Proeller, Isabella (2006): New Public Management. Bern: Haupt.
Schmidt, Melanie (2020): Wirksame Unbestimmtheit, unbestimmte Wirksamkeit: eine diskursanalytische Untersuchung zur Schulinspektion. Wiesbaden: Springer VS.
Seitter, Walter (1985): Erkenntnispolitik. In: Dane, Gesa/Eschbach, Christa/Makropoulos, Michael (Hrsg.): Anschlüsse. Versuche nach Michel Foucault. Tübingen: diskord, S. 115-121.
Thole, Werner (2008): „Professionalisierung" der Pädagogik der frühen Kindheit. Fachliches Potenzial und Forschungsbedarf. In: Thole, Werner/Roßbach, Hans-Günther/Fölling-Albers, Maria/Tippelt, Rudolf (Hrsg.): Bildung und Kindheit. Pädagogik der Frühen Kindheit in Wissenschaft und Lehre. Opladen: Barbara Budrich, S. 271-294.
Thole, Werner/Cloos, Peter (2006): Akademisierung des Personals für das Handlungsfeld Pädagogik der frühen Kindheit. In: Diller, Angelika/Rauschenbach, Thomas (Hrsg.): Reform oder Ende der Erzieherinnenausbildung? Beiträge zu einer kontroversen Fachdebatte. München: Verlag Deutsches Jugendinstitut, S. 47-77.
Thompson, Christiane (2017a): Wirksamkeit als Motor und Anspruch der Veränderung. In: Jergus, Kerstin/Thompson, Christiane (Hrsg.) (2017): Autorisierungen des pädagogischen Selbst. Studien zu Adressierungen der Bildungskindheit. Wiesbaden: VS Verlag für Sozialwissenschaften, S. 49-90.
Thompson, Christiane (2017b): Übersetzungsverhältnisse. Pädagogisches Sprechen zwischen Theorie und Praxis. In: Jergus, Kerstin/Thompson, Christiane (Hrsg.) (2017): Autorisierungen des pädagogischen Selbst. Studien zu Adressierungen der Bildungskindheit. Wiesbaden: VS Verlag für Sozialwissenschaften, S. 231-266.

Tietze, Wolfgang/Viernickel, Susanne/Dittrich, Irene/Grenner, Katja/Hanisch, Andrea/Marx, Jule (2016) (Hrsg.): Pädagogische Qualität in Tageseinrichtungen für Kinder. Ein nationaler Kriterienkatalog. Weimar: verlag das Netz.
Viernickel, Susanne (2016): Identifikation struktureller Qualitätsmerkmale in der Kindertagespflege. Theoretische und empirische Analysen, steuerungsrelevante Konsequenzen. In: Viernickel, Susanne/Fuchs-Rechlin, Kirsten/Strehmel, Petra/Preissing, Christ/Bensel, Joachim/Haug-Schnabel, Gabriele (Hrsg.): Qualität für alle: Wissenschaftlich begründete Standards für die Kindertagesbetreuung. Freiburg: Herder, S. 403-483.
Ydesen, Christian (2019) (Hrsg.): The OECD's Historical Rise in Education. The Formation of a Global Governing Complex. Cham: Palgrave Macmillan.

Prozess- und Outputqualität. Eine Erörterung aus erziehungs- und bildungstheoretischer Sicht

Elmar Drieschner

1. Der Qualitätsdiskurs im Kontext der Erziehungs- und Bildungstheorie

Qualität avancierte zum Kernbegriff der letzten Bildungsreform. Aus zunächst noch vereinzelten Fragen nach der Qualität pädagogischer Einrichtungen entwickelte sich seit den 1990er Jahren ein eigenständiger *Qualitätsdiskurs*. Von nun an galten explizite Fragen den Standards und Wirkungen von Organisationen des Elementarbereichs (u.a. Tietze 1998), des Schulbereichs (u.a. Helmke/Schrader 1993) und der Sozialen Arbeit (u.a. Baur 1998). Im Zuge der politisch forcierten Implementierung neuer Steuerungsmodelle im Bildungs- und Sozialbereich seit Anfang der 2000er Jahre wurde – analog zur betrieblichen Organisationsentwicklung – Pädagog_innen die Aufgabe zugewiesen, ihr professionelles Handeln an der systematischen Ergebniskontrolle auf Grundlage definierter Zielvorgaben zu orientieren (vgl. z.B. Drieschner 2009).

Die im pädagogischen Qualitätsdiskurs angesprochenen Dimensionen von Qualität wurden ursprünglich schon in den 1960er Jahren in der *Gesundheitsökonomie* entwickelt, wie an dem viel rezipierten *Qualitätsmodell nach Donabedian* gut sichtbar wird. Demnach bezeichnet die Strukturqualität die materiellen Rahmenbedingungen, die Ergebnisqualität die Effekte einer Organisation, die unter diesen Bedingungen generiert werden. In zeitlicher Hinsicht wird zwischen Outputqualität (kurzfristigen Effekten) und Outcomequalität (langfristigen Effekten) unterschieden. Prozessqualität steht als Bindeglied zwischen den beiden Effektarten für die Gesamtheit der Leistungsprozesse einer Organisation (vgl. Donabedian 1966). Dieses sogenannte strukturell-prozessuale Qualitätsmodell wurde in der frühpädagogischen Rezeption um die Dimension der Orientierungsqualität erweitert, welche die Einstellungen, Ziele, Werte und Überzeugungen der Akteur_innen sowie die Konzeptionen der Kitas umfasst (vgl. Tietze 1998, S. 24ff.).

Neben diesem Zugang über organisationale Strukturen und Prozesse sind im frühpädagogischen Qualitätsdiskurs u.a. relativistische Zugänge, qualitativ und quantitativ orientierte Verfahren der Qualitätsbeurteilung sowie Fremd- und Selbstevaluationskonzepte von Bedeutung. Während bei strukturell-prozessualen Zugängen Qualitätskriterien aus Befragungen von Expert_innen, Forschungsbefunden und Praxisanalysen top-down abgeleitet werden, werden sie unter relativistischer Perspektive einrichtungs- oder trägerbezogen bottom-up ausgehandelt (zum Überblick: vgl. Roux 2013). Die verschiedenen Ansätze zur Qualitätssicherung eint die gemeinsame Diagnose eines *Qualitätsproblems im Bildungssystem*: Die aktuelle pädagogische Praxis entspreche nicht den Erwartungen und müsse qualitativ weiterentwickelt werden. Beispielhaft verwiesen sei hier auf die NUBBEK-Studie, eine für Deutschland repräsentative Querschnittstudie zur Qualität von Bildung, Betreuung und Erziehung in der Familie, der Kindertagespflegestelle, der Krippe und dem Kindergarten mit Erhebungszeitpunkt 2010. Die Studie kombiniert Beobachtungen, Interviews mit Eltern und Fachpersonal sowie Tests mit Kindern. Sie befundete in rund 80 Prozent der untersuchten Kindergärten eine mittlere pädagogische Prozessqualität. 10 Prozent der Einrichtungen wiesen dagegen eine unzureichende Prozessqualität auf, weitere 10 Prozent lagen seinerzeit im Bereich guter bis exzellenter Qualität (vgl. Tietze et al. 2013, S. 78).

Mit der Diagnose eines defizitären Status Quo ist die Qualitätsforschung durch ein grundlegendes und überdauerndes Merkmal pädagogischer Reflexion gekennzeichnet. Pädagogik ist, so die These von Dietrich Benner und Herwart Kemper, letztlich immer *Reformpädagogik*. In der Tradition pädagogischen Denkens und Handelns wurde immer wieder versucht, als defizitär wahrgenommene Praxen des Betreuens, Erziehens und Unterrichtens zu überwinden. Erziehungs- und Bildungskritik bilden wie selbstverständlich den Motor für Veränderungsbestrebungen, verbunden mit Vertrauen in den Sinn, die Notwendigkeit und die Funktion pädagogischer Reformen (vgl. Benner/Kemper 2001, S. 13ff.). Wie bei allen pädagogischen Reformprojekten geht es also auch bei der Qualitätsdiskussion um Vertrauen: in das Ethos einzelner Pädagog_innen (hier ‚Orientierungsqualität'), in die pädagogische Interaktion (hier ‚Prozessqualität') sowie in die frühpädagogischen Organisationen (hier ‚Strukturqualität). So kann die Einführung von Qualitätsstandards im Zusammenhang mit empirischen Qualitätsüberprüfungen als der systematische Versuch begriffen werden, das Vertrauen in die Funktion der Institution Kita zu erhöhen.

Dabei erfordert die Bearbeitung des Qualitätsproblems wie alle Reformbestrebungen eine *differenzierte Problemwahrnehmung*. In diesem Zusammenhang verfolgen die verschiedenen Qualitätsansätze jeweils einen spezifischen Fokus mit Stärken und blinden Flecken. In der Wissenschaftscommunity, in der es immer auch um Einfluss, Prestige und Gehör geht, konkurrieren die einzelnen Konzepte miteinander, teils sind sie auch durch explizite Gegnerschaft gekennzeichnet (vgl. Grochla 2008). Aus systematischer Sicht erscheinen sie jedoch als *komplementär*: Sie lassen sich dem gemeinsamen bildungspolitischen und bildungswissenschaftlichen Reformprojekt *Verbesserung der Kita-Qualität* zuordnen und fokussieren dabei jeweils Teilaspekte eines übergeordneten Zusammenhangs. Die Folge: Nicht durch ihre Polarisierung, sondern vielmehr durch ihre sinnvolle Integration lassen sich ihre jeweiligen Stärken synthetisieren und ihre Schwächen ausgleichen. Hier ist Dialektik im Sinne eines gemeinsamen Gesprächs bzw. einer „réflexion engagée“ geboten, wie sie der Erziehungs- und Bildungstheoretiker Wilhelm Flitner für eine reflektierte und gemeinsam von Praktikern, Theoretikern und politischen Entscheidungsträgern verantwortete pädagogische Praxis forderte (vgl. Flitner 1989).

Die *Erziehungs- und Bildungstheorie* als Teilbereich der Allgemeinen Pädagogik kann im Zusammenhang des Qualitätsdiskurses Impulse zu einer solchen réflexion engagée setzen. Anders als die normative Diskussion über Qualitätsstandards und deren Überprüfung ist die wissenschaftliche Erziehungs- und Bildungstheorie vom Grundsatz her *logisch-systematisch* orientiert. Sie sucht daher, je nach Ausrichtung, den Sinn der Erziehungswirklichkeit zu erhellen, nicht aber ihn vorzuschreiben, die Funktion von Erziehung und Bildung zu erfassen, nicht aber ihre Sinnhaftigkeit vorzugeben. Sofern eine solche analytische Orientierung vorliegt, kann sie eine *moderierende, strukturierende und integrierende Funktion für die Qualitätsforschung* übernehmen. Die grundlegende Bestimmung des Sinns und der Funktion von Erziehung und Bildung formiert die geeignete Grundlage, auf der erörtert werden kann, unter welchen Voraussetzungen pädagogische Prozesse und Organisationen von guter, mittelmäßiger oder unzureichender Qualität sind. Für solche Operationalisierungen und Graduierungen von Qualität ist die *Verbindung* logisch-systematischer Erziehungsreflexion und empirischer (Qualitäts)forschung relevant.

Ähnlich forderte bereits Heinrich Roth in den 1960er Jahren die Verbindung von Theorie und Empirie in der Erziehungswissenschaft. Während er für die realistische Wendung, genauer die empirische Erweiterung der damals ausschließlich theoretisch und systematisch orientierten Geisteswissenschaftlichen Pädagogik eintrat, ist heute eher eine theoretische Fundierung empirischer Bildungsforschung im Allgemeinen und der Qualitätsforschung im Besonderen zu initiieren. Die Quintessenz ist aber die gleiche: Die theoretische Reflexion soll mit Roth das „denkerische Rüstzeug“ für die Entwicklung empirischer Forschungsfragen liefern (Roth 1958/1967, S. 25). Umgekehrt sollen die empirisch gewonnenen Erkenntnisse wieder in den theoretischen Ausgangsrahmen eingebunden werden.

Ungeachtet dieses Postulats stehen sich bis heute logisch-systematische Denkformen und die empirisch-systematische, auf Methodensysteme aufbauende Forschung vielfach *unvermittelt* gegenüber. Daneben gibt es unproduktive *teildisziplinäre Abgrenzungen* und *konfrontative Gegenüberstellungen* zwischen der Erziehungs- und Bildungstheorie und dem Qualitätsdiskurs, die sich mit dem Wettbewerb um Einflussmacht und akademisches Prestige erklären lassen. So wurden etwa unter dem Begriff der *Ökonomisierung* vermeintliche Analogiebildungen zwischen pädagogischen und wirtschaftlichen Organisationen im Qualitätsdiskurs kritisiert. Umgekehrt erscheinen *kulturkritische Orientierungen*, die in der Erziehungs- und Bildungstheorie von der älteren Geisteswissenschaftlichen

Pädagogik bis hin zur neueren dekonstruktivistischen Erziehungsphilosophie eine lange Tradition haben, mit den Grundanliegen zumindest der strukturell-prozessualen Qualitätsforschung unvereinbar. Dies gilt etwa dann, wenn für die Entwicklungspsychologie und die empirische Bildungsforschung *Dispositive der Macht* im Sinne Michel Foucaults konstatiert werden (vgl. Dahlberg/Moss/Pence 2013).

Vor diesem Problemhintergrund wird im Folgenden dafür plädiert, unproduktive Abgrenzungen zu überwinden und die Erziehungs- und Bildungstheorie konkreter in den Qualitätsdiskurs einzubinden. Dies kann nur gelingen, wenn die logisch-systematischen Orientierungen der Erziehungs- und Bildungstheorie fokussiert und ihre teils kulturpessimistischen Tendenzen ausgeklammert werden (Abschnitt 2). So kann die bewusstmachende, differenzierende Funktion der Erziehungs- und Bildungstheorie für die Qualitätsforschung und die Qualitätsentwicklung fruchtbar gemacht werden, wie sich vor allem bei der Analyse der Dialektiken von Erziehung und Bildung zeigt (Abschnitt 3). An den Dimensionen der Prozess- und der Ergebnisqualität wird besonders deutlich, wie instruktiv eine erziehungs- und bildungstheoretische Perspektive auf diese Dialektiken für die Erörterung von Qualitätsmerkmalen sein kann (Abschnitt 4). Wie abschließend verdeutlicht wird, erscheint ein wechselseitiger Gewinn von Kooperationen der beiden Fachgebiete greifbar (Abschnitt 5).

2. Zur Anschlussfähigkeit der Erziehungs- und Bildungstheorie an den Qualitätsdiskurs

Um für die empirische Qualitätsforschung anschlussfähig zu sein, sollte die Erziehungs- und Bildungstheorie logisch-systematisch und ohne Bezüge zur Kulturkritik aufgegriffen werden. Dabei gibt es in der Geschichte des pädagogischen Denkens etliche Beispiele für diese Koppelung (vgl. Drieschner/Gaus 2020), ein Beispiel für den Einfluss der *konservativen Kulturkritik* ist die Strömung der Geisteswissenschaftlichen Pädagogik Anfang bis Mitte des 20. Jahrhunderts. Nachweislich erfassten konservativ-rückwärtsgewandte Deutungsmuster zu Beginn des 20. Jahrhunderts weite Teile des Bildungsbürgertums, zentral auch in den Geistes- und Kulturwissenschaften wie den völkisch orientierten pädagogischen Reformbewegungen. In diesem Zusammenhang traten geisteswissenschaftlich-pädagogische Reflexionen oft mit dem Anspruch auf, den vermeintlichen Problemen der Modernisierung wie Traditionsverlust, Relativismus, Kontingenz, Pluralisierung und Individualisierung mit einheitsstiftenden, überzeitlichen Werten begegnen zu können. Durch Synthesen auf höherer Ebene, also durch die Entwicklung von Grundstrukturen, Systematiken oder Teleologien des Lebens, des Geistes und der Wissenschaft sollte angesichts von Individualisierung und Pluralisierung eine Orientierung geschaffen werden. Sogenannte

„kulturphilosophische Grundorientierungen“ wurden von Erzieher_innen und Lehrkräften als Ausdruck des Strebens nach „Ganzheitlichkeit“, „Einheit“ und „Synthese“ propagiert.

Während sich die ältere geisteswissenschaftliche Kulturkritik teils überambitioniert konservativ präsentierte, zielt die *neuere linkspessimistische Kulturkritik* an der meritokratischen Gesellschaft ebenso überambitioniert auf die disruptive Erneuerung pädagogischer Institutionen. Ein bekanntes Beispiel ist die Kritische Erziehungswissenschaft der 1970er Jahre. Sie verfolgte ein sogenanntes emanzipatorisches Erkenntnisinteresse und zielte über Gesellschaftskritik bzw. die Aufdeckung versteckter Ideologien auf die Befreiung des Menschen von Repressionen. Ein aktuell anscheinend verbreitetes Beispiel ist die poststrukturalistische Erziehungs- und Bildungstheorie in der Nachfolge Michel Foucaults und Judith Butlers. Sie zielt in macht- und subjektivierungstheoretischer Perspektive auf die Dekonstruktion der diskursiven Herrschafts-, Macht- und Überwachungsstrukturen moderner Gesellschaften, durch welche die Kinder bzw. die Adressaten des pädagogischen Handelns angeblich ausschließlich konstituiert werden. Neue humane Diskurswirklichkeiten sollen geschaffen werden – durch die Dekonstruktion, Entnaturalisierung und Transformation bestehender Differenzordnungen des Bildungssystems wie Leistung, Begabung, sonderpädagogischer Förderbedarf oder Migrationshintergrund (vgl. z. B. Dirim/Mecheril 2018).

Die Beispiele zeigen, dass sich über die Zeit hinweg in der Erziehungs- und Bildungstheorie teils überambitionierte Veränderungsabsichten von Gesellschaft, Erziehung und Bildung wiederfinden. Dagegen stehen die empirische Bildungsforschung im Allgemeinen wie auch der pädagogische Qualitätsdiskurs im Besonderen. Denn beide Forschungsprogramme zielen *nicht auf die Überwindung* bestehender gesellschaftlicher und pädagogischer Verhältnisse, sondern auf die *sukzessive, indikatorenorientierte, durch Forschung gestützte Verbesserung der bestehenden Funktionen des Bildungssystems*. Um ihre Anschlussfähigkeit herzustellen, sollte die Erziehungs- und Bildungstheorie also nicht an eine Kulturkritik gleich welcher politischer Couleur gebunden werden, sondern in erster Linie einem *logisch-systematischen Anspruch* folgen – im Zeichen guter wissenschaftlicher Praxis. Demnach bleiben die Gegenstandsbereiche der Erziehungs- und Bildungstheorie das lernende, sich entwickelnde und sich bildende Kind sowie die pädagogischen Interaktionen und Kontexte, die seine gelingende Personalisierung und Vergesellschaftung hemmen oder fördern. Dabei setzt sich diese *logisch-systematische* Erziehungs- und Bildungstheorie zugleich *kritisch-analytisch* mit gesellschaftlichen Bedingungen auseinander, macht diese Analysen aber nicht zum Ausgangs- oder Zielpunkt ihrer fachspezifischen Reflexion. Es gilt, kurz gesagt, Sachverhalte besonnen zu analysieren, um Bedarfe und Möglichkeiten der Qualitätsverbesserung herauszuarbeiten, in deren Darstellung kulturkritische Positionen nicht ausgeschlossen sind (vgl. Uhle 2004).

3. Logisch-systematische Erziehungs- und Bildungstheorie als Bezugsgröße des Qualitätsdiskurses

Folgt man der pädagogischen Reflexionstradition im Anschluss an Friedrich Schleiermacher, dann nimmt eine logisch-systematische Erziehungs- und Bildungstheorie ihren Ausgangspunkt von der historisch und zugleich biografisch bedingten pädagogischen Praxis. Grundlegend werden hier zwei Ebenen unterschieden: die zeitlich vorgängige Ebene von Erziehung und Bildung als sozialen Prozessen, die jede Person in ihrem Hineinwachsen in die Gesellschaft unweigerlich erfährt (*Praxis*), und die sich daran anschließende Ebene der Reflexion über Erziehung und Bildung in ihrem jeweiligen historisch, kulturell und sozial bedingten Kontext (*Theorie*) (vgl. grundlegend Schleiermacher 1826/2000). Der *Praxis* wird mit dieser Unterscheidung ein *Primat* zugewiesen, der *Theorie* kommt *eine bewusstmachende Funktion* zu.

Erziehung und Bildung als Praxis wahrzunehmen bedeutet, die historisch-sozial-kulturelle Eingebundenheit von Kulturweitergabe und -aneignung angesichts der anthropologischen Konstanten von Geburt und Tod in je unterschiedlichen Organisationen, Lebensformen, Traditionen, Rollen, Regeln, Maßstäben usw. hervorzuheben. Pädagogische Prozesse sind demnach Kulturphänomene im historischen und sozialen Wandel. Die Theorie soll die Praxis durch kritische Interpretationen und die Generierung empirischer Forschungsfragen über sich selbst logisch-systematisch und differenziert aufklären. Diese Leistung kann z. B. durch Situationsdeutungen, die Herausarbeitung pädagogischer Orientierungen sowie durch begriffliche und systematische Interpretationen von Erziehungs- und Bildungsprozessen erbracht werden.

Wenn sich die Theorie logisch-systematisch auf die Praxis bezieht, sich also nicht auf die bloße Sammlung und Beschreibung pädagogischer Phänomene beschränkt, sondern zu Begriffen, Kategorisierungen und Typisierungen vordringt, erfüllt sie eine Doppelfunktion: Sie ringt um wahrheitsfähige Aussagen über die Erziehungspraxis *und* dient Erziehenden dazu, ihre Praxis eine bewusstere werden zu lassen. Mit dieser Orientierung wendet sich die Pädagogik in der Nachfolge Schleiermachers dezidiert gegen die Normierung der pädagogischen Praxis durch die Ableitung pädagogischer Ziele aus situationsinvarianten Normen, Werten, Prinzipien oder Gesetzen.

Die bewusstmachende Funktion der Theorie lässt sich mit Erich Weniger weiter differenzieren. Er unterscheidet pädagogische *Theorien ersten, zweiten und dritten* Grades, wobei nur Theorien dritten Grades dem logisch-systematischen Anspruch einer akademischen Systematisierung genügen (vgl. Weniger 1929/1953). Wie im Folgenden gezeigt werden soll, können mit dieser Taxonomie die pädagogische, empirische Qualitätsforschung und die Erziehungs- und Bildungstheorie in ein Wechselverhältnis gebracht werden, das Differenz wahrt und wechselseitige Anschlüsse ermöglicht.

Theorien ersten Grades sind für Weniger im Lebenslauf internalisierte, oftmals nur vor- oder halbbewusste Deutungsmuster über Erziehung, Bildung und Unterrichtung. Sie korrelieren mit kulturellen Traditionen, Überzeugungen, Denk- und Wissensformen, ohne dass der pädagogisch Handelnde die jeweiligen Hintergründe und Verbindungen reflektieren kann. Ein Beispiel für Theorien ersten Grades können etwa Deutungsmuster zur pädagogischen Angemessenheit bestimmter Routinen und Rituale sein, die angehende frühpädagogische Fachkräfte von ihren Mentoren schlichtweg durch Einsozialisierung in eine vorgefundene Praxis übernehmen. Solche Theorien präformieren in den jeweiligen pädagogischen Alltagssituationen die Erfahrungsmöglichkeiten des pädagogisch Handelnden (vgl. ebd., S. 16).

Theorien zweiten Grades sind nun nicht mehr unreflektierte Theorien einzelner Erziehender, sondern versprachlichte, explizit formulierte und verallgemeinerte pädagogische Programmatiken. Sie können die Form von Erziehungsregeln, Ratgeberwissen oder pädagogischen Konzepten bzw. Ansätzen annehmen. Theorien zweiten Grades sind oft technologisch ausgerichtet: Sie beziehen sich auf die Wirksamkeit von Methoden und Regeln sowie auf Überzeugungen, wann pädagogische Praxis gelingt oder scheitert[1] (vgl. ebd., S. 17). Im Prozess der Verwissenschaftlichung der Pädagogik seit den 1960er Jahren, der sich in den ersten beiden Dekaden des 21. Jahrhunderts beschleunigte, werden Theorien zweiten Grades mehr und mehr mit Bezügen zu wissenschaftlichen Operationalisierungen und Wirksamkeitsüberprüfungen entfaltet. Denn positive Wirkungen bspw. von pädagogischen Konzepten sollen nunmehr nicht einfach nur behauptet, sondern empirisch belegt werden. Vor diesem Hintergrund können auch die verschiedenen aktuellen Qualitätsansätze für pädagogische Organisationen, die Merkmale guter pädagogischer Praxis festlegen und empirischen Evaluationen zugänglich machen, als verwissenschaftliche Theorien zweiten Grades gefasst werden.

Theorien dritten Grades sind dagegen aus einer Metaperspektive formulierte Deutungen. Als das eigentliche Feld systematischer Erziehungs- und Bildungstheorie werden sie von Weniger in ihrer Funktion klar bestimmt: Sie sollen die Theorien ersten und zweiten Grades auf ihre Voraussetzungen, ihre innere Logik und ihre Legitimität überprüfen. Diese Legitimierungsfunktion begründet sich durch die Erfahrung von Pluralismus und Kontingenz, denn in der pädagogischen Praxis treffen oft widersprechende Erziehungsratschläge oder konträre pädagogische Ansätze aufeinander (vgl. ebd., S. 19). Beispielsweise mag eine Gruppe frühpädagogischer Fachkräfte die Meinung vertreten, dass vor allem feste

1 Erziehungstechnologien basieren auf Zweck-Mittel-Relationen. Für bestimmte Zwecke wählen Pädagog_innen auf Basis ihrer reflektierten Erfahrung bzw. empirisch generierten nomothetischen Wissens geeignete Mittel aus. Nomothetisches Wissen ist in der sozialen Welt probabilistisch, daher können Erziehungstechnologien nur die Form scheiterungsanfälliger Soft-Technologien einnehmen.

Regeln und Abläufe sowie die Autorität der Erwachsenen Qualitätsmerkmale von Kindertageseinrichtungen sind, weil Kindern auf diese Weise Halt und Sicherheit vermittelt würden. Eine andere Gruppe widerspricht mit dem Argument, dass eine zu frühe Gewöhnung an vorgegebene Regeln kritiklose Anpassung fördere. Die Entwicklung von Ich-Stärke erfordere hingegen ein Höchstmaß an Partizipation von Anfang an. Wenn solche Kontroversen auf der Ebene der Theorien zweiten Grades auftreten, kann die prüfende, systematisierende und aufklärende Funktion der Erziehungs- und Bildungstheorie nutzbar gemacht werden.

Theorien zweiten Grades sind somit *normativ und programmatisch orientiert*. Eine systematische Erziehung- und Bildungstheorie dritten Grades hingegen ist *logisch-systematisch*: Nur durch die logisch-systematische Analyse des Sinns wie auch komplementär der Funktion von Erziehung und Bildung kann die Theorie dritten Grades *übergeordnete Kriterien* entwickeln, mit denen die sich widersprechenden pädagogischen Ratschläge, Maximen und Konzepte in pluralistischen Gesellschaften geprüft und vermittelt werden können. Und nur auf diese Weise kann entschieden werden, inwieweit ein pädagogischer Prozess bestimmten Anforderungen entspricht und wie er qualitativ einzustufen ist.

Eine zentrale Erkenntnis der logisch-systematischen Theorie dritten Grades in der Tradition Schleiermachers lautet: Erziehungsprozesse sind durch *dialektische Gegensätze bzw. Wechselseitigkeiten* gekennzeichnet. Die dialektische Perspektive Schleiermachers fasst die Gegensätze der Erziehung und Bildung als *Duale*, also *nicht* als unvereinbare Paradoxien oder Antinomien, sondern als *Balancen*. Diese Erkenntnis ist auch etymologisch fundiert. Denn Erziehung und Bildung sind sprachlich vermittelte Prozesse, und Dialektik meint ausgehend von der griechischen Wortbedeutung die Kunst des „Streitgesprächs, bei dem Widersprüche festgestellt werden und bei dem auf Versöhnbarkeit gesetzt wird" (vgl. Danner 1989, S. 172).

Die Konstatierung der Dialektiken bzw. Balancen der Erziehung ist also *Teil ihrer logischen Systematisierung*. So betont Schleiermacher gegenüber aufklärerischen Machtbarkeitsphantasien der Erziehung einerseits und romantischen Vorstellungen der Selbsthervorbringung des Kindes andererseits, dass Erziehung nicht ohne die Selbsttätigkeit und den Bildungswillen des Kindes denkbar ist. Nach seiner Auffassung setzt Erziehung durch Erfahrung aufgebaute und durch Kultur tradierte dialektische Handlungsformen des „Behütens", des „Gegenwirkens" und des „Unterstützens" ein, um an die „Selbsttätigkeit" und „Selbstständigkeit" des Menschen anzuknüpfen und ihm „Hilfe und Ergänzung der Kraft zur eigenen Bildung" zu leisten (vgl. Schleiermacher 1826/2000, S. 73 ff.).

In jüngerer Zeit hat Wolfgang Sünkel in der Denktradition Schleiermachers betont, dass sich Erziehung angesichts der anthropologischen Konstanten von Geburt und Tod durch die *Dialektik von Vermittlung und Aneignung* all jener Kenntnisse, Fähigkeiten und Fertigkeiten konstituiert, die nicht durch Vererbung über die Sterblichkeitsgrenze der Generationen weitergegeben werden können (vgl. Sünkel 2013). Vor diesem Hintergrund kommt Erziehung als historisch-kulturell unterschiedlich gestaltete, dynamische Wechselbeziehung von Kulturtradierung, Kulturaneignung und Kulturbearbeitung in den Blick. Charakteristisch sind die generationale Einbettung sowie der Prozess von der Fremd- zur Selbststeuerung mit dem Ziel der schrittweisen Symmetrisierung der ehemals asymmetrischen Interaktion.

Bildung zielt nach Schleiermacher indes auf die persönliche „Eigentümlichkeit" wie auf die Integration in das gesellschaftliche Leben (vgl. Schleiermacher 1826/2000, S. 38). Der Bildungsprozess ist dabei durch die *Dialektik von Person und Umwelt* gekennzeichnet. Bildung, so der Versuch eines kleinsten gemeinsamen Nenners moderner bildungstheoretischer Reflexionen, ist die selbstkonstruierte wechselseitige Erschließung von Person und Umwelt im Sinne einer bestimmteren inneren Struktur, äußeren Lebensführung und Mitgestaltung der Gesellschaft. Im Bildungsprozess baut sich die Person per Differenzierung des Innen gegenüber einem komplexer werdenden Außen auf, oder anders gesagt: Sie generiert Voraussetzungen für die Teilhabe an Kommunikation, integriert ihre Erfahrungen und sichert damit ihre Handlungskompetenz in der Außenwelt. Im Allgemeinen gelten solche Bildungsprozesse als gelungen, in denen die Person ein zunehmend stärker reflexives und selbstbestimmtes Selbst- und Weltverhältnis entwickelt, da hierdurch ihre Partizipations- und Gestaltungsmöglichkeiten zunehmen (vgl. Drieschner 2017; Tenorth 2003).

Eine Erziehungs- und Bildungstheorie dritten Grades kann diese *allgemeinen Dialektiken* von Vermittlung und Aneignung im Erziehungsprozess sowie von Person und Welt im Bildungsprozess situationsspezifisch differenzieren. *So kommen weitere Balancen* in den Blick, wie z. B., teils sich überschneidend, die Dialektik zwischen Gegenwart und Zukunft, Veränderung und Kontinuität, Autonomie und Verbundenheit, Neigung und Pflicht, Führen und Wachsenlassen, Unterstützen und Schützen, Gegenwirken und Behüten, Nähe und Distanz, Paternalismus und Partizipation oder Individuum und Gesellschaft.

Den weiteren Ausführungen soll folgende These zugrunde gelegt werden: Die *balancierte Gestaltung* der dialektischen Struktur von Erziehung und Bildung eignet sich als *übergeordnetes Kriterium*, mit dem Theorien zweiten Grades und damit auch aktuelle Operationalisierungen von Qualität geprüft bzw. differenziert werden können. Dialektiken können nicht nach normativen Prinzipien oder empirisch bestimmten Gesetzen aufgelöst werden, sondern sind zu reflektieren, um zu einer situativ angemessenen Handlungsentscheidung zu gelangen. Auf dieser Grundlage kommt der dialektischen Analyse von Balancen eine zweifache Aufgabe zu: In der Qualitätsforschung kann sie durch die Differenzierung des Qualitätsverständnisses Fragestellungen anleiten. Umgekehrt kann sie durch die Ergebnisse einer solchen empirischen Qualitätsforschung vor neue, zu durchdenkende Aufgaben gestellt und so zu Veränderungen angeregt werden. In der Qualitätsentwicklung pädagogischer Organisationen kann eine solche Wechselseitigkeit (Dialektik) dazu beitragen, das Reflexionsvermögen der Pädagog_innen als Basis für gutes Handeln zu differenzieren.

4. Prozess- und Ergebnisqualität als Fokus der Dialektiken von Erziehung und Bildung

Die differenzierende Funktion der Erziehungs- und Bildungstheorie für die Qualitätsforschung soll im Folgenden in Grundzügen erläutert werden. Die Betrachtung gilt dabei den Dimensionen der Prozess- und der Ergebnisqualität.

Prozessqualität meint für Wolfgang Tietze „die Gesamtheit der Interaktionen und Erfahrungen, die das Kind im Kindergarten mit seiner sozialen und räumlich-materialen Umwelt macht“ (Tietze 1998, S. 21). Eine *hohe Prozessqualität* ist Susanne Viernickel zufolge „dann gegeben [...], wenn pädagogische Fachkräfte sensibel und einfühlsam mit den Kindern umgehen und auf ihre individuellen Bedürfnisse, Interessen und Entwicklungsvoraussetzungen eingehen, entwicklungsangemessene Materialien auswählen und bereitstellen, Impulse für selbstgesteuertes Lernen und Anregungen in verschiedenen Entwicklungs- und Bildungsbereichen geben und wenn sie bestimmte lern- und persönlichkeitsförderliche Strategien der Interaktion mit den Kindern anwenden“ (Viernickel 2016, S. 6).

Für Fragen der *Ergebnisqualität* im Bereich der Kindertagesstätten ist festzustellen, dass sie im Vergleich zum Schulsystem politisch bisher eine untergeordnete Rolle spielen. Bevor wie in der Schule Outputqualität in den Mittelpunkt der Steuerungsprozesse gestellt werden kann, sind zunächst Standards auf der Ebene der Struktur-, der Orientierungs- und der Prozessqualität zu universalisieren. Gewissermaßen finden sich aber Indikatoren von Ergebnisqualität im Sinne avisierter Effekte von Kindertageseinrichtungen in internationalen Studien zu den Auswirkungen der Kindertagesbetreuung auf die kindliche Entwicklung (z. B. der NICHD-Studie). Aus dieser Perspektive wären zentrale Merkmale von Ergebnisqualität das Wohlbefinden und die Engagiertheit von Kindern, ihre sozialen Kompetenzen, ihr sprachlicher und kognitiver Entwicklungsstand, ihre soziale und emotionale Anpassungsfähigkeit und ihre Schulfähigkeit (vgl. Stamm 2011).

Für die Differenzierung, Systematisierung und Legitimierung der Merkmale von Prozess- und Ergebnisqualität eignen sich die in der Erziehungs- und Bildungstheorie beschriebenen *Dialektiken*. Dies sei exemplarisch an den eng miteinander verbundenen Dialektiken *Gegenwart und Zukunft* sowie *Nähe und Distanz* erläutert.

In der frühpädagogischen Reflexion gibt es eine lange Tradition, Erziehung als eine besondere Form der Beziehung in einem *dialektischen Zeithorizont von Gegenwart und Zukunft* zu betrachten. Wie bereits Schleiermacher klar erkannte, entfalten sich der Sinn und die Funktion von Erziehung und Bildung immer nur zukunftsbezogen, obgleich das Zeitempfinden im frühen Kindesalter noch gegenwartszentriert ist. Daher ist es eine zentrale Aufgabe der Früherziehung, die Fürsorge für das Kind in seiner Gegenwart und die Ermöglichung seines Anschlusses an die Erwachsenenwelt in der Zukunft auszubalancieren. Ethisch spricht sich Schleiermacher dabei für eine Erziehung aus, bei der die Sorge für die Gegenwart und für die Zukunft des Kindes nicht füreinander geopfert werden dürfen (Schleiermacher 1826/2000, S. 52).

Nach diesem dialektischen Prinzip zeigt sich der von Viernickel (2016, S. 6) als zentrales Merkmal von Prozessqualität geforderte *sensible Umgang mit Kindern* in einer angemessenen *Balance zwischen heute und morgen*. Das immer noch aktuelle Grundmodell für die Gestaltung dieser Balance hat Friedrich Fröbel im Anschluss an Schleiermachers Dialektik u. a. in seiner erziehungs- und bildungstheoretischen Schrift „Die Menschenerziehung" (1826) entwickelt. Diese Schrift Fröbels changiert nach der o. g. Taxonomie zwischen den Theorieebenen zwei und drei. Ausgehend von einem spekulativen theologischen und philosophischen Überbau (Theorie zweiten Grades) integriert Fröbel naturwissenschaftliche, mathematische, psychologische, didaktische und erziehungstheoretische Erkenntnisse seiner Zeit (Theorie dritten Grades). So kommt in seinen spieltheoretischen Überlegungen dritten Grades das gegenwartszentrierte Spiel in seiner evolutionären, die Zukunft vorbereitenden Funktion in den Blick. Für Fröbel setzen sich Kinder im Spiel aus eigener Motivation, ihrem Tätigkeitstrieb folgend, zunächst aktiv und erkundend und dann spielerisch mit ihrer Umwelt auseinander. Eine um das selbsttätige Spiel zentrierte Erziehung soll das Gleichgewicht zwischen der Fürsorge für das Kind in seiner Gegenwart und seinem zukünftigen Anschluss an die Erwachsenenwelt sicherstellen (vgl. zum Begriff der Spielpflege bei Fröbel: Hoffmann 1971, S. 33). Ein Merkmal hoher *pädagogischer Prozessqualität* zeigt sich aus dieser Sicht in der Pflege des Spiels auf der Basis sorgfältig ausgewählter, systematisch aufeinander aufbauender Spielgaben und Beschäftigungsmittel. *Hohe Ergebnisqualität* ist entsprechend dann gegeben, wenn Kinder in der selbsttätigen Auseinandersetzung mit den Spielgaben und Spielpartnern ihre kognitiven und sozialen Kompetenzen eigenständig weiterentwickeln.

Aus Fröbels Erziehungs- und Bildungstheorie lassen sich, sofern man in seinem Werk auf der dritten Theorieebene bleibt, *Kriterien* gewinnen, mit denen frühpädagogische Qualitätsoperationalisierungen (Theorien zweiten Grades) differenziert werden können: So müssen Fachkräfte Spielmaterialien begründet auswählen sowie Spielumgebungen und Spielsituationen begründet gestalten können, die eine erfüllte Gegenwart versprechen und gleichzeitig für die Zukunft bildend wirken. Dabei ist der Unmittelbarkeit und Spontaneität der Kinder in gleichem Maße Raum zu geben wie der Förderung ihrer Selbstregulation und Aufmerksamkeitsfähigkeit im Rahmen der Schulvorbereitung. Im Übergang zur Grundschule sind institutionell vorgegebene Balanceverschiebungen zwischen dem Spiel und dem *stärker methodisch-systematischen Lernen* zu gestalten. In diesem Prozess sind den Kindern Teilhabe und Partizipation gemäß ihren kognitiven und emotionalen Voraussetzungen bereits in ihrer Gegenwart zu ermöglichen. Zugleich muss die Grundlage dafür geschaffen werden, dass sie Voraussetzungen für die spätere Partizipation und die Selbstgestaltung des eigenen Lebens aufbauen können.

Unter der Maßgabe dieses dialektischen Prinzips können *Dysbalancen* zwischen Gegenwart und Zukunft als mögliche Qualitätsprobleme erkannt werden: etwa die Einseitigkeit starker Zukunftsorientierung im Kontext programmorientierter, schulvorbereitender Förderung oder – umgekehrt – die gegenwartsverhaftete Laissez-faire-Pädagogik ohne konkreten Anspruch auf die Vermittlung und Aneignung schulischer Vorläuferkompetenzen.

Neben der Gegenwartsorientierung ist das Bedürfnis nach körperlicher und sozialer Nähe zu erwachsenen Bezugspersonen ein weiteres Merkmal frühkindlicher Welterfahrung. Im Erziehungs- und Bildungsprozess erwächst daraus die *Dialektik von Nähe und Distanz,* die ebenfalls auf die Qualitätsfrage bezogen werden muss. Die Reflexion dieses Spannungsverhältnisses steht in der Tradition *geisteswissenschaftlich orientierter Sozialpädagogik* nach Herman Nohl, die der personalen Qualität des *pädagogischen Bezugs* wie komplementär des *pädagogischen Takts* besondere Bedeutsamkeit für die Erziehung zuspricht. In dieser Tradition gilt zunächst die anthropologische Annahme der sozialen Existenz des Menschen. Die Angewiesenheit des Kindes auf Bezugspersonen wird im Balanceverhältnis zu seiner bereits früh gegebenen Selbstständigkeit gesehen. So erscheint das Kind einerseits als abhängig, schutzbedürftig und auf Unterstützung angewiesen, andererseits gilt es als Gestalter seiner eigenen Entwicklung. Es kann nur selbst, aber auch immer nur im Rahmen zwischenmenschlicher Bezüge, zu seiner eigenen Form kommen, wie es Herman Nohl idealtypisch beschrieb. Demnach ist die Anthropologie des Kindes durch einen konstitutiven, auf verschiedenen Altersstufen durchaus konflikthaften dialektischen Zusammenhang zwischen personaler Nähe und Distanz, zwischen Anlehnungs- und Autonomiebedürfnissen gekennzeichnet. Das Streben nach Bindung wie komplementär nach einer im Rahmen von Bindungen erwachsenden Autonomie erscheinen gleichermaßen als Potenziale wie als Aufgaben der menschlichen Entwicklung. Sie können und müssen im Zusammenhang enger emotional basierter Beziehungen realisiert werden (vgl. Nohl 1963).

Mit Perspektive auf die Dialektik von Nähe und Distanz tritt der von Susanne Viernickel als Qualitätsmerkmal geforderte sensible und einfühlsame Umgang mit den Kindern in der *feinfühligen, situationsangemessenen Balance von bindungsorientierter Nähe und autonomieorientierter Distanz* in den Vordergrund. Demnach müssen Pädagog_innen situationsangemessen Nähe ermöglichen und gebotene Distanz wahren, die Selbsttätigkeit und die Selbstbestimmung des Kindes immer unterstellen und zugleich von einem Mangel an Autonomie ausgehen.

Dysbalancen können in diesem herausfordernden Prozess auf der einen Seite in übergriffiger, überbordender Nähe und auf der anderen Seite in Bindung negierender Distanz zum Ausdruck kommen.

5. Schlussbemerkung

Die Eignung des dialektischen Balanceprinzips für die Differenzierung pädagogischer Prozess- und Outputqualität erscheint unmittelbar einleuchtend. Die Erziehungs- und Bildungstheorie, speziell die Analyse der Dialektiken der Erziehung und Bildung, birgt noch unausgeschöpftes Potenzial für die Weiterentwicklung pädagogischer Qualitätskataloge, normativer Skalen oder anderer Instrumente zur Analyse und Entwicklung von Qualität. Inwieweit dieses Potenzial tatsächlich genutzt werden kann, damit beide Gruppen von Expert_innen wechselseitig profitieren, wird sich im Dialog erweisen: in der gemeinsamen réflexion engagée von Erziehungs- und Bildungstheoretiker_innen und Qualitätsforscher_innen.

Wie nahe sich empirische Bildungsforscher_innen und Erziehungs- und Bildungstheoretiker_innen hier bereits stehen, soll abschließend zur Verdeutlichung am Beispiel einer eindrücklichen Konvergenz neuerer empirischer Forschungsbefunde und älterer erziehungs- und bildungstheoretischer Reflexionen verdeutlicht werden: Als Inbegriff hoher Prozessqualität mit nachweislich positiven Effekten auf den kindlichen Bildungsprozess gilt eine Interaktionsform, die in der fachspezifischen Diskussion der Qualitätsforschung *sustained shared thinking* genannt wird (vgl. Siraj-Blatchford 2009). In die deutsche elementardidaktische Diskussion wurde sie unter dem Begriff „dialogisch-entwickelnde Interaktionsprozesse" eingebracht (König 2010, S. 66). Sustained shared thinking bezeichnet damit die gemeinsame Denkbewegung einer erwachsenen Bezugsperson und mindestens einem Kind. Ausgangspunkt ist eine oftmals von den Kindern aufgeworfene Alltagsfrage bzw. eine Problemstellung. Die Fachkraft knüpft feinfühlig an die Interessen, Hypothesen und Gedankengänge der Kinder in der Gegenwart an. Zugleich bringt sie ihre auf die Zukunft bezogenen Förderungs- bzw. Vermittlungsabsichten in die Situation ein. Das strukturierte Nachdenken mit der Bezugsperson gibt Kindern ein gedankliches Gerüst für ihren Erfahrungsaufbau und unterstützt sie bei ihren Problemlösungen. Das Interesse der Fachkraft an der Weltsicht von Kindern sowie eine situationsangemessene Balance von Nähe und Distanz gelten als die zentralen Einflussgrößen auf das Gelingen der Interaktion.

Ein sehr eindrückliches und in der Erziehungs- und Bildungstheorie überliefertes Beispiel lieferte Friedrich Copei 1930, lange bevor der Begriff sustained shared thinking geprägt wurde. Copei sieht in solchen vertieften Dialogsituationen „*fruchtbare Momente im Bildungsprozess*": Auf einer Wanderung möchte ein Junge eine Dose Kondensmilch öffnen. Er bohrt ein Loch hinein, aber die Milch fließt nicht heraus. Die gesamte Kindergruppe ist darüber erstaunt. Der Pädagoge erkennt intuitiv das Bildungspotenzial dieser ungeplanten Situation. Er greift die Verwunderung und die Fragen der Kinder auf und regt sie zu Hypothesen an, die im gemeinsamen Gespräch falsifiziert oder bestätigt werden. Am Ende des gemeinsamen Nachdenkens steht die selbst gefundene Einsicht der Kinder, dass die Milch aufgrund des Verhältnisses von Flüssigkeit und Luft nur dann fließt, wenn zwei Löcher in die Dose gebohrt werden und sie schräg gehalten wird (vgl. Copei 1930/1960).

Solche fruchtbaren Momente im Bildungsprozess zu erkennen, aufzugreifen und balancenbewusst zu gestalten kann zu Recht als zentraler Indikator hoher Prozessqualität im Rahmen einer alltagsorientierten Förderung der Kinder gelten. Die auf unterschiedlichen Erkenntnisformen basierende und doch gemeinsame Aufgabe der Erziehungs- und Bildungstheorie und der Qualitätsforschung ist es, ein dynamisches, dialektisches und balancenbewusstes Verständnis von pädagogischer Qualität auf Struktur- und Prozessebene zu entwickeln. Dabei sind beide Herangehensweisen, die logisch-systematische Theorie sowie die methodisch-systematische Empirie wechselseitig aufeinander angewiesen.

Auf einer abstrakten Ebene kann der Zusammenhang folgendermaßen beschrieben werden: Mithilfe systematischer Methoden der Empirie können wissenschaftliche Aussagen über die Ausprägung bestimmter in normativer und ethischer Hinsicht fundierter Qualitätsmerkmale in Kindertageseinrichtungen gemacht werden. Empirisch ist dabei immer nur eine Annäherung an die Realität möglich. Denn Realität ist wegen ihrer Komplexität und ihrer ständigen Konstruktion durch inneren Denkstrukturen nicht vollständig abbildbar. So kann auch die Güte und Beschaffenheit einer Einrichtung wie auch des gesamten Elementarbereich des Bildungssystems nie vollumfänglich empirisch erfasst werden. Daher sind wir bei der Operationalisierung von Qualitätsindikatoren, der Generierung von Fragestellungen für die empirische Forschung wie auch bei der Erklärung eines allgemeineren Zusammenhangs auf die logische Systematik von Theorien angewiesen sind. Die Ergebnisse der empirischen Forschung verändern allerdings auch wieder die theoretischen Gebäude und damit auch das Verständnis von Qualität, in dem sie dieselben vor neue Aufgaben stellen. So können wir von einer wechselseitigen -auch hier dialektischen – Abhängigkeit von logisch systematischer Theorie und methodisch systematischer Empirie sprechen.

Literatur

Baur, Dieter (1998): Leistungen und Grenzen von Heimerziehung. Ergebnisse einer Evaluationsstudie stationärer und teilstationärer Erziehungshilfen. Stuttgart: Kohlhammer.

Benner, Dietrich/Kemper, Herwart (2001): Theorie und Praxis der Reformpädagogik. 2 Bde. Weinheim und Basel: Beltz.

Copei, Friedrich (1930/1960): Der fruchtbare Moment im Bildungsprozess. Heidelberg: Quelle & Meyer.

Dahlberg, Gunilla/Moss, Peter/Pence, Alan (2013): Beyond quality in early childhood education and care. 3. Auflage. Routledge: London.

Danner, Helmut (1989): Methoden geisteswissenschaftlicher Pädagogik. München und Basel: Reinhardt.

Dirim, Inci/Mecheril, Paul (Hrsg.) (2018): Heterogenität, Sprache(n), Bildung. Bad Heilbrunn: Klinkhardt.

Donabedian, Avedis (1966): Evaluating the Quality of Medical Care. The Milbank Memorial Fund Quarterly 44, H. 3, S. 166-206.

Drieschner, Elmar/Gaus, Elmar (2020): Emotionalisierung – Bangen und Hoffen im Kontext pädagogischer Endzeitdiagnosen. In: Binder, Ulrich/Oelkers, Jürgen (Hrsg.): Das Ende der politischen Ordnungsvorstellungen des 20. Jahrhunderts. Erziehungswissenschaftliche Beobachtungen, S. 169-184.

Drieschner, Elmar (2009): Bildungsstandards praktisch. Perspektiven kompetenzorientierten Lehrens und Lernens. Wiesbaden: VS Verlag für Sozialwissenschaften.

Drieschner, Elmar (2017): Bildung als Selbstgestaltung des Lebenslaufs. Zur Funktion von Erziehung und Bildung. Berlin: Logos.

Flitner, Wilhelm (1989): Das Selbstverständnis der Erziehungswissenschaft in der Gegenwart (1957). In: Ders.: Gesammelte Schriften. Bd. 3., Paderborn: Schöningh, S. 310-349.

Fröbel, Friedrich (1826): Die Menschenerziehung. https://books.google.de/books?id=SMoJAQAAIAAJ&pg=PP6&dq=fr%C3%B6bel+die+menschenerziehung&hl=de#v=onepage&q=fr%C3%B6bel%20die%20menschenerziehung&f=false (abgerufen am 29.10.2020).

Grochla, Nadine (2008): Qualität und Bildung: eine Analyse des wissenschaftlichen Diskurses in der Frühpädagogik. Münster: Lit.

Helmke, Andreas/Schrader, Friedrich-Wilhelm (1993). Was macht erfolgreichen Unterricht aus? Ergebnisse der Münchner Studie. Praxis Schule 5-10, H. 1, S. 11-13.

Hoffmann, Erika (1971): Vorschulerziehung in Deutschland. Witten: Luther-Verlag.

König, Anke (2010): Interaktion als didaktisches Prinzip: Bildungsprozesse bewusst begleiten und gestalten. Troisdorf: Bildungsverlag eins.

Nohl, Herman (1963): Die pädagogische Bewegung in Deutschland und ihre Theorie. 4. Auflage. Frankfurt/Main: Schulte-Bulmke.

Roth, Heinrich (1958/1967): Die Bedeutung der empirischen Forschung für die Pädagogik. In: Ders.: Erziehungswissenschaft, Erziehungsfeld und Lehrerbildung. Hannover: Schrödel, S. 9-56.

Roux, Susanna (2013): Frühpädagogische Qualitätskonzepte. In: Fried, Lilian/Roux, Susanna (Hrsg.): Pädagogik der frühen Kindheit. Handbuch und Nachschlagewerk. 3. überarbeitete und erweiterte Auflage. Berlin: Cornelsen Scriptor, S. 129-139.

Sirja-Blatchford, Iram (2009): Conceptualising progression in the pedagogy of play and sustained shared thinking in the early childhood education. In: Educational and Child Psychology 26, H. 2, S. 77-89.

Schleiermacher, Friedrich (1826/2000): Grundzüge der Erziehungskunst (Vorlesung 1826). In: Ders.: Texte zur Pädagogik. Kommentierte Studienausgabe. Hrsg. von Michael Winkler und Jens Brachmann. Frankfurt/Main: Suhrkamp, S. 7-404.

Stamm, Margit (2011): Wie viel Mutter braucht das Kind? Theoretische Befunde und empirische Fakten zur Frage der Nützlichkeit oder Schädlichkeit von früher familienexterner Betreuung. In: Diskurs Kindheits- und Jugendforschung 1, S. 17-29.

Sünkel, Wolfgang (2013): Erziehungsbegriff und Erziehungsverhältnis. Allgemeine Theorie der Erziehung. Bd.1. 2. Auflage. Weinheim und Basel: Beltz Juventa.

Tenorth, Heinz-Elmar (2003): „Wie ist Bildung möglich?“ Einige Antworten – und die Perspektive der Erziehungswissenschaft. In: Zeitschrift für Pädagogik 3, S. 422-430.

Tietze, Wolfgang (1998): Wie gut sind unsere Kindergärten? Eine Untersuchung zur pädagogischen Qualität in deutschen Kindergärten. Neuwied u. a.: Luchterhand.

Tietze, Wolfgang/Lee, Hee-Jeong/Bensel, Joachim/Egert, Franziska/Aselmeier, Meike (2013): Pädagogische Qualität in Kindertageseinrichtungen und Kindertagespflegestellen. In: Tietze, Wolfgang/Becker-Stoll, Fabienne/Bensel, Joachim/Eckhardt, Andrea G./Haug-Schnabel, Gabriele/Kalicki, Bernhard/Keller, Heidi/Leyendecker, Brigit (Hrsg.), Nationale Untersuchung zur Bildung, Betreuung und Erziehung in der frühen Kindheit. Weimar: das Netz, S. 69-87.

Uhle, Reinhard (2004): Pädagogisches Denken ohne Utopie, aber mit Hoffnungen. In: Hoffmann, Dietrich/Uhle, Reinhard (Hrsg.): Utopisches Denken und pädagogisches Handeln. Untersuchungen zu einem ungeklärten Verhältnis. Hamburg: Kovac, S. 27-36.

Viernickel, Susanne (2016): Rahmenbedingungen und pädagogische Qualität in Kindertageseinrichtungen. Viele Faktoren wirken zusammen. In: TPS 7, S. 6-10.

Weniger, Erich (1929/1953): Theorie und Praxis in der Erziehung. In: Ders.: Die Eigenständigkeit der Erziehung in Theorie und Praxis. Probleme der akademischen Lehrerbildung (1929). Weinheim und Basel: Beltz, S. 7-22.

Qualität pädagogisch gedacht: Ein historisch-systematischer Beitrag zum Qualitätsverständnis in der Pädagogik der frühen Kindheit

Oktay Bilgi

Die Frage danach, was Anspruch und Ziel von Pädagogik ist, woran man das Gelingen von Erziehung und Bildung erkennen und nach welchen Kriterien man sie als angemessen und gut beurteilen kann, ist Gegenstand pädagogischer Reflexionen seit ihren Anfängen in der Antike. Seit der Antike gilt Pädagogik als ein Projekt der Freiheit mit unsicherem Ausgang. Nichtplanbarkeit, Kontingenz und Unberechenbarkeit galten jeher als wesentliche Merkmale von Erziehung und Bildung. Nicht ohne Grund ist daher die Diskussion um das „Technologiedefizit der Erziehung“ (Luhmann/Schorr 1982) bis heute ein zentraler Topos der Pädagogik. Auch wenn der Rückbezug auf philosophische und geisteswissenschaftliche Grundlagen der Erziehungswissenschaft seit den 1960er Jahren zunehmend durch empirische Methoden erodiert, setzt sich die Suche nach Kriterien und Verfahren zur Begründung und Beurteilung pädagogischen Handelns bis heute fort (vgl. Fuchs 2015).

Gegenwärtig wird dem Technologiedefizit der Pädagogik mit dem schillernden Begriff der Qualität begegnet, wie er sich besonders prägnant im Kontext der frühpädagogischen Forschung darstellt (vgl. Bilgi/Stenger 2017). Mit standardisierten Beobachtungsverfahren, wie etwa dem ECERS/KES, wird ein outcomeorientiertes Verständnis pädagogischer Qualität perpetuiert, in dem die Effektivität von Bildung im Sinne einer optimalen Kompetenzförderung als messbare und überprüfbare Eigenschaft pädagogischer Praxis verobjektiviert wird. Dabei wird nur unzureichend bedacht, dass Qualität vor allem das Resultat von Bewertungsprozessen ist (vgl. Heid 2000), die als relationale Werturteile im Verständnishorizont normativer, kultureller und historisch gewachsener Ansprüche und Zielformulierungen hervorgebracht werden. Die „‚normative‘ Frage nach der Qualität frühpädagogischer Arbeit“, so Thiel und Hans (2020, S. 140), markiert nicht nur den blinden Fleck einer evidenzbasierten Forschung, sondern wird zudem unhinterfragt mit bildungspolitischen wie -ökonomischen Zielformulierungen zur optimalen Förderung von sprachlichen, mathematischen und naturwissenschaftlichen Kompetenzen gleichgesetzt. Unklar bleibt in der Debatte um die Überprüfbarkeit pädagogischer Qualität, was das *Pädagogische* dabei ist. Grundlegende Fragen danach, wozu Menschen überhaupt erzogen werden sollen, welche

Ziele mit Bildung verfolgt werden, wären dabei genauso zu berücksichtigen wie die Entwicklung von Kriterien und Maßstäben für die Reflexion, Beurteilung und Gestaltung guter pädagogischer Praxis. Eine in diesem Sinne genuin pädagogische Konturierung des Qualitätsbegriffs, die gleichzeitig eine gegenstands- wie begründungstheoretische (Selbst-)Vergewisserung einer Pädagogik der frühen Kindheit zur Voraussetzung hat, steht bis heute aus (Dietrich/Stenger/Stieve 2019; Bilgi 2021). Der folgende Beitrag geht diesem Forschungsdesiderat nach, indem versucht wird, eine pädagogisch-anthropologische sowie historisch-systematische Perspektive auf einen möglichen Qualitätsbegriff in der Pädagogik der frühen Kindheit zu skizzieren.

Nach einer kritischen Sichtung gegenwärtiger Qualitätsbegriffe und -konzepte (Kap. 1) wird im Folgenden zunächst nach historischen und aktuellen Konstellationen des Qualitätsdenkens in der (Früh-)Pädagogik gefragt (Kap. 2). Anschließend werden in Anlehnung an neuere Praxistheorien (Latour 2007) sowie kulturvergleichende Arbeiten (Jullien 1999) erkenntnistheoretische sowie ethische Aspekte eines möglichen pädagogischen Qualitätsbegriffs diskutiert, der die gängige Dichotomisierung von empirischen Tatsachenbeschreibungen und normativen Werturteilen zu überwinden versucht (Kap. 3). Herausgearbeitet wird eine prozessorientierte Perspektive auf pädagogische Wirksamkeit, die nicht messbare Wirkungszusammenhänge unterstellt, sondern, ausgehend von der konkreten Situation, inhärente Potenziale, Güter und Maßstäbe als wesentliche Aspekte eines pädagogischen Qualitätsbegriffs fokussiert. Abschließend wird eine phänomenologisch orientierte Forschungsperspektive auf pädagogische Qualität skizziert, die entgegen dem Anspruch objektiver Tatsachenbeschreibung das leiblich-sinnliche Involviertsein als methodische Bedingung der Möglichkeit eines forschenden Zugangs zum Forschungsfeld vorschlägt.

1. Was ist Qualität?

Die Frage, was Qualität in der Pädagogik ist und nach welchen Kriterien sie bestimmt und gemessen werden kann, wird im Forschungsfeld der Pädagogik der frühen Kindheit seit mehr als zwei Jahrzehnten kontrovers diskutiert. Währenddessen wurden eine Vielzahl von Ansätzen und Konzepten zur Qualitätsherstellung, -messung und -optimierung entwickelt und erprobt. Eine mögliche Systematisierung schlägt Wassilios E. Fthenakis vor: Er unterscheidet zwischen relativistischen, dynamischen und struktural-prozessualen Zugängen (Fthenakis 1998, S. 18 f.). Während relativistische Zugänge die kulturspezifischen Voraussetzungen der Ziel- und Wertsetzungen bspw. in Form von Qualitätskriterien betonten, berücksichtige ein dynamischer Zugang zur Qualität die unterschiedliche Perspektivität der beteiligten Akteure. Qualität wird als ein dynamisch veränderbarer Prozess beschrieben, der generationsspezifische wie kulturelle

Erwartungen mitreflektiere. Struktural-prozessuale Konzepte hingegen, wie etwa die Kindergarten-Einschätzskala (KES), basierten auf mehrdimensionalen Qualitätsmodellen, die strukturelle und prozessuale Aspekte gleichermaßen berücksichtigen. Unterschieden werden hierbei die Dimensionen der pädagogischen Strukturqualität, Prozessqualität und Orientierungsqualität.

Folgt man Michael S. Honig, dann ist den hier beschriebenen Konzepten trotz ihrer unterschiedlichen Zugänge zur Qualitätsfrage eine normative Verengung auf Fragen des „Outputs" gemeinsam. Honig kritisiert, dass die Frage nach einem guten Kindergarten schon im Vorfeld normativ festgelegt werde, um nachträglich empirisch nur noch bestätigt zu werden (vgl. Honig/Joos/Schreiber 2004, S. 13). Mit anderen Worten erzeugt die Evaluation von Qualität „erst die Wirklichkeit, die sie zu bewerten vorgibt" (Bröckling 2004, S. 78). Um solch eine Reifizierung des Qualitätsproblems zu umgehen, schlägt Honig eine analytische Trennung zwischen einer deskriptiven und evaluativen Ebene des Qualitätsbegriffs vor (vgl. Honig et al. 2004, S. 23). So könne auf einer deskriptiven Ebene u. a. deutlich gemacht werden, dass Qualität ein relatives Konzept ist, das bestimmte gesellschaftliche Erwartungen an frühkindliche Bildung widerspiegelt. Bei genauer Betrachtung wird ersichtlich, dass hinter dem Qualitätsbegriff normative, politische oder ökonomische Zielformulierungen stehen, wie sie etwa durch die OECD definiert und breitenwirksam durchgesetzt wurden. Der evaluative Aspekt hingegen bezieht sich auf die Vorstellung, Qualität könne weitgehend entlang von Kriterien definiert und gemessen werden. Bereits Ende der 1990er Jahre kritisierten Dahlberg et al. (u. a. 2007) ein objektivistisch-verkürztes Verständnis von Qualität, das diese als scheinbar „Objektives, Echtes, Erfassbares" missverstehe, und dabei verkenne, wie sehr das Konzept der Qualität selbst als „Technologie der Normierung" kindlicher Entwicklung funktioniere (Dahlberg/Moss/Pence 2007). Wie die Autor_innen deutlich machen, ist das Problematische am Qualitätsdiskurs nicht die Frage und Suche nach ethischen und politischen Orientierungspunkten, als vielmehr ein evaluativer Qualitätsbegriff, über den die Effekte und Ergebnisse pädagogischen Handelns auf die kindliche Entwicklung nach vorgefassten normativen Maßstäben als empirisch kontrollierbare Tatsachen *festgeschrieben* werden.

Der Anspruch „gute Arbeit zu leisten", „anspruchsvolle Ziele zu formulieren und Maßstäbe für die Bewertung aufzustellen" (Honig 2002, S. 4), ist in der Pädagogik keineswegs neu. Betrachtet man die Geschichte der Pädagogik, dann lassen sich Anschlusspunkte für ein pädagogisches Verständnis von Qualität erkennen. Für die Suche nach epistemologischen Kriterien sowie normativen Bezugspunkten zur Exploration eines pädagogischen Qualitätsbegriffs bietet eine historisch-systematische Selbstvergewisserung der Pädagogik über ihre Grundfragen eine entscheidende Weichenstellung. Dabei geht es keineswegs um eine antiquierte Verklärung veralteter Konzepte. Eine naive Rückkehr hinter die postmoderne Kritik an metaphysischen Konzepten von Wahrheit, Wirklichkeit und

Subjekt ist weder vorstellbar noch wünschenswert, wenn nicht die metaphysischen Fallstricke einer in dieser Lesart objektivistisch verkürzten Pädagogik befeuert werden sollen. Dennoch soll im Folgenden der Gedanke stark gemacht werden, dass eine begründete Kritik an gegenwärtigen dominanten Qualitätsdiskursen eine kritisch-reflexive Erinnerung an pädagogische Grundfragen sowie die Entwicklung (neuer) wissenschaftlicher Begriffe und Konzepte voraussetzt.

Wie ist es also möglich, jenseits objektivistischer Vorstellungen einer vom Subjekt unabhängigen, mess- und überprüfbaren Faktizität von Qualität und postmoderner Relativierung pädagogischer Grundfragen, epistemologische Prüfsteine und normative Orientierungspunkte für einen genuin pädagogischen Begriff von Qualität zu gewinnen? Um mit Klaus Mollenhauer zu argumentierten, stellt sich auch für die Pädagogik der frühen Kindheit die Aufgabe „ihre eigenen [historisch-kulturellen] Problemstellungen wieder stärker" (Mollenhauer 2008, S. 19) in ihre Denkzusammenhänge einzubeziehen und „noch legitimierbare[...] überlieferte[...] Bestände und deren Zukunftsfähigkeit" (ebd., S. 18) auszuweisen. Einen möglichen historisch-systematischen Anknüpfungspunkt bietet hier Friedrich Schleiermachers pädagogische Grundformel, dass alle Erziehung „sich an die Idee des Guten anzuschließen habe, mit Rücksicht auf die Unentschiedenheit der anthropologischen Voraussetzungen" (Schleiermacher 1826/2000, S. 21). Das heißt wiederum, dass die Frage, was Pädagogik zu leisten habe, nicht allein empirisch beantwortet werden kann. Im Gegenteil müsse der „Pädagogik das Spekulative zum Grunde liegen" (ebd., S. 22), was letztendlich bedeutet, den „Zusammenhang der Erziehungstheorie mit der ethischen Wissenschaft" (ebd.) zu klären.

Ein möglicher Name dieser Suchbewegung, die nicht nur nach dem Gegebenen fragt, sondern nach dem Möglichen sucht, könnte Qualität lauten. Pädagogische Qualität wäre demnach nicht ein endgültig definierter Begriff, der dem beobachtenden Blick nur als passiver Gegenstand zur Verfügung stehen würde. Vielmehr könnte Qualität als eine dynamische Weise der Wahrnehmungsorientierung verstanden werden, die pädagogische Wirklichkeiten konfiguriert und ihre Legitimation zu klären versucht. Für die weiteren Überlegungen lautet daher die Frage: Wie lässt sich Qualität als eine pädagogische Basiskategorie fassen, die zum epistemologischen und ethischen Bezugspunkt einer Pädagogik der frühen Kindheit werden könnte?

2. Historische Konstellationen

Im Folgenden wird anhand von drei historischen Beispielen die Frage nach Bedingungen und Voraussetzungen von gelingender bzw. guter Erziehung und Bildung diskutiert. Es handelt sich hierbei um antike, neuzeitliche und gegenwärtige Konstellationen, in denen jeweils die begründungstheoretische Frage nach dem

Maßgeblichen der Pädagogik gestellt wird. Die folgende Rekonstruktion leistet historische Erinnerungsarbeit, um vergessene Zusammenhänge sichtbar zu machen (vgl. Mollenhauer 2008) sowie alternative Perspektiven gegenüber gegenwärtigen dominanten Diskursen aufzuzeigen. Die Rekonstruktion folgt nicht einer strikten Differenzierung nach historischen Epochen, Entwicklungslinien oder abgrenzbaren Typologien, sondern fragt vielmehr am Beispiel prominenter Denkmotive nach Kontinuitäten, Verschränkungen und Unterschieden. Auf dieser Basis werden historisch wirkmächtige Topoi des pädagogischen Denkens herausgearbeitet und als Vergleichsfolie für gegenwärtige Thematisierungsweisen von Qualität herangezogen.

Antike Konstellationen

Bereits in der antiken Philosophie gilt das Gute und Wahre als maßgeblich für eine gelungene Lebensführung. Die pädagogische Fragerichtung nach dem Guten und Wahren wird vordergründig als Frage nach dem Erkenntnisgrund sowie als sittliche Frage nach einem vernünftigen Handlungsgrund gestellt (vgl. Fröhlich 2015, S. 199). Das philosophische Anliegen ist begründungstheoretischer Art, insofern die Frage nach dem Guten als die Suche nach Letztgründen von Pädagogik relevant wird. Schon hier findet sich der Gedanke, dass der Mensch nicht für äußere Zwecke vereinnahmt werden darf, sondern Erziehung stets das Gute im Menschen selbst zum Ziel habe. Seit Heraklit ist *Paideia*[1] „nicht Sache des Wissensumfangs, sondern der Tiefe einer einzigen wesentlichen Einsicht. Diese Einsicht ist völlig anderer Art, als die des Vielheitswissens" (Albert 1984, S. 28). Damit begegnet bereits die vorsokratische Philosophie einem weitverbreiteten Missverständnis: Bildung ist nicht Vielwisserei, sondern die Umwendung der Seele des Menschen auf das Gute hin (vgl. u. a. Platon 2010). Bildung ist eine grundlegende Transformation des Menschen, indem der Mensch sich auf das Gute und Wahre hin entwickelt und in sich selbst wiederfindet.

Diesen Gedanken konkretisiert Aristoteles in seiner Nikomachischen Ethik. Grundvoraussetzung dieser ist die Annahme, dass dem Menschen die Aufgabe zukommt, seinem Telos entgegenzustreben. Im Übergang vom Möglichen zum Wirklichen soll erreicht werden, was dem Menschen als Zweck zugedacht ist, und zwar „sich selbst zu bestimmen und zu vervollkommnen" (Böhm 2004, S. 28). Ziel aller Pädagogik ist demnach das höchste Gut, die umfassende Glückseligkeit. *Eudaimonia* nennt Aristoteles das um seiner selbst willen gesuchte Glück, das

1 Das antike Konzept der *Paideia* beinhaltet zwei Bedeutungskerne. Mit *Paideia* ist zum einem der Vorgang der Kinderziehung und zum anderen eine die gesamte Lebensspanne umfassende Bildung des Menschen hin zu *areté* (Mäßigung, Klugheit, Tugend) gemeint, d. h. zum freien, vernünftigen und philosophisch kultivierten Menschen (vgl. Bremer 1989, o. S.).

seinem Begriff nach „für sich allein Genügendes“ meint (Aristoteles 2009, S. 17). In der Mäßigung (*areté*), der wertvollen Tätigkeit und der Arbeit am sittlichen Charakter erreicht der Mensch dieses um seiner selbst Willen gesuchte Glück (vgl. ebd.). Aristoteles trifft hier eine für die Praxis der Pädagogik nicht unwesentliche Unterscheidung zwischen einem Praxisbegriff, der das freie Handeln des Menschen als Selbstzweck in den Fokus stellt, und einem Poiesisbegriff, der ein zweckgebundenes bzw. instrumentelles Handeln meint, das sich auf äußere, fremddefinierte Ziele bezieht (vgl. ebd., S. 154). Das um seiner selbst Willen gesuchte Glück, auf das auch Rousseau in seiner negativen Erziehungslehre Bezug nehmen wird, kann nicht gemacht, nicht einfach von außen hergestellt werden. Insofern Pädagogik das menschliche Handeln zum Gegenstand hat, das sich selbst ein Zweck ist, kann auch das Gelingen von Pädagogik, so Winfried Böhm, nicht anhand äußerer Kriterien gemessen werden. Handeln aus Freiheit und Vernunft erfülle sich in der tugendhaften, d.h. der politischen und betrachtenden Tätigkeit der Seele selbst (Böhm 2004, S. 26).

Aristoteles Konzept der Erziehung zur Glückseligkeit lässt Rückschlüsse auf ein pädagogisches Qualitätsverständnis zu, das insbesondere die Frage in den Mittelpunkt rückt, wie der Mensch für ein glückliches Leben in Freiheit und Verantwortung erzogen werden kann. Die entscheidende Frage für eine gegenwärtige Pädagogik dürfte dabei lauten, ob es der pädagogischen Praxis gelingen kann, Kinder nicht nur so zu erziehen, wie die Gesellschaft sie braucht (Mittel zum Zweck), sondern ihnen ebenfalls vielfältige Erfahrungsräume des Tätigseins zu ermöglichen, in denen die jeweils eigenen Praktiken und Erfahrungen selber das Ziel der Erziehung sind.

Neuzeitliche Konstellationen

Im Unterschied zur Antike ist die neuzeitliche Pädagogik des 18. und 19. Jahrhunderts eine Epoche der Umbrüche. Alte Sicherheiten verlieren an Überzeugungskraft. An die Stelle metaphysischer Argumentationszusammenhänge treten alternative Deutungen, die als pädagogische Strategien der Kontingenzbewältigung gedeutet werden können. Mit der Freisetzung des Menschen aus metaphysischen und theologischen Welt- und Zeitbestimmungen werden seine Bildung und Erziehung zu einem historischen Projekt. Folglich entsteht auch mit dem Verlust alter Sicherheiten ein besonderes Interesse an der Rechtfertigung und Legitimation von Pädagogik. Die Frage nach dem Guten und einer gelingenden Pädagogik wird nunmehr historisiert und an die Realisierung der Freiheit und Mündigkeit des Subjekts geknüpft. Insbesondere kommt der Neuentdeckung der Natur des Kindes, die entweder „Zurück zur Natur“ oder „Weg von der Natur“ bedeuten kann (Treml 2005, S. 254), eine Schlüsselrolle zu. Folgt man etwa Jean-Jacques Rousseau, dann erwächst das Gute aus der

Natur des Kindes. Der Naturbegriff bei Rousseau hat vordergründig eine theoriearchetektonische Funktion und dient als Gegenentwurf zur Ökonomie und Lebenspraxis der bürgerlichen Gesellschaft. Der ideale Naturzustand ist nicht nur empirische Tatsache, sondern eine spekulative Denkfigur, die als Regulativum Pädagogik orientiert und strukturiert (vgl. u. a. Böhm 2004, S. 69). Im Vorwort seiner „Abhandlung über den Ursprung und die Grundlagen der Ungleichheit unter den Menschen" unterstreicht Rousseau den spekulativen Gehalt seines Naturbegriffs. So weist er darauf hin, dass der vermeintliche Naturzustand zwar möglicherweise noch nie bestanden habe und niemals bestehen werde, aber im Sinne einer natürlichen Gutheit als Voraussetzung und Maßstab zur Beurteilung und Kritik des gegenwärtigen Zustandes in der Kultur eine Denknotwendigkeit sei (vgl. Rousseau 1755/2008, S. 23). Dabei wird mindestens in dreifacher Weise auf den Naturbegriff rekurriert: als Ausgangspunkt der geschichtlichen Entwicklung, als Ziel und Maßstab für die Entwicklung und Erziehung des Menschen und als legitimatorisches Argument zur Begründung und Rechtfertigung der Pädagogik nach dem Ende der metaphysischen und transzendenten Erzählungen.

Für Rousseau beschreibt die ungestörte, nicht beschleunigte natürliche Entwicklung des Kindes die Richtschnur des Guten, an der sich die Pädagogik zu orientieren habe. In „Emil oder über die Erziehung" wird Rousseau daher nicht müde, den wichtigsten Grundsatz seiner negativen Erziehungslehre darzulegen. Sie lautet: „Zeit verlieren und nicht gewinnen" (Rousseau 1762/2004, S. 212). Pädagogische Qualität, mit Rousseau gedacht, bemisst sich daran, ob und wie es erzieherisch gelingen kann, den Gang der natürlichen kindlichen Entwicklung vor zweckorientierten Versuchen des Vorgreifens und Beschleunigens zu schützen. Nicht die Anpassung des Menschen an gegebene Zustände oder vorgefasste Ziele ist das Kriterium, sondern die Ermöglichung eines besseren Zustandes, indem der Mensch sich selbst ein Ganzes wird.

Auch für Kants pädagogisch-historische Anthropologie ist der Begriff der Natur konstitutiv. Er kommt zu grundlegend anderen Schlussfolgerungen als Rousseau. Die Vorstellung einer fortschrittsorientierten Geschichte bildet die Leitidee für Kants Erziehungsverständnis. Nicht nur zielt die Pädagogik über die Erziehung eines jeden Kindes darauf, die Welt im Ganzen zu verbessern, sondern die Erziehung selbst hat sich emporzuheben, will sie den Fortschritt zur vollendeten Menschheit möglich werden lassen. Erziehung ist für Kant eine Kunst, die entgegen dem Zufälligen und Ungeordneten als eine Praxis verstanden wird, die einen vernünftigen Plan zum Grunde hat (Kant 1803/1997, S. 16). Den Maßstab für die pädagogische Güte bildet die Einsicht, dass „[g]ute Erziehung gerade das [sei], woraus alles Gute in der Welt entspringt." (ebd., S. 17). Soll es ein allgemeinverbindliches Gutes geben, so Kant, kann dies nur auf dem freien guten Willen des Einzelnen beruhen. Moralität als selbstgewählte Handlungspflicht des Menschen im Dienste allgemein wünschenswerter und verbindlicher Ziele beschreibt für Kant die vernunftgeleiteten Maximen pädagogischer Bemühungen. So wird Moralisierung, d.h. die Erziehung des Kindes zur Freiheit und zum freien Willen, zum primordialen Erziehungsziel, das die Richtschnur und Maßgabe für die weiteren Erziehungsformen (Disziplinierung der kindlichen Rohheit, Kultivierung der Geschicklichkeit sowie der Zivilisierung sozialer Sittlichkeit) vorgibt. Zwar lässt Kant keinen Zweifel daran, dass die Idee alles Guten in der Welt universell verbindlich ist und alle Erziehung sich an ihr zu orientieren habe, aber gleichzeitig erscheint sie in ihrer Verwirklichung alles andere als selbstverständlich.

Eine Idee ist erst einmal nichts anderes als der Begriff einer Vollkommenheit, die empirisch so nicht vorfindbar ist. Stets ist nur eine Annäherung an die Idee des Guten möglich. So lässt sich mit Kant – wie auch mit Rousseau – über einen regulativen Qualitätsbegriff nachdenken, der ein fortwährendes und immer wieder neu zu beurteilendes Geschehen zur Voraussetzung hätte. Sofern das anthropologische Konzept der Perfektibilität für neuzeitliche Pädagogik prägend ist, gelten Erziehung und Bildung als fortwährende Prozesse mit offenem Ausgang, d.h. das mögliche Scheitern ist ein konstitutives Moment neuzeitlicher Pädagogik. Als ein unabschließbarer und immer wieder neu zu entwerfender Prozess, orientiert an einer Idee des Guten, spiegelt die Frage nach der Qualität die unüberbrückbare Differenz zwischen der Wirklichkeit und ihrer Idee wider und fordert so den Sinn- und Erwartungshorizont der Pädagogik immer wieder neu heraus.

Die historische Rekonstruktion bestätigt die vorausgegangene These, dass die pädagogische Frage nach Ziel und Begründung von Pädagogik immer auch das Spekulative zur Voraussetzung hat. Die Frage danach, was das Gute ist, kann nicht rein empirisch beantwortet werden. Sie ist gleichzeitig spekulativ, da sie ausgehend von den jeweiligen historischen Voraussetzungen das Gegebene auf das Mögliche hin befragt. Über das Selbstverständnis von Pädagogik als Wissenschaft schreibt Andrea Wüst, dass Pädagogik sich notwendiger Weise als empirische „Wissenschaft mit philosophischer Fragestellung" (Wüst 2011, S. 7) verstehen müsse, wenn sie sich nicht unbegründet und unreflektiert normativer Maßstäbe und Kriterien bedienen möchte. Dies scheint die wesentliche Crux aktueller Debatten um pädagogische Qualität zu sein. Für die weiteren Überlegungen soll die These voranstehen, dass gegenwärtige Debatten um Verfahren und Instrumente zur Sicherstellung und Optimierung von pädagogischer Qualität Ausdruck einer Sinn- und Legitimationskrise sind. Epistemologische wie ethische Grundfragen einer Pädagogik der frühen Kindheit werden zunehmend durch technische Verfahren der Herstellung und Sicherstellung von Qualität ersetzt. Diese Verfahren beinhalten normative Setzungen, die unter der Dominanz technisch anmutender Messvorgänge und der damit erzeugten Zahlenwerte nicht mehr ausreichend befragt werden, sondern als gesetzt gelten.

Gegenwärtige Konstellationen

Um diese Sinn- und Legitimationskrise deutlich zu machen, bietet sich ein Umweg über Jean-François Lyotards Diagnose des postmodernen Wissens an. Mittlerweile sind vier Jahrzehnte vergangen seit Lyotard seine für die Geistes- und Sozialwissenschaften folgenreiche Diagnose vom Ende der Meta-Narrationen, wie etwa der von Freiheit und Aufklärung, verkündete. Das Wissen, d. h. auch das pädagogische Wissen in postindustriellen Gesellschaften, löse sich zunehmend von seinem bildungstheoretischen Entstehungszusammenhang und werde selbst zu einer Produktivkraft, einer „informationellen Ware" im „weltweiten Konkurrenzkampf" (Lyotard 2015, S. 32). Wie Lyotard selbst noch feststellte, begünstigt die Relativierung der Legitimität umfassender theoretischer Erklärungsmodelle nicht nur postmoderne Sprachspiele, ebenso würden hier die Grundlagen für eine „positivistische Philosophie" (ebd., S. 131) vorbereitet, die die Wahrheitsfindung technisiere. Das Prinzip der Wahrheit werde durch die „Performativität der Verfahren" (ebd., S. 115) abgelöst, die nicht mehr an spekulativen Begriffen der Wahrheit oder der Erkenntnis interessiert ist, dafür aber Kontrolle, Leistungssteigerung wie auch Legitimation von Wissenschaftspraxis über ökonomische Logiken erwirke (vgl. ebd.: 116). Die zunehmende Ökonomisierung von Wissenschaft und Forschung hat nicht nur dazu geführt, dass Universitäten zunehmend zu betriebswirtschaftlichen Unternehmen umfunktioniert werden. Zugleich konnte sich eine neue Forschungskultur der Performanz etablieren, die sich auf der Grundlage von Input- und Output-Kriterien aus der Wirtschaftsforschung legitimiert. Auftragsforschung, Drittmittelfinanzierung, Anwendungsorientierung, Innovation, Kompetenz- und Qualitätsorientierung sind einige der Schlagworte, die für das Problem sensibilisieren, wie sehr grundlagentheoretische Forschungszusammenhänge immer fragwürdiger werden und an Legitimität verlieren.

Lyotards Kritik an einer positivistischen Philosophie bezieht sich vor allem auf die Ökonomisierung und Technisierung der Erkenntnisproduktion und ihrer Legitimationsweisen. Ergänzend zu Lyotards Kritik kann ein weiteres mit der positivistischen Philosophie einhergehendes Problem auf erkenntnistheoretischer Ebene konstatiert werden. Wenn Technik nicht als ein bloßes Geflecht von Tätigkeiten, Verfahren und Messinstrumenten, sondern als ein Mittel der Strukturierung der Wahrnehmungsweise verstanden wird (vgl. Heidegger 1962/2014; Vial 2016), dann stellt sich die Frage, wie mit dem Einsatz wissenschaftlicher (Mess-)Instrumente in der frühen Kindheit spezifische Zugangsweisen zur Wirklichkeit hervorgebracht werden, d. h. wie wir wahrnehmen, welche Art von Beziehungen wir für sinnvoll halten, was wir also für angemessen und richtig halten.

Methodologische Überlegungen, die jüngst unter dem Stichwort „turn to ontology" im Kontext einer „‚neuen' *Neuen Sozialwissenschaftlichen Kindheitsforschung*" (Eßer 2017, Hervorheb. im Original) diskutiert werden, legen den Gedanken nahe, dass wissenschaftliche Instrumente zur Beobachtung und Messung pädagogischer

Wirklichkeiten nicht nur eine präfaktische Welt abbilden, sondern als „materiell-diskursive Praktiken" zu verstehen sind, die Unterschiede produzieren, „die von Belang sind" (Barad 2017, S. 31). Sie können verstanden werden als „Grenzen herstellende Praktiken, die sowohl Materie als auch Bedeutung formen und die produzierten Phänomene herstellen, deren Teil sie sind" (ebd.). Teilt man die Überzeugung, dass wissenschaftliche Instrumente nicht nur deskriptiv, sondern vor allem performativ sind, dann ist eine normativ bereinigte Wissenschaft nur aufgrund der Ausklammerung ihrer wirklichkeitskonstituierenden Dimension denkbar. Empirische Wissenschaft zu betreiben heißt Einschnitte in das vorzunehmen, was möglich ist, wirklich zu werden und Bedeutung zu erlangen. Epistemologische Fragestellungen lassen sich kaum ohne ethische Referenzpunkte denken. Die Frage ist dann nicht, ob die Pädagogik der frühen Kindheit als Wissenschaft normativ ist oder nicht, sondern wie es ihr gelingen kann, ihre jeweiligen normativen Prämissen offenzulegen, sie zu diskutieren und neu zu entwerfen, statt methodische Grenzkontrollen der scheinbaren Neutralität einzurichten,

Methodologische Qualitätsorientierung

Die Normativität technisierter Verfahren soll am Beispiel des frühpädagogischen Forschungsfeldes genauer beleuchtet werden. Die gegenwärtige Qualitätsdebatte in der Forschung der Pädagogik der frühen Kindheit lässt sich als eine „epistemologische Autorität" (vgl. ausführlicher Bilgi/Stenger 2017) in den Blick nehmen. Als Maß der Dinge (vgl. Honig/Neumann 2009) orientieren und strukturieren die schillernden Begriffe der Bildung und Qualität „nicht nur den forschenden Blick auf das Wirkliche und Mögliche des Frühpädagogischen" (Bilgi/Stenger 2017, S. 135), sondern sie regulieren und begrenzen „zudem auch das Möglichkeitsfeld dessen, was als angemessene und gute frühpädagogische Forschung und Praxis gelten kann" (ebd.). Diese epistemologische Autorität nimmt in der Forschung die Gestalt einer methodologischen Qualitätsorientierung an. Damit wird auf den bedenklichen Umstand aufmerksam gemacht, wie sehr frühpädagogische Erkenntnisfortschritte und Legitimationen an Fragen der Qualitätsorientierung rückgebunden sind (u. a. Roßbach, 1993; Tietze, 2004; Viernickel, 2016), die wiederum durch bildungsökonomische Interessen der Kompetenzbildung vordefiniert werden. Um möglichen Missverständnissen entgegenzuwirken, sei an dieser Stelle auf eine wichtige Differenzierung hingewiesen. Mit der hier formulierten Kritik werden nicht politische Versuche der Steuerung oder der Verbesserung pädagogischer Praxen per se abgelehnt. So kann es durchaus sinnvoll sein, auf empirischer und theoretischer Basis Strukturen (Personalschlüssel, Ausstattung von Räumlichkeiten) und Prozesse (Ausgestaltung von Interaktion, Sorge und Unterstützung) frühpädagogischer Angebote kritisch zu beleuchten und einen wichtigen Beitrag zur ihrer

Gestaltung zu leisten. Problematisiert wird hingegen eine funktionale Verengung im Kontext von steuerungspolitisch ambitionierten Forschungsarbeiten, die entlang vordefinierter – und vor allem bildungsökonomischer – Kriterien pädagogische Qualität bewerten und auf eine Normierung und Optimierung kindlicher Entwicklung abzielen.

In diesem Zusammenhang fragt auch Ursula Stenger nach der „methodologischen und wissenschaftspolitischen Legitimität" (Stenger 2015, S. 56) von Forschungsarbeiten, die von einer allgemeingültigen Evidenzbasierung pädagogischen Handelns ausgehen. Stengers Kritik zielt zum einen auf solche Studien, die, wie etwa die BIKS-Studie oder die Nationalen Bildungspanels (NBP), explizit an politische Forderungen der OECD anschließen und Daten zu bereichsspezifisch vordefinierten Kompetenzdimensionen liefern (vgl. ebd., S. 57). Zum anderen können nach Stenger auch gegenüber der Evidenzbasierung kritisch eingestellte, qualitative Forschungsarbeiten in den Kontext steuerungsambitionierter Qualitäts- und Evaluationsforschungen gehören. Zwar berücksichtigen diese Forschungsarbeiten die „Eigenlogik des Feldes in der Alltagspraxis", aber sie bleiben weiterhin auf „politische Reformen des Feldes bezogen" (ebd., S. 58).

So können bspw. die Forschungsarbeiten zur professionellen Haltung als habituell verfügbare (Selbstlern-)Kompetenz, wie sie unter anderem von Fröhlich-Gildhoff, Nentwig-Gesemann und Pietsch (2011) entwickelt wurden, stellvertretend für solch eine alltagsorientierte Forschung gelten. Nicht mehr eine einseitige Top-Down-Umsetzung vordefinierter Qualitätsmerkmale in der pädagogischen Praxis wird forciert. Vielmehr wird aus einer praxeologisch-performativen Perspektive nach den kontextspezifischen Bedingungen gefragt, „wie pädagogische Qualität *praktiziert*" wird (Nentwig-Gesemann, 2008, S. 260, Hervorh. im Original). Qualitätsstandards müssen demnach „fortlaufend und je nach konkreter Situation, diskutiert, im Diskurs ko-konstruiert und als Vision entworfen werden" (ebd.). Folgerichtig gilt hier die Dynamisierung von Qualitätsstandards als eine angemessene Strategie, um eine Passung zwischen Bedingungen des pädagogischen Alltags und steuerungspolitischen Zielvorgaben zu realisieren. Die regulative Dimension des scheinbar reflexiv-offenen Kompetenzmodells zeigt sich insbesondere dann, wenn Unvorhersehbarkeiten und Kontingenz des frühpädagogischen Alltags so umgedeutet werden, dass sie nun die Forderungen nach einer habituell verfügbaren Selbstlernkompetenz begründen und legitimieren. Die Unbestimmtheit pädagogischer Praxis wird hier so umgedeutet, dass sie zur Legitimationsgrundlage einer permanenten, biografisch umspannenden Professionalisierung bzw. – machtkritisch gewendet – als Arbeit am Selbst umgedeutet wird (vgl. auch Bilgi/Stenger 2017).

In der jüngeren Zeit haben sich vor allem Forschungsarbeiten zur Verbesserung der Interaktion zwischen Fachkräften und Kindern um eine Erhellung des dynamischen Qualitätsbegriffs bemüht. In dieser Hinsicht wird auf offene Dokumentations- und Beobachtungsverfahren wie etwa die sogenannten

Bildungs- und Lerngeschichten zurückgegriffen, um interaktive, beteiligungsorientierte Formen der Regulation pädagogischer Qualität zu realisieren (Leu et al. 2007). Als ein paradigmatisches Beispiel können hier die Beiträge von Fabienne Becker-Stoll (u. a. 2017a, 2017b) genannt werden. Bildungsqualität, so die Hauptthese von Becker-Stoll, brauche Beziehungsqualität. Die „kognitive Wende" in der Pädagogik der frühen Kindheit hätte die Bedeutung sozial-emotionaler Aspekte wie Wohlergehen oder liebevolle Pflege für den Bildungsprozess in der frühen Kindheit unterschätzt (ebd. 2017a, S. 252 f.). Gerade solche sozial-emotionalen Aspekte wären unabdingbare Voraussetzung für eine nachhaltige Entwicklung der Emotions- und Verhaltensregulation, die sich positiv auf Lernfortschritte in akademischen Kompetenzbereichen und der Sprachbildung auswirke (vgl. ebd., S. 256 f.). Kritisch lässt sich hier fragen, ob mit solchen steuerungs- und bildungspolitisch affinen Argumenten zur Interaktionsqualität die eigentliche pädagogische Beziehung nicht verobjektiviert wird und damit in den Hintergrund tritt. So wird an diesem Beispiel deutlich, wie sehr die Komplexität menschlicher Beziehungen, wie etwa eine geteilte Welt des Empfindens, des Angewiesenseins, der Bedürftigkeit und Verletzbarkeit – allesamt zwischenmenschliche Voraussetzungen von Bildung und Erziehung – im Kontext steuerungspolitischer Strategien zu vereinnahmen versucht wird (vgl. Bilgi 2021).

Die gegenwärtige Qualitätsdebatte in der Pädagogik der frühen Kindheit muss sich die Frage gefallen lassen, was denn eigentlich das Pädagogische an der pädagogischen Qualität ist. Die Frage nach Qualität wird weitläufig als technische Frage des angemessenen Verfahrens behandelt, deren Antwort Auskunft darüber gibt, wie gut oder wie schlecht bildungs- und steuerungspolitisch vordefinierte Lern- und Entwicklungsziele erreicht werden. Die normativen Implikationen der jeweiligen Zielvorgaben und Verfahrensweisen werden nicht ausreichend hinterfragt. Eine inhaltliche Bestimmung dessen, was Qualität überhaupt als eine pädagogische auszeichnet, bleibt in diesem Zusammenhang unbeantwortet. Mit der historischen Rekonstruktion wurde bereits auf eine wichtige Grundbedingung aufmerksam gemacht: die pädagogische Frage nach Qualität als Maß, Orientierung und Ziel von Pädagogik hat neben ihrer empirischen Notwendigkeit immer auch das Spekulative zur Voraussetzung. Die Suche nach einem pädagogischen Qualitätsbegriff ist zwangsläufig auch eine spekulative, da sie das Gegebene auf ein jeweils historisch und kulturell zu entwerfendes Gutes hin transzendiert und so ihren Grund und ihre Begründung zu (er-)gründen versuchen muss.

3. Erkenntnistheoretische und ethische Aspekte eines pädagogischen Qualitätsbegriffs

Marian Heitger weist auf die Gefahren einer gegenüber pädagogisch-philosophischen Fragen blind gewordenen Pädagogik hin: „Die Folge ist der Verfall an technologisches Denken unter der Devise der Machbarkeit, … [die] eine [unthematisierte] Metaphysik zutage fördert" (Heitger 2003, S. 20). Wenn pädagogische Qualität nicht nur ein Werturteil über vorzufindende Tatsachen beschreibt, sondern ebenso eine historisch-kulturelle Strukturierung der Wahrnehmungsweise beinhaltet, stellt sich unweigerlich die normativ bedeutsame Frage danach, welche sozial relevanten Einschnitte durch einen derartigen Qualitätsbegriff vorgenommen werden. Welche Arten von Subjekten und ihren Beziehungen werden für sinnvoll gehalten und was kann pädagogisch als bedeutsam und als richtig (an-)erkannt werden?

Für die folgenden Überlegungen zu möglichen Aspekten eines pädagogischen Qualitätsbegriffs wird auf Bruno Latours (2007) Unterscheidung zwischen „*matters of facts*" und „*matters of concern*" zurückgegriffen, um schließlich in Anlehnung an die kulturvergleichenden Arbeiten von François Julliens (1999) einen möglichen Begriff von pädagogischer Qualität zu diskutieren, der das Prozesshafte und Normative des Pädagogischen als inhärente Bedingungen und Maßstäbe einer jeweilig konkreten Praxis zu denken versucht. Dabei bietet der Rückgriff auf historische Konstellationen des pädagogischen Qualitätsdenken zwei produktive Anschlussmöglichkeiten: Zum einen kann mit Aristoteles' Begriff der Praxis auf die Nicht-Planbarkeit als Kriterium für die Verwirklichung eines bestimmten *Guten* durch die pädagogische Praxis aufmerksam gemacht werden (vgl. u. a. Thiel/Hans 2020, S. 148). Die Zweckbestimmung pädagogischer Praxis wird dann nicht nur durch externe Kriterien vordefiniert, sondern muss aus den jeweiligen Möglichkeiten einer konkreten Situation und ihrer Geschehensdynamik sowie aus den zwar historisch vermittelten, aber stets prozesshaften und der Situation immanenten Gütern und Maßstäben heraus bestimmt werden (vgl. MacIntyre 2006, S. 255). Zum anderen sensibilisieren neuzeitliche Konstellationen für eine gewisse Dialektik, die pädagogischen Qualitätsbegriffen inhärent ist. Pädagogische Qualität kann nicht nur von der inneren Zweckbestimmung einer jeweiligen pädagogischen Situation her bestimmt werden, sondern sie muss sich gleichzeitig an allgemeinen Kriterien wie etwa Freiheit, Selbstbestimmung oder Vorstellungen eines guten Lebens orientieren. Es handelt sich hier um regulative Ideen, die Ziel und Anspruch pädagogischer Praxis zu begründen versuchen und durch die Partikularität empirischer Praktiken stets inhaltlich neu ausgelegt werden müssen.

Dabei wird ein empirisches sowie ein spekulatives Verständnis von pädagogischer Praxis vorausgesetzt, das mit Latours Tatsachenbegriff („matters of condern") konkretisiert werden soll. Folgt man Latour, dann sind Wirklichkeiten nicht vordergründig durch objektive Tatsachen zu definieren. „Tatsachen, *matters of facts*, machen nicht die ganze Erfahrung aus. Tatsachen sind nur eine sehr partielle und (…) sehr polemische, sehr politische Wiedergabe der Dinge, die uns angehen, der *matters of concern*" (Latour 2007, S. 21, Hervorh. im Original). Pädagogische Qualität nicht als gegebene Tatsache, sondern als Sache von Belang (*matters of concern*) zu betrachten heißt, sie jenseits von Faktizitätsunterstellungen und (de-) konstruktivistischen Relativierungen wieder mit ihrem historischen und kulturellen „Assoziationsgewebe zu verbinden" (ebd., S. 35).

Pädagogik ist demnach nicht die Arbeit an bloßen Gegenständen oder Tatsachen, sondern an Beziehungen und Bezogenheiten, die von Belang sind. Ausgehend von der Annahme, dass z. B. In-Beziehung-Sein eine zentrale Basiskategorie der Pädagogik der frühen Kindheit ist, wird im Folgenden der Versuch unternommen, pädagogische Qualität als eine Sache von Belang zu betrachten, die uns angeht und betrifft. Mit Robert M. Pirsig gesprochen ist Qualität dann weder auf der Seite eines Objekts (Tatsache) noch eines Subjekts (Werturteil) zu verorten, sondern in einem Zwischen, in dem das Gewahrwerden von Objekt und Subjekt immer wieder prozesshaft hervorgebracht wird (vgl. Pirsig 2017 S. 252). Ein solcher Prozessbegriff macht es möglich, die Frage danach, was Anspruch und Ziel von Pädagogik ist und woran man das Gelingen von Erziehung und Bildung erkennen und bemessen kann, auf praxistheoretischer Basis neu zu stellen.

Mögliche Anknüpfungspunkte bieten hier die kulturvergleichenden Analysen von François Julliens zu einem prozess- und situationsorientierten Verständnis von Wirksamkeit, die er aus dem ostasiatischem Kulturkontext entlehnt. Entgegen der neuzeitlichen Vorstellungen von Wirksamkeit, die einen Subjekt-Objekt-Dualismus zum Ausgangspunkt wählen, müsse Wirksamkeit viel stärker von der konkreten Situation und ihren Potenzialen her bestimmt werden. In Anlehnung an Jullien wird im Folgenden nach einem pädagogischen Begriff von Qualität gefragt, der weniger der mechanistischen Vorstellung einer Mittel-Zweck-Relation folgt, sondern umgekehrt von ihrem „Situationspotenzial", d. h. von „Bedingungen-Konsequenzen-Relationen" (Jullien 1999, S. 63) her aufgerollt werden. Wie ist es möglich, „die Situation sich so entwickeln zu lassen (indem man sich von ihr tragen lä[ss]t), da[ss] aus ihrem angehäuften Potenzial ganz natürlich die Wirkung hervorgeht" (ebd.)?

Folgt man dem Gedanken Julliens, dann hätte Qualität als pädagogische Wirklichkeit und Möglichkeit sich daran zu messen, wie es gelingt, sich auf die jeweilige Offenheit der pädagogische Situation, in der etwas entsteht, das von Belang ist, so einzustellen und diese so zu gestalten und zu lenken, dass dadurch das jeweilige Potenzial der Situation zum Tragen kommt. Zum Tragen kommen soll heißen, dass das in der Situation gegebene Potenzial eine „Entwicklung verspricht, auf die wir uns stützen können" (ebd., S. 7), die selbst zum tragenden Grund der Situation oder des Ereignisses werden kann. Pädagogisch hieße das, jeweilige Situationen zu initiieren, Potenziale frühzeitig zu erkennen, angemessen einzuschätzen und vorherzusehen sowie günstige Bedingungen zu ihrer Verwirklichung zu schaffen. Was sich hier als Wirkung zeigt, ist dann nicht das Ergebnis einer Mittel-Zweck-Relation, sondern die Versammlung aus Bedingungen, Beziehungen, Entwicklungen und Konsequenzen, die nicht im Voraus genau geplant werden können. Nicht mehr steht die Handlung einzelner Personen

(Fachkräfte oder Kinder) im Fokus, auch nicht die Interaktion zwischen ihnen, sondern der Prozess der Konstitution pädagogischer Situationen an sich. Was sind die Bedingungen der Möglichkeit pädagogischer Situationen und welche inhärenten Maßstäbe sind ihnen zugrunde gelegt?

Die pädagogische Situation stellt sich nicht nur als ein Geflecht von unterschiedlichen Handlungen, Interessen und institutionell-rechtlichen Vorgaben dar, sondern sie steht auch in einem geschichtlichen und kulturellen Zusammenhang. Mit MacIntyre argumentiert, hat jede Praxis ihre geschichtlich gewordenen, aber jeweils neu zu entdeckenden und zu entwerfenden inhärenten Güter und Maßstäbe.[2] Diese inhärenten Güter und Maßstäbe sind nicht geschichtlich determiniert. Sie sind zwar jeweils historisch Entstandene, werden aber nur in einer konkreten Praxis relevant und sie können nur aus der Teilnahme an der betreffenden Praxis bestimmt und weiterentwickelt werden (MacIntyre 2006, S. 253). Wodurch sich etwa ein Spiel zwischen Kindern als pädagogisch wertvoll auszeichnet, kann nicht anhand externer vordefinierter Kriterien bestimmt werden, sondern muss aus der konkreten Praxis sowie ihren charakteristischen Situationsanforderungen, -möglichkeiten und -maßstäben erkannt und erfahren werden. Ein inhärenter Maßstab für die Qualität kindlichen Spiels könnte beispielsweise sein, ob sich innere Zufriedenheit einstellt, Imagination, Begeisterung und Freude geweckt werden – ohne funktionale Zweckbestimmungen. Inhärente Maßstäbe für das Gelingen einer pädagogischen Spielbegleitung könnten Zurückhaltung, Offenheit, Takt, Zuneigung, Anerkennung, ein Gefühl der Zusammengehörigkeit sowie geteilte Freude sein. Der pädagogische Wert des kindlichen Spiels würde dann nicht in der Förderung von z. B. kognitiven Kompetenzen bestehen, sondern wäre in den Erfahrungs- und Bildungspotenzialen des kindlichen Spiels selbst begründet. Die Wirksamkeit pädagogischer Praxis wäre demzufolge nicht auf eine punktuelle Handlung zurückzuführen, sondern müsste als fortlaufender Prozess entworfen und gestaltet werden.

Die dabei geforderte Anerkennung der Nicht-Planbarkeit des menschlichen Lebens auf der Seite der Pädagogik ist keineswegs mit Passivität zu verwechseln. Es handelt sich vielmehr, wie Jullien beschreibt, um ein „Handeln-ohne-Handeln" (Jullien 1999, S. 129), das selbst im Prozess wurzelt. Wer keinen vorgefassten Plan verfolgt, kann sich im Laufe des Prozesses auf andere, auf das Geschehen sowie die jeweiligen Möglichkeiten einstellen, sich mit ihnen verbinden, um die

2 MacIntyre unterscheidet zwei Arten von Gütern (vgl. MacIntyre 2006, S. 252 f.). Zum einen nennt er externe Güter, die sich nicht unmittelbar aus einer bestimmten Praxis ergeben, sondern die vielmehr in einer Zweck-Mittel-Relation an diese herangetragen werden, etwa dann, wenn das kindliche Spiel lediglich als Mittel für die Förderung spezifische Kompetenzbereiche funktionalisiert wird. Zum anderen gibt es solche inhärenten Güter, die sich direkt aus den charakteristischen Merkmalen der jeweiligen Praxis ergeben, wie etwa aus den typischen Anforderungen (Perspektivenübernahme, Kenntnisse über Regeln, Imaginationsfähigkeit, Improvisation) eines Ballspiels oder Rollenspiels.

genaue Gegenwart und Zukunft dessen zu vernehmen und zu erforschen, mit der die Situation schwanger geht (vgl. ebd., S. 105). Die Prozesshaftigkeit und Offenheit von Bildung und Erziehung ernst zu nehmen hieße dann, Prozesse „als soziale Gebilde, als menschliche Beziehungsgeflechte zu verstehen, und das Soziale darin zu fördern" (Huber 2017, S. 33). Bernhard M. Huber spricht in diesem Zusammenhang von einem „virtuellen Qualitätsraum", „in dem das Gefühl entsteht, als seien alle Beteiligten auf [nicht plan- und machbare] Art miteinander verbunden" (ebd., S. 23). Die „Sehnsucht nach der Qualität unserer Handlungen und Beziehungen" ist daher gleichbedeutend mit der Suche nach einem guten Leben (ebd., S. 118).

4. Ausblick: Notizen zu einer prozessorientierten Qualitätsforschung in der Pädagogik der frühen Kindheit

Die hier entworfene Sichtweise auf Qualität lässt sich, weil sie offen und dynamisch ist, nicht allein in messbare und begrifflich fixierbare Größen überführen. Starre Wertmaßstäbe müssen zwangsläufig dynamisiert werden, um dem scheinbar Gegebenen immer wieder neu zu begegnen, um es anders zu sehen und neu zu bewerten. Für eine mögliche Antwort auf die Frage, wie diese Überlegungen zu einem prozessorientierten Qualitätsbegriff in der Pädagogik der frühen Kindheit empirisch bedeutsam werden könnten, können die Arbeiten von Dahlberg, Moss und Pence (2007) richtungsweisend sein. In verschiedenen Veröffentlichungen machen sich die Autor_innen für einen pädagogischen Qualitätsbegriff stark, der vorrangig die politische und ethische Dimension pädagogischer Praxis betont. Wie Moss es formuliert, stehen in solch einem Qualitätsbegriff Demokratie, Experimentierfreude und Potenziale im Vordergrund. Es geht hier nicht um vordefinierte Bildungs- und Kompetenzbereiche. Moss spricht mit Blick auf frühkindliche Bildung von „Ungewissheit", „Staunen", von „Überraschung", und „Dazwischen" (Moss 2015, S, 38). Kinder nicht nur an gegebene Voraussetzungen und Erwartungen anzupassen, sondern Bedingungen der Möglichkeit für die Entstehung des Neuen zu schaffen, ist ebenso Ziel und Anspruch einer so verstandenen Pädagogik. Dimensionen des Scheiterns, das Aussetzen kollektiver Sinn- und Deutungsmuster, das Nichtgelingen von Wirklichkeitskonstruktionen gehören genauso dazu, wie die Innerlichkeit der Mit-Vollziehenden, das leibliche Geworfensein und Betroffensein in zwischenmenschlichen Beziehungen mit in den Blick zu nehmen.

Demzufolge ist auch Forschung hier kein faktenbasiertes Verfahren, sondern muss als Werteverständnis für eine lebendige Praxis entworfen werden. Wie aber kann ein so verstandener Qualitätsbegriff empirisch erforscht werden? In Annäherung an eine ethnografische Forschungsperspektive, die das Staunen über die Dinge und die Befremdung des Vertrauten zu ihren methodologischen Prämissen erklärt hat, kann mit der jeweiligen Offenheit der pädagogischen Situation, ihren Potenzialen sowie inhärenten Gütern und Maßstäben ernst gemacht werden. Pädagogische Qualität wäre demnach als ein noch zu ermittelndes Phänomen zu denken, das sich weder im Voraus planen lässt noch anhand standardisierter Kriterien festgelegt werden kann.

Wie mit MacIntyre argumentiert wurde, ist erfahrungsmäßige Teilnahme an einer konkreten Praxis eine notwendige Bedingung. Denn wer „nicht über die entsprechende Erfahrung verfügt", so MacIntyre, ist „nicht fähig, über inhärente Güter zu urteilen" (MacIntyre 2006, S. 253). Das leibliche Involviert-Sein in die zu untersuchenden Forschungsfelder wäre demnach kein Makel, sondern methodologische Bedingung der Möglichkeit einer „teilnehmenden Erfahrung" (Beekman 1987, S. 16). „Als Anwesende[r] erfährt man unmittelbar die Stimmung, die Gestimmtheit der Situation, das Pathische des Umgangs als ständig tragenden Grund jeder Interaktion" (ebd.). Qualität als pädagogisches Phänomen muss von den beteiligten Menschen jeweils erlebt und als Handlungszusammenhang erfahren werden, um zu verstehen, worauf es ankommt, was die inhärente Qualität einer bestimmten Praxis ist. Im Mit-Erleben, Mit-Empfinden und Mit-Handeln werden die innere Dynamik einer pädagogischen Situation, ihre Potenziale sowie ihre inhärenten Maßstäbe leiblich-sinnlich erfahrbar. Gleichzeitig muss das Risiko auf sich genommen werden, durch Prozesse und Ereignisse des Untersuchungsfeldes neu definiert zu werden, sich zeitweise auszusetzen, fluide zu bleiben, um sich den forscherischen und ethischen Aufgaben immer wieder neu zu stellen.

Schließlich kann die Frage nach pädagogischer Qualität nicht ohne Frage nach einer ethischen Praxis gestellt werden. Was zeichnet ein gutes Leben aus? Welchen Beitrag kann eine Pädagogik der frühen Kindheit dazu leisten? Diese Fragen scheinen mir den wesentlichen Kern pädagogischer Qualität auszumachen.

Literatur

Albert, Karl (1984): Philosophische Pädagogik. Eine historische und kritische Einführung. Sankt Augustin: Hans Richarz.

Aristoteles (2009): Nikomachische Ethik. Köln: Anaconda.

Barad, Karen (2017): Agentieller Realismus. Über die Bedeutung materiell-diskursiver Praktiken. 2. Auflage. Berlin: Suhrkamp.

Beekman, Ton (1987): Hand in Hand mit Sascha. Über Glühwürmchen, Grandma Millie und einige andere Raumgeschichten. Im Anhang: Über teilnehmende Erfahrung. In: Lippitz, Wilfried/Meyer-Drawe, Käte (Hrsg.): Kind und Welt. Phänomenologische Studien zur Pädagogik. 2. Auflage. Frankfurt am Main: Athenäum, S. 11-25.

Bilgi, Oktay (2021): Über den (Neu-)Anfang im pädagogischen Denken. Eine zeitdiagnostische Analyse. Bielefeld: transcript.

Bilgi, Oktay/Stenger, Ursula (2017): Über den Stellenwert von Grundlagentheorie in der Forschung der Frühpädagogik. In: Nentwig-Gesemann, Iris/Fröhlich-Gildhoff, Klaus (Hrsg.): Forschung in der FrühpädagogikX. Zehn Jahre frühpädagogische Forschung – Bilanzierung und Reflexion. Materialien zur Frühpädagogik Band 21. Freiburg: FEL, S. 131-150.

Becker-Stoll, Fabienne (2017a): Plädoyer für eine emotionale Wende in der Frühpädagogik. In: Nentwig-Gesemann, Iris/Fröhlich-Gildhoff, Klaus (Hrsg.): Forschung in der Frühpädagogik X. Zehn Jahre frühpädagogische Forschung – Bilanzierung und Reflexion. Materialien zur Frühpädagogik, Band 21. Freiburg: FEL, S. 251-277.

Becker-Stoll, Fabienne (2017b.): Fragt die Kinder! – Was macht eine gute Kindertagesstätte aus? Plädoyer für eine emotionale Wende in der frühen Bildung. In: Bertram, Hans (Hrsg.): Zukunft mit Kindern, Zukunft für Kinder. Der UNICEF-Bericht zur Lage der Kinder in Deutschland im europäischen Kontext. Berlin: Barbara Budrich, S. 205-220.

Böhm, Winfried (2004): Geschichte der Pädagogik. Von Platon bis zur Gegenwart. München: C. H. Beck.

Bremer, Dieter (1989): „Paideia". In: Ritter, Joachim/Gründer, Karlfried/Gabriel, Gottfried (Hrsg.): Historisches Wörterbuch der Philosophie. Basel: Schwabe Verlag. www.schwabeonline.ch/schwabe-xaveropp/elibrary/start.xav?start=%2F%2F*%5B%40attr_id%3D%27verw.paideia%27%20and%20%40outline_id%3D%27hwph_verw.paideia%27%5D (Abfrage: 24.01.21).

Bröckling, Ulrich (2004): Evaluation. In: Bröckling, Ulrich/Krasmann, Susanne/Lemke, Thomas. (Hrsg.): Glosar der Gegenwart. Frankfurt am Main: Suhrkamp, S. 76-82.

Dahlberg, Gunilla/Moos, Peter/Pence, Alan (2007): Beyond Quality in Early Childhood, Education and Care. Languages of Evaluation. 2. Edition. New York: Routledge.

Dietrich, Cornelie/Stenger, Ursula/Stieve, Claus (Hrsg.): Theoretische Zugänge zur Pädagogik der frühen Kindheit. Eine kritische Vergewisserung. Weinheim und Basel: Beltz Juventa.

Eßer, Florian (2017): Die „neue" *Neue Sozialwissenschaftliche Kindheitsforschung*. Relationale Zugänge als Paradigmenwechsel? In: Frangmeyer, Anna/Mierendorff, Johanna (Hrsg.): Kindheit und Erwachsenenheit in sozialwissenschaftlicher Forschung und Theoriebildung. Weinheim und Basel: Beltz Juventa.

Fröhlich, Günter (2015): Platon und die Grundfragen der Philosophie. Göttingen: Vandenhoeck & Ruprecht.

Fröhlich, Gildhoff/Nentwig-Gesemann/Pietsch, Stefanie (2011): Kompetenzorientierung in der Qualifizierung frühpädagogischer Fachkräfte. (WIFF). München: DJI: https://www.dji.de/veroeffentlichungen/literatursuche/detailansicht/literatur/16437-kompetenzorientierung-in-der-qualifizierung-fruehpaedagogischer-fachkraefte.html (Abfrage: 29.03.2021).

Fthenakis, Wassilios E. (1998): Erziehungsqualität. Operationalisierung, empirische Überprüfung und Messung eines Konstrukts. In: Fthenakis, Wassilios E./Textor, Martin R. (Hrsg.): Qualität von Kinderbetreuung. Konzepte, Forschungsergebnisse, internationaler Vergleich. Weinheim und Basel: Beltz, S. 16-39.

Fuchs, Max (2015): Was ist „pädagogische Qualität"? Überlegungen und Antwortversuche. In: KULTURELLE BILDUNG ONLINE: www.kubi-online.de/artikel/was-paedagogische-qualitaet-ueberlegungen-antwortversuche (Abfrage: 24.01.2021).

Heid, Helmut (2000): Qualität. Überlegungen zur Begründung einer pädagogischen Beurteilungskategorie. In: Zeitschrift für Pädagogik 41, Beiheft, S. 41-51.

Heitger, Marian (2003): Systematische Pädagogik – Wozu? Paderborn, München, Wien und Zürich: Ferdinand Schöningh.

Heidegger, Martin (1962/2014): Die Technik und die Kehre. Stuttgart: Klett-Cotta.

Honig, Michael-Sebastian (2002): Zur Konzeptualisierung pädagogischer Qualität. Arbeitspapiere des Zentrums für sozialpädagogische Forschung der Universität Trier (Forschungsstelle des Fachbereichs I – Pädagogik) Arbeitspapier II – 01. www.uni-trier.de/fileadmin/fb1/prof/PAD/SP2/Arbeitspapiere/Arbeitspapier9_Sozialpaedagogik_als_empirische_Sozialwissenschaft.pdf (Abfrage 27.10.20).

Honig, Michael-Sebastian/Joos, Magdalene/Schreiber, Norbert (2004): Was ist ein guter Kindergarten? Theoretische und Empirische Analysen zum Qualitätsbegriff in der Pädagogik. Weinheim und München: Juventa.

Honig, Michael-Sebastian/Neumann, Sascha (2009): Das Maß der Dinge. Qualitätsforschung im pädagogischen Feld. In: Fribertshäuser, Barbara/Rieger-Ladich, Markus/Wigger, Lothar (Hrsg.): Reflexive Erziehungswissenschaft. Forschungsperspektiven im Anschluss an Pierre Bourdieu. Wiesbaden: Springer VS, S. 191-210.

Huber, Bernhard M. (2017): Qualität. Eine Frage der Moral? Hamburg: tredition.

Jullien, François (1999): Über die Wirksamkeit. Berlin: Merve.

Kant, Immanuel (1803/1997): Über die Erziehung. München: Deutscher Taschenbuch Verlag

Latour, Bruno (2007): Elend der Kritik. Vom Krieg um Fakten zu Dingen von Belang. Zürich und Berlin: diaphanes.

Leu, Hans R./Flämig, Katja/Frankenstein, Yvonne/Koch, Sandra/Pack, Irene/Schneider, Kornelia/Schweiger, Martina (2007): Bildungs- und Lerngeschichten. Bildungsprozesse in der frühen Kindheit beobachten, dokumentieren und unterstützen. Weimar: verlag das Netz.

Luhmann, Niklas/Schorr, Karl Eberhard (1982): Das Technologiedefizit der Erziehung und die Pädagogik. In: Ders. (Hrsg.): Zwischen Technologie und Selbstreferenz. Fragen an die Pädagogik. Frankfurt am Main: Suhrkamp, S. 11-40.

Lyotard, Jean-François (2015): Das postmoderne Wissen. Ein Bericht. 8. unveränderte Auflage. Wien: Passagen.

MacIntyre, Alasdair (2006): Der Verlust der Tugend. Zur moralischen Krise der Gegenwart. Erweiterte Neuausgabe. Frankfurt und New York: Campus.

Mollenhauer, Klaus (2008): Vergessene Zusammenhänge: Über Kultur und Erziehung. 7. Auflage. Weinheim und München: Beltz Juventa.

Moss, Peter (2015): Über die Qualität hinaus zu einer ethischen und politischen Frühpädagogik. In: Kalicki, Bernhard/Wolff-Marting, Catrin (Hrsg.): Qualität in aller Munde. Themen, Positionen, Perspektiven in der kindheitspädagogischen Debatte. Freiburg, Basel und Wien: Herder, S. 31-40.

Nentwig-Gesemann, Iris (2008): Rekonstruktive Forschung in der Frühpädagogik. In: Balluseck, Hilde von (Hrsg.): Professionalisierung der Frühpädagogik. Perspektiven, Entwicklungen, Herausforderungen. Opladen: Barbara Budrich, S. 251-264.

Pirsig, Robert M. (2017): Zen und die Kunst ein Motorrad zu warten. Ein Versuch über Werte. 35. Auflage. Frankfurt am Main: Fischer.

Platon (2010): Der Staat. Köln: Anaconda.

Roßbach, Hans-Günther (1993): Analyse von Messinstrumenten zur Erfassung von Qualitätsmerkmalen frühkindlicher Betreuungs- und Erziehungsumwelten: Münster: Institut für sozialwissenschaftliche Forschung.

Rousseau, Jean-Jacques (1755/2008): Abhandlung über den Ursprung und die Grundlagen der Ungleichheit unter den Menschen. Aus dem Französischen übersetzt und herausgegeben von Philipp Rippel. Stuttgart: Reclam.

Rousseau, Jean-Jacques (1762/2004): Emil oder Über die Erziehung. Stuttgart: Reclam

Schleiermacher, Friedrich (1826/2000): Grundzüge der Erziehungskunst (Vorlesung 1826). In: Winkler, Michael/Brachmann, Jens (Hrsg.): Friedrich Schleiermacher. Texte zur Pädagogik. Band 2. Frankfurt am Main: Suhrkamp, S. 7-71.

Stenger, Ursula (2015): Kindheitspädagogik und Politik – (k)ein ungetrübtes Verhältnis? In: Erziehungswissenschaft (Ausgabe 26/15), S. 55-63. https://www.pedocs.de/volltexte/2015/11502/pdf/ErzWiss_50_2015_Stenger_Kinderheitspaedagogik.pdf (Abfrage: 27.10.20).

Thiel, Corrie/Hans, Katharina (2020): Auf unsicherem Grund. Ein Essay zur Bearbeitung des Problems der Qualität pädagogischer Praxis in der erziehungswissenschaftlichen Teildisziplin der Pädagogik der frühen Kindheit. In: Vierteljahrschrift für wissenschaftliche Pädagogik 96, 138-159.

Tietze, Wolfang (2004): Notwendigkeit und Perspektiven von Qualitätsentwicklung und Qualitätssicherung in Kindertageseinrichtungen. In: Wehrmann, Ilse (Hrsg.): Kindergärten und ihre Zukunft. Weinheim, Basel und Berlin: Beltz, S. 406-419.

Treml, Alfred K. (2005): Pädagogische Ideengeschichte. Ein Überblick. Stuttgart: Kohlhammer.

Vial, Stéphane (2016): *Voir et percevoir à l'ère numérique: théorie de l'ontophanie.* https://hal.archives-ouvertes.fr/hal-01516807/document (Abfrage: 24.01.21).

Viernickel, Susanne (2016): Identifikation struktureller Qualitätsmerkmale in der Kindertagespflege. Theoretische und empirische Analysen, steuerungsrelevante Konsequenzen. In: Viernickel, Susanne/Fuchs-Rechlin, Kirsten/Strehmel, Petra/Preissing, Christa/Bensel, Joachim/Haug-Schnabel, Gabrielle (Hrsg.): Qualität für alle. Wissenschaftlich begründete Standards für die Kindertagesbetreuung. Freiburg im Breisgau: Herder, S. 403-383.

Wüst, Andrea (2011): Über das Selbstverständnis der Pädagogik als Wissenschaft. In: Mikhail, Thomas (Hrsg.): Zeitlose Probleme der Pädagogik – Pädagogik als zeitloses Problem. Karlsruhe: KIT https://publikationen.bibliothek.kit.edu/1000024489 (Aufgerufen: 24.01.21).

Phänomenologische Perspektiven auf den Begriff der „Qualität“

Annäherung aus einer Erforschung frühpädagogischer Räume

Stephanie Karcher, Claus Stieve

Raum ist „die Konkretisierung einer Beziehungsstruktur.“ (Jan Patočka 1991, S. 63)

Einleitung

Die räumlich „anregende Lernumwelt“ ist ein in der Pädagogik der frühen Kindheit vielfach thematisierter Topos. Der gestaltete Raum bildet nicht nur einen Aspekt ihrer Didaktik, sondern ist geradezu notwendiger Ausdruck frühpädagogischer Grundorientierungen, man denke an Fröbel, Montessori oder den Raum als „dritten Erzieher“ in der Reggiopädagogik. Liegle (2010, S. 13 und S. 20; vgl. ders. 2002) spricht mit Bezug auf diese Tradition von der „Aufforderung zur Bildung“ in Dingen und Räumen. Sie ist der Inbegriff einer Didaktik der „indirekten Erziehung“, die sich u. a. durch die räumliche Konfiguration vollzieht (ebd.). Die Hervorhebung eines so charakterisierten Aufforderungscharakters frühpädagogischer Räume spiegelt sich in aktuellen Qualitätsdiskursen. „Räume und deren materielle Ausstattung sind die Basis für das pädagogische Handeln. Eine anregende und ansprechende, möglichst barrierefreie Raumgestaltung sowie eine vielfältige, qualitativ hochwertige und den Kindern zugängliche Materialausstattung sind notwendige Voraussetzungen für gute Bildung und Betreuung“ (BMFSFJ 2016, S. 38).

Mit Begriffen wie Aufforderung und Anregung durch Raum und Materialität oder Metaphern, wie der des Raumes als drittem Erzieher, kommen implizite Vorstellungen einer direkten Wirkmächtigkeit von Raum auf das kindliche Erleben, Handeln und Lernen zum Ausdruck – Erziehung und Bildung werden als räumliches Geschehen gefasst. Auf welche Weise aber lässt sich überhaupt beschreiben, wie pädagogischer Raum anregt und auffordert? Diese Frage verbindet sich in diesem Beitrag mit einer phänomenologischen Annäherung an den Begriff der Qualität. Im Sinne eines „Zurück zu den Sachen selbst“ geht es darum, vom normativen Anspruch des Qualitätsbegriffes zunächst soweit als möglich zurückzutreten und deskriptiv eine Vorstellung der vielschichtigen *Qualitäten* pädagogischer Räume und der Beteiligung von Raum und Materialität an Erziehung und Bildung zu gewinnen. Aufgegriffen wird deshalb die philosophische Tradition der Bestimmung von Qualitäten, wie wir sie schon in der Antike z.B. bei Aristoteles oder im englischen Empirismus bei Locke und anderen finden. In Gestalttheorie und Phänomenologie wird die Annäherung an Qualitäten mit der Bestimmung des Aufforderungscharakters eines Erfahrungsfeldes verbunden (vgl. Waldenfels 2002, S. 104). Hintergrund des Beitrages bildet das vom BMBF geförderte Forschungsprojekt „RaumQualitäten. Eine Topografie pädagogischen Raums in Tageseinrichtungen für Kinder" der Universität zu Köln und der TH Köln.[1]

Im Folgenden wenden wir uns zuerst (1) dem normativen und dem relationalen Qualitätsverständnis zu – zwei zentralen Positionen im aktuellen frühpädagogischen Qualitätsdiskurs, die immer auch Bezüge zum Raum einbeziehen. Von hier aus gehen wir (2) auf klassische philosophische Betrachtungsweisen und ihre Erweiterung in gestalttheoretischen und phänomenologischen Perspektiven von Qualität zurück, die scheinbar wenig mit der normativen Frage „guter" Qualität gemein haben, aber dazu beitragen, sie um eine deskriptive Perspektive zu erweitern. In Analysen von Bauplänen, Führungen und Alltagssituationen erläutern wir (3) unseren phänomenologisch-deskriptiven Ansatz anhand eines in Feldaufenthalten des Projekts „RaumQualitäten" immer wieder auftauchenden Motivs – der „Mitte" einer Kindertageseinrichtung. Die entwickelten Perspektiven fassen wir (4) zu einem mehrdimensionalen Verständnis von „RaumQualitäten" zusammen.

Ziel ist es, verschiedene Ebenen zu verdeutlichen, auf denen sich ein pädagogischer Raum als auffordernder zeigt (nicht nur gegenüber Kindern). Es ist also zunächst nicht Absicht, Antworten darauf zu geben, wie sich anregende Räume qualitativ ausgestalten *sollten*. Eher wird möglich, Dimensionen aufzuwerfen, die bei einer Auseinandersetzung mit der Qualität pädagogischer Räume relevant werden und damit zu einer Theorie der Qualität beitragen.

1. Positionen im Diskurs „Qualität und Raum"

Um eine phänomenologische Perspektive auf Qualität auszuarbeiten, werden zunächst zwei bekannte Positionen zu Qualität exemplarisch auf ihre räumlichen Bezüge hin betrachtet – erstens ein „normatives" und zweitens ein „relationales" Qualitätsverständnis:

In den letzten Jahren wurden, gefördert durch das BMBF, eine Reihe von Expertisen in den frühpädagogischen Diskurs eingebracht, die sich der Aufgabe widmen, „wie gute pädagogische Qualität in Kindertageseinrichtungen durch die Definition wissenschaftlich begründeter Standards in ausgewählten

1 Informationen zum Forschungsprojekt: (www.empirische-bildungsforschung-bmbf.de/de/2846.php) (28.07.2020).

Handlungsbereichen strukturell abgesichert werden kann" (Viernickel et al. 2015, S. 7). Neben Aspekten wie der Fachkraft-Kind-Relation werden von Bensel, Martinet und Haug-Schnabel (2015, S. 317ff.) auch Anforderungen an die Qualität der Räume anhand von Raumgröße, Raumgestaltung sowie Raumausstattung als „wirkmächtige strukturelle Faktoren der Kindertagesbetreuung" entwickelt (ebd., S. 320) sowie mit aktuellen politischen Vorgaben und Daten zum Istzustand pädagogischer Räume verglichen. Auf Grundlage von umfangreichen Recherchen empirischer Daten, Fachveröffentlichungen sowie Expert_innenbefragungen entwickeln die Autor_innen so qualitativ hochwertige „Bildungsraummerkmale" (Bensel/Martinet/Haug-Schnabel 2015, S. 333). Ziel der Studie ist die Formulierung wissenschaftlich begründeter und bundesweit gültiger „Eckpunkte pädagogischer Raumqualität" (ebd., S. 392). Die Kriterien machen einen Anregungsgehalt des Raumes nicht im engeren Sinne zum Thema, heben diesen aber mehrfach als notwendige Qualität hervor (vgl. ebd., S. 327; 388; 393). Anknüpfend an Honig (2004, S. 20) erscheinen Räume hier als strukturelle Qualität und sachliche *Ressource* im Sinne eines „inputs", der vermittels der Prozessqualität eine Wirkung bzw. einen „outcome" erzeugt. Gesprochen werden kann von einem „normativen Verständnis von Qualität" im Sinne „generalisierter Erwartungen" an professionelle Leistungen (ebd., S. 23ff.).

Solchen Konzepten hat Honig schon 2004 ein „relationales Verständnis pädagogischer Qualität" gegenübergestellt (vgl. ebd., S. 27), mit dem weniger eine Normativität guter Qualität entwickelt, sondern „Strukturen eines Geschehens, genauer: Prozesse der sozialen Strukturierung durch Normen (Qualitätspraktiken)" analysiert werden (ebd., S. 27). In diese Lesart lässt sich die Studie von Schmidt (2004) einordnen. Er erforscht pädagogische Räume in Bezug auf den qualitativen Anspruch des „Freispiels" der Kinder. Dabei setzt er den Raum der Kindertagesstätte nicht wie eine Ressource voraus, sondern geht davon aus, „dass der Raum, in dem sich das Geschehen abspielt, […] von den Akteuren mit ihrem Handeln jeweils situativ hervorgebracht wird" (ebd., S. 158). Auf dieser Grundlage untersucht Schmidt die „normierende Kraft des Raumes", z. B. durch die regelhafte Verteilung und Anordnung von Objekten auf bestimmte Räume in den Praktiken von Fachkräften (ebd., S. 159ff.) oder durch entsprechende Raumbezeichnungen (vgl. ebd., S. 164), wie „Funktionsbereiche" (ebd., S. 160). Veranschaulicht wird, wie in Praktiken Ordnungen einer „guten" Pädagogik immer wieder hergestellt werden, indem Kinder je nach Spiel in bestimmten Räumen verortet (wie bei raumgreifender Bewegung im Bewegungsraum) oder Objekte mit einer fest definierten Praktik verknüpft und örtlich gebunden werden (das Stethoskop gehört nicht ins Freispiel, vgl. ebd., S. 173). Schmidt analysiert damit konkret die Logik von Programmatiken, innerhalb derer die „Intention, Bildungsprozesse auszulösen, durch eine anregend gestaltete Umwelt mit den erwarteten Wirkungen verknüpft wird" (ebd., S. 158; eine vergleichbare Raumanalyse findet sich bei Neumann 2014; vgl. Stieve 2018).

Vergleicht man beide Qualitätsverständnisse, so liegt das Verdienst des normativen Ansatzes darin, dass er auf einem wissenschaftlich-systematischen Fundament begründete und gerechtfertigte Leitlinien zur politischen Steuerung einer guten Gestaltung pädagogischer Räume anbietet. Damit kann er hochwertige Anforderungen an eine fachpolitische Steuerung argumentativ stichhaltig untermauern. Gleichzeitig läuft er Gefahr, hierfür nur das in den Blick zu nehmen, was der gewünschten Wirkung entspricht und sie bestätigt. Der relationale Qualitätsbegriff von Raum und Dingen will sich aus dieser Normativität befreien. Er kann so aufweisen, dass Praktiken des Verbesserns nicht nur die Bildung von Kindern anregen, sondern ihren Alltag in hohem Maße normieren. Eine institutionen- und praxistheoretische Perspektive macht diese Zuschreibungen in ihrer Konstitutionsmächtigkeit sichtbar. Dennoch gerät „Qualität" wiederum, wenn auch analytisch gewendet, nur als normierende in den Blick, Raum und Dinge gehen weitgehend in der Herstellungsleistung institutioneller Ordnungen auf.

Im Folgenden soll es nun darum gehen, eine Deskription von Qualitäten (der Begriff wird bewusst im Plural verwendet) aus der Annahme einer immer schon vorausgesetzten normativen Struktur, wie aus der Analyse einer Hervorbringung dieser normierenden Qualität zu lösen, um einen erweiterten Blick für die Komplexität und Dynamik der Beziehung zwischen Menschen, Dingen und Räumen in pädagogischen Einrichtungen zu gewinnen.

Im Mittelpunkt steht die in beiden Ansätzen zur Bestimmung der Qualität von Räumen hervorgehobene Anregung durch räumliche Gestaltungen in der Pädagogik – dadurch, dass sie zu Lernen und Bildung anregen oder dass sie Kinder normierend adressieren und ihr Handeln präfigurieren. In dieser Hinsicht konkretisiert der Raum eine Beziehungsstruktur zwischen Kindern, Fachkräften und Dingen. Gefragt wird darum im Folgenden, welche Qualitäten es im genaueren Sinne möglich machen, dass Dinge und Räume Aufforderungscharakter haben.

2. Aufforderungsqualitäten

Jenseits der Frage nach guter oder schlechter Qualität ist „Qualität" ein tradierter Begriff der Philosophie. Er bezieht sich über lange Zeit auf oberflächlich betrachtet statisch erscheinende Eigenschaften, die einen Gegenstand in einer erkenntnistheoretischen Perspektive definierbar machen. Beispielsweise gehört die Qualität schon in der Antike zu den zehn Kategorien bei Aristoteles (neben Substanz, Quantität, etc.), mit denen er die Gesamtheit der Erscheinungen begrifflich zu fassen versucht (Aristoteles 1958). Locke trifft im 17. Jh. die Unterscheidung von primären und sekundären Qualitäten: Primäre nennt er die, die einem Körper dauernd anhaften würden, wie Festigkeit, Ausdehnung, Gestalt und Beweglichkeit; sekundäre meinen Farben, Töne oder Geschmacksarten (Locke 2006, S. 148).

Zunächst ist Qualität in dieser hier nur anzureißenden Tradition nicht wertend, sondern erkenntnistheoretisch zu verstehen. Auffällig wird gerade wegen des zunächst erkenntnistheoretischen Blickpunkts immer die Affizierung durch einen Gegenstand in den Blick genommen. Aristoteles bezeichnet (1958, S. 65) z. B. Süßigkeit, Bitterkeit, Wärme, Kälte, Weiße oder Schwärze als „passive Qualitäten", weil jede von ihnen „in den Sinnen eine Affektion (ein Leiden) bewirkt". Locke hebt hervor, wie sich erst durch die Berührung mit Objekten im Geist „sinnlich wahrnehmbare Qualitäten" bilden können (Locke 2006, S. 148). Sie entstehen aus einer Affizierung heraus. Locke bringt diese Berührung unmittelbar mit dem kleinen Kind in Verbindung: „Da aber alle Wesen, die auf die Welt kommen, von Körpern umgeben sind, die beständig und verschiedenartig auf sie einwirken, so prägen sich dem Geist der Kinder eine Fülle verschiedener Ideen ein, gleichviel, ob man etwas dafür tut oder nicht" (ebd., S. 110). Ideen sind immer schon Teil einer Erfahrung, die durch sich ereignende Affizierungen bestimmt ist.

In Gestalttheorie und Phänomenologie kommt diesem affizierenden Geschehen als einem Zwischenbereich zwischen Subjekt und Objekt eine besondere Bedeutung zu (vgl. Waldenfels 2002, 102 ff.). Hier geht es nicht mehr nur um Erkenntnis, sondern um lebensweltliche Fragen menschlicher Orientierung. Gegenstand und Subjekt werden deshalb nicht statisch vorausgesetzt und gegenübergestellt. Vielmehr wird von einem Feld von Aufforderungen ausgegangen (vgl. ebd., 104), in dem Wahrnehmende sich vorfinden, angesprochen werden und sich zu orientieren suchen, mit dem sie also immer schon verflochten sind. Dass etwas affiziert, ist nicht mehr nur für die Erkenntnis eines vorausgesetzten Subjekts relevant, sondern lebensweltliches und räumliches Ausgangsmoment von Handeln und Wahrnehmung. Was auffordert, ist damit immer auch kulturell und historisch bedingt, weil z. B. von einem in einem jeweiligen kulturellen Zusammenhang hergestellten Gegenstand eine bestimmte Handhabung *gefordert* ist. Andererseits können die Dinge zu einer Vielzahl von Tätigkeiten reizen, die nicht allein in ihren jeweiligen kulturellen Bewandtnissen liegen (vgl. Stieve 2008, S. 175 f.; 286).

Gibson prägt z. B. den Begriff der „affordances" oder Angebote: „Ein Angebot ist zugleich ein Faktum der physischen Umwelt als auch eines des psychisch bestimmten Verhaltens. Es ist sowohl etwas Physisches als auch etwas Psychisches und doch keines von beiden" (Gibson 1982, S. 139). Räumliche Phänomene und Dinge bieten demnach zuerst an, etwas mit ihnen zu tun. Z. B. bietet ein Tisch durch sein Verhältnis zur eigenen leiblichen Größe an, sich an ihn zu setzen oder zu stellen (als „Stehtisch"). Schon allein wegen der anderen leiblichen Verfasstheit des kleinen Kindes, kann er ein Raum im Raum sein, der verlockt, sich darunter zu verstecken. Das Angebot und nicht eine vom Wahrnehmenden unabhängige Eigenschaft ist für Gibson das Erste (die erste „Qualität", könnte man übersetzen), das jemand in einer räumlichen Situation an einem Gegenstand erfährt. Es ist „weder etwas Objektives noch etwas Subjektives; man könnte auch sagen, dass es beides zugleich ist" (ebd.). Solche Affizierungen bringt Lewin in seiner Topologie mit Bedürfnissen zusammen, wie z. B. dem nach Schutz, die jeweils auf andere Weise Räume, Dinge und die in ihnen Agierenden als Aufforderungscharaktere auf jemanden wirken lassen (vgl. Lewin 1982, S. 84). So kann ein räumliches Geschehen zu einem Tun verlocken oder auch davon abhalten.

Waldenfels (2002, S. 104) fasst solche Phänomene im Begriff der „Aufforderungsqualitäten" zusammen, denen jeweilige „Aufmerksamkeitsmodi" entsprechen, das heißt eine „Organisation des jeweiligen Erfahrungsfeldes". Aufforderungen eines Erfahrungsfeldes, wie z. B. im gleichermaßen materiellen wie sozialen Raum einer Kindertagesstätte, lassen sich mit Worten wie „Anreiz, Anregung, Angehen, Anmutung, Anruf, Anrede, Antun bzw. Appell, Allokution oder Adressieren" verbinden (ebd., S. 103). Sie zeigen, dass der jeweiligen eigenen Orientierung und dem eigenen Handeln und Erkennen immer ein Feld vorausgeht, in dem anderes und andere affizieren. „Phänomenologische Konzepte und Theorien des Raumes" stellen damit „die leiblichen, sinnlich-ästhetischen sowie die sozialen und emotionalen Qualitäten der Erfahrung des Raumes in den Mittelpunkt ihrer Analysen" (Brinkmann 2019, S. 166).

Waldenfels verdeutlicht dies auch an Raumrichtungen, -grenzen und -gliederungen. So sind z. B. oben und unten oder vorne und hinten nicht einfach neutrale Richtungskennzeichnungen (vgl. im Folgenden Waldenfels 1999, 202 ff.; ders. 2001, 184 ff.): Die *Raumrichtungen* vorne und hinten z. B. verweisen *leiblich* auf das Gesicht und den Rücken; *sozial* kennen wir Phänomene des Nach-Vorne-Drängens oder Zurücksteckens, die Hierarchien spiegeln können; *emotional* kann etwas oder jemand frontal bedrängt oder rücklings irritiert werden. *Raumgrenzen* sind nicht nur *materielle* Abgrenzungen von innen und außen, sondern bestimmen *sozial* auch jeweilige Eigen- und Fremdräume und damit *emotional* Orte der Zugehörigkeit oder Distanz. *Raumgliederungen* ordnen schließlich nicht nur Funktionen, sondern Bedeutsamkeitszonen dessen, was *leiblichen* Bedürfnissen entspricht, wie Küche und Schlafraum, oder was *sozial* wem zu betreten erlaubt oder verboten ist. Raumrichtungen, -grenzen und -gliederungen tragen dabei immer schon Symbolisches in sich, eine gläserne Tür äußert Transparenz, Löcher in einer Kiste werden im Kinderspiel zu Fenstern eines Hauses, ein Teppich (s. u.) zeigt einen Treffpunkt an.

Die hier zunächst allgemein beschriebenen Phänomene bieten an, pädagogische Räume in ihren Ordnungen und zugleich ihrer dynamischen Beziehungsstruktur zu analysieren. Angebote, Aufforderungen, Anregungen können auf die Wirksamkeit pädagogischer Intentionen hin befragt werden, aber sie gehen in den damit verbundenen „Adressierungen" an Kinder nicht auf, sondern weisen auf ein dynamisches Feld hin, in dem sich ereignishaft materielle und soziale Affizierungen überlappen.

3. Die Mitte – ein exemplarisches Phänomen

Im BMBF geförderten ethnografisch-phänomenologischen Forschungsprojekt „RaumQualitäten" nähern wir uns Räumen und Dingen aus den unterschiedlichen Perspektiven eines „sachlichen", „intendierten", „gelebten" und „bildenden Raums" mit dem Ziel einer Topografie pädagogischen Raums in Kindertageseinrichtungen an. „Phänomenologie" meint hier zunächst, Dinge und Räume als Phänomene zu betrachten, den verschiedenen Dimensionen oder Ebenen nachzugehen, in denen sich diese Phänomene in der Erfahrung zeigen und dabei als Forschende immer wechselseitig in Nähe und Distanz zu diesen Gegebenheitsweisen des Phänomens zu treten. In der Übernahme unterschiedlicher Perspektiven kommt eine phänomenologische Methode zum Ausdruck, sich zunächst in der Sichtweise einer „Gegebenheitsweise" durch Deskription einzurichten, Variationen weiterer Gegebenheitsweisen zu suchen und sich an gleichbleibende Merkmale des Phänomens anzunähern (vgl. Lippitz 1987, S. 116).

Im Rahmen dieses Vorgehens begegnete uns immer wieder das Phänomen der „Mitte": Wir bezogen uns auf eine räumliche „Mitte" oder architektonisch angelegte „Erschließungsräume", wenn wir Grundrisse von Einrichtungen zu lesen versuchten. Leitungen von Kindertagesstätten thematisierten bei Einrichtungsführungen und in Konzeptionen Räume als „Piazza" (01 Konzeption), „Anfang von allem", „Zentrum" (02 Konzeption, Führung) oder „Herz" (03 Führung) und wiesen damit Orten eine besondere, übergeordnete und zentrale Bedeutung für die soziale Ordnung des Alltags wie auch für das Selbstverständnis der Einrichtungen zu. Bei teilnehmenden Beobachtungen von Kindern und Erwachsenen im Kindergartenalltag stellte sich die Frage, wie sich der gelebte Raum insbesondere für Kinder gliedert. Auch hier tauchte z. B. durch Hinweise auf bevorzugte Orte die Frage nach einer „Mitte" auf.

Methodologisch schließt das Projekt „RaumQualitäten" an die Studie „Der Lebensraum des Großstadtkindes" von Muchow und dem dort ausgearbeiteten relationalen Raumverständnis an, das eine große Nähe zu phänomenologischen Perspektiven aufweist (vgl. Lippitz 2000, S. 188). Großstadt wird von Muchow als „ein eigentümliches zwischen Person und Welt sich realisierendes Leben" (Muchow/Muchow 1935/2012, S. 76) begriffen. Diese Analyseeinstellung wird im Projekt „RaumQualitäten" auf den institutionellen Raum von Kindertageseinrichtungen übertragen. Die Frage an das empirisch erhobene Material ist im Folgenden, welche räumlichen *Qualitäten* dem Phänomen der Mitte im lebensweltlichen Alltag von Kindern und Erwachsenen in Kindertageseinrichtungen zukommen. Sichtbar wird am Beispiel der „Mitte", dass sich Räume qualitativ abstufen und sich Orte zeigen, die eine besondere Bewandtnis für das Selbstverständnis wie das alltägliche Leben der Kindertagesstätten gewinnen. So verschieben sich die Relevanzen je nach Perspektive.

„Mitte“ aus Perspektive des „sachlichen Raums“

Der „sachliche Raum“ beschreibt jene Einstellung unserer Alltagserfahrung, in der ein vermeintlich „objektiver Raum“ mit gegebenen Maßen und Zwecken als Tatsache vorausgesetzt und den subjektiven Erfahrungen gegenübergestellt wird. Der „objektiv gegebene Raum“ bildet in dieser Einstellung geradezu das Maß dieser Erfahrungen.

Die Perspektive eines selbstverständlich vorausgesetzten Raumes einzunehmen, bietet sich zunächst an, weil sie mit der einer strukturellen (und messbaren) Qualitätsvorgabe des Raumes übereinstimmt. Den „sachlichen Raum“ bilden demnach die in der Erfahrung mit ihnen oft selbstverständlich verbundenen und rechtlich durch die Betriebserlaubnis der Landesjugendämter gesicherten räumlichen Konfigurationen wie Gruppen- oder Bildungsräume, Nebenräume, Garderoben, Wirtschaftsräume und Büros sowie die damit verbundene Ausstattungsvorstellungen, etwa die kindgerechte Größe der Möblierung. Baupläne können als Vergegenwärtigungen „sachlichen Raums“ gelten, weil sie auf baulicher Ebene die angelegte strukturelle Qualität von Räumen z. B. durch Raumgrößen und -gliederungen abbilden (vgl. Bensel/Martinet/Haug-Schnabel 2015, S. 342). Am Beispiel eines Grundrisses soll eine solche Vergegenwärtigung eines Kindergartengebäudes nachgezeichnet werden:

Abb. 1: Grundriss „Erschließung“

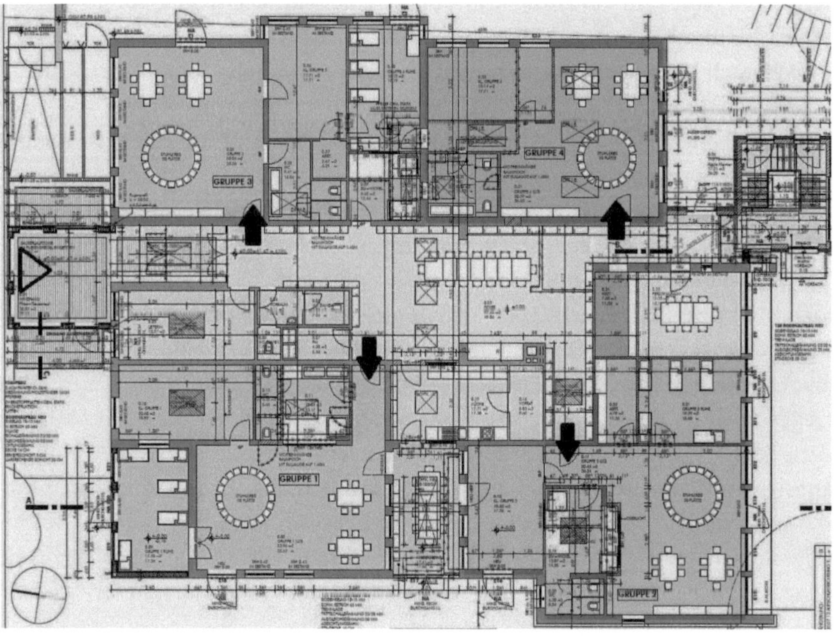

Die Grafik 01 Grundriss „Erschließung“ bildet das Erdgeschoss eines zweigeschossigen Gebäudes ab. Versuchen wir als Betrachter_in den Bauplan zu verstehen, so suchen wir vielleicht den Eingang oder sich wiederholende Muster. Auch Bezeichnungen wie „Gruppe 1-4“ erleichtern uns, eine Kindertagesstätte zu erkennen. So lassen sich in allen vier Ecken, durch die Schattierung des Architekten voneinander abgesetzte, in etwa gleichgroße *Raumgefüge* ausmachen, innerhalb derer sich Zimmeranordnungen und beschriftete Symbole für typische Ausstattungen, wie Stuhlkreise, Tische, Betten, und Sanitäranlagen wiederholen.

Dazwischen begegnet uns eine Art „Mitte“ im baulichen Sinne, an der Stelle, an der sich der vom Eingang (gekennzeichnet durch ein Dreieck an der linken Seite) kommende Flur zu einem größeren, rechteckigen Raum weitet. Aus bauplanerischer Perspektive *erschließen* sich von diesem im Plan als „Foyer“ bezeichneten Raum aus nahezu alle anderen Bereiche. Eingezeichnet ist dies über die Pfeile, welche *Raumrichtungen* zu den einzelnen Raumeinheiten, Übergänge und damit *Raumgrenzen* andeuten und *Raumgliederungen* eröffnen. Die Orientierung im Bauplan, z. B. anhand der Richtungs-Pfeile, zeigt, dass die scheinbare sachliche Gegebenheit dieses Raumes unsere eigene leiblich-orientierende Bewegung vollzieht, von der das Maß abstrahiert. Die Deutung des Bauplans ergibt sich durch unser virtuelles, leibliches Hineinschreiten, das sich von Fluren und Türen als Wegen wie auch von der sozialen Vorstellung des Raumes leiten lässt, „ein virtueller Leib, dessen phänomenaler ‚Ort‘ sich durch seine Aufgabe und Situation bestimmt“ (Merleau-Ponty 1945/1966, S. 291; Stieve 2015).

Was sich uns präsentiert, ist so zunächst der „gewohnte“ Raum einer Kindertageseinrichtung, hier des Familienzentrums 01 für bis zu 85 Kinder von zwei bis sechs Jahren, der sich von einem zentralen Ort aus in die vier vom Raumprogramm vorgeschriebenen Gruppenbereiche ordnet, Neben- und Büroräume ausweist, angemessene Größenverhältnisse spiegelt und damit immer schon die normierte Vorstellung eines solchen Raumes als Folie zugrunde legt.

„Raumqualitäten“ wie Ausdehnungen und Größen, Verteilung von Fenstern, Zu- und Ausgängen legen bereits auf formaler Ebene des Grundrisses nahe, dass bestimmte Orte, Räume, Raumteile zum Verweilen, andere eher als Verkehrsstrecken zum Durchmessen des Raumes auffordern sollen. Die Gegebenheiten des tatsächlichen Gebäudes rekurrieren auf diese im Bauplan dargestellte Planungsebene, können ihr aber auch zuwiderlaufen. Die baulich angelegten Qualitäten differenzieren sich nämlich aus, wenn klarer bestimmt werden muss, *für wen* sich die im Bauplan eingezeichneten Wege auftun, *welche* Räume sich für wen und unter welchen Bedingungen als zusammengehörig erweisen, wie sich Einschluss und Ausschluss, Innen und Außen oder Zentren und Peripherien ausprägen.

„Mitte“ aus Perspektive des intendierten Raums

Mit der Perspektive des „intendierten Raumes“ lässt sich die Frage stellen, wie die Aufforderungsgestalten des immer schon sozialen, pädagogisch konnotierten Raums in Kindertageseinrichtungen „intendiert“ werden. Mit Muchow könnte man sagen, dass Räume „weltbezogen“ (1935/2012, S. 109) wahrgenommen werden, das heißt auf die Welt, in der jemand lebt, und die damit verbundenen Zwecke hin. In Führungen und Konzeptionen beschreiben die pädagogisch Tätigen ihre Räume immer schon in einem Zwischenfeld zwischen dem Raum, wie sie ihn vorfinden, alltäglich leben und wahrnehmen, und dem, wie sie ihn denken und gestalten wollen. Die Deskription will zentrale Aussagen herausarbeiten und zeigen, wie Raum organisiert und inszeniert wird, um eine jeweilige pädagogische Idee zu realisieren.

Die untersuchten Kindertageseinrichtungen weisen bestimmten Orten jeweils einen besonderen Sinn als „Mitte“ zu, der sich teilweise mit der geplanten, vermeintlich sachlichen Struktur deckt, teilweise den Raum anders konfiguriert.

Beispielsweise orientiert sich in Konzeption und Führung der Kindertagesstätte 02, einer Einrichtung für drei Kindergartengruppen mit offenem Konzept und zwei in sich geschlossenen Krippengruppen, der intendierte Raum im Verhältnis zu mehreren räumlichen „Mitten“, welche sich im Grundriss aus Perspektive des sachlichen Raumes unterschiedlich verorten (siehe Abb. 2, Grundriss „Mitten“; markiert durch Ellipsen).

Abb. 2: Grundriss „Mitten“

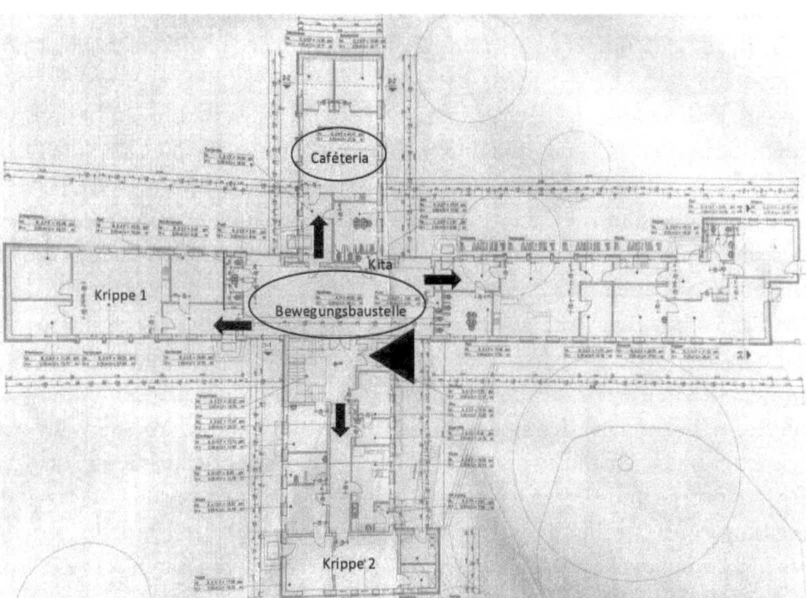

Eine erste Einrichtungsführung beginnt in einem zentral gelegenen Verbindungsraum. Die Leitung zeigt in den Raum und hebt dabei dessen konzeptionelle Bedeutung hervor: „Das hier ist unsere Bewegungsbaustelle [...], eigentlich der Anfang von allem. [...] Das Konzept, also die ganzen anderen Räume, haben sich um diese Bewegungsbaustelle aufgebaut“ (02_Fuehrung).

Der pädagogische Raum wird hier gestisch-performativ vor Augen geführt und erzählerisch in einer Entwicklungsgeschichte gefasst, in der sich, ausgehend von der konzeptionell besonders ausgearbeiteten „Bewegungsbaustelle“, die Räume der Einrichtung prozesshaft „aufbauen“ und eine Pädagogik ausdifferenzieren, die sich daran ausrichtet, Kindern Raum und Anreiz für freies Bewegen, freies Spiel und selbstverantwortliches Handeln bieten zu wollen.

Die Konzeption der Einrichtung 02 benennt zugleich mit der „Cafeteria“ eine weitere „Mitte“: „Das Leben in [der Kindertagesstätte 02] ist heute wie in einem großen Familienhaus. Im Zentrum ist die große Wohnküche, unsere Cafeteria. Von hier aus können die Kinder in alle Bereiche gehen: Außengelände, Bewegungsbaustelle, Fachräume, Werkstätten, Atelier... Ähnlich wie zuhause ins Wohnzimmer, Schlafzimmer, Kinderzimmer, Garage, Werkstatt, Keller, Garten...“ (02 Konzeption). Gelegen im hinteren Teil eines der vier kreuzförmig angeordneten Gebäudetrakte, kann die Lage der „Cafeteria“ als dezentral beschrieben werden. Dennoch sollen alle ca. 55 Kindergartenkinder mit ihren Eltern jeden Morgen hier „ankommen“, wie die Leitung vor Augen führt: „das ist die Cafeteria, hier findet alles statt, was mit Essen zu tun hat, und wir sagen immer das ist auch ein sehr kommunikativer Ort, hier trifft sich nämlich alles, [ ] hier kommen die Kinder an, sie frühstücken, packen ihre Sachen aus, setzen sich hin, melden sich zum Essen an und verbringen hier eigentlich ganz viel so auch zusätzlich nochmal schöne Zeit“ (02 Führung). Die Erschließung des Hauses durch die Kinder wird unabhängig von der räumlichen Lage „von hier aus“ (02 Konzeption) gedacht, vielleicht auch weil der Raum für die Einrichtung eine eigene – intime – Qualität aufweist: „Es ist auch ein Ort für die Eltern die hier ankommen können [...]. Eingewöhnungen, die finden hier statt, da setzen sich die Eltern hier auf das Sofa, könne sich auch woanders hinsetzen, aber das ist gemütlicher, ne? Können auch einen Kaffee bekommen und können hier einfach bleiben“ (02 Führung).

Als „Wohnküche“ (02 Konzeption) wird der Ort sozial als familiärer Ort symbolisiert. In den Beschreibungen der dort verorteten Praktiken, Tätigkeiten und leiblicher wie sozialer Erfahrungen des Ankommens, der Kommunikation, des sich-Treffens, des gemeinsamen Frühstückens und Mittagessens werden emotionale Qualitäten des Vertrauten, Heimatlichen, der Zugehörigkeit, des Versorgens und Versorgtwerdens in den Vordergrund gestellt. Sie legen die Deutung eines familiär gedachten Selbstverständnisses der Einrichtung nahe, das nicht von ungefähr in dem kleinen zurückgezogeneren Raum sein Zentrum finden soll.

„Mitte“ aus Perspektive des gelebten Raums

In einer dritten Perspektive des „gelebten Raumes“ werden mithilfe teilnehmender Beobachtung kindliche Raumaneignungs- und Interaktionsprozesse erforscht, das heißt, wie sich Räume für Kinder strukturieren und welche Dynamik sie für sie gewinnen, wie sie den Raum erfahren, wozu er anregt und wie sie sich ihn zueigen machen.

In den folgenden beispielhaften Feldnotizen aus dem Kindergartenalltag werden zunächst auffällige Korrespondenzen des „gelebten Raumes“ zur „intendierten“ pädagogischen Qualität der Räume sichtbar, an denen Aufforderungscharaktere der Dinge und Räumen unmittelbar beteiligt sind.

Im Familienzentrum 01 wurde im sachlichen Raum der mittig gelegene Erschließungsraum „Foyer“ vorgestellt. Aus Perspektive des intendierten Raumes wird er in Konzeption und Führung in Anknüpfung an eine geläufige Bezeichnung der Reggiopädagogik als „Piazza“, sprich metaphorisch wie der Platz einer Stadt, und damit als Versammlungsort gefasst. Mit den entlang der Wände angebrachten Garderobenschränken, die durch Portraitfotos jedes Kind persönlich adressieren und zum Verwahren ihrer Straßensachen sowie zum Anziehen der bereitstehenden Hausschuhe auffordern, dient die „Piazza“ als Ort des Ankommens, durch welchen die Handlungen des Übergangs in die sogenannten „Bildungsräume“ präfiguriert werden (vgl. 01 Führung; 01 Fotografie „Piazza“).

Abb. 3: Fotografie „Piazza“

Im Alltag tritt die „Piazza“ als Ort des täglichen Begrüßungskreises hervor: Kinder und Fachkräfte finden sich um einen in der Mitte der freien Bodenfläche liegenden runden Teppich ein, der die „Piazza“ geradezu als Zentrum des Versammelns symbolisiert. In der Perspektive des gelebten Raums wird sichtbar, wie dieser Teppich im Verlauf der Beobachtung mehrfach seine Gestalt verändert. Ein Beobachter notiert in sein Logbuch (im Folgenden 01_Log_st):

„Während der Ankunftszeit in der Einrichtung 01 wird der Teppich kaum beachtet. Die Eltern und Kinder treten über ihn hinweg, hängen ihre Jacken in die Schränke und verschwinden in die angrenzenden ‚Bildungsräume'“. Um 8:45 Uhr beginnt der „Begrüßungskreis“, Kinder und Erwachsene versammeln sich um den Teppich herum auf der „Piazza“.

Während einer Erzählrunde über Ferienerlebnisse wird die „Zone“ des Teppichs von den Kindern und Fachkräften auffällig nicht betreten, „aber mit dem Rand wird in vielfacher Weise umgegangen. Kinder legen ihre Füße auf den Rand in den Teppich hinein, knien sich auf den Rand, ein Junge ist eine ganze Zeit in den Flaum des Teppichs vertieft, schiebt mit beiden Händen die langen dicken Fasern hin und her. Auffällig richtet sich alles nach innen aus und der Raum dahinter scheint völlig zu verschwinden.“ Während der Teppich als Bodenbelag im Alltagsgeschehen des Ankommens in der Eingangshalle kaum thematisch wird, kommt ihm in der pädagogisch gerahmten Situation des Morgenkreises eine orientierende Bedeutung zu. Die soziale wie materielle Kreisform wird von den Kindern in ihrer leiblichen Ausrichtung fast vollständig übernommen, ohne dass es ermahnender Hinweise bedarf. Mit der zentralen Positionierung im Mittelpunkt fordert die Materialität des Teppichs die zu ihm hin orientierten Kinder auf, seine Fasern wie seine Form zu erspüren und damit auf verschiedene Weise umzugehen. Ein Spiel z. B. ändert mit einem Moment die Bedeutung des Teppichs. Während das Spiellied „Schlangen[lustig] Tanz“ gesungen wird, „geht ein Junge jetzt ‚auf' den Teppich und ‚im Kreis' umher, unterstützt von der Kreisgestalt, wie es scheint. Der Teppich wird zu einer Art Bühne. Es wirkt, als würde die Bewegung des Kindes durch den Teppich verstetigt und mitgelenkt.“ Deutungen aus gestalttheoretischer und phänomenologischer Perspektive lassen die materielle Qualität des Teppichs erkennbar werden, die das Geschehen geradezu mitgestaltet. Im Wechsel der Bezugnahmen wird deutlich, dass der Teppich hier nicht einfach als sachliches Objekt eine zugewiesene Funktion erfüllt. Vielmehr entfalten sich seine Aufforderungsqualitäten innerhalb eines Zwischenfeldes in die Konfiguration der Praktiken des Morgenkreises hinein. Waldenfels formuliert: „Die Handlung entfaltet eine Eigenbewegung, die von der Initialkraft der Dinge profitiert, sich vom Lauf der Dinge mitnehmen lässt“ (Waldenfels 2002, S. 106). Der Raum bildet in der Szene eine affizierende Beziehungsstruktur des Sich-Zueinander-Verhaltens. Sie gewinnt ihren Feldcharakter sowohl aus einer Leiblichkeit und Sinnlichkeit wie aus der Sozialität stiftenden Kreisform.

In weiteren Beobachtungen wird der Verweisungszusammenhang zwischen dem intendierten und dem gelebten Raum der Kinder irritiert und es rückt die Frage in den Fokus, wie sich der Raum für die Kinder, bzw. das jeweilige Kind nach eigenen Relevanzen gliedert.

So fällt in mehreren Feldnotizen aus der Kindertagesstätte 02 ein ca. fünfjähriger Junge auf, der sich in der bereits beschriebenen „Wohnküche" am ersten Tag des Feldaufenthalts zu einem der Forschenden auf ein Sofa setzt und ihn anschaut, ohne etwas zu sagen. Auf die etwas verlegene Frage, ob er einmal die Kita zeigen mag, geht er mit dem Gast, ohne zu sprechen, durch eine Vielzahl von Räumen. Bei weiteren Besuchen in der Einrichtung fällt dem Beobachtenden auf, dass er den Jungen trotz des offenen Konzeptes, in dem es keine Gruppen gibt, und obwohl er alle Räume gut zu kennen scheint, fast immer in der „Wohnküche" findet. Manchmal begegnet er ihm allenfalls noch in der „Bewegungsbaustelle". Die Begegnungen lassen Fragen entstehen: ist die „Wohnküche" der bevorzugte Ort des Jungen? Wenn ja, woraus ergibt sich diese Präferenz – vielleicht durch eine für den Jungen wichtige Bezugsperson? Jede Fachkraft ist in der Einrichtung fest für einen Raum zuständig. Raum wäre in diesem Sinne personal und sozial bestimmt und müsste sich im Anschluss an Stenger im Geschehen zwischen Kind und Fachkraft zeigen: „der Spielraum, der zwischen Menschen entsteht, ist hier immer ein jeweiliger, froher, gedrückter, zwanghafter, freisetzender, wenn die Beteiligten bei sich außer sich sind und so das, was zwischen ihnen entsteht, mit hervorbringen" (Stenger 2019, S. 285). Die Frage kann noch nicht abschließend beantwortet werden, doch macht die Auseinandersetzung deutlich, dass der gelebte Raum eines Kindergartens sich nach ganz verschiedenen Relevanzen gliedert, hier möglicherweise in Zonen des Vertrauten und des Distanzierteren, in einem dieses Kind individuell betreffenden Sinne, sprich als persönliche „Mitte", von der aus sich ihm die weitere Kita erschließt.

4. Abschluss

Entgegen einem statischen Raumverständnis wird Raum in den Beispielen als eine relationale Beziehungsstruktur sichtbar. Räumliche Qualitäten zeigen sich als Dynamiken, die sich zwischen dem, wie Räume baulich konzipiert, pädagogisch intendiert und ereignishaft gelebt werden, auftun. Sie lassen sich bezogen auf unterschiedliche Gesichtspunkte beschreiben:

Materiell: Qualitäten pädagogischen Raums sind in der Erfahrung durch eine affizierende Materialität mitbestimmt. Raum zeigt sich in ihr nicht allein als sachliche Struktur, sondern durch „raumbildende Dinge", die leiblich, emotional, sozial und sprachlich Raumrichtungen, -grenzen und -gliederungen mitvermitteln (vgl. Waldenfels 1999, 202 ff.).

Leiblich: Richtungen, Grenzen, Barrieren, Zentren und Peripherien sind solche immer für jemanden. Räume vermitteln sich aus einer orientierenden Leiblichkeit heraus. Der Leib geht einer Vorstellung von Raum in gewisser Weise immer schon voraus, als ein ständiges Antworten auf und Orientieren innerhalb solcher Affizierungen.

Emotional: Räume muten an, sie machen gestimmt. Das heißt, sie haben einen emotionalen Charakter, lösen z. B. eine Sym*pathie* oder Anti*pathie* aus, ein Empfinden des Vertrauten oder der Fremde, der Zugehörigkeit oder des Ausschlusses.

Sozial und kulturell: Räume und ihre Dinge sind immer schon sozial. Die Verwendung der Dinge für eine Tätigkeit, das Aufmerken eines anderen, Zeigegesten und Zurufe weisen darauf hin, dass Dinge und Andere sich als ein jeweils ineinandergreifendes Feld verstehen lassen. Raum wird in gewisser Weise sozial und kulturell hergestellt, z. B. indem sich ein Bewandtniszusammenhang, wie der einer Garderobe aus der täglichen performativen Aufführung der damit zweckgebundenen Tätigkeiten ergibt. Umgekehrt vermitteln Räume und Dinge gerade durch ihre Aufforderungscharaktere den Beteiligten eine jeweilige Sozialität.

Symbolisch: Räume korrespondieren schließlich immer schon mit Symboliken, sie und ihre Dinge, werden in Metaphoriken, wie der der „Piazza" oder „Wohnküche", gleichermaßen gespiegelt wie sprachlich aufgerufen. Ihr jeweiliger symbolischer Charakter verändert die Wahrnehmung des Erfahrungsfeldes und mit ihm den Aufforderungscharakter des Raumes.

Fasst man die Perspektiven zusammen, so können phänomenologische Analysen den Begriff der Qualität auf die *deskriptive* Beschreibung des Verhältnisses von Menschen zu ihrer Lebenswelt zurückführen. „Qualität" geht damit nicht in einer festen Seinsvorstellung guter Qualitätsmerkmale auf, die letztlich Sollensvorstellungen meinen (vgl. Honig/Joos/Schreiber 2004, S. 23), aber auch nicht allein in der Analyse der Hervorbringung solcher Normativitäten, sondern wird um den Feldcharakter, der einen pädagogischen Raum bestimmt, erweitert. Wie ein Raum auffordert oder anregt, äußert sich als ein jeweiliges Erfahrungsfeld, „innerhalb dessen etwas auftritt, das jemandem auffällt, das ihn angeht" (Waldenfels 2002, S. 104) und so erst als gut oder hochwertig oder unzureichend wahrgenommen werden kann. Qualitäten vermitteln sich nicht nur im Sinne eines pädagogischen Programms und entsprechender Raumaufteilungen mit ihren Funktionsbereichen oder im Sinne einer normierenden Praktik – sondern in einem Geschehen, in dem die Beteiligten in einer ständigen Auseinandersetzung damit sind, was die Räume in ihnen auslösen, wie sie sie bewohnen wollen und wie sie sich in ihnen ausdrücken. Die Bestimmung guter Qualität ist notwendig, bedarf aber der vorgängigen Analyse, was überhaupt Qualitäten sind, die die Erfahrung von Räumen bestimmen. Diese Qualitäten können nicht allein strukturell, sondern müssen auch relational gefasst werden. Der Beitrag der Deskription besteht darin, sich zunächst normativer Bewertungen und pädagogischer Sollensvorstellungen zu enthalten, gerade um Dynamiken aufzuzeigen, aus denen heraus sich differenzierte Kriterien zu einer Bestimmung guter Qualität begründen lassen.

Literatur

Aristoteles (1958): Kategorien Lehre vom Satz (Peri hermenias), (Organon I/II). Hamburg: Meiner.

Bensel, Joachim/Martinet, Fanziska/Haug-Schnabel, Gabriele (2015): Expertise Raum und Ausstattung in Kindertageseinrichtungen und Kindertagespflege. In: Viernickel, Susanne/Fuchs-Rechlin, Kirsten/Strehmel, Petra/Preissing, Christa/Bensel, Joachim/Haug-Schnabel, Gabriele (Hrsg.): Qualität für alle: Wissenschaftlich begründete Standards für die Kindertagesbetreuung. Freiburg i. Brsg: Herder, S. 317-402.

Brinkmann, Malte (2019): Relationale (Schul-)Räume – poststrukturalistische, praxistheoretische und phänomenologische Zugänge im Vergleich. In: Lohfeld, Wiebke (Hrsg.): Spannung – Raum – Bildung. Reflexionen in anthropologischer und phänomenologischer Perspektive. Weinheim und Basel: Beltz Juventa, S. 160-185.

Bundesministerium für Familie, Senioren, Frauen und Jugend (BMFSFJ) (2016): Frühe Bildung weiterentwickeln und finanziell sichern. Zwischenbericht 2016 von Bund und Ländern und Erklärung der Bund-Länder-Konferenz. 4. Auflage. Berlin.

Gibson, James (1982): Wahrnehmung und Umwelt. Der ökologische Ansatz in der visuellen Wahrnehmung. München, Wien, Baltimore: Urban und Schwarzenberg.

Honig, Michael (2004): Wie bewirkt Pädagogik, was sie leistet? Ansatz und Fragestellung der Trierer Kindergartenstudie. In: Honig, Michael-Sebastian/Joos, Magdalena/Schreiber, Norbert: Was ist ein guter Kindergarten? Theoretische und empirische Analysen zum Qualitätsbegriff in der Pädagogik. Weinheim und München: Juventa, S. 17-38.

Lewin, Kurt (1982): Psychologie der Entwicklung und Erziehung. Hrsg. v. Franz E. Weinert und Horst Gundlach. Bern, Stuttgart: Huber.

Liegle, Ludwig (2002): Über die besonderen Strukturmerkmale frühkindlicher Bildungsprozesse. In: Liegle, Ludwig/Treptow, Rainer (Hrsg.): Welten der Bildung in der Pädagogik der frühen Kindheit und in der Sozialpädagogik. Freiburg i. Brsg: Lambertus, S. 51-64.

Liegle, Ludwig (2010): Didaktik der indirekten Erziehung. In: Schäfer, Gerd E./Staege, Roswitha/Meiners, Kathrin (Hrsg.): Kinderwelten – Bildungswelten. Unterwegs zur Frühpädagogik. Berlin: Cornelsen Scriptor, S. 11-25.

Lippitz, Wilfried (Hrsg.) (1987): Kind und Welt. Phänomenologische Studien zur Pädagogik. 2., durchgesehene Auflage. Frankfurt a. M.: Athenäum.

Lippitz, Wilfried (2000): Phänomenologische Forschungen in der deutschen Erziehungswissenschaft. In: Bauer, Walter/Lippitz, Wilfried/Marotzki, Winfried/Ruhloff, Jörg/Schäfer, Alfred/Wulf, Christoph (Hrsg.): Rationalitäts- und Glaubensvariationen. Baltmannsweiler: Schneider Hohengehren, S. 173-199.

Locke, John (2006): Versuch über den menschlichen Verstand. Band I. 2., Buch: Über die Ideen. Hamburg: Meiner.

Merleau-Ponty, Maurice (1945/1966): Phänomenologie der Wahrnehmung. Aus dem Französischen übersetzt und eingeführt durch eine Vorrede von Rudolf Boehm. Berlin: de Gruyter.

Muchow, Martha/Muchow, Hans Heinrich (1935/2012): Der Lebensraum des Großstadtkindes. Weinheim und München: Juventa.

Neumann, Sascha (2014): Die sozialen Bedingungen der Bildung. Erkundungen im Feld der Frühpädagogik. In: Thompson, Christiane/Jergus, Kerstin/Breidenstein, Georg (Hrsg.): Interferenzen. Perspektiven kulturwissenschaftlicher Bildungsforschung. Weilerswist: Velbrück Wissenschaft, S. 243-267.

Patočka, Jan (1991): Der Raum und seine Problematik. In: Die Bewegung der menschlichen Existenz. Phänomenologische Schriften II, hrsg. v. Klaus Nellen, Jiři Němec und Ilja Srubar. Stuttgart: Klett-Cotta, S. 63-131.

Schmidt, Kai (2004): Das Freispiel und der geordnete Raum. Die Praxis eines Programms. In: Honig, Michael-Sebastian/Joos, Magdalena/Schreiber, Norbert: Was ist ein guter Kindergarten? Theoretische und empirische Analysen zum Qualitätsbegriff in der Pädagogik. Weinheim und München: Juventa, S. 157-192.

Stenger, Ursula (2019): Sozialität: Mit anderen sein. In: Dietrich, Cornelie/Stenger, Ursula/Stieve, Claus (Hrsg.): Theoretische Zugänge zur Pädagogik der frühen Kindheit. Eine kritische Vergewisserung. Weinheim und Basel: Beltz Juventa, S. 271-287.

Stieve, Claus (2008): Von den Dingen lernen. Die Gegenstände unserer Kindheit. München: Fink.

Stieve, Claus (2015): Grenzverschiebungen zwischen Welt und Selbst. Zur leiblich-räumlichen Reflexivität früher Bildungsmomente. In: Brinkmann, Malte/Westphahl, Kristin (Hrsg.): Grenzerfahrungen. Phänomenologie und Anthropologie pädagogischer Räume. Weinheim und Basel: Beltz Juventa, S. 17-39.

Stieve, Claus (2018): Forschungsmethodologische Zugänge zum „Bildenden Raum". In: Weltzien, Dörte/Wadepohl, Heike/Cloos, Peter/Bensel, Joachim/Haug-Schnabel, Gabriele (Hrsg.): Die Dinge und der Raum. Forschung in der Frühpädagogik XI. Freiburg i. Brsg: FEL, S. 31-57.

Viernickel, Susanne/Fuchs-Rechlin, Kirsten/Strehmel, Petra/Preissing, Christa/Bensel, Joachim/Haug-Schnabel, Gabriele (Hrsg.) (2015): Qualität für alle: Wissenschaftlich begründete Standards für die Kindertagesbetreuung. Freiburg i. Brsg: Herder.

Waldenfels, Bernhard (1999): Sinnesschwellen. Studien zur Phänomenologie des Fremden. Frankfurt a. M.

Waldenfels, Bernhard (2001): Leibliches Wohnen im Raum. In: Schröder, Gerhart (Hrsg.): Kulturtheorien der Gegenwart. Ansätze und Positionen. 1. Auflage. Frankfurt a. M., New York: Campus, S. 179-181.

Waldenfels, Bernhard (2002): Bruchlinien der Erfahrung. Phänomenologie, Psychoanalyse, Phänomenotechnik. 1. Auflage. Frankfurt a. M.: Suhrkamp.

Die strukturelle *qualitas* der institutionellen Kleinkinderziehung

Soziologisch-strukturtheoretische Überlegungen zu den Dependenzen pädagogischer Qualität

Annett Maiwald

Einleitung

Innerhalb der frühpädagogischen Debatte wird seit längerem gefordert, dass die Bestimmungen der pädagogischen Qualität des Kindergartens theoretisch weiter zu präzisieren seien (Harvey/Green 2000; Honig/Joos/Schreiber 2004; Honig 2014a). Trotz der langanhaltenden Diskussion bliebe es „durchaus strittig", „was unter Qualität verstanden werden soll" (Honig 2014a, S. 5). Wenn konstatiert wird, dass es sich bei „Qualität" um ein „multiperspektivisches Konstrukt" handelt (ebd., S. 11), muss für die weitere Präzisierung vorab deutlich gemacht werden, ob über Qualität deskriptiv-analytische oder normativ-evaluative Aussagen getroffen werden. In der Unklarheit über diese Voraussetzungen läge die Gefahr, dass „gegenständliche Merkmale mit Werturteilen verwechselt werden" (Honig 2014a, S. 12). Somit hingen die geforderten Theoretisierungsbemühungen unmittelbar davon ab zu klären, welches begriffliche Verständnis von (pädagogischer) Qualität zugrundegelegt wird.

Die nachfolgenden Überlegungen[1] rekurrieren auf diese Forderungen; das Attribut „pädagogisch" wird dabei eingeklammert. Diese Operation erlaubt es, das Nachdenken über Qualität zunächst auf eine allgemeinere begriffliche Ebene zurückzuführen und zu fragen, worauf der Begriff seiner erkenntnistheoretischen Provenienz nach ursprünglich abzielte. Es eröffnen sich in diesem Kontext Bedeutungsgehalte, die die normative Einengung des Nachdenkens über Qualität überwinden und grundsätzlicher an den eigentlichen Erfahrungsgegenständen ansetzen. Die multiplen Qualitäten der erfahrbaren Wirklichkeit werden für uns als Subjekte zuerst in der Verarbeitung bestimmter Sinneseindrücke und dann in der weitergehenden abstrahierenden Erkenntnisbildung relevant und fundieren unsere Handlungsentscheidungen. Dementsprechend rücken distinkte kategoriale Bestimmungen von Qualität als auch konkrete strukturelle und inhaltliche

---

1 Der Beitrag entstand im Rahmen des DFG-Forschungsprojektes „Expansion der Hochschulbildung und Akademisierung der Beschäftigung" (Förderkennzeichen: STO 499/6-2), siehe dazu auch Maiwald 2019.

Aspekte der Qualität der Kleinkinderziehung ins Zentrum der Aufmerksamkeit, die sich von dem dominanten normativ-konzeptionellen bzw. evaluativen Fokus der Debatte um Qualitätsentwicklung, -sicherung und -steuerung (Roux/Tietze 2007; im Überblick Kalicki 2015) grundsätzlich unterscheiden.

Es geht mir jedoch nicht darum, nur mehr einige Stränge der Begriffsgenese von Qualität aufzuzeigen und ein zwar horizonterweiterndes additives Wissen zu thematisieren, das aber den Tenor der gegenwärtigen Debatte im Bildungsbereich nicht tangiert. Sondern das soziologische Interesse ist unmittelbar auf die weitere Konkretion des Wissens über den Kindergarten gerichtet und indem die Frage nach dessen *Beschaffenheit* gestellt wird, muss die institutionelle Kleinkindererziehung in ihrer besonderen Form von Sozialität, und dann auch zwingend als spezifische sozialisatorische Praxis, betrachtet werden. Der Beitrag geht von einem philosophisch begründeten Verständnis von Qualität aus und bewegt sich zunächst auf diesem disziplinären Terrain, um in der Orientierung am kategorialen Ursprungssinn einige erkenntnistheoretische Aussagen zu gewinnen. Im Anschluss erfolgt eine Skizzierung der sozialen Tatsache der Kleinkinderziehung, die aus dieser analytischen Zugangsperspektive ihre bestimmte *strukturelle* Qualität hat. *Pädagogische* Qualität steht, so die These, mit der *strukturellen* Qualität in einem bedingenden Verhältnis, mithin erstere nicht unabhängig von dieser zu denken ist.

Es wird also im Folgenden gezeigt, wie man, 1.) ausgehend von einem erkenntnistheoretisch ausgerichteten Begriffsverständnis von Qualität, auf dieser abstrakten Ebene zunächst verbleibt und etwas näher betrachtet, 2.) wie sich das sprachfähige Erfahrungssubjekt in der gegebenen Wirklichkeit mit den vorhandenen Gegenständen auseinandersetzt und sie begrifflich bestimmt, d. h. deren Beschaffenheit (Qualität) mit Prädikaten versieht, und 3.) wie jene Erfahrungssituationen in der Praxis eines Handlungsfeldes beschrieben werden können, wo sich das Aufeinandertreffen von Handlungssubjekt und noch unbestimmtem Gegenstand als Krise konstituieren kann und durch Routinisierungsprozesse bewältigt wird. Im zweiten Teil des Beitrags, der sich aus soziologisch-strukturtheoretischer Perspektive um die Beschaffenheit der institutionellen Kleinkinderziehung und ihrer Gegenstände dreht, geht die Diskussion 4.) kurz auf das Verhältnis von pädagogischer und struktureller Qualität ein, um dann 5.) die Relevanz der fundierenden strukturellen Aspekte zu betonen und aufzuzeigen, worin diese Spezifika mit ihren objektiven Sinn- und Bedeutungsstrukturen im Einzelnen bestehen, die konstitutiv sind für die tatsächliche Beschaffenheit einer konkreten pädagogischen Praxis. Danach werden 6.) die Relationen zwischen Subjekten und Gegenständen im Kindergartenkontext erörtert, und im Ausblick wird betont, dass 7.) die Strukturspezifik (die *strukturelle qualitas*) grundsätzlich bei der weiteren normativen Verständigung darüber zu berücksichtigen ist, wie – in welcher „Qualität" – die Kleinkinderziehung ihre Aufgaben erfüllen soll. Die Forschungs- und Theoriebildungsaktivitäten einer Erziehungswissenschaft vom

Kindergarten erhalten damit jenen „transdisziplinären“ Charakter (Luhmann/Schorr 1988, S. 378), der dem Fach bereits explizit bescheinigt wurde.

1. Zur kategorialen Bestimmung der „Qualität“ von Erfahrungsgegenständen

Mit dem Blick auf die kategoriale Genese von „Qualität“ (griech. ποιότης, lat. qualitas) ist bereits ein dem pädagogischen Verständnis vorausgehender philosophiegeschichtlicher Horizont aufgespannt: Aristoteles nimmt den Begriff in den Katalog seiner Kategorien auf und bestimmt *Qualität* als abstrakte Eigenschaft, als allgemeine Beschaffenheit einzelner oder mehrerer Entitäten, um ihre „definierenden Merkmale“ zu suchen (Blasche 2017, S. 1). Unser Zugang zu dem Problem wird mithin über das Besinnen darauf gebahnt, dass die ursprüngliche Kategorie der *qualitas* die Qualitäten heterogener Gegenstände der materiellen oder immateriellen Welt meint. Hierzu zählen in der Antike solche disparaten Qualitäten wie die von physischen Gegenständen (Form, Farbe, Wärme) als auch moralische Eigenschaften der Menschen, ihre Handlungsweisen, Gefühle u. a.

Gefragt wird später, wie jene Welt als Erfahrungstatsache mit unseren menschlichen Wahrnehmungsurteilen verknüpft ist, wobei der stufenförmige Gang der Erkenntnis von der Unmittelbarkeit der Sinneseindrücke (Peirce bezeichnet sie auch als „unmittelbarere Begriffe“, 1986/1867, S. 149) bis zur synthetisierten begrifflichen Erkenntnis reicht. „Qualität“ erhält ihren Stellenwert als Oberbegriff für basale Prädikate der Erkenntnis bzw. der begrifflichen Strukturierung und Ordnung von unmittelbaren Sinneseindrücken. Diese Überlegungen sind für die erkenntnistheoretischen Grundlagen der Sozialwissenschaften bedeutsam – und damit für die kategoriale Ableitung und Einordnung von Qualität einerseits in die Praxis des Kindergartens und andererseits in die wissenschaftliche Erkenntnis dieses Erfahrungszusammenhangs. Wir operieren also, dies soll nochmals betont sein, mit einem völlig anderen Begriffsverständnis als in der gängigen Verwendung der Bezeichnung „Qualität“, mit der ganz selbstverständlich und normativ verengt „Güte“ gemeint ist.

Für Peirce, der seine Logik semiotisch in Richtung des erkenntniskonstituierenden Sprechhandelns entwickelte, gehört Qualität zu den Universalkategorien der Erkenntnis, die zwischen den rein abstrakten Kategorien „Substanz“ und „Sein“ vermitteln. So kann ein Gegenstand nur erkannt werden, wenn ihm über die unmittelbare Präsenz hinaus eine Qualität (etwa das Attribut „schwarz“) zuschreibbar ist (vgl. Peirce 1986/1867, S. 151). Peirce zufolge muss die „Mannigfaltigkeit der Sinneseindrücke“ der Welt, die unmittelbar vor dem menschlichen erkennenden Geist in Erscheinung treten und durch die wir „Empfindungen von Komplexität und Verworrenheit“ haben, durch elementare, erklärende Begriffe zur Einheit gebracht werden (ebd., S. 153).

Es müssen also die unterschiedlichsten beobachtbaren *Erfahrungsgegenstände* einer *qualitativen Bestimmung* unterzogen werden: Einem Gegenstand X wird das Prädikat P als bestimmender Begriff zugeordnet (X ist ein P). Dies betrifft sowohl die für Erkenntnis unumgänglichen elementaren, einstelligen Prädikate für Qualität, wie z. B. Farbbegriffe, als auch den Prozess der umfassenderen sprachlichen Prädizierung, der uns die Welt mehr und mehr aufschließt. Die Prädikate erhalten sukzessive ihre „Validität“ dadurch, dass sie „immer erfahrungsgesättigter“ werden (Oevermann 2016, S. 50). X und P – die Sphäre der Gegenständlichkeit und die Sphäre der Prädikate, die aus dem sprachlichen Zeichen und dessen Bedeutung, d. h. dem Begriff oder Gedanken bestehen – verschmelzen im Prädizierungsprozess zu einer „Einheit der erfahrenen und erschlossenen Welt“ (Oevermann 1996, S. 73). Die vereinheitlichenden, allgemeinen Begriffe entstehen nur durch Erfahrung, so Peirce. Nachdem sie aber gefunden und erfolgreich entfaltet wurden, können die „Prämissen“, die diese Begriffe „hervorgebracht“ haben, „vernachlässigt werden“ und dadurch können die Begriffe „häufig“ von „den Sinneseindrücken abstrahiert werden“ (Peirce 1986/1867, S. 149 f.). Wenn Menschen durch ihre sprachvermittelten kognitiven Operationen in der Lage sind, sich die Vielfalt der Erfahrungsgegenstände ohne deren unmittelbare physische Anwesenheit zu vergegenwärtigen, so weist Peirce implizit darauf hin, dass sich der Gebrauch der solchermaßen „freigesetzten“ Begriffe von den ursprünglichen Erfahrungen entkoppeln und von der tatsächlichen Beschaffenheit der Erfahrungsgegenstände auch entfernen kann – ein schwerwiegender Gedanke, der sich im Hinblick auf unser Thema z. B. auf das Verhältnis zwischen den gesellschaftlich kumulierten Bildungsbegriffen vom Kind und dem tatsächlichen, erfahrbaren Wesen kleiner Kinder anwenden ließe.

Was „Realität“ ist, erschöpft sich jedoch nicht ausschließlich darin, was durch Prädikate bestimmt wird (wie es der Konstruktivismus supponiert). Die gegenständliche Welt verweist auf eine „erfahrbare Wirklichkeit“, die uns unmittelbar betrifft und schon immer da ist – vollkommen unabhängig davon, wie wir sie im Erkenntnisprozess dann konstruieren, so Oevermann (2016, S. 50). Wir können den Tatbestand dieser von uns unabhängigen Existenz der Gegenstände aber „als Gedachtes“ unseren Gedanken zugrundelegen. Gleichzeitig treiben die begrifflichen Konstruktionen immer über die Gegenwärtigkeit der Gegenstandsmenge in einem Handlungsfeld hinaus. Vermittels der Sprache und ihrer Bedeutungsfunktion wird durch die Prädizierung, die Bildung von Begriffen inkl. deren Bedeutungen, eine „hypothetisch konstruierte Welt“ erzeugt, die „das Hier und Jetzt des konkreten Lebens jeweils transzendiert“ und den Subjekten, über die Sphäre der reinen Naturgesetzlichkeit hinaus, eine Welt von „Möglichkeiten“ eröffnet (Oevermann 1996, S. 71 f.). Beide Sphären sind aber „gleichermaßen konstitutive Bestandteile der erfahrbaren Welt“ (ebd., S. 72). Die begriffliche Welt beinhaltet aber für die handelnden Menschen Entscheidungs*alternativen* und konstitutiert insofern die menschliche Geschichte als „praktische Zukunftsoffenheit“ (ebd.).

In diesem Verständnis entsteht Geschichte durch „praktische Aktionen" von Subjekten, die auf deren „Entscheidungen" zurückgehen und grundsätzlich auch hätten anders ausfallen können (ebd.). Diese Aussagen über die erkennend handelnden Subjekte gelten trotz des generalisierten Modus uneingeschränkt für die Akteure, die in den sozialen Raum des Kindergartens involviert sind.

In die Welt der Gegenstände X, mit denen wir begonnen hatten, weil uns ihre Beschaffenheit, ihre Qualität interessierte, wird somit unauflöslich die Welt von Subjekten eingezogen. Die X. e verkörpern für die Subjekte die gegebene Wirklichkeit der „brute facts" (ebd., S. 74). Jene „harten" Tatsachen müssen jedoch zwangsläufig durch Prädikate vermittelt werden, denn sprachbegabte Wesen können auf Gegenstände, einmal auf sie aufmerksam geworden, „nicht *nicht* reagieren" (Oevermann 2016, S. 51, Hervorh. A. M.). Das Verhältnis von X und P muss somit ergänzt werden durch das sprachfähige Subjekt. Qualität, d. h. die Beschaffenheit der Erfahrungsgegenstände, wird so „im Sinne eines Potentials" verstanden, das erst „manifest" wird in der Verarbeitung durch ein konkretes Erfahrungssubjekt (Oevermann 2000, S. 426).

2. Das Subjekt der Erfahrung von „Qualität" in der Praxis: Unmittelbare Wirklichkeit der Gegenstände und ihre Prädizierung

Durch die nolens volens grobe Herleitung wurde das Problem „pädagogischer Qualität" zunächst auf den kategorialen Zusammenhang zwischen S, X und P zurückgeführt, was reichlich abstrakt blieb. Damit kann aber den von den objektiven Strukturen der Sozialität absehenden, nominalistischen Auffassungen von Qualität, z. B. als „Gestaltungs- und Regulationsprinzip" bzw. als „pädagogische Beurteilungskategorie" (Heid 2000), begegnet werden. Der erkenntnistheoretische Vorlauf, der scheinbar von einer materialen Soziologie des Kindergartens wegführte, liefert noch weitere wichtige Punkte für die Fundierung einer strukturtheoretischen Konstruktion der qualitativen Spezifika und der Handlungsproblematik der Kleinkinderziehung. Die bisherigen Ausführungen zielten nicht etwa auf eine Diskussion der epistemischen Erkenntnisfunktionsweise von Wissenschaft als solcher, sondern auf die Perspektive der *Praxis* eines Handlungsfeldes, was eingehender betrachtet werden soll.

Dazu werden die in Kapitel 1 angerissenen Verhältnisse von X und P und dem in unserer Darstellung quasi erst „hinzugetretenen" Subjekt S in einen ordnenden Zusammenhang gebracht, der uns in die *konkrete Lebenspraxis* (eines Kindes, einer Erzieherin) hineinführt: Wenn mit den Subjekten S die „Mitte und Perspektivität des konkreten Lebens" gegeben ist (Oevermann 1996, S. 74), die im erkenntnistheoretischen Vokabular mit „Erstheit" bezeichnet wird, so treffen diese Subjekte auf die Welt der Gegenstände, der X. e, die Welt der im „Hier und

Jetzt einer Handlungspraxis gegebenen Wirklichkeit", die die „Zweitheit" darstellt. Deutlich wird, wie in der unmittelbaren Lebenspraxis Erstheit und Zweitheit – das erfahrungsfähige Subjekt und die Gegenstände seiner Erfahrung – als „konstitutive Relation unverbrüchlich" (ebd.) zusammengehören. Die Welt der X. e ist für uns nur in der Erfahrungs- und Erkenntnisaktivität eines lebendigen Subjekts zu haben (es wurde bereits darauf hingewiesen, dass der objektive Tatbestand einer von uns unabhängigen, immer schon da seienden, erfahrbaren Wirklichkeit gleichwohl *gedacht* werden kann). Der Relation von Erst- und Zweitheit steht nun als „Drittheit" die Vermittlung, die Prädizierung, die „im Begrifflichen konstruierte hypothetische Welt" (ebd.) gegenüber, die Peirce auch als Sphäre des Symbols bezeichnete (vgl. 1986/1867, S. 155 f.). Wichtig für das Verständnis der Verbindung zwischen der abstrakten Herleitung und den thematischen Überlegungen zur Kleinkinderziehung ist, dass wir mit der entsprechenden logischen Form ein „einfaches *Modell von Praxis*" (Oevermann 1996, S. 74, Hervorh. A. M.) vor uns haben: „S (Erstheit) widerfährt ein X (Zweitheit) und S erfährt, dass X ist ein P (Drittheit)" (ebd.).

Es darf beim „Subjekt" jedoch nicht davon abstrahiert werden, dass dessen Praxis sich erst in der „objektiv gegebenen Reziprozität der Sozialität" konstituiert (ebd., S. 75). Gegenüber der kategorial fehlerhaften Bestimmung von einem immer schon als gegeben unterstellten, rational sprach- und handlungsmächtigen Subjekt in Aktion, wovon dann Inter-Subjektivität und Inter-Aktion als Kategorien abgeleitet werden, insistiert Oevermann im Rekurs auf Mead darauf, dass sich „S als Subjekt" nur in der „regelgeleiteten sprachlichen Verständigung, im Dialog zwischen einer ersten und einer zweiten Person", konstituiert. Erst dann könne die Kategorie einer „autonomen Lebenspraxis" eines Subjekts gebildet werden (ebd., S. 75). Auf die vorgängige Sozialität, aus der der Entwicklungsprozess jedes neuen Subjektes hervorgeht, das in diesem sozialisatorischen Zusammenhang seine Erfahrungen macht und sukzessive erkenntnisfähig wird, gehen wir in Bezug auf den Kindergartenkontext in Kapitel 6 nochmals ein.

Es wurde bereits gesagt, dass X und P im Akt der Prädizierung zu einer Einheit verschmelzen (vgl. ebd., S. 73). Beide, Gegenstand und Prädikat, lassen sich jedoch, das ist für unser weiteres erkenntnistheoretisches Verständnis der Handlungssituation des Subjekts wichtig, „als dialektische Momente von Unmittelbarkeit und Vermittlung dieser Einheit *kategorial* getrennt halten" (ebd., Hervorh. A. M.). Um die Differenz zwischen der Sphäre des Hier und Jetzt einer konkreten Praxis (einer vom Subjekt S erfahrenen Sphäre der Gegenständlichkeit, repräsentiert durch die X. e) und der Sphäre der hypothetisch konstruierten, begrifflichen Welt (repräsentiert durch die Prädikate P) theoretisch zu verdeutlichen und gleichzeitig nachzuvollziehen, auf welche Weise die o. g. unmittelbaren *und* vermittelten Momente in der Praxis zum Vorschein kommen, mag man sich einen mit buntem Stoff ummantelten Ball vorstellen, der im Kern aus einer Eisenkugel besteht. Mit diesem plastischen Beispiel wird gezeigt, dass ein

Handlungssubjekt, das an diesem Gegenstand nur das Prädikat „Kinderball“ mit den erfahrungsgemäß daran gebundenen Vorstellungen wahrnimmt (weich, mit Holzwolle gefüllt usw.) und das „handlungspraktisch dieser Prädizierung folgt und den Ball mit dem Fuß tritt“, folglich „von dem X der Eisenkugel überrascht“ wird und „sich den Fuß“ bricht (ebd.). Die Handlung hätte dagegen keine solchen Konsequenzen gehabt, wenn der Ball tatsächlich aus Holzwolle bestanden hätte oder wenn das Subjekt „im Wissen um das wahre X“, also in einer den unsichtbaren Inhalt „treffenden Prädizierung“ (ebd.), diesen Gegenstand nicht mit dem Fuß traktiert hätte.

Die gesamte Problematik wird von Oevermann auf den Punkt gebracht: „Unabhängig von unserer Prädizierung setzt sich also die im Hier und Jetzt gegebene Wirklichkeit der Gegenstände durch, indem sie uns gemäß ihrer tatsächlichen Beschaffenheit unmittelbar Schmerz oder Erfüllung zufügt. Unser Handeln selbst aber wird, ob bewusst oder unbewusst prädizierend, von unseren hypothetischen Konstruktionen geleitet, mit denen wir die Wirklichkeit interpretieren und antizipieren“ (ebd.). Wenn von der „erfahrenen“ *und* begrifflich „erschlossenen“ Welt gesprochen wurde[2] und wir das Beispiel des Eisenkugel-Balls vor Augen haben, so werden wir dafür sensibilisiert, dass unsere Prädizierungen dynamische und potentiell unabgeschlossene Prozesse umfassen, innerhalb derer die Gegenstände und ihre Qualitäten nicht aufgrund feststehender logischer Gesetzlichkeiten quasi automatisch und ein für alle Mal bestimmt werden, sondern dass als bekannt geglaubte X. e uns in der konkreten Praxis irritieren, überraschen, gar erschüttern können, „also von vermittelten Zuständen in unmittelbare Gegenwärtigkeit ‚rück‘-transformiert werden“ (ebd., S. 74). Für die Wissenschaft bedeutet dies, in der methodologischen Einstellung den *Wandel der Sinnstrukturiertheit* der Gegenstände grundsätzlich zu erwarten und die theoretisch-begriffliche bzw. bei der Pädagogik auch konzeptionelle Arbeit durch Forschung entsprechend zu dynamisieren und ihre Realitätsbezüge abzusichern.

Wenn eben das Stichwort „Sinn“ gefallen ist, so ist es im Rahmen unserer sozialwissenschaftlich-strukturalen Position für die weiteren Überlegungen wichtig, dass sich in dieser Perspektive die genannte Sphäre der im Hier und Jetzt gegebenen X. e, also der einem Subjekt in seiner konkreten Praxis unmittelbar gegebenen Wirklichkeit, nicht in der „dinglich-stofflichen oder material-substantiellen Objektwelt“ erschöpft, sondern dass sie auf die „Welt der psychischen und sozialen Tatsachen“ ausgedehnt werden muss, die uns in ihrer „Bedeutungs- oder Sinnstruktur“ ebenfalls entgegentritt (ebd., S. 73). Nicht nur das, was uns über unsere Sinne erreichen kann, ist als „real oder wirklich bzw. als empirisch gegeben“ zu denken (ebd.), auch „Bedeutungs- und Sinnzusammenhänge sind einerseits empirisch, lassen sich aber andererseits grundsätzlich mit

2 Obgleich sich diese Vorgänge in der Realität kaum trennscharf bzw. zeitlich nicht auseinanderhalten lassen.

dem Wahrnehmungssinn nicht erreichen", argumentiert Oevermann (ebd., S. 74, mit Verweis auf Frege). Sie sind nicht konkret sinnlich wahrnehmbar, sondern „grundsätzlich abstrakt" (ebd.). Die Gegenständlichkeit der erfahrbaren Welt inkl. ihrer heterogenen Qualitäten wird in dieser Hinsicht zum Forschungsgegenstand einer Soziologie als Erfahrungswissenschaft von der sinnstrukturierten Welt,[3] die gegenüber der reinen Deskriptivität bzw. den präskriptiv nicht selten über die Gegenstände ‚hinausschießenden' Vorstellungen eine material- und bedeutungsaufschließende Gegenstandsanalyse betreibt.

3. Qualitative Unbestimmtheit als Krise und Qualitätsprädikate als Bestände der Routine

Ein letzter Punkt wird angeführt, der die skizzierten epistemischen Prozesse als *Vollzugsakte in der Praxis* begreift und noch etwas konkreter die lebenspraktische Perspektive der Subjekte erfasst, die in ihrer (wie gezeigt wurde) äußerst heterogen verfassten gegenständlichen Wirklichkeitswelt handeln und permanent Entscheidungen treffen müssen, was gewissermaßen die Alltags„dramatik" ausmacht. So bedeutet das vorangegangene abstrakte Sprechen über die X. e, dass realiter die Akteure als *Erfahrungs- und Erkenntnissubjekte* (darauf liegt nach wie vor unser Fokus) in ihrer Praxis in vielen, sich wiederholenden Situationen „überrascht von einem Gegenstand als *unbestimmtem*" sind (Oevermann 2016, S. 53, Hervorh. A. M.). Die Unbestimmtheit von Gegenständen beunruhigt uns, sie müssen, einmal in unsere Aufmerksamkeit gelangt, irgendwie bestimmt werden. Um die Klasse „unbestimmter Gegenstände" zu illustrieren, haben wir uns keineswegs nur ein unbekanntes Reptil auf einer einsamen Insel vorzustellen, auf das wir treffen (dies wäre eher die Sicht des common sense), sondern auch der Ball mit Eisenkern konfrontierte das Subjekt mit völlig überraschenden Erfahrungen und stellte alles bis dahin Bekannte, d. h. die Bestimmungen von einem Kinderball, in Frage. Es fällt nicht schwer, diesen wiederkehrenden Zustand der Unbestimmtheit auf den Bereich der Sozialität in der Auseinandersetzung mit kleinen Kindern zu übertragen.

Dieser Zustand ist lt. Oevermann konstitutiv für die Erfahrungskonstellation in der Praxis und stellt keine Ausnahmesituation für das Subjekt dar: Ein Gegenstand X erzeugt eine *Krise*, weil er „sich nicht gleichursprünglich mit seiner Wahrnehmung routinehaft sofort bestimmen, d. h. prädizieren lässt" (ebd.) – und man sich seiner Bestimmung aber auch nicht mehr entziehen kann. Wir müssen auf die „Reptilien", auf „Eisenbälle" oder auf die fremdartige Verhaltensweisen

3 Auf die Trennung von, konstitutionslogisch vorausgehenden, objektiven Bedeutungsstrukturen und den subjektiven Intentionen bzw. dem subjektiv gemeinten Sinn kann hier nicht weiter eingegangen werden.

zeigenden Kinder verstandesmäßig reagieren, ob wir wollen oder nicht. Die X.e bilden nicht nur den Kosmos der uns im Hier und Jetzt zur Verfügung stehenden Welt, sondern sind auch geeignet, eine „Sphäre der Krise" zu konstituieren (ebd., S. 52). Der Begriff der „Krise" bezeichnet nun selbst keine absolute Eigenschaft von Gegenständen (wie z.B. Farbbegriffe). Wenn, dann ist er ein Prädikat der „Drittheit", der Vermittlung, weil er die Beziehung zu einem „prädikationsfähigen Subjekt" einschließt (ebd., S. 53). „Krise bezeichnet also eine Eigenschaft der Relation zwischen einem Gegenstand und einem konkreten Erfahrungssubjekt S, für das dieser Gegenstand unbestimmt ist" (ebd.).

Die Welt der X.e, die in einer Handlungspraxis gegebene Wirklichkeit, stellt die Welt der „brute facts" dar, aber erkenntnistheoretisch wird diese Welt nicht einfach in Form der immer schon etablierten und konstituierten Erfahrung dieser Tatsachen verstanden, sondern, einen Schritt zurückgehend, als die Welt der „Krisen erzeugenden Überraschungen" (Oevermann 1996, S. 74). Ohne bestimmt zu werden, würden die unbekannten Gegenstände unsere Aufmerksamkeit „immer krisenhafter überschwemmen" (Oevermann 2016, S. 51) und wir würden unsere Handlungsfähigkeit verlieren. Sofern die Bestimmung nun mit geeigneten Prädikaten gelingt und die Prädikation Bestand hat, d.h. die Entfaltung eines vereinheitlichenden allgemeinen Begriffs für ein X erfolgreich war, ist die Lösung dieser Krise gelungen. Prädikate sind somit „Ausdrücke von Krisenlösungen", die einen „Anspruch auf Bewährung, also auf erfolgreiche Routinisierung erheben" (Oevermann 2000, S. 432). Mithin konstituieren die Prädikate „die Bestände der *Routine*" (Oevermann 2016, S. 52, Hervorh. A.M.).

Wenn nun „Wissen" die „Standardform von routinisierter Prädizierung" (Oevermann 2000, S. 431) darstellt, so ist die krisenhafte Unbestimmtheit eines Erfahrungsdatums in der Praxis die dem Wissen *vorausgehende* Konstellation. Die Krisenlösung „ist nicht selbst das Ergebnis einer reflexiven oder rekonstruktiven Operation, sondern die erfolgreiche Emergenz von etwas Neuem" (ebd., S. 432). „Deshalb gehört diese Krisenlösung der Sphäre der Praxis an", argumentiert Oevermann (ebd.). Sie darf nicht mit der Logik wissenschaftlicher Erkenntnis verwechselt werden, die sich immer erst nachträglich in sozialwissenschaftlichen Fallrekonstruktionen dem Gegenstand zuwenden kann. Die normativen, intervenierenden Konzepte von Qualität positionieren sich dagegen in einer ganz anderen Beziehung zur Praxis, und es ist zu klären, wie sich dies auf die Prädizierungsprozesse in der Kindergartenpraxis auswirkt.

Für die Perspektive der Praxis muss notwendig „die Krise den Grenzfall" darstellen und „die entlastende Routine den Normalfall" (Oevermann 1996, S. 75); anders wäre die praktische Alltagsbewältigung im Kindergarten unter dem Handlungs- und Entscheidungsdruck, unter Bedingungen der Zeitnot und den nur begrenzt zur Verfügung stehenden weiteren Ressourcen nicht möglich. Ebenso entlastend wirken für die Akteure „Vor-Entscheidungen", die in „sozial validierten Normierungen und Typisierungen" institutionalisiert sind (ebd.).

Dieser Seite der Handlungsvorstrukturierung und -unterstützung sind zweifellos die pädagogischen Konzepte und organisatorischen Ablaufsplanungen für die Kita-Arbeit, aber auch gesellschaftlich legitimierte Rollenvorstellungen, die definierten Symbole vom Kind (Bourdieu) u. a. zuzurechnen.

4. Zum Verhältnis von pädagogischer Qualität und der Beschaffenheit des Sozialen

Der bisherige Gang der Darstellung hatte die Überlegungen zu „Qualität" auf die kategoriale Ursprungsbedeutung der „Beschaffenheit" von Gegenständen zurückgeführt und etwas näher betrachtet, wie sich die epistemischen Subjekte mit den Qualitäten der gegebenen gegenständlichen Welt auseinandersetzen, was uns die sprachlich vermittelten Prozesse ihrer begrifflichen Bestimmung durch Prädikate vor Augen hielt. Darüber hinaus wurden in der praktischen Handlungssituation des Subjekts die konstitutiven Konstellationen von „Krise" und „Routine" sichtbar. Der erste Teil versuchte also, zunächst das „Wie" der Auseinandersetzung von Subjekten mit der Qualität der potenziell unendlichen Menge an Gegenständen zu diskutieren, die die Wirklichkeit für sie bereithält, wobei auf dieser aggregierten Darstellungsebene von der mannigfaltigen gegenständlichen Beschaffenheit abstrahiert werden konnte.

Wenn nun der ausgewählte Gegenstand der Kleinkinderziehung zur Argumentation hinzutritt, so folgt als nächster Schritt notwendig die konkrete Frage nach deren Qualität – die Frage nach dem „Was". An dieser Stelle sei daran erinnert, dass wir eingangs die Überlegungen zur Kategorie der Qualität zunächst von der Klärung pädagogischer Qualität suspendiert hatten, um in der Begriffsdiskussion und dann in der weiteren Erörterung des Verhältnisses der Subjekt- zur gegenständlichen Welt allgemeiner ansetzen zu können. Führen wir uns jetzt den Erfahrungsgegenstand der Kleinkinderziehung vor Augen und nehmen die Pädagogik als Thema wieder hinzu (so einfach soll dieser doppelte Sachverhalt aus Praxis und normativer Wissenschaft hier ausgedrückt sein), so ist grundsätzlich zu berücksichtigen, dass die Kleinkinderziehung nicht in Pädagogik „aufgeht", nicht selbst Pädagogik *ist* und dass sie, wenn es um ihre *sozialen Dimensionen* geht, dies betrifft das gesamte Spektrum einer mikro- bis makroskopischen Inblicknahme, nicht in pädagogischen Kategorien begriffen werden kann. Der konstitutive Tatbestand der sozialen Verfasstheit eines solchen Gebildes wie dem des Kindergartens stellt dabei nicht im Mindesten in Abrede, dass dieses Feld seit seiner Institutionalisierung, genau wie die Schule, zum genuinen Aufgabenfeld der Pädagogik avancierte – mit den notorischen Fragen nach der Ausgestaltung der Erziehung in institutionellen Kontexten, ihren Bildungsgehalten, didaktischen Formen usw.

Die Frage nach den Qualitäten im Kontext des Kindergartens, ausdrücklich im Plural formuliert, macht also insofern gewisse Differenzierungsarbeiten notwendig, als dass die berechtigte, spezifizierte Frage nach der pädagogischen Qualität wiederum eine andere Frage zu ihrer Voraussetzung hat – nämlich die Frage nach der sozialen Qualität/Beschaffenheit der institutionellen Kleinkinderziehung. Es geht hier keineswegs um substituierende Eingriffe, die das „Pädagogische" durch das „Soziale" ersetzen wollen, das ist mit den transdisziplinären Sondierungen nicht gemeint. Im Raum steht als vorgängige Frage: Pädagogik resp. pädagogische Qualität *von was*? Dahinter verbirgt sich die Annahme, dass die Frühpädagogik ihren substantiellen Gegenstand im Kindergarten, im o. g. sozialen Gebilde der Kindergartenerziehung vorfindet, auf den sie sich beziehen muss (explizit oder implizit), um davon ausgehend, ihre pädagogischen Vorstellungen und Konzepte zu entwickeln.[4] In gewisser Weise könnte man von einer perspektivischen Verdopplung des Gegenstandes und der Qualität sprechen.

Wird die soziale Dimension nicht beachtet, bestünde möglicherweise die Gefahr, ohne diese Fundierung zu einer Pädagogik der pädagogischen (Vorstellungs-)Welt zu werden. Frühpädagogik ist aber nicht nur aus soziologischer Perspektive eine Pädagogik *der* sozialen Welt bzw. *in* der sozialen Welt des Kindergartens. Diese sozial-pädagogische Konstellation schließt die pädagogischen und kindheitstheoretischen Ideen über das kleine Kind, über seine Bildsamkeit und seine agency als auch die Verhandlungen über die Inhalte seiner Bildungsprozesse usw. in vollem Umfang ein – und ebenso, dass die Pädagogik für diese Aufgabe *zuständig* ist. Die Eigenständigkeit, die Elaboriertheit, Kreativität oder auch Unkonventionalität der pädagogischen und didaktischen Ideen, die kenntnisreiche Handhabung und Pflege der Traditionsbestände usw. werden durch die Berücksichtigung der sozialen Konstitution von Erziehung prinzipiell nicht beeinträchtigt, aber möglicherweise neu justiert, worauf im Ausblick des Beitrags eingegangen wird.

Für die sozialwissenschaftliche Erkenntnis vom Kindergarten kann nicht, orientiert an den bisherigen Aussagen, weiter von jeglichen Qualitätsinhalten abstrahiert werden (dies würde letztlich darauf hinauslaufen, nach der Beschaffenheit von Qualität, also quasi nach der „Qualität von Qualität", zu fragen). Sondern aus deskriptiv-analytischer Sicht ist diejenige *Qualität des Erfahrungsgegenstandes selbst* zu analysieren. Wenn der erste Teil des Beitrags mit einfachen Subjekt-Gegenstand-Beziehungen (Ball) und mit einstelligen Prädikaten wie z. B. Qualitäten der Dichte (Eisen) arbeitete, so tauchen wir mit der Kleinkinderziehung in ein komplexes Geflecht aus sozialen Beziehungs- und Gegenstandsverhältnissen ein, was die nähere Bestimmung dieser Praxisform herausfordert.

Daraus folgt eine angesichts der aktuellen Debattenfokussierung auf „Frühe Bildung" eher ungewöhnlich erscheinende Vergewisserung, womit wir es hier *strukturell* eigentlich zu tun haben. Ausgegangen wird von einem soziologischen

4 Es kann davon ausgegangen werden, dass das „Technologieproblem" der Pädagogik (Luhmann/Schorr 1988) auch darin seine Gründe hat.

Strukturbegriff, der hierunter nicht Rahmenbedingungen oder andere äußere Parameter der Kindertagesbetreuung u. ä. versteht, sondern mit dem erfasst werden kann, was die spezifische Beschaffenheit solcher sozialen Gebilde „in ihrem Inneren" ausmacht, was sie objektiv strukturiert. Mit dem Blick auf das vergesellschaftete „Sozialisationsarrangement" der institutionellen Kleinkindererziehung (Kaufmann 1980, S. 768) wird daher nach den Formen der dort sich herstellenden Sozialität und den Handlungsparametern gefragt, d. h. nach den für die Kleinkinderziehung konstitutiven Sozialbeziehungen und ihren objektiven Bedeutungsstrukturen unter den Bedingungen der Organisation.

Das bislang produzierte Wissen zur pädagogischen Praxis und ihrer Qualität scheint den Kern des sozialen Geschehens in den Kindertageseinrichtungen noch nicht richtig aufzuschließen. Es wurde, neben der Vielzahl an Kompetenz- und Professionalitätsmodellen, zu deskriptiv von den beobachtbaren Erscheinungen ausgegangen und nicht hinreichend die sozialen Beziehungsstrukturen und die daraus resultierende Struktur des Handlungsproblems analysiert, vor das der Erziehungsberuf gestellt ist. In Anbetracht der Forschungsdesiderate sei zudem darauf hingewiesen, dass der Kindergarten in der Soziologie erstaunlicherweise bis heute „nicht die Dignität eines theoretisch relevanten Sachverhalts" genießt (Honig 2014b, S. 33). Versammelt werden mithin Überlegungen zur *konstitutiven strukturellen Beschaffenheit* der sich aus der Erziehung im Kindergarten und der Besonderheit seiner Beziehungen heraus ergebenden Formen von Sozialität. Dieses gleichwohl hier nur skizzenhaft präsentierte Modell wird auf der bereits entfalteten Diskussionslinie als *strukturelle qualitas* bezeichnet.

5. Die strukturelle *qualitas* der institutionellen Kleinkinderziehung

Das basale Strukturmerkmal der Sozialität des Kindergartens entsteht aus dem Faktum, dass die Erziehung der nachkommenden Generation im Prozess der Vergesellschaftung der Kleinkinderziehung (Heinsohn 1974) sukzessive aus der Familie hinaus verlagert und nunmehr unter Bedingungen der Erwerbstätigkeit von Berufspersonen ausgeübt wird. Damit wird ein fundamentaler Wechsel in der Art der Sozialbeziehungen vollzogen, innerhalb derer die Sozialisation des Kindes vor sich geht: Für Familienbeziehungen gilt die Struktureigenschaft der Diffusität. Damit sind Beziehungen zwischen *ganzen Menschen* bezeichnet (d. h. in der Totalität ihrer Subjektivität aneinander gebundene Personen), die in vollster Expressivität und im Reichtum ihres emotionalen und potentiell unlimitierten kommunikativen Ausdrucks einander verbunden sind. Demgegenüber gehören die Beziehungen im Kindergarten einer ganz anderen sozialen Ordnung an, die sich gerade nicht durch Exklusivität auszeichnet. Sie sind *rollenförmig* organisiert und werden als *spezifische* Sozialbeziehungen gefasst,[5] als Beziehungen zwischen Rollenträgern, deren Handeln an gesellschaftlich normierte Rollenmuster zur Rahmung und Regulierung der Aktivitäts-, der Gefühls- und Affektspannen und vor allem auch an thematisch begrenzte Kommunikationen gebunden ist (darauf wird weiter hinten noch näher eingegangen). Diffuse Beziehungen überschreiten daher in allen ihren Strukturmerkmalen die Modellierung von Rollenbeziehungen (vgl. Oevermann 2014, S. 39). Dieser Strukturlogik folgend, stellt es einen Kategorienfehler dar, Familie und andere Vergemeinschaftungsformen (Freundschaftsbeziehungen, peer groups u. a.) in Begriffen der Rollenförmigkeit abzuhandeln.

In diese Polarität von diffusen und spezifischen Sozialbeziehungen ist nun der Bildungsprozess des kleinen Kindes gestellt. Dieser Tatbestand ist für die weiteren Überlegungen entscheidend, indem zunächst bestimmt wird, was im Kindergarten im Gegensatz zur Familie strukturell anders ausfällt. Angesichts des zunehmenden entwicklungszeitlichen Zusammenfallens von primärer und sekundärer Sozialisation geht es dabei auch darum, auf keinen Fall die Differenz zwischen Familie und pädagogischer Organisation kategorial einzuebnen,[6] sondern die differentia specifica der kindlichen Vitalsituation[7] zu bestimmen.

Diffuse Beziehungen sind von ihrer Initialisierung an „grundsätzlich unbefristet, gewissermaßen unkündbar" (ebd., S. 43), dies berührt die existentielle Frage nach der Abstammung, unabhängig von der tatsächlichen empirischen Beschaffenheit der Beziehung zu den Eltern oder Kindern. Bei den spezifischen Sozialbeziehungen ist strukturell gerade das Gegenteil der Fall: dass nämlich das Personal austauschbar ist. Mit der soziologischen Kategorie der Rolle sollte ja

---

5 Beide Bezeichnungen, „diffus" und „spezifisch", kommen von Talcott Parsons' Modell der universellen Handlungsorientierungen (die *pattern variables*), wobei jedoch Parsons auch die Familie, trotz ihrer *diffuseness*, als Rollenbeziehung verstand. Kategorial präzise und systematisch betrachtet, schließen sich aber Beziehungen zwischen ganzen Menschen und Rollenförmigkeit aus. Rollenförmig werden familiale Beziehungen (zwischen Gatten/Eltern-Kindern u. a.) erst, wenn sie untergegangen sind und es z. B. nur noch um rechtsförmig einklagbare Unterhaltszahlungen, Sorgerechte und dergleichen geht.

6 Die empirische Frage, ob bestimmte Familien in ihrer elementaren Sozialisationsleistung pathologisch versagen und ein sozialadministratives Eingreifen erforderlich machen oder ob das Anregungsniveau im Kindergarten für manche Kinder höher ist als in ihren eigenen Familien, ist auf einer ganz anderen Ebene angesiedelt. Eine *darauf* abhebende Dementierung des Strukturmodells der Familie bis hin zu Vorstellungen einer generellen Überlegenheit von institutioneller Erziehung verwechselt, dass jene empirischen Familienfälle ja gerade an den Geltungsansprüchen dieses Modells für die konkrete Lebensführung und an der Verwirklichung des faktischen Sozialisationspotenzials der Familie scheitern und eben nicht umgekehrt das Modell an Beispielen misslingender Praxis falsifiziert werden kann.

7 Franz-Xaver Kaufmann (1980) verwendete die prägnante Bezeichnung „Vitalsituation" (ursprünglich stammt sie nicht von ihm) für die Gesamtheit der spezifischen Existenzbedingungen von Kindern zwischen Familie, dem Nahumfeld, der peer group und den Organisationen.

gefasst werden, dass die soziale Struktur von Beziehungen identisch bleibt, auch wenn das Personal ausgewechselt wird. Für die Rollenbeziehung zwischen Erzieherinnen und Kind ist dieser Tatbestand konstitutiv. Die Zuweisung des Kindes zu einer bestimmten Gruppe und einer Erzieherin erfolgt strukturell gesehen vor allem aus Kapazitätsgründen und liegt bürokratischen Planungen des Trägers zugrunde, ist also gegenüber der bisherigen kindlichen Identitätsentwicklung kontingent. Die Erzieherinnen können faktisch jederzeit ihren Arbeitsort wechseln, ohne dass hierzu Vorstellungen institutionalisiert wären, die systematisch ein Mitgehen der Kinder als sozialisatorische Strukturnotwendigkeit nach sich ziehen würden. Die Exklusivität der im familialen Interaktionsgeschehen zur Verfügung stehenden Eltern ist im Rollensystem des Kindergartens generell ausgesetzt und kann (und soll) vom Kind gegenüber Erzieherinnen auch nicht beansprucht werden. Der Substituierbarkeit des Personals, und dies gilt für den turnusmäßigen oder schnellen Wechsel der Kinder gleichermaßen, wird damit keineswegs unter der Hand ein per se defizitärer Charakter zugewiesen, ebenso wie die Bindung der Kinder an ihre Erzieherinnen als wesentlicher Tatbestand berücksichtigt wird und gegenseitige Sympathie die Beziehungen auszeichnen kann. Es geht jedoch beim analytischen Erschließen der spezifischen Sozialisationsleistungen des Kindergartens strukturlogisch um die strikte Beachtung der Gegensätzlichkeit beider Sphären.

Die erste Rolle, die ein Mensch in seinem Leben in unserer Gesellschaft ausübt, ist zumeist die des Kindergartenkindes bzw. in zunehmendem Maße die eines Krippenkindes. Damit tritt bereits das sehr kleine Kind systematisch in die Welt außerhalb der Familie ein, in der es zum ersten Mal Rollen zu übernehmen hat, „deren Ansprüche und inneren Widersprüche es in sich austragen muss, ohne dass sein Identitätsentwurf darunter leiden muss" (Oevermann 2014, S. 60). Die größte Herausforderung für das Kind in diesem frühen Entwicklungsalter besteht darin, beim Eintritt in die Organisation überhaupt dieser Faktizitäten gewahr zu werden, die gravierenden Unterschiede zu erkennen und es zunehmend zu verstehen, die beiden Sphären in der Justierung der eigenen kindlichen Bedürfnis- und Erwartungsstruktur auseinander zu halten.[8] Vor allem gilt es zu lernen, dem Anspruchs- und Verpflichtungscharakter der vorgegebenen sozialen Rolle zu entsprechen. Die lebenslang anhaltenden „Transformationsanforderungen" (ebd., S. 59) werden für die Kinder damit weiter vorgezogen. Durch das Eintreten in die institutionelle Erziehung bereits vor der ödipalen Phase werden

8 Mit der „Eingewöhnung" in die Kita-Abläufe wird die objektive strukturelle Differenzproblematik jedoch nicht einfach getilgt. In diesem Zusammenhang mahnt Oevermann an, dass bei der Applikation von Bowlbys Bindungstheorie auf die Tagesbetreuung von Kleinkindern nicht gefragt wird, „inwieweit neben der Mutterbindung bzw. der Bindung an eine primäre mütterliche Position weitere Bindungen für das Kind hinzutreten können, ohne dass dabei die primäre Bindung strukturell dementiert wird" (Oevermann 2014, S. 45).

auch die familialen Beziehungsdynamiken und die Ablaufs- und Zeitstruktur der Ablösungskrisen vor der Latenzphase im Sozialisationsprozess affiziert.[9]

Im Kindergarten treffen nun diffuse und rollenförmige Beziehungen aufeinander, sind zugleich darin wirksam, denn das kleine Kind muss sich das Rollenhandeln erst aneignen. Es ist noch gar nicht in der Lage, zur Erzieherin eine reine Rollenbeziehung stabil durchzuhalten. Es wird sie zumindest partiell und in größerem Umfang noch als das Grundschulkind an die Praxis des primären sozialisatorischen Interaktionssystems der Familie assimilieren und entsprechend als „ganzes Kind" sich zur Erzieherin als ganze Person in Beziehung setzen (vgl. zur schulischen Situation Oevermann 2002, S. 38 ff.). In diesem Maße erhält die Erzieherin-Kind-Beziehung in ihrer Mikrologie „einen primär sozialisatorischen Stellenwert" (ebd.), der neben die Funktion der Wissens- und Normenvermittlung tritt. Erzieherinnen werden im Sinne Meads zu „signifikanten Organisations-Anderen" (Maiwald 2018, S. 776 f.), die im nicht-familialen Setting mit den Kindern interagieren.

Es formieren sich zudem Beziehungen in der kindlichen peer group, die „eine Fortsetzung von nicht rollenförmigem Vergemeinschaftungshandeln" unter der „gegenüber der Familie gänzlich veränderten Bedingung der gleichberechtigten Kooperation" darstellen (Oevermann 2002, S. 41). Gleichzeitig werden die Kinder im Rahmen der Abläufe des organisierten *Kindergartenkollektivs* dazu angehalten, auch untereinander konsistent rollenförmig zu handeln. Die Masse der Kinder ist somit gewissermaßen zweimal vorhanden, in vergemeinschafteter und in vergesellschafteter Form.

Im Umgang mit wechselndem, variablem Personal, mit kommenden und gehenden Kindern müssen gleichwohl Vertrauensverhältnisse geschaffen werden, die für Interaktion unerlässlich sind. In diffusen Beziehungen herrscht eine Vertrauensbildung, die auf „Vollzug und Bedingungslosigkeit beruht". Vertrauen wird genau dadurch hergestellt, dass es „ohne explizite Bedingungen gewährt wird" (Oevermann 2014, S. 43). In den spezifischen Beziehungen dagegen, in die die kleinen Kinder im Kindergarten hineingestellt sind, bildet es sich dadurch, dass „in den Rollendefinitionen spezifizierte Verpflichtungen

9 Ohne selbst psychoanalytisch zu argumentieren, wird im Gebrauch dieser symbolischen Bezeichnung auf die objektive Strukturdynamik der familialen Beziehungskonstellationen abgehoben, aus der der Entwicklungsprozess des Kindes hervorgeht. Die emotionalen und kognitiven Reifungsprozesse sind im Kleinkindalter durch existentielle Abhängigkeit, intensive Bindungen und Identifikationen, aber auch durch die beginnende Auseinandersetzung mit den Elternfiguren gekennzeichnet, was durch das sukzessive Gewahrwerden der elterlichen Liebesbeziehung, aus der das Kind strukturell ausgeschlossen ist, zusätzlich dynamisiert wird. Der zum selben Zeitpunkt erfolgende Eintritt in Krippe/Kindergarten mit den dortigen Beziehungsstrukturen und Rollenvorbildern ist nicht einfach als eine weitere, bloß hinzutretende soziale Form zu sehen, sondern in der Differenz der Ansprüche an das Kind als gravierende Entwicklungsherausforderung (vgl. auch Fußnote 8).

auch eingehalten werden" (ebd.). Ob von Erzieherinnen das Vertrauensmodell des filiativen, affektiv dichten Zusammenhangs der Familie einfach reproduzierbar ist, weil es sich um kleine Kinder in besonders sensiblen Bedürfnislagen handelt, ist fraglich.

Diffuse Beziehungen beruhen wesentlich auf der Anerkennung der für sie konstitutiven Körperbasis, die gleichwohl zwischen der Gatten- und der Eltern-Kind-Beziehung differiert (vgl. ebd., S. 42). Es besteht in ihnen eine wechselseitige „generalisierte, robuste affektive Bindung, die vergleichsweise krisenfest ist" (ebd., S. 44). Der Einsatz der Körperlichkeit von Kindern und Erzieherinnen und die Modulation ihrer Affekte (siehe Maiwald 2018, S. 155 ff.) haben hingegen den Prämissen der nicht-exklusiven Rollenbeziehung zu folgen, um in tragfähiger, nicht entgrenzender Weise jene Form menschlicher Praxis zu gestalten. Ähnliches betrifft die „grenzenlosen, unrestringierten Beziehungsinhalte" in Familien, die für alle Inhalte offen sind. In spezifischen Sozialbeziehungen trägt derjenige die Beweislast, der zu den in „Rollendefinitionen spezifizierten Inhalten und Zuständigkeiten neue Themen" hinzufügen will (Oevermann 2014, S. 38 f.). Die Neugier der Kinder trifft im Kindergarten systematisch auf Grenzen in den Kommunikationsinhalten und Interaktionsmodi, wenn die Subjektsozialisation im Hinblick auf das hierfür notwendige Eingebettetsein in eine partikularistische Lebensgemeinschaft ganzer Menschen betrachtet wird. Es kann im Kindergarten (wie in anderen Organisationen, z. B. der Schule usw.) nicht „über alles" geredet werden, es kann die Erzieherin nicht alles gefragt werden bzw., wenn die Kinder dies tun, muss sie im Rahmen ihrer beruflichen Rolle darüber keine Auskunft geben.[10]

Das permanente Oszillieren des Kindes zwischen beiden Instanzen (Familie und Organisation) hat der Familiensoziologe Dencik (1989) als generelles Merkmal der „dualen Sozialisationssituation" des Kindes in postmodernen Gesellschaften bestimmt. Entscheidend ist hierbei, welche Ressourcen dem Kind zur Verfügung stehen, um die Adaptionen an die Organisationsratio leisten zu können. Die Sozialisationserfolge des Kindergartens fußen nach Dencik auf den stabilen, emotional belastbaren Sozialbeziehungen der Familie (nicht nur im Sinne des kulturellen Kapitals), die als Stabilitätszone und als „Decoding Center" fungiert (ebd., S. 173), in dem die Kinder ihre Perspektiven ordnen und ihre Organisationserfahrung verarbeiten können.

Dass ein Großteil des Aufwachsens der Kinder in gesonderte *Organisationen* verlagert wird (vgl. Maiwald 2018, S. 119 ff.), darf als konstitutives Strukturmerkmal in seiner objektiven Bedeutung nicht übergangen werden. In einem

10 Vielleicht kann man sich die entscheidende strukturelle Differenz an dem einfachen Beispiel verdeutlichen, ob ein Kind im Kindergarten seiner Erzieherin die Frage (und an sie auch den damit verbundenen emotionalen Anspruch) stellen kann: „Hast du mich lieb?" – und auf welchen konstitutiven sozialen Parametern dann die, gewiss wohlwollend formulierte, Antwort gegenüber dem „Organisations-Kind" beruht.

wesentlichen Sinn vermittelt der Kindergarten die frühkindliche Sozialisationserfahrung, „wie es sich in einer Organisation lebt“ (ebd., S. 858).[11] Kaufmann (1980) wies bereits mit Nachdruck darauf hin, dass sich Kinder in zunehmendem Maße in pädagogischen Zwecken dienenden Organisationen aufhalten. Er thematisierte dies nicht auf der gegenwärtig stark forcierten thematischen Linie einer Inklusion durch Bildung, sondern unter dem quasi darunterliegenden Aspekt von sozialen Absonderungsprozessen durch die „organisierte Trennung der Lebenssphären“ (ebd., S. 765) zwischen Erwachsenen und Kindern, wobei er die Kinder pointiert als „Außenseiter der Gesellschaft“ (ebd., S. 761) bezeichnete. Folgenreich sei, dass die spezialisierten, v. a. pädagogischen Organisationen nicht so beschaffen sind, „einen umfassenden Lebenszusammenhang für die Kinder darzustellen“ (ebd., S. 767).

Auch Heinsohn hatte die strukturelle Exklusionsproblematik kleiner Kinder im Hinblick auf die Situation in der Kleinkinderziehung analysiert und mahnend darauf hingewiesen, dass diese Organisation zu einem „sozialen Isolationsraum“ werden könne (Heinsohn/Knieper 1975, S. 195). Er sah in der *gesellschaftlichen Abtrennung* der Kinder von den existenzsichernden Tätigkeiten der Erwachsenen, an die deren vordringliche Interessen gebunden sind, das eigentliche Problem des Kindergartens, der damit zu einem „pädagogisch ‚reinen‘ Raum“ wird (ebd., S. 97). Heinsohn argumentiert, dass von den existentiellen Arbeiten der Erwachsenen, die im weitesten Sinne der Aufrechterhaltung des sozialen Lebens dienen, eine starke, anregungsreiche Wirkung auf kleine Kinder ausgeht, wenn sie darin direkt eingebunden sind. Mit der organisationsbedingten Abtrennung von den ernsthaften Verrichtungen der Erwachsenen und von anderen Geschehnissen des „wirklichen“ Lebens sei daher ein deutlicher „Eindrucksverlust“ (ebd., S. 143) für die Kinder verbunden, der mit Informationsarmut einhergeht – es entstehen im Kindergarten Formen reiner Erziehung, die das Handeln aller Involvierten kennzeichnen. Für die Pädagogik wird mithin auf Basis dieses Strukturmerkmals die aufmerksame Beachtung, das Befördern oder gezielte Herbeiführen von Situationen und Dingen mit „Ernstcharakter“ (ebd., S. 144) zur Gestaltungsaufgabe.

Heinsohn thematisierte zudem die Strukturspezifika, die die *Berufserziehung* systematisch auszeichnen, und betonte, dass deren Folgewirkungen strukturell begründet seien, also nicht empirisch einzelnen Personen angelastet werden können. Demnach müssen die Erzieherinnen[12] notwendig an der Erhaltung

11 Die Strukturproblematik der Berufs-, Organisations- und Kollektiverziehung im Kindergarten ist ausführlich entfaltet in Maiwald 2018, Kapitel 2, S. 95-206.

12 Das erdrückend einseitige Gewicht der geschlechtsspezifischen Berufsgeschichte kann als „unechtes“ Strukturmerkmal gelten; der *Frauenanteil* im Erziehungsberuf liegt persistierend bei aktuell rd. 93 % (destatis 2020). Daher fühlt sich die Autorin berechtigt, hier einmal nur von Frauen zu sprechen – repräsentiert durch das ‚i‘ in ‚Erzieherinnen‘ als Minuskel (dies auch, um gesellschaftliche Anerkennung zumindest ex post zu verleihen). Die

ihrer Arbeitskraft für ein jahrzehntelanges Berufsleben interessiert sein. Heinsohn konstatierte ein *strukturell induziertes* „Selbstschonungsinteresse" (ebd., S. 197), das spezifische Aktivitätsformen nach sich ziehe. Strukturell wirksam sei demnach eine systematische Erleichterung der Arbeit, die sich in Kontrolle und Regulierung, in Abwehr und auf Distanzhalten der Kinder, in Spieleingriffen und einer Gehorsamserziehung äußere. Sie besteht auch in den unvermindert geltenden mehr oder weniger strikten Forderungen nach Anpassung und Regeleinhaltung. Dabei spiele Verbalisierung eine große Rolle; typisch sei es, die soziale Welt (die der Organisation als auch die der gesamten Wirklichkeitswelt) den Kindern „bloß redend zu vergegenwärtigen" (ebd., S. 162). Die Erzeugung und Aufrechterhaltung eines Interesses an den Kindern müsse daher als zentrales Problem des Berufs angesehen werden, so Heinsohn. Unter dieser Perspektive werden dann Mittel der Pädagogik zur Aktivierung des Erziehungspersonals diskutiert. Die bedeutsamste Rolle spielen Curricula und Bildungspläne, an die sich Kontroll- als auch Selbstwirksamkeitserfahrungen und vor allem Handlungssicherheit der Erzieherinnen heften. Mit dieser strukturanalytischen Aufgabenproblematisierung des Kindergartens werden – hierin liegt gerade die *professionsorientierte* Pointe von Heinsohns Darstellung – den Erzieherinnen die Bindung an die Kinder und das Interesse an ihnen nicht einfach als naturwüchsiges Sorgemotiv oder als professionelles Ethos untergeschoben, sondern ihre Herstellung und Ausgestaltung wird als generelles Strukturproblem thematisiert, womit der Autor diesen Beruf in den Merkmalen seiner strukturellen Beschaffenheit und im Einfluss der objektiven Bedingungen, z. B. auf die motivationalen Komponenten, vollständig ernst nimmt.

Im Gegensatz zu den klassischen Professionen ist der Charakter der institutionellen Kleinkinderziehung substantiell dadurch geprägt, dass in der Handlungssituation des Kindergartens die *Klientel* faktisch *als Kollektiv* gegeben ist (dieses entscheidende Strukturmerkmal hätte den Aufriss ebenso einleiten können). Das größte Problem, das die Erziehung in Gruppen evoziert, ist die Möglichkeit der Erzieherin, mit jedem einzelnen Kind eine erfahrungsgesättigte Beziehung aufzunehmen, die entwicklungsträchtig und von identifikatorischem Potenzial ist (vgl. ebd., S. 137 ff.). Konsistente Zuwendungsverteilung in den Kindergruppen unter dem Diktat zeitlicher Ablaufsstrukturen und dem Zwang, den organisatorischen Notwendigkeiten nachzukommen, bilden daher die permanenten Entscheidungsherausforderungen, die auch aktuell den Kita-Alltag prägen. Gegenüber dem Lehrerberuf, das ist entscheidend, entfallen aber für die Kontingenzbewältigung der Gruppensituation mit kleinen Kindern die besonderen Rahmungen des Unterrichts, die eminent vorstrukturierend wirken.

Frauen werden nachträglich nicht ins Recht gesetzt, wenn nun kommentarlos zu der das Geschlecht unmarkiert lassenden Form übergegangen wird, nachdem seit einigen Jahren wenige Männer ins Feld eintreten.

6. Subjekt-Subjekt- und Subjekt-Gegenstand-Relationen im Kontext des Kindergartens

Vergegenwärtigen wir uns, dass mit dem skizzierten Modell der struktuellen *qualitas* unsere Diskussion zur „Qualität" im Hinblick auf den Gegenstand der Kleinkinderziehung konkretisiert werden sollte. Hierbei wurde davon ausgegangen, dass die sozialen Strukturen und ihre Bedeutungen die fundierenden Elemente seien – diejenigen, die diesen Gegenstand in seiner Beschaffenheit konstituieren. Die zu Beginn eingeführten logischen Formen „S widerfährt ein X bzw. S macht Erfahrungen mit X" und „S erkennt, dass X ein P ist bzw. S bestimmt X als ein P" sind auf ein solches soziales Gebilde gar nicht einfach zu applizieren. Denn die im Strukturmodell aufbereitete *soziale Qualität* des Kindergartens umfasst keine absoluten Eigenschaften (wie z. B. einstellige Farbprädikate), sondern weitaus komplexere Entitäten. Gleichwohl müssen sich einige orientierende Überlegungen darauf richten, Subjekte (S. e), Gegenstände (X. e) und die entsprechenden Erfahrungs-, Prädizierungs- und Entscheidungsprozesse konkreter Handlungssubjekte diesen Zusammenhängen zuzuordnen. Dies kann an dieser Stelle nur sehr grob geschehen, da es ein äußerst kompliziertes, zumal disziplinär konträres Unterfangen darstellt, wollte man die Gesamtsphäre der Kleinkinderziehung mit den unzähligen darin ablaufenden Operationen in erkenntnistheoretischer Hinsicht kategorial präzise und erschöpfend fassen. Versucht wird, einige dieser Aspekte auf die soziologische Diskussion anzuwenden.

In der Praxis des Kindergartens können nicht die Erkenntnisprozesse eines einzelnen, intellektuell potenten Subjekts betrachtet werden, welches sich einem singulären Gegenstand gegenübersieht. Sondern es sind die handelnden Erzieherinnen und Kinder, die eine Vielzahl an „Subjekten" darstellen, die sich im Kindergarten ihren „Gegenständen" zuwenden. Die Ausführungen in Kapitel 2 hatten gezeigt, dass sich diese Gegenstände nicht in der stofflichen Dinghaftigkeit erschöpfen (etwa ein Tisch oder ein Spielzeug), sondern gleichermaßen psychische und soziale Tatsachen einschließen, und dass uns zudem diese X. e in ihrer Bedeutungs- oder Sinnstruktur entgegentreten. Der Möglichkeit nach gehören alle Gegenstände der erfahrbaren Welt, also auch alle Lebewesen mit Subjektivität, zur gegenständlichen Welt im Hier und Jetzt des Kindergartens. Ein gravierender Unterschied besteht aber darin, ob Subjekte sich vice versa selbst zum „Gegenstand" haben oder eben einen Ball, auch wenn prinzipiell beide „prädizierbar und erforschbar" sind (Oevermann 2016, S. 57). Angesichts der sozialisatorischen Subjektbildungs- und Erziehungsprozesse, die den sozialen Kern des Kindergartengeschehens ausmachen (ob als unwillkürlich ablaufende oder als intentionale, rational geplante und institutionell forcierte), rücken diese besonderen Relationen zwischen Subjekten und ihren Gegenständen in den Mittelpunkt, wozu im Fortgang noch einige zentrale Punkte angeführt werden.

Die Zustände der Unbestimmtheit von Gegenständen bzw. die Konfrontation mit plötzlich aufgetretenen, wiederum unbestimmten neuen Aspekten wurden mit dem Begriff der Krise gefasst. Dabei ist jedoch nicht determiniert, ob die Krise durch bestimmte Eigenschaften des Gegenstandes X herbeigeführt worden ist oder durch bestimmte Zustände des Subjekts, d. h. einem konkreten Individuum in der Situation seiner besonders verfassten Lebenspraxis, seinem Entwicklungsstand u. a. Zusätzlich wäre also noch zu differenzieren, dass das Krisenhafte von X dadurch bedingt sein könnte, dass es „für die gesamte Gattung" „unbekannt, also neu ist, oder aber nur für das konkrete Exemplar oder Individuum", das über eine „prädizierende Schematisierung oder Begrifflichkeit zur Bestimmung von X nicht verfügt, obwohl die Gattung als solche eine solche bereit hält" (Oevermann 2016, S. 54). Oevermann führt hier weiter aus, was für die Thematik der Kleinkinderziehung von großer Relevanz ist: „Wahrscheinlich befinden sich Kinder auch in dieser Situation, wenn sie die Umgangssprache noch nicht soweit erworben haben, wie es zur Bestimmung von X notwendig wäre" (ebd.). Erfahrungsmöglichkeiten, Wissenserwerb und Erkenntnis der X. e wären also im Hinblick auf die „Gattungsausstattung", auf die „Geschichtlichkeit der sprachlich kodierten Wissensentwicklung", auf die „Kulturspezifizität der Wissens- und Sprachentwicklung" und unter Beachtung des „individuellen Entwicklungsstandes in der Ontogenese" und des „individuellen Bildungsgrades" (ebd.) zu untersuchen, wobei die beiden letzten Punkte vor allem das noch unreife Subjekt betreffen. Sozialtheoretisch können wir uns hier die Entwicklung des kleinen Kindes vor Augen führen.

Zur Konstitution des Subjekts wurde bereits gesagt, dass es sich nur in der *sprachlichen Verständigung* zwischen zwei Subjekten bildet. Subjekte sind aber in ihrem wechselseitigen Gegenüber (füreinander einen „Gegenstand" darstellend) unabdingbar der „Adressat von Sprechhandlungen" bzw. sie sind „Dialogpartner" (ebd., S. 56) und unterscheiden sich damit von Gegenständen wie Bällen oder Tischen. Subjekte sind als „konstitutive Elemente von Sozialität" (ebd., S. 57) kategorial etwas anderes als solche Gegenstände. Der sprachlich vermittelte Individuierungsprozess, d. h. auch das Fortschreiten von Erfahrung und Erkenntnis, ist konstitutiv auf diese Intersubjektivität bezogen, ist in ihr fundiert, was nicht bedeutet, dass andere Subjekte permanent physisch anwesend sein müssen.[13] Seine Sprechakte (und damit auch das Denken) vollzieht ein Subjekt nicht solipsistisch, sondern „notwendigerweise dialogisch", sie sind dem sprachlichen „Regelcharakter gemäß immer an ein anderes Subjekt gerichtet" (ebd., S. 56). Die menschliche Entwicklung (im Gegensatz zu den bewusstseinsphilosophischen Annahmen von der Autarkie des Geistes) muss daher in einem „vorgängigen Schema von

13 In dem Beitrag kann jedoch keineswegs der Konstitutionsprozess des kindlichen Ich (das Selbst in der 1. Person Nominativ) unter den Bedingungen der sprachlich vermittelten Kommunikation (Mead) diskutiert werden.

Sozialität“, d. h. einer „*Subjekt-Subjekt*-Relation“ entworfen werden (ebd., S. 57, Hervorh. A. M.) – zwischen einem (sich formenden) Ich und einem dialogischen Gegenüber, das damit in der zweiten Person thematisch ist und nicht in der dritten Person als Gegenstand oder eben als „Objekt“.[14]

Die Auseinandersetzung des Subjekts mit der Beschaffenheit der gegenständlichen Welt, seine Erfahrungs- und Prädizierungsprozesse, die der Beitrag in erkenntnistheoretischer Perspektive isoliert im ersten Teil thematisierte, sind also vollends in *Sozialität* eingebettet. Das heißt, dass das „Schema der Gegenstandserkenntnis“ nicht einer isolierten „Subjekt-Objekt-Relation entspricht, sondern einer Beziehung zwischen Subjekten, *auf die hin* Gegenstände sich erschließen“ (ebd., S. 56, Hervorh. A. M.). Die Welt vermittelt sich uns/dem Kind über die soziale Beziehung zu anderen Menschen, in die es hineingeboren wird. Mit dem Blick auf die institutionalisierte Kindergartensituation zwischen Erwachsenen und kleinen Kindern wird die Frage der kindlichen Entwicklung zentral, „in der natürlich die Gegenstände schon deshalb unbestimmt sind, weil sie weder bekannt sind noch eine prädizierende Sprache zur Verfügung steht und zudem das interpretationsfähige Erfahrungssubjekt sich durch Vollzug von Sprechakten noch bilden muß“ (ebd., S. 53). Die kindlichen Bewegungen, Aktionen usw. sind von Anbeginn in einen „Dialog mit einem sprachfähigen Erwachsenen“, hier: den Erzieherinnen, eingebettet, die die zum Teil „vorsprachlichen Lebensäußerungen“ zu „voll versprachlichten Beiträgen“ ergänzen und der kindlichen Praxis eine vom Kind selbst anfangs „nicht intentional repräsentierbare“ und „erst recht nicht antizipierbare Bedeutungsstruktur“ verleihen (ebd., S. 58 f.), worin sich ein bedeutsamer Faktor der kindlichen Entwicklungsdynamik realisiert.[15] Aus soziologischer Perspektive sind wir damit wieder bei den in Kapitel 5 diskutierten signifikanten Organisations-Anderen und den qualitativen Sozialitätsstrukturen der Kleinkinderziehung angelangt.

14 Damit wird das bewusstseinsphilosophische Subjekt-Objekt-Schema entscheidend korrigiert; Oevermann kritisiert desgleichen auch die psychoanalytischen Objektbeziehungstheorien, die mit „Objekt“ eigentlich auf eben jenes dialogische Gegenüber abzielen, aber den Unterschied zwischen zweiter und dritter Person einebnen. Damit passiert in diesen ebenfalls konstitutiv verstandenen Subjekt-Objekt-Konstellationen, dass „die zweite Person oder der Dialog degeneriert“ (Oevermann 2016, S. 57).

15 Die z. T. sich verselbständigenden Foki auf *Autonomie* des Kindes, auf *Selbst*bildungsprozesse und Kompetenzen innerhalb frühpädagogischer Diskussionsstränge sind in bestimmter Hinsicht mit der Ausrichtung der o. g. philosophisch-psychologischen Ansätze vergleichbar, d. h. die Konzeptionen des autonomen (kindlichen) Bildungssubjekts wären im Hinblick auf die Gefahr des Rückfalls in Absolutsetzungen des Subjekts resp. angesichts der Bedeutung der elementaren Sozialitätsstrukturen, die der Beitrag thematisierte, zu überprüfen.

7. Die strukturelle *qualitas* als spezifisch strukturierte Erfahrungs- und Erkenntnissituation

Mit dem skizzierten Modell der strukturellen *qualitas* ist also zugleich die sozial vermittelte und spezifisch strukturierte Erfahrungs- und Erkenntnissituation der Subjekte (S. e) umrissen worden, die als Erwachsene und Kleinkinder in ihren Rollen als Erzieherinnen und Kindergartenkinder handeln. Deren Wahrnehmung, ihre weiteren Erfahrungen und die fortwährende Auseinandersetzung mit den Gegenständen und ihren Qualitäten – den bereits bestimmten und auch den noch unbekannten X. en – erfolgen im Interdependenzzusammenhang von sozialen und organisationalen Strukturen, da die Sozialitätsformen im Kindergarten unabdingbar durch die Vergesellschaftung der Erziehung und die damit einhergehende Organisationsförmigkeit konstituiert sind.[16] Mit den Ausführungen der ersten Kapitel wurden sehr abstrakt die gesamte mögliche Vielfalt der gegenständlichen Welt und die darauf bezogenen Prädizierungen aufgerufen. Diese quasi unendliche Welt der Gegenstände mit ihren multiplen Qualitäten ist auch im Kindergarten zumindest potentiell präsent. Im Beitrag steht jedoch die Qualität der Kleinkinderziehung als soziales Gebilde im Zentrum des Interesses, die, das ist für unsere Überlegungen entscheidend, in ihren Strukturen auf die soziale Organisation der infantilen und auch adulten Erkenntnisprozesse einwirkt. Sie wird daher mit einer gewissen Berechtigung des soziologischen Blicks als Qualität „erster Ordnung" bezeichnet.

Was ist damit gemeint? Das Strukturmodell der Kleinkinderziehung hat die objektive Strukturiertheit der Praxissituation umrissen, ohne sich damit anheischig zu machen, die konkreten Erfahrungen und Entscheidungen, die Krisenlösungen und Routinierungsprozesse der empirischen Handlungssubjekte in ihrer Praxis vorwegzunehmen oder gar die Ereignishaftigkeit dieses Geschehens antizipieren zu können. Es macht aber darauf aufmerksam, dass das kleine Kind „zuerst" mit der Qualität der Kleinkinderziehung seine Erfahrungen macht, mit der Organisationsratio des Kindergartens, den Rollenerwartungen, dem Regelcharakter der Abläufe, dem Anteil an allgemeinen, wiederkehrenden Verhaltensmustern des Erziehungspersonals usw. Die Konfrontation mit der Beschaffenheit des Kindergartens hat genuin sozialisatorischen Charakter, als dass der Kindergarten das kleine Kind zunächst *für den Kindergarten* erzieht – dass es sich darin einfügt, sich zurechtfindet usw., dies wurde in Kapitel 5 aufgezeigt. Dahingehend wird das Kind (das kindliche Subjekt) in die bereits vorbestimmten, ihm von den Erzieherinnen sprachlich vermittelten Strukturkomponenten – den Gegenständen des Kindergartens – und in dessen gesellschaftlich legitimierte Bedeutungsstruktur einsozialisiert. Mit dem erkenntnistheoretischen Blick auf den

16 Was nicht bedeutet, dass die angerissenen universell gültigen sprachlich-kognitiven Operationen der menschlichen Gattung davon tangiert würden.

Stellenwert der noch unbekannten X.e haben diese Strukturmerkmale dennoch für das kleine Kind, zumindest temporär, neue Erfahrungsgegenstände dargestellt, wohingegen sie den Erwachsenen (den Erzieherinnen wie den Eltern) im Erkennen und Handeln routinemäßig verfügbar sind.

Desgleichen sind auf Seiten der Erzieherinnen die entsprechenden Prozesse, in denen die „Gegenstände" des Kindergartens vordefiniert und ihre darauf bezogenen Erfahrungen inkl. der Prädikationen eingebettet sind, durch den Status des berufliches Handelns in einer pädagogischen Organisation und durch die gesellschaftlich zugeschriebenen Bedeutungs- und Sinngehalte und die institutionalisierten Erwartungen bestimmt.[17]

Wenn die Entwicklung des kleinen Kindes im Kindergarten durch die besondere soziale Qualität der Kleinkinderziehung geprägt ist, so vermittelt sich ihm im Kontext der Erziehungs- und Bildungsorganisation auch die Welt der „übrigen" X.e auf eine besondere Weise. Ausgehend von der sozialstrukturellen, durch Berufs- und Organisationsförmigkeit geprägten Matrix werden des Weiteren die Gegenstände mit ihren Qualitäten „zweiter Ordnung" (z.B. ein Ball) unter dem Einfluss der organisatorischen Rahmungen und Ablaufsstrukturierung erkundet – aber vor allem wird ihr Bedeutungsgehalt pädagogisch vorstrukturiert. Es sind die Erlebnisse in einem „pädagogisch reinen Raum", der gegenwärtig auf Grundlage von evaluativer, evidenzbasierter empirischer Bildungsforschung forciert auf den Bildungs- und kompetenzfördernden Gehalt von vorausgewählten, künstlich aufbereiteten Gegenständen in experimentellen Settings abstellt, die den Erfahrungszusammenhang des kleinen Kindes bilden.

Für die hier verfolgte Argumentationslinie evoziert dies weitere, daran anschließende analytische Schritte, die im Rahmen des Beitrags nicht geleistet werden können und auch die Fragestellung überschreiten. Nur kurz dazu: Zu Beginn des zwischenresümierenden Kapitels 4 wurde festgestellt, dass die Ausführungen, die das „Wie" der Erkenntnisvorgänge des Subjekts abstrakt thematisierten, in Anbetracht des Themas der Kleinkinderziehung mit der Frage nach deren „Was" fortgeführt werden müssen; dies wurde mit der Entfaltung des Modells der strukturellen *qualitas* beantwortet. Das Vorhaben, nun beide Argumentationsstränge stringenter zu entfalten und in der Zusammenführung von „Wie" und „Was" überhaupt systematisch aufeinander zu beziehen, hätte sich auf die adultinfantilen Erfahrungs-, Prädizierungs- und Erkenntnisprozesse im Kontext der institutionellen Kleinkinderziehung zu richten. Diese komplexe soziologische Analyse muss weiteren Forschungen vorbehalten bleiben, die bereits an anderer Stelle begonnen wurden (Maiwald 2018). Es geht darin um die tatsächlichen

17 Wobei „gesellschaftlich" hier die Gesamtheit der fachinternen Standards und Forderungen der Träger, die Hauptinhalte der bildungs- und beschäftigungspolitischen Debatten, den wissenschaftlichen Forschungsstand resp. Bildungsprogrammatiken und Kita-Konzeptionen, die familialen Voraussetzungen und Erwartungen aber auch Vorstellungen des common sense über Kinder und Kindererziehung u.w.m. umfasst.

Phänomene, die in der Praxis unter den Bedingungen der Organisations- und Berufsförmigkeit zu Tage treten. Dies betrifft zum Beispiel die Strukturierung der Lebenszusammenhänge von Erzieherinnen und Kleinkindern in der Kindergartenorganisation und wie die pädagogischen Vorstellungen und Erwartungen darin wirken, es betrifft die besonderen empirischen Ausprägungen der sozialen Rollen des Kindergartenkindes und der Erzieherin oder die Beschaffenheit der alltäglichen Handlungslogiken. Dahinter steht die allgemeine forschungsmethodologische Prämisse, dass Erkenntnisfortschritt nur über konkrete sachhaltige, gegenstandsaufschließende Analysen zu sichern ist. An die Ergebnisse könnten durchaus Überlegungen der empirischen Bildungsforschung zu gegenstandsadäquaten Forschungsdesigns bzw. zur Generierung von Items zur Erhebung der konkreten (langfristigen) Sozialisationswirkungen der institutionellen Erziehung anschließen.[18]

Im Ausblick des vorliegenden Beitrags soll die Problematik der strukturellen *qualitas* des Kindergartens kurz ins Verhältnis zu möglichen Fragen pädagogischer Qualität gesetzt werden, um die soziologisch entfaltete Argumentationslinie wieder an den Ausgangsbefund der theoretischen Lücken innerhalb der Qualitätsdiskussion der Frühpädagogik anzuschließen,

8. Strukturelle Dependenzen und Herausforderungen pädagogischer Qualität

Der Beitrag verfolgte kein isoliertes soziologisches Erkenntnisinteresse, sondern die Formulierung des Strukturmodells mit den daraus hervorgehenden Relationen zwischen den Handlungssubjekten und ihren Erfahrungsgegenständen fußt explizit auf dem Anspruch, die normative pädagogische Konzeptionierung des Gegenstands der Kleinkinderziehung als transdisziplinär verfasste wissenschaftliche Aufgabe aufzufassen, die zu ihrer Fundierung einer deskriptiv-analytischen Theoretisierung resp. der rekonstruktionslogischen Erforschung der Praxis bedarf. Es stehen damit die disziplinär unterschiedlich bestimmten „Qualitäten" nicht einfach nebeneinander, sondern pädagogische Qualität steht zur *strukturellen qualitas* in einem Dependenzverhältnis. Im Hinblick auf die Daten, die die Soziologie untersucht, könnte auch von Interdependenzverhältnissen gesprochen werden, insofern rekonstruktive Sozialforschung zum Kindergarten generell eine pädagogisch definierte Praxis bzw. die Inhalte und die Wirkungen frühpädogischer Bildungsprogrammatiken, Kita-Konzeptionen usw. analysiert. Dies gilt aber nicht für die konstitutive kategoriale Basis des soziologischen Strukturmodells vom Kindergarten, das nicht aus pädagogischen oder psychologischen

18 Siehe zur Praxis der Kindergartenerziehung die ausführlichen rekonstruktionslogisch-hermeneutischen Fallanalysen in Maiwald 2018, S. 419-814.

Theorien ableitbar ist. Im Gegenzug hat die Soziologie nichts dazu beizutragen, wenn die Pädagogik den an sie gestellten Forderungen nachkommen muss, Erziehung und Bildung als *Aufgabe* anzusehen und inhaltlich zu gestalten.

Im Hinblick auf diese Aufgabe besteht eine Dependenz m. E. in der objektiven Verfasstheit der Handlungssituation, die die Pädagogik vorfindet und auf die sie sich – eben zur Erfüllung ihrer wissenschaftlichen Aufgaben – zu beziehen hat. Die Interaktionssituation der institutionellen Kleinkinderziehung stellt in ihrer spezifisch strukturierten Form von Sozialität und in deren objektiven Bedeutungen etwas dar, was sich jenseits der bewussten Intentionen der Akteure als Wirkung dieser Strukturen in den prozessualen Abläufen Ausdruck verschafft – und konstitutiv ist für das praktische pädagogische Handeln. Wenn bereits von erziehungswissenschaftlicher Seite die Frage aufgegriffen wurde: „Qualität von was?" (Honig 2002, S. 5), so wird in diesen neueren Ansätzen, die sich explizit von den evaluativ-finalisierten Zugriffen distanzieren, eine Analyse der „Funktionsweise und Rationalität pädagogischer Interaktionssysteme" (ebd., S. 14) gefordert. Betrachtet wird pädagogische Qualität „nicht als objektive Eigenschaft, sondern als eine Ambition", welche die verschiedenen Akteure des Feldes miteinander teilen und unter der sie Unterschiedliches verstehen (ebd., S. 13). Untersucht wurde daher „die soziale Genese von Qualität" im Medium perspektivisch abhängiger „Definitionsprozesse" (ebd.). Die Aufmerksamkeit sollte darauf gelenkt werden, wie die Praxis „auf Vielfalt, Heterogenität und Widersprüchlichkeit der Leistungserwartungen antwortet, die an sie gerichtet werden" (Honig 2014a, S. 5) und wie sie diese Erwartungen „bearbeitet" (ebd., S. 13 f.).

Angesichts unseres Strukturmodells des Kindergartens wäre zu entgegnen, dass die Praxis zuerst auf seine basale Beschaffenheit, d. h. auf die Strukturspezifika „antwortet". Für die Akteure sind diese Strukturen unhintergehbar, sie können sich nicht dagegen oder dafür entscheiden. Die strukturellen Probleme sind auch nicht im Sinne einer pädagogischen Auf-Lösung behandelbar. Die Akteure müssen permanent mit ihnen umgehen, die objektiven Konsequenzen dieser Strukturen drängen sich ihnen in ihrem Handeln auf und strapazieren die Interaktionen. In unseren Augen ist jene strukturelle Beschaffenheit gewissermaßen das Substrat, mit dem Pädagogik zu arbeiten hat und wovon sie als ihre strukturelle Basis ausgehen muss.[19] Gegenüber der genannten erziehungswissenschaftlichen Vorgehensweise, Erwartungen an und Konstruktionen von Qualität als konstituierende Basis des praktischen Handelns aufzufassen, ist der analytisch vorausgehende Auftrag ein anderer: „Die Strukturen der Kindereinrichtungen

19 Inwiefern hier ein systematisches disziplinäres Problem der konstitutionstheoretischen Ableitungsbasis von (früh-)pädagogischen Theorien perenniert, kann an dieser Stelle nicht diskutiert werden. Oevermann sprach in Bezug auf die Schule explizit vom „notorischen strukturtheoretischen Defizit pädagogischer Wissenschaft" (Oevermann 1983, S. 113).

selbst gilt es sichtbar zu machen. Mit ihnen wird dauernd gearbeitet“ (Heinsohn/Knieper 1974, S. 231).

Dieses Unterfangen wurde bereits mit dem Aufriss des Strukturmodells begonnen. Hinzu treten die aufschlussreichen erkenntnistheoretischen Überlegungen der genannten Autoren, wie die Subjekte in ihrer Welt sich mit anderen Subjekten sprachlich orientieren, wie sie die von ihnen wahrgenommenen Gegenstände erkennen und bestimmen, welche Gegenstände auf welche Weise geeignet sind, Krisen hervorzurufen oder wie die Subjekte danach trachten, Routinen zu etablieren. Das struktur- und erkenntnistheoretisch orientierte Verständnis von der sozialen Qualität des Kindergartens ist nun material zu füllen, wobei, wie gesagt, mit der Strukturskizze nicht der Anspruch eines elaborierten Handlungsmodells erhoben wird. Einige lose Beispiele sollen jedoch abschließend die Fruchtbarkeit dieses hier dargestellten erweiterten begrifflichen Verständigungsrahmens illustrieren, der für die aktuelle Debatte um pädagogische Qualität seine Relevanz zu entfalten vermag. Als Ausblick des Beitrags interessiert, wie die Pädagogik damit umgehen kann, an welcher Stelle sie sich in die Befunde „einklinkt“ bzw. welche möglichen Konsequenzen sich daraus für ihre begrifflich-konzeptionelle Arbeit ergeben.

Für die so positionierte Soziologie stellt sich die Praxis allgemein als Prozess der Auseinandersetzung der Akteure mit der Wirklichkeit der gegebenen Gegenstände ihrer Welt dar. Wenn wir Heinsohns Diktum folgen, ist das Kind der einzige Arbeitsgegenstand der Erzieherin, mit dem sie dauerhaft konfrontiert ist. Hier erhält die Rede von der „reinen“ Pädagogik einen weitergehenden Sinn, insofern die Erzieherin das Kind als genuinen „Bearbeitungs“gegenstand vor sich hat. In anderen Begriffen: Das Kind stellt den *primären Erfahrungsgegenstand X* des Subjekts in seiner beruflichen Praxis dar. Erinnern wir uns an das plastische Beispiel mit dem eisernen Ball: Ihre theoretische Brisanz im Kontext unserer Frage erhalten die Aussagen nicht, indem wir uns schlicht ein kleines Kind, mit einem solchen Ball spielend, im Kindergarten vorstellen und an seine Erlebnisse nun Vorstellungen von guter pädagogischer Begleitung knüpfen oder daraus ein naturwissenschaftliches Lernthema entwickeln (Gewicht/Dichte von Körpern o. ä.). Der Ball in seiner ungewöhnlichen, verwirrenden Beschaffenheit muss hingegen als Beispiel *für das Kind selbst* genommen werden in seinem oftmals unvorhersehbaren Verhalten – und wir setzen als Handlungssubjekt die Erzieherin ein, der dieser Gegenstand „widerfährt“. Die bewussten oder unbewussten Prädizierungen, die das erzieherische Handeln anleiten und mit denen die Wirklichkeit dieses Kindes interpretiert und seine noch offenen (Re-)Aktionen vorweggenommen werden, wären dann das analytisch zu bearbeitende Problem bzw. müssten anhand der Fallstruktur einer konkreten Praxis rekonstruiert werden. Ebenso ist die Härte und Unnachgiebigkeit jenes Eisenkerns eine treffende Metapher für die verborgenen oder schmerzhaft zu Tage tretenden Wirkungen der strukturellen Verhältnisse der

Kindergartenerziehung, die von pädagogischen Ideen ummantelt werden, ohne die tatsächliche Beschaffenheit des Gegenstandes anzuzeigen und ohne sich mit diesen schwerwiegenden Qualitäten zu verbinden.

Wenn wir die Unbestimmtheit eines Erfahrungsdatums in der Praxis mit der Kontingenz des Kindergartengeschehens gleichsetzen, das die darin involvierten Akteure mit seinen Qualitäten konfrontiert, so können in den konkreten Handlungsradius der Akteure permanent „Gegenstände" unvermittelt einbrechen oder bereits vermittelte Zustände ihre Bestimmtheit wieder verlieren, und es müssen unentwegt Prädizierungen vorgenommen werden. Das heißt aber nicht, dass die Konfrontation mit dem Unbekannten dauerhaft perenniert. Zur Bewältigung des potentiellen Krisencharakters der Praxis wurde auf die Schließung offener Situationen, das Finden von Lösungen, die Etablierung von Routinen usw. hingewiesen. Routinen im Kindergarten sind demnach veralltäglichte Krisenlösungen, die sich bewährt haben. Die Konstitution der spezifischen Erzieherin-Kind-Beziehung arbeitet dem explizit zu: „Rollen sind Routinen des konkreten Handelns, sie entlasten von Krisen der Unbestimmtheit" (Oevermann 2016, S. 101). Rollenbeziehungen sind weit weniger krisenanfällig als die Totalität ganzer Personen.

Wenn deutlich wurde, dass unter diesen objektiven Strukturbedingungen die Subjekte um ihre Handlungssouveränität ringen und vor allem versuchen, „Bestimmtheit" und Ordnung herzustellen, um das Vollbringen ihres beruflichen Tagwerks zu gewährleisten, so wäre die Aufgabe von Pädagogik darin zu sehen, Erziehung „strukturadäquat" zu gestalten. Es gälte, entlang dieser Prämissen, sprich der distinkten Bedingungen und Restriktionen der Möglichkeiten des Handelns, die pädagogische Qualität zu bestimmen. Dazu ist es erforderlich, die Leistungserwartungen an ebenjene Struktur zurückzubinden, um die Normativität der Vorstellungen von „guter" Praxis damit gewissermaßen zu diffundieren. Es folgt daraus auch, die Konzepte zum professionellen frühpädagogischen Handeln[20] auf ihre substantiellen Voraussetzungen hin zu überprüfen, d. h., welches Modell von Praxis den Entwürfen zugrunde liegt.

Eine vordringliche Frage wäre zum Beispiel, ob Qualität vor allem an der Intensität der pädagogischen Paar-Beziehung zwischen Erzieherin und einzelnem Kind bemessen wird oder ob nicht auch *das* hervorstechende Strukturmerkmal des Kindergartens, seine Kollektivförmigkeit, und der Umgang der Erzieherin damit unter den Obstruktionen durch die strukturelle *qualitas* entsprechend gewürdigt werden muss. Konsequent wäre aus dieser Perspektive eine transdisziplinäre Justierung der frühpädagogischen Überlegungen, wonach pädagogische Qualität zuerst im Handlungsspektrum des „Umgangs" der Akteure mit den objektiven Strukturmerkmalen verortet wird und z. B. nicht prioritär im Umgang der Akteure mit Bildungsprogrammatiken inkl. der darüber transportierten

20 „Professionell" bzw. „Professionalität" werden sehr häufig unexpliziert als Synonym für Qualität verwendet.

Erwartungen. Daran würde die Aufgabe anschließen, normative Vorstellungen zu entwickeln, worin die Entwicklungsträchtigkeit und der Bildungsgehalt dieser spezifisch strukturierten Handlungssituationen in einer Organisation liegen könnten. Grundsätzlich ginge es für die Frühpädagogik darum, die Beschaffenheit der Sozialitätsformen anzuerkennen und die strukturell gesetzten Grenzen der Handlungsmöglichkeiten in der Praxis zu beachten, was nicht heißt, dass die dargestellte prinzipielle Entscheidungsoffenheit und die Optionen, die sich dem Subjekt in jeder unbestimmten Situation eröffnen, ausgesetzt wären.

Die Prädikationen, die mit dem soziologischen Strukturmodell vorgenommen wurden, repräsentieren aus der Perspektive des kindlichen Subjekts auch eine Auffassung von der Beschaffenheit von Erziehungsorganisationen, die jede Affirmativität vermeidet. In dieser Hinsicht könnte pädagogische Güte im Sinne von *gütig* zum Beispiel auch darin liegen, dass die Erzieherinnen ein alltägliches professionelles Handeln versuchen, das geeignet wäre, die formalisierenden, egalisierenden Wirkungen der universalistischen Organisationsratio und -abläufe auf die kleinen Kinder abzumildern. Die Komponenten des Modells der strukturellen *qualitas* wären zum Zweck der Bestimmung von Qualität der Kindertagesbetreuung gewissermaßen „durchzudeklinieren", um auf dieser Grundlage neue bzw. weitere Kategorien für pädagogische Qualität zu bilden.

Literatur

Blasche, Siegfried (2017): „Qualität". In: Ritter, Joachim/Gründer, Karlfried/Gabriel, Gottfried (Hrsg.): Historisches Wörterbuch der Philosophie online. Zürich: Schwabe, S. 1-2.

Dencik, Lars (1989): Growing up in the Post-Modern Age: On the Child's Situation in the Modern Family, and on the Position of the Family in the Modern Welfare State. In: Acta Sociologica 32, H. 2, S. 155-180.

Destatis, Statistisches Bundesamt (2020): Kinder und tätige Personen in Tageseinrichtungen und in öffentlich geförderter Kindertagespflege am 01.03.2020. Wiesbaden.

Harvey, Lee/Green, Diana (2000): Qualität definieren. Fünf unterschiedliche Ansätze. In: Helmke, Andreas/Hornstein, Walter/Terhart, Ewald (Hrsg.): Qualität und Qualitätssicherung im Bildungsbereich: Schule, Sozialpädagogik, Hochschule. Zeitschrift für Pädagogik 2000, 41. Beiheft, S. 17-39.

Heid, Helmut (2000): Qualität. Überlegungen zur Begründung einer pädagogischen Beurteilungskategorie. In: Zeitschrift für Pädagogik, 41. Beiheft. Weinheim (u. a.): Beltz. S. 41-51.

Heinsohn, Gunnar (1974): Vorschulerziehung in der bürgerlichen Gesellschaft. Frankfurt/M.: Fischer.

Heinsohn, Gunnar/Knieper, Barbara M. C. (1975): Theorie des Kindergartens und der Spielpädagogik. Frankfurt/M.: Suhrkamp.

Heinsohn, Gunnar/Knieper, Rolf (1974): Theorie des Familienrechts. Frankfurt/M.: Suhrkamp.

Honig, Michael-Sebastian (2002): Zur Konzeptualisierung pädagogischer Qualität. Trier: Universität Trier.

Honig, Michael-Sebastian (2014a): Putzpläne, Parkplätze, Personalschlüssel – Woran lässt sich Qualität ermessen? In: Ev. Akademie der Nordkirche Büro Hamburg (Hrsg.): Verwahrt, überfordert oder gut betreut? Reader zur Tagung am 16.05.2014. S. 5-16. https://akademie-nordkirche.de/assets/Akademie/Jahresordner-2014/Verwahrt-ueberfordert-oder-gut-betreut/ReaderTagung16052014.pdf (Abfrage: 24. Mai 2015).

Honig, Michael-Sebastian (2014b): Die funktionale Differenzierung zwischen Familie und Bildungssystem. In: Nave-Herz, Rosemarie (Hrsg.): Familiensoziologie. München: De Gruyter, S. 27-41.

Honig, Michael-Sebastian/Joos, Magdalena/Schreiber, Norbert (2004): Was ist ein guter Kindergarten? Theoretische und empirische Analysen zum Qualitätsbegriff in der Pädagogik. Weinheim und München: Juventa.

Kalicki, Bernhard (2015): Pädagogische Qualität und Qualitätssteuerung: Konzepte und Strategien. In: Kalicki, Bernhard/Wolff-Marting, Catrin (Hrsg.): Qualität in aller Munde. Freiburg (u. a.): Herder, S. 12-22.

Kaufmann, Franz-Xaver (1980): Kinder als Außenseiter der Gesellschaft. In: Merkur 34, H. 8, S. 761-771.

Luhmann, Niklas/Schorr, Karl Eberhard (1988): Reflexionsprobleme im Erziehungssystem. Frankfurt/M.: Suhrkamp.

Maiwald, Annett (2018): Erziehungsarbeit. Kindergarten aus soziologischer Perspektive. Studien zur Schul- und Bildungsforschung, Bd. 37. Wiesbaden: Springer VS.

Maiwald, Annett (2019): Akademisierung der Kleinkinderziehung. Frühpädagogische Hochschulausbildung und Praxis der Kindertagesbetreuung. In: die hochschule. Journal für Wissenschaft und Bildung. H. 2, S. 91-108.

Oevermann, Ulrich (1983): Hermeneutische Sinnrekonstruktion: Als Therapie und Pädagogik missverstanden, oder: das notorische strukturtheoretische Defizit pädagogischer Wissenschaft. In: Garz, Detlef/Kraimer, Klaus (Hrsg.): Brauchen wir andere Forschungsmethoden? Beiträge zur Diskussion interpretativer Verfahren. Frankfurt/M.: Scriptor, S. 113-155.

Oevermann, Ulrich (1996): Theoretische Skizze einer revidierten Theorie professionalisierten Handelns. In: Combe, Arno/Helsper, Werner (Hrsg.): Pädagogische Professionalität. Frankfurt/M.: Suhrkamp, S. 70-182.

Oevermann, Ulrich (2000): Die Farbe – Sinnliche Qualität, Unmittelbarkeit und Krisenkonstellation. In: Fehr, Michael (Hrsg.): Die Farbe hat mich – Positionen zur nichtgegenständlichen Malerei. Essen: Klartext, S. 426-473.

Oevermann, Ulrich (2002): Professionalisierungsbedürftigkeit und Professionalisiertheit pädagogischen Handelns. In: Kraul, Margret/Marotzki, Winfried/Schweppe, Cornalia (Hrsg.): Biographie und Profession. Bad Heilbrunn/Obb.: Julius Klinkhardt, S. 19-63.

Oevermann, Ulrich (2014): Sozialisationsprozesse als Dynamik der Strukturgesetzlichkeit der ödipalen Triade und als Prozesse der Erzeugung des Neuen durch Krisenbewältigung. In: Garz, Detlef/Zizek, Boris (Hrsg.): Wie wir zu dem werden, was wir sind. Wiesbaden: Springer VS, S. 15-69.

Oevermann, Ulrich (2016): Krise und Routine als analytisches Paradigma in den Sozialwissenschaften. In: Becker-Lenz, Ronald (Hrsg.): Die Methodenschule der Objektiven Hermeneutik. Wiesbaden: Springer VS, S. 43-114.

Peirce, Charles S. (1986/1867): Eine neue Liste der Kategorien. In: Kloesel, Christian/Pape, Helmut (Hrsg.): Charles S. Peirce. Semiotische Schriften. Band 1. Frankfurt/M.: Suhrkamp, S. 147-159.

Roux, Susanna/Tietze, Wolfgang (2007): Effekte und Sicherung von (Bildungs-)Qualität in Kindertageseinrichtungen. In: Zeitschrift für Soziologie der Erziehung und Sozialisation 27, S. 367-384.

II Erweiterte Perspektiven auf Steuerung und Struktur

Die empirisch gestützte Identifikation struktureller Qualitätsmerkmale und Standards in Institutionen frühkindlicher Bildung, Betreuung und Erziehung

Susanne Viernickel

Einleitung

Die Herstellung pädagogischer Qualität, wie sie sich durch räumliche, materielle und zeitliche Gestaltungen ebenso wie in den beiläufigen als auch pädagogisch intendierten Interaktionen zwischen Fachkräften und Kindern manifestiert, kann nicht losgelöst von strukturellen Merkmalen des jeweiligen pädagogischen Settings betrachtet werden. Strukturelle Merkmale setzen den Rahmen, in dem sich pädagogische Fachkräfte bewegen, um die z. B. in den Bildungsprogrammen und -plänen formulierten Aufgaben zu erfüllen, aber auch die aus dem eigenen Professionalitätsverständnis hervorgehenden Ansprüche an die Qualität des eigenen pädagogischen Handelns einzulösen. Aus der Perspektive der pädagogischen Fachkräfte charakterisieren sie gleichzeitig das Arbeitsumfeld und die Arbeitssituation, die sowohl als Belastung als auch Ressource für die Erfüllung der Arbeitsaufgaben wahrgenommen werden und Risiken für die Gesundheit und berufliche Leistungsfähigkeit bergen können[1]. Die Strukturqualität ist daher ein wichtiges Element eines mehrdimensionalen Qualitätsverständnisses, ohne deren Berücksichtigung das, was im kindheitspädagogischen Alltag in Kindertageseinrichtungen und Kindertagespflege geschieht, nicht hinreichend verstanden, geschweige denn unterstützt oder verändert werden kann.

Der vorliegende Beitrag beschreibt in der Forschung als wesentlich angesehene Merkmale der Strukturqualität[2] und überprüft anhand von Ergebnissen nationaler und internationaler Studien Zusammenhänge mit der Qualität pädagogischer Prozesse und Interaktionen und mit Parametern kindlicher Entwicklung. Dabei werden auch Herleitung und Nutzen von Mindest- bzw. wünschenswerten Standards thematisiert und methodenkritische Überlegungen formuliert.

1 Auf Zusammenhänge zwischen Strukturqualität und der Gesundheit und Arbeitsfähigkeit des pädagogischen Personals wird aus Platzgründen nicht eingegangen (vgl. hierzu Viernickel/Voss/Mauz 2017).

2 Organisationskulturelle Merkmale wie bspw. der Zusammenhalt und die Kooperation im Team oder der Leitungsstil sind, ebenfalls aus Platzgründen, nicht Gegenstand der Ausführungen.

1. Strukturelle Qualitätsmerkmale in Institutionen frühkindlicher Bildung, Betreuung und Erziehung

1.1 Merkmale

Strukturqualität beschreibt sowohl im Wirtschafts- bzw. industriellen Kontext als auch in sozial- und kindheitspädagogischen Feldern den materiellen Rahmen und die personellen Ressourcen, unter denen eine Organisation arbeitet. Hierzu gehören rechtliche, organisatorische und soziale Rahmenbedingungen ebenso wie finanzielle, personelle und materielle Ausstattungsmerkmale (vgl. Viernickel/Schwarz 2009, S. 10). Unter Strukturqualität in kindheitspädagogischen Institutionen werden konkreter eher distale (vgl. OECD 2018, S. 22), relativ situationsunabhängige und zeitlich stabile Rahmenbedingungen der Kindergruppe und der pädagogischen Einrichtung verstanden, innerhalb derer sich Prozessqualität als der dynamische Aspekt pädagogischer Qualität vollzieht und von denen Prozessqualität beeinflusst wird (vgl. Tietze et al. 2013, S. 23). Folgende Merkmale werden dabei in der Fachliteratur als besonders bedeutsam hervorgehoben:

Erzieher_in-Kind-Schlüssel/Personalschlüssel: Der Erzieher_in-Kind-Schlüssel oder Personalschlüssel beschreibt in der Regel einen Anstellungsschlüssel, also z. B. die Anzahl pädagogisch Tätiger im Verhältnis zur Anzahl der betreuten Kinder oder die aufsummierten Stundenkontingente des Personals im Verhältnis zu der Summe der Stunden, die die Kinder betreut werden. Im Länderreport Frühkindliche Bildungssysteme der Bertelsmann Stiftung (zuletzt Bock-Famulla et al. 2020) wird ein *Personalressourceneinsatzschlüssel* als Parameter für den intendierten Bundeslandvergleich definiert. Dieser berechnet sich als Quotient aus der vertraglich geregelten Arbeitszeit der pädagogisch Tätigen und den gebuchten Betreuungszeiten der Kinder und beinhaltet deshalb – wie auch der gesetzlich festgeschriebene Personalschlüssel – Zeiten, in denen das Personal aufgrund von Urlaubsansprüchen oder Erkrankungen nicht in der Einrichtung anwesend ist oder Aufgaben ohne direkten Kontakt mit Kindern ausführt. Personalschlüssel oder Personalressourceneinsatzschlüssel stellen rechnerische Größen dar und treffen keine Aussagen dazu, für wie viele Kinder eine pädagogische Kraft im realen Gruppengeschehen zuständig ist. Im Kontext wissenschaftlicher Untersuchungen wird der Personalschlüssel auf Basis von Kennzahlen der Jugendhilfestatistik oder über Befragungen von Fach- oder Leitungskräften erhoben.

Der Personalschlüssel muss definitorisch und rechnerisch von der *Fachkraft-Kind-Relation* abgegrenzt werden. Diese ist eine vom Personalschlüssel abgeleitete Kenngröße, die das *tatsächliche* Verhältnis von anwesenden pädagogisch Tätigen und anwesenden Kindern in der Betreuungssituation beschreibt (vgl.

ausführlicher Viernickel/Schwarz 2009). Fachkraft-Kind-Relationen können zuverlässig nur über Beobachtungen oder Stichprobenabfragen von konkreten Zeitpunkten ermittelt werden.

Die *Gruppengröße* gilt als weiteres zentrales Merkmal der Strukturqualität. Sie beschreibt die Anzahl der Kinder, die einer organisatorischen Einheit zugerechnet werden. Je nach Studiendesign werden Gruppengrößen beobachtet, in Interviews erfragt oder auf der Grundlage schriftlicher Befragungen erhoben.

Qualifikation bzw. Ausbildungsniveau des pädagogischen Personals: Hierunter wird zum einen das formale Ausbildungsniveau gefasst, wobei in deutschen Studien zwischen berufsfachschulischer, fachschulischer und akademischer Ausbildung differenziert wird, in Studien aus dem anglo-amerikanischen Raum meist zwischen High School, (some) College, B. A. degree und M. A. degree, und hier zusätzlich die fachliche Einschlägigkeit betrachtet wird. Zum anderen gerät in den letzten Jahren verstärkt die Teilnahme an berufsbegleitenden Fort- und Weiterbildungsangeboten in den Blick.

Berufserfahrung des pädagogischen Personals: Die Anzahl an Jahren, die Mitarbeiter_innen in Institutionen frühkindlicher Bildung, Betreuung und Erziehung pädagogisch tätig sind.

Bezahlung: Die Höhe der Vergütung für die ausgeübte pädagogische Tätigkeit, entweder operationalisiert über das Brutto-Einkommen oder als Maß der Zufriedenheit mit der Bezahlung.

Weitere strukturelle Merkmale, die aus einer theoretischen Perspektive ebenfalls als bedeutsam gelten können, für die jedoch nur vereinzelt und über die Studien hinweg instabile empirische Erkenntnisse vorliegen, sind die Kontinuität oder Stabilität des pädagogischen Personals (vgl. Tran/Winsler 2011) und das Qualifikationsgefüge im Team (vgl. Weltzien et al. 2016), für Bildungs- und Betreuungsaufgaben zur Verfügung stehende Räumlichkeiten und Außenanlagen (z. B. qm pro Kind, vgl. Bensel/Martinet/Haug-Schnabel 2015) sowie vertraglich festgeschriebene oder verbindlich eingeräumte Zeitkontingente für mittelbare pädagogische Arbeit[3] (vgl. Viernickel/Schwarz 2009).

---

3 Der Begriff der mittelbaren pädagogischen Arbeit (auch: Vor- und Nachbereitungszeit, Verfügungszeit) umschreibt all jene Tätigkeiten einer pädagogisch tätigen Person, die zur Erfüllung des Erziehungs-, Bildungs- und Betreuungsauftrags zählen, ohne dass sie im direkten Kontakt mit den Kindern ausgeübt werden (können), wie die Dokumentation und Auswertung von Beobachtungen, Elterngespräche oder der Austausch im Team.

1.2 Strukturqualität in Kindertageseinrichtungen in Deutschland

In Deutschland stellt die amtliche Statistik über Kindertageseinrichtungen zunehmend differenziertere Kennzahlen zur Verfügung, mit denen nicht nur Versorgungsgrad und Inanspruchnahmeraten zielgruppenspezifisch ausgewiesen werden können, sondern ebenso aussagekräftige Informationen über Merkmale der Einrichtungen und des dort tätigen Personals zur Verfügung stehen. Darüber hinaus existiert mit dem von der Bertelsmann Stiftung initiierten Ländermonitor Frühkindliche Bildungssysteme (www.laendermonitor.de) ein Instrumentarium, das das Früherziehungssystem in Deutschland, differenziert nach den 16 Bundesländern, umfassend beleuchtet, jährliche Statusberichte bereitstellt und Entwicklungen dokumentiert.

Die Kennzahlen weisen aus, dass die Strukturqualität im Bundeslandvergleich stark differiert. So schwanken die Mediane der Personalschlüssel im Krippenbereich zwischen 1:3 (Baden-Württemberg) und 1:6,2 (Sachsen), in Kindergartengruppen zwischen 1:7 (Baden-Württemberg) und 1:13,2 (Mecklenburg-Vorpommern) (Stichtag 1.3.2018, vgl. Bock-Famulla et al. 2020). Das historisch bedingte Ost-West-Gefälle hat sich bei diesem Merkmal bisher nicht angleichen können. Beim Qualifikationsniveau bzw. -gefüge des pädagogischen Personals sind die östlichen Bundesländer dagegen im Vorteil, und zwar sowohl mit einer etwas höheren Akademikerquote und einem deutlich höheren Anteil an Personal mit einschlägigen Fachschulabschlüssen (in der Regel als staatlich anerkannte_r Erzieher_in; 2018: Ost 83 %, West 66 %) in Relation zu geringer qualifiziertem Personal auf Berufsfachschulebene (vgl. Autorengruppe Fachkräftebarometer 2019). In Reaktion auf den u. a. durch demografische Faktoren und den Platzausbau ausgelösten, teils eklatanten Fachkräftemangel sind politisch neue Wege in die Tätigkeit als pädagogische Fachkraft in einer Kindertageseinrichtung geebnet worden, allerdings bisher ohne größere Auswirkungen auf das Qualifikationsgefüge (ebd.).

2. Zum Einfluss struktureller Qualitätsmerkmale

2.1 Datenlage

Politisch regulierbare Strukturmerkmale und ausgewählte organisatorische Rahmenbedingungen von Kindertageseinrichtungen wurden nicht nur für unterschiedliche Länder bzw. Bundesländer beschrieben (vgl. Bock-Famulla et al. 2020; European Commission's Expert Group on Gender and Employment Issues 2009; Viernickel/Schwarz 2009), sondern werden seit über dreißig Jahren auch auf ihre Zusammenhänge mit der Qualität pädagogischer Prozesse und Interaktionen sowie kindlichen Entwicklungsverläufen und -ergebnissen untersucht. Die überwiegende Mehrzahl der Studien folgt dem quantitativen Forschungsparadigma und stammt aus dem nordamerikanischen Raum (vgl. u. a. Bigras et al. 2010; Dowsett et al. 2008; NICHD ECCRN 2000, 2002); außerdem lassen sich Untersuchungen in Europa (Spanien, Portugal, UK, Österreich, Schweden, Niederlande, vgl. u. a. Tietze et al. 1998; Tietze et al. 2005), Neuseeland und Australien finden. In den vergangenen Jahren sind auch einige Studien in Deutschland durchgeführt worden (u. a. Kuger/Kluczniok 2008; Tietze et al. 2013; Viernickel et al. 2013); jedoch ist die Datenlage noch nicht besonders breit. Es liegen auch systematische Reviews (u. a. Falenchuk et al. 2017; Eurofund 2015; Munton et al. 2002; OECD 2018; Slot 2018), Sekundärdatenanalysen (vgl. Slot/Lerkkanen/Lesemann 2015) und Meta-Analysen (vgl. Early et al. 2007; Egert 2015; Fukking/Lont 2007) vor.

2.2 Strukturelle Merkmale, pädagogische Prozessqualität und kindliche Entwicklung

Aus dem verfügbaren breiten Datenkorpus lassen sich die folgenden zentralen Schlussfolgerungen ziehen:

1. Merkmale der Strukturqualität haben einen Einfluss[4] auf die Qualität pädagogischer Prozesse. Dies lässt sich sowohl anhand der eher globalen Einschätzung von Prozessqualität, wie sie bspw. über die Instrumente der Early Childhood Environment Rating Scales (ECERS, vgl. Harms/Clifford/Cryer 2015) vorgenommen wird, nachzeichnen, als auch anhand von spezifischen Merkmalen der pädagogischen Interaktionsgestaltung, erhoben bspw. mit dem Classroom Assessment Scoring System (CLASS, vgl. Pianta/LaParo/Hamre 2007). Zusammenhänge finden sich in Gruppen mit Kindern aller Altersstufen und -zusammensetzungen (bis zum Schuleintritt) und in der Kindertagespflege.
2. Grundsätzlich sind die Zusammenhangsmuster komplex. Pädagogische Prozessqualität wird von mehreren, ineinandergreifenden strukturellen Merkmalen beeinflusst. Dabei stellen sich die Zusammenhänge in Gruppen mit Kindern unter drei Jahren anders dar als in Gruppen mit Kindern im Kindergartenalter, und wieder andere Muster finden sich in der Kindertagespflege. Neben diesen zielgruppenbezogenen Differenzierungen finden sich auch länderspezifische Befunde und Befundmuster.

---

4 Streng genommen können in den aufgeführten Studien aufgrund ihrer, wie in den Bildungs- und Sozialwissenschaften üblich, nicht-experimentellen Studienanlagen keine Einflüsse, sondern lediglich Zusammenhänge modelliert werden. Die Interpretation der Ergebnisse im Sinne eines *gerichteten* Zusammenhangs liegt jedoch auf Basis theoretischer Überlegungen nahe.

3. Der angenommene Wirkpfad, dass strukturelle Merkmale über die Beeinflussung pädagogischer Prozesse und Interaktionen auch Anteile der Varianz in den Entwicklungsergebnissen der betreuten Kinder aufklären, wurde empirisch bisher erst vereinzelt untersucht (vgl. OECD 2018). Studien und Meta-Analysen finden keine durchgängigen Belege für lineare Zusammenhänge zwischen Strukturqualität und kindlicher Entwicklung.

Ausgehend von diesen generellen Erkenntnissen können insbesondere für die Qualifikation des pädagogischen Fachpersonals, den Personalschlüssel bzw. die Fachkraft-Kind-Relation sowie die Gruppengrößen konkrete Zusammenhänge nachgezeichnet werden. Weniger Evidenz bzw. uneindeutige Befunde liegen für Effekte einschlägiger Berufserfahrung, der Verfügbarkeit von Zeiten für mittelbare pädagogische Arbeit und der Höhe der Vergütung vor.

2.3 Befunde zu Effekten der Qualifikation und von Fort- und Weiterbildung

Das Niveau und die Einschlägigkeit (vgl. Tout/Zaslow/Berry 2006) einer pädagogischen Ausbildung vor Tätigkeitsbeginn („pre-service training") zeigt sich in vielen Einzelstudien aus den USA und Europa (Portugal, Dänemark) als mit der realisierten Interaktionsqualität assoziiert (vgl. hier und im Folgenden zusammenfassend OECD 2018, S. 74 ff.). Diese Zusammenhänge fallen besonders deutlich bei der Betreuung von Kindern unter drei Jahren aus; darauf deuten Befunde aus diversen Länderstudien u. a. aus Kanada, den USA und Europa hin (vgl. u. a. Bigras et al. 2010; Castle et al. 2016; NICHD ECCRN 2000; Slot 2018). Auch die Meta-Analyse von Manning et al. (2017) weist positive Beziehungen zwischen einer fachlichen Ausbildung mindestens auf Bachelor-Niveau und der Bereitstellung entwicklungsförderlicher Aktivitäten sowie kognitiv unterstützenden sprachlichen Interaktionen aus. Auch die Qualität der emotionalen Unterstützung erweist sich als höher, wenn die pädagogische Fachkraft über eine bessere formale Qualifikation verfügt (vgl. u. a. Castle et al. 2016; Slot 2018). Diese Muster konnten auch für die Kindertagespflege bestätigt werden, wobei hier fast ausschließlich Studien aus den USA vorliegen und sich Zusammenhänge nur für spezifische Altersgruppen (Einjährige) oder Teilstichproben (lizensierte Kindertagespflegestellen) fanden. Für Kinder im Kindergartenalter kommen größere Studien an mehreren Standorten und weitere Meta-Analysen dagegen zu eher uneinheitlichen, teilweise gegensätzlichen Befunden (vgl. Early et al. 2007; Slot/Lerkkanen/Lesemann 2015); allerdings werden häufig Unterschiede zwischen Fachkräften mit und ohne Ausbildung auf Bachelor-Niveau berichtet, die besonders deutlich zugunsten der höher qualifizierten Fachkräfte ausfallen, wenn es sich um fachlich einschlägige Qualifikationsgänge handelt (vgl. Tout/Zaslow/Berry 2006).

Deutlich stabiler ist die Befundlage zur Wirkung von berufsbegleitender Fort- und Weiterbildung. Sie gilt international als stabilster Prädiktor für eine positive Interaktionsqualität sowohl in Kleinkind- als auch Kindergartengruppen und in der Kindertagespflege (vgl. die Meta-Analysen u. a. von Fukking/Lont 2007 und Slot/Lerkkanen/Lesemann 2015; zusammenfassend OECD 2018, S. 79 ff.). Insbesondere konnten Bezüge zwischen der Teilnahme an Fort- und Weiterbildungen und spezifischen bildungsbezogenen Aspekten wie gezielte Sprach- und Literacy-Förderung, verbunden mit einer höheren Anregungsqualität der Räume und Materialien, aufgezeigt werden. Relevante Faktoren für den Erfolg berufsbegleitender Fort- und Weiterbildung im Sinne verbesserter Interaktionsqualität scheinen dabei u. a. die Auswahl der Inhalte (direkter Bezug zu Themen der frühkindlichen Bildung, Betreuung und Erziehung), die Dauer (45 bis 60 Stunden) und die Verfügbarkeit von direktem oder Video-Feedback und on-site-Unterstützung (direktes Coaching am Arbeitsplatz) zu sein (vgl. u. a. Egert 2015; Eurofound 2015).

Bezüge zwischen dem Qualifikationsniveau des pädagogischen Personals und kindlichen Entwicklungsergebnissen sind deutlich weniger konsistent und in aktuellen Meta-Analysen (vgl. Falenchuk et al. 2017; OECD 2018, S. 76 ff.) nicht rekonstruierbar. Wesentlich deutlicher zeigen sich in systematischen Reviews und Meta-Analysen Effekte der Fort- und Weiterbildungsteilnahme vor allem auf die sprachlich-kognitive Kompetenzentwicklung von Kindern (vgl. Egert 2015; Markussen-Brown et al. 2017).

2.4 Befunde zu Effekten von Personalschlüssel, Fachkraft-Kind-Relation und Gruppengröße

Eine bemerkenswerte Anzahl an Einzelstudien über die vergangenen dreißig Jahre hinweg weist auf stabile Zusammenhänge zwischen einem günstigen Personalschlüssel bzw. einer besseren Fachkraft-Kind-Relation, kleineren Gruppen und einer besseren globalen Prozessqualität sowie einem stärker responsiven, wertschätzenden und beziehungsförderlichen Interaktionsverhalten der pädagogischen Fachkräfte hin (vgl. zusammenfassend OECD 2018, S. 46). Der Personalschlüssel bzw. die Fachkraft-Kind-Relationen scheinen dabei einen stärkeren und durchgängigeren Einfluss zu haben als die Gruppengrößen, für die gemischte Befunde vorliegen (bspw. aus der EPPE-Studie, vgl. Tietze et al. 1998). Diese Assoziationen zeigen sich auch in den vorliegenden Meta-Analysen (vgl. OECD 2018; Vermeer et al. 2016).

Zusammenhänge finden sich sowohl für Gruppen mit älteren als auch jüngeren Kindern. In den USA konnte vor allem die NICHD-Studie systematische und signifikante Zusammenhänge zwischen der Fachkraft-Kind-Relation und der Gruppengröße mit der Qualität und Häufigkeit positiven Erzieher_innenverhaltens in Gruppen mit Kindern in den ersten drei Lebensjahren belegen (vgl.

NICHD ECCRN 2000, 2002). Je besser die beobachtete Fachkraft-Kind-Relation und je kleiner die Gruppengröße, desto höher die Qualität und Häufigkeit positiven Erzieher_innenverhaltens. In Gruppen mit einer günstigen Fachkraft-Kind-Relation waren die pädagogisch Tätigen sensibler und weniger emotional distanziert, schufen ein positives emotionales Klima und stimulierten häufiger die kognitive Entwicklung der Kinder. Insgesamt konnten ca. 25 % der Varianz in der Prozessqualität durch Merkmale der Gruppengröße, der Fachkraft-Kind-Relation und durch Qualifikationsmerkmale der pädagogisch Tätigen erklärt werden.

In der Kindertagespflege, für die insgesamt bisher nur eine geringe Anzahl an Studien vorliegen, lassen sich diese Zusammenhänge nicht stabil nachweisen. In diesen durch eher geringe Gruppengrößen und Fachkraft-Kind-Relationen charakterisierten Settings scheinen eher qualifikationsbezogene Faktoren die Prozess- und Interaktionsqualität zu beeinflussen.

Die Annahme, dass sich bessere Personalschlüssel, Fachkraft-Kind-Relationen und Gruppengrößen direkt mit verbesserten Entwicklungsergebnissen bzw. höheren Kompetenzen der Kinder in Verbindung bringen lassen, erweist sich als nur teilweise begründet. Während einige Studien in den USA (vgl. NICHD ECCRN 2002; Gruppengröße: Blau 1999; Harrison 2008; Fachkraft-Kind-Relation: Groark et al. 2013) und Europa (vgl. Ebert et al. 2013; Tietze et al. 2013; Vallen/van Steensel/Kurvers 2011) positive Effekte u.a. auf Wortschatz, Lesekompetenzen, kognitive oder motorische Fähigkeiten z. T. bis ins Grundschulalter hinein nachzeichnen konnten, fanden sich in anderen Untersuchungen keine statistisch signifikanten Zusammenhänge (vgl. Howes et al. 2008; OECD 2018).

3. Schwellenwerte und Ableitung von Standards

Neben linear modellierten Zusammenhängen finden sich, insbesondere für die Fachkraft-Kind-Relation, auch Hinweise auf Schwellenwerte, ab denen die pädagogische Prozessqualität bzw. die Interaktionsqualität deutlich beeinträchtigt wird und sich das Spielverhalten der Kinder verändert (vgl. ausführlich Viernickel/Fuchs-Rechlin 2015, S. 40 ff.). Für Kinder im ersten Lebensjahr kann man ab einer Relation von 1:4 bis 1:5 von einem hohen Risiko einer unzureichenden Qualität der liebevollen Zuwendung und Pflege als auch der sprachlichen Anregungsqualität und des Angebots an entwicklungsangemessenen Aktivitäten ausgehen (vgl. Howes/Phillips/Whitebook 1992; Palmérus 1996). In Gruppen mit ein- und zweijährigen Kindern lagen diese Schwellenwerte bei 1:8 bzw. 1:9 (ebd.). Bei einer Relation von 1:6 wurde eine signifikant verbesserte Interaktionsqualität im Vergleich zu einer Relation von 1:8 beobachtet (vgl. Howes/Smith/Galinsky 1995), und wiederum zeigten sich deutliche Qualitätszuwächse bei einer Relation von 1:3 im Vergleich zu 1:5 (vgl. de Schipper/Riksen-Walraven/Geurts 2006). In Gruppen mit Kindern im Kindergartenalter gingen in verschiedenen Studien Relationen von schlechter als 1:9 bis 1:7 mit einer dramatisch absinkenden pädagogischen Prozess- bzw. Interaktionsqualität (vgl. Howes/Phillips/Whitebook 1992; Munton et al. 2002) und negativ verändertem Spielverhalten der Kinder (vgl. Russell 1990) einher.

Im Hinblick auf angemessene Gruppengrößen ist die Befundlage wenig einheitlich. Ältere Studien verorten kritische Schwellenwerte für Säuglingsgruppen bei 6 bis 11 Kindern pro Gruppe, für Kleinkindgruppen bei 8 bis 18, und für Kindergartengruppen bei 18 bis 20 Kindern (vgl. Howes/Phillips/Whitebook 1992; NICHD ECCRN 1999; Whitebook 1996).

Diverse Fachverbände, fachwissenschaftliche und -politische Akteur_innen haben Empfehlungen oder Richtlinien für Fachstandards der Strukturqualität ausgesprochen. Eine der ersten Empfehlungen stammt vom Kinderbetreuungsnetzwerk der Europäischen Union, das 1996 für Kinder im Krippenalter Fachkraft-Kind-Relationen von 1:4 bis 1:8 und für Kinder zwischen drei und sechs Jahren von 1:15 vorschlug (vgl. Europäische Kommission 1996). In Deutschland haben sich zu diesem Thema u. a. die Deutsche Liga für das Kind (2015), die Deutsche Gesellschaft für Sozialpädiatrie und Jugendmedizin (vgl. Horacek et al. 2008) und die Bertelsmann Stiftung (Bock-Famulla et al. 2020) geäußert. Auch Verbände aus den USA wie die National Association for the Education of Young Children (vgl. NAEYC 2018), die American Academy of Pediatrics, die American Public Health Association und das National Resource Center for Health and Safety in Child Care and Early Education (2011) haben Stellungnahmen verfasst. Dabei ist über den Zeitverlauf eine Entwicklung hin zu strengeren Standards zu beobachten (vgl. die tabellarische Übersicht in Viernickel/Fuchs-Rechlin 2015, S. 46 ff.). Für die Betreuung von Säuglingen (bis zu 12 Monaten) in Kindertageseinrichtungen bewegen sich die Empfehlungen in einem engen Rahmen: Sie liegen zwischen einem Personalschlüssel von 1:2 und 1:3 und einer Fachkraft-Kind-Relation von ebenfalls 1:2 und 1:4 und Gruppengrößen von bis zu 6 Kindern. Kinder im zweiten und dritten Lebensjahr sollen gemäß den Empfehlungen mit einem Personalschlüssel von 1:3 bis 1:5 resp. einer Fachkraft-Kind-Relation von 1:3 bis 1:8 und in Gruppen von bis zu 15 Kindern betreut werden. Im deutschen Kontext empfiehlt die Bertelsmann Stiftung aktuell einen Personalschlüssel von 1:3 für Krippengruppen mit Kindern im Alter zwischen null und drei Jahren und eine maximale Gruppengröße von 12 Kindern (vgl. Bock-Famulla et al. 2020). Ihre Empfehlungen orientieren sich an fachwissenschaftlicher Expertise (vgl. American Academy of Pediatrics, American Public Health Association & National Resource Center for Health and Safety in Child Care and Early Education 2011; Viernickel/Fuchs-Rechlin 2015) und sind daher – besonders in Bezug auf die Fachkraft-Kind-Relation – als rückgebunden an den aktuellen wissenschaftlichen Forschungsstand einzuschätzen.

Für Kinder im Alter zwischen 30 und 60 Monaten sehen die Standards der National Association for the Education of Young Children (vgl. NAEYC

2018) maximal einen Personalschlüssel von 1:10 und eine Gruppengröße von 20 Kindern vor. In Deutschland liegen die Forderungen von Verbänden wie bspw. der Liga der Spitzenverbände der Freien Wohlfahrtspflege im Freistaat Sachsen (2018) auf einem ähnlichen Niveau oder darunter, die Empfehlungen von wissenschaftlichen Arbeitsgruppen (vgl. Haug-Schnabel/Bensel 2013; Viernickel/Fuchs-Rechlin 2015) deutlich darunter. Auf die bundesdeutsche Praxis bezogen finden sich für Kinder zwischen drei und sechs Jahren in den Empfehlungen keine altersdifferenzierten Schlüssel, sondern lediglich Aussagen bezogen auf die gesamte Altersgruppe. Dies ist wahrscheinlich dem Umstand geschuldet, dass sich die Arbeit in altersgemischten Gruppen gerade im Kindergartenalter stark durchsetzen konnte. Insgesamt liegen die Empfehlungen zwischen 1:7,5 (vgl. aktuell Bock-Famulla et al. 2020) und 1:10 für den Personalschlüssel und zwischen 1:7 (Drei- und Vierjährige, vgl. Haug-Schnabel/Bensel 2013) und 1:15 für die Fachkraft-Kind-Relation. Empfehlungen zu den Gruppengrößen schwanken zwischen 14 und 19 Kindern.

4. Methodische Herausforderungen

Zwar lässt sich festhalten, dass in vielen Studien in unterschiedlichen Ländern und mit sowohl quer- als auch längsschnittlichen Untersuchungsanlagen bestimmte Strukturmerkmale allein oder im Zusammenspiel mit der beobachteten Qualität pädagogischer Prozesse und Interaktionen und zum Teil auch mit kindlichen Entwicklungsmaßen in Verbindung stehen. Gleichzeitig finden sich auch Studien mit gegenläufigen Befunden, sodass sich in Meta-Analysen nur selten stabile Zusammenhänge rekonstruieren lassen. Einschätzungen der Stabilität oder tatsächlichen Bedeutsamkeit struktureller Einflüsse und Versuche, Ergebnisse zu replizieren, sind ebenso wie das Extrahieren von steuerungsrelevanten Informationen aus internationalen Befunden mit methodischen Schwierigkeiten konfrontiert, von denen einige an dieser Stelle exemplarisch diskutiert werden sollen.

4.1 Operationalisierung der Strukturvariablen

Ein erstes und in wissenschaftlichen Beiträgen häufig diskutiertes Problem sind ungenaue oder unterschiedliche Operationalisierungen bzw. Begriffsverwendungen. Besonders deutlich wird dies an der Unterscheidung zwischen Personalschlüssel und Fachkraft-Kind-Relation. Wie weiter oben ausgeführt stellen Personalschlüssel oder Personalressourceneinsatzschlüssel rechnerische Größen ohne Berücksichtigung von krankheits-, urlaubs- oder fortbildungsbedingten Nichtanwesenheitszeiten dar, während Fachkraft-Kind-Relationen das tatsächliche Verhältnis von pädagogisch Tätigen und Kindern in der Betreuungssituation beschreiben.

Vorliegende Studien beziehen sich zum Teil auf (erfragte) Personalschlüssel, zum Teil auf (beobachtete) Fachkraft-Kind-Relationen. Für manche Studien fehlen wichtige Informationen, bspw. dazu, ob die berichteten Werte eher den Personalschlüssel oder die Fachkraft-Kind-Relation repräsentieren oder ob über einschlägig qualifiziertes Personal hinaus noch weitere Personen, z. B. Assistenzkräfte oder Praktikant_innen, in die Berechnungen einbezogen werden.

Darüber hinaus erweist sich die korrekte Erfassung von Personalschlüsseln wie von Fachkraft-Kind-Relationen als hochkomplex: So ist in quantitativen schriftlichen Abfragen die Zusammensetzung des Teams nur sehr schwierig abbildbar, was zu häufigen Fehlern beim Ausfüllen der Tabellen führt und Gültigkeit wie Zuverlässigkeit der Daten beeinträchtigt.

Ähnliche Herausforderungen birgt die Operationalisierung des Qualifikationsniveaus der pädagogischen Mitarbeiter_innen. Zwar gibt es sowohl in Deutschland als auch im anglo-amerikanischen System eingeführte Routinen für die Zuordnung von Ausbildungsgängen zu Qualifikationsniveaus (vgl. Bohlinger 2012; Fachkräftebarometer Frühe Bildung 2019). Jedoch wird in internationalen Studien deren fachliche Einschlägigkeit teilweise nicht berücksichtigt. Bei der Untersuchung der Effekte von Fort- und Weiterbildungen werden sehr unterschiedliche Kriterien für den Einbezug des jeweiligen Qualifikationsangebots angelegt, die daher je nach Studie stark in Umfang und Inhalten schwanken können. Praktisch keine Informationen liegen zu den konkreten Inhalten der Ausbildungen, zur Qualität der Curricula und ihrer tatsächlichen Umsetzung vor, obwohl auch in Institutionen der Erwachsenenbildung die Prozessqualität eine wesentliche Rolle für die Ergebnisqualität, also den Kompetenzerwerb der Aus- und Weiterzubildenden, spielen dürfte.

4.2 Generalisierungsfähigkeit von Erkenntnissen aus internationalen Studien

Eine zweite Einschränkung bezieht sich auf die Generalisierungsfähigkeit der Ergebnisse aus den vorliegenden internationalen Studien auf die Situation in Deutschland. Dies gilt besonders für Ergebnisse zu Befunden zu Effekten der Qualifikation des pädagogischen Personals und der Gruppengröße.

So sind in Deutschland die Zugänge zur Tätigkeit in einer Kindertageseinrichtung wesentlich strenger reguliert als in Nordamerika. Die Qualifikationswege sind aufgrund der Besonderheiten der deutschen Erzieher_innenausbildung, die im Deutschen Qualifikationsrahmen (DQR) auf Level 6 und damit wie ein Bachelorstudium angesiedelt wird und mit hohen fachpraktischen Anteilen und einer staatlichen Anerkennung einhergeht, praktisch nicht vergleichbar. Darüber hinaus ist davon auszugehen, dass in den USA die Varianz in den Qualifikationen deutlich höher ist und Effekte daher eher hervortreten. Dies bedeutet, dass die Befunde einschlägiger Studien mit großer Sorgfalt daraufhin zu prüfen sind, inwieweit die genutzten Prädiktoren überhaupt als äquivalent zu Merkmalen der Personalqualifikation in Deutschland angesehen werden können.

Ähnlich, wenn auch mit umgekehrten Vorzeichen, stellt sich die Situation bei der Frage nach dem Einfluss der Gruppengrößen dar. In den USA sind altershomogene und feste Gruppenstrukturen fast ausnahmslos die Organisationsform der Wahl. Der in amerikanischen Untersuchungen mehrfach belegte Zusammenhang, dass größere Gruppenstärken mit eher niedrigerer Prozess- bzw. Interaktionsqualität einhergehen, kann für Deutschland nicht grundsätzlich bestätigt werden. So fanden sich in der Nationalen Untersuchung zur Bildung, Betreuung und Erziehung (vgl. Tietze et al. 2013) höhere Werte in der Prozessqualität bei größeren Gruppenstärken. Die Autor_innen erklären diesen Befund damit, dass größere Gruppen ein Indikator für eine höhere personale und organisatorische Stabilität und mehr anregende Räumlichkeiten und Materialien sein könnten (ebd., S. 80). So scheinen in einer sich diversifizierenden Landschaft auch die Zusammenhangsmuster komplexer auszufallen, was wiederum nach besser kontrollierten Studien und der Anwendung elaborierter Auswertungsprozeduren wie Pfad- und Mehrebenenmodellen verlangt.

4.3 Zusammenhangsannahmen

Schließlich müssen methodische Überlegungen auch Bezug auf die den eingesetzten Verfahren zugrundeliegenden Modellierungsroutinen nehmen. Die üblichen Verfahren gehen in der Regel von linearen Zusammenhängen aus. Inwiefern es sich bei Effekten struktureller Merkmale jedoch um linear steigende bzw. fallende Kurven handelt, ist strittig. Wie in Kapitel 3 berichtet, wurden mehrfach Hinweise auf Schwellenwerte gefunden, ab denen die beobachtete pädagogische Qualität deutlich absank, auch wenn sie unterhalb dieser Schwellen nicht systematisch mit der Prädiktorvariable, z. B. der Fachkraft-Kind-Relation oder der Gruppengröße, variierte.

Auch inhaltliche Überlegungen führen nicht unbedingt zur Annahme linearer Zusammenhänge. So könnte die Entwicklung sozialer Kompetenzen von Kindern sowohl in sehr kleinen Gruppen als auch in sehr großen Gruppen beeinträchtigt sein, einmal aufgrund der eingeschränkten Auswahl an verschiedenen Sozialpartner_innen, einmal aufgrund der Unübersichtlichkeit der Gruppe und daraus resultierender Überforderung: Es wäre also ein quadratischer Zusammenhang zu modellieren, der mit Varianz- und Regressionsanalysen unentdeckt bleiben würde.

Schließlich sollte für eine Bewertung der Belastbarkeit und Aussagekraft der Ergebnisse berücksichtigt werden, dass diese vor allem Belege für einen Einfluss struktureller Merkmale auf die pädagogische Prozessqualität bzw. Interaktionsqualität liefern. Vor- oder Nachteile für die kindliche Entwicklung ergeben sich nur bedingt direkt aus den Strukturen, sondern sind plausibel vor allem über die Herstellung von Qualität in den raumzeitlichen Alltagsgestaltungen und pädagogischen Interaktionen anzunehmen, so wie es auch in dem vielen internationalen und nationalen Studien zu Grunde liegenden strukturell-prozessualen Qualitätsmodell (vgl. NICHD ECCRN 2002; Sylva et al. 2004; Tietze/Roßbach/Grenner 2005) konzeptualisiert wird. Wenn Personalschlüssel bzw. Fachkraft-Kind-Relationen, Gruppengrößen, Qualifikationsniveaus und weitere Strukturmerkmale einen Teil der Varianz in dieser Prozess- bzw. Interaktionsqualität erklären können, und diese wiederum für einen Teil der Varianz in kindlichen Entwicklungsparametern verantwortlich ist, kann es nicht verwundern, dass Analysen, die direkte Zusammenhänge zwischen Strukturmerkmalen und kindlicher Entwicklung modellieren, eher selten zu signifikanten Ergebnissen und zufriedenstellenden Effektstärken kommen.

Fazit

Vor dem Hintergrund der breiten, wenn auch nicht immer einheitlichen Datenlage kann eigentlich nicht mehr bezweifelt werden, dass strukturelle Qualitätsparameter einen Einfluss auf das pädagogische Geschehen und insbesondere die Interaktionsqualität in Kindertageseinrichtungen haben. Die Bereitstellung struktureller Rahmenbedingungen, welche regelmäßige emotionale Zuwendung, positive Interaktionen zwischen pädagogischen Fachkräften und Kindern und eine qualitativ hochwertige pädagogische Bildungsarbeit befördern, ist daher als ein zentrales Element der Steuerung des Systems frühkindlicher Bildung, Betreuung und Erziehung zu betrachten. Daraus leitet sich die Notwendigkeit ab, kindheitspädagogisches Fachpersonal gut zu qualifizieren, bedarfsgerecht zu allokieren und dauerhaft im System zu halten. Die Qualitätsforschung kann einige Hinweise darauf geben, welche personellen Kapazitäten hierbei avisiert werden sollten.

Gesetzliche Regularien und Standards für Personalschlüssel und Gruppengrößen scheinen notwendige, aber nicht hinreichende Bedingungen für die breite Implementierung guter Prozessqualität zu sein. Für deren Wirksamkeit ist es entscheidend, dass sie sich an empirisch belegten Schwellenwerten orientieren. Werden sie darüber hinaus von einem leistungsfähigen Ausbildungssystem und gezielten Qualifikationsangeboten für bereits tätiges Personal flankiert, erhöht sich die Chance auf positive Effekte für die Prozessqualität und kindliche Entwicklungsergebnisse.

Strukturelle Qualitätsmerkmale können den Möglichkeitsraum pädagogischen professionellen Handelns erweitern oder limitieren. Die Zuerkennung oder aber das Absprechen von adäquaten strukturellen Rahmenbedingungen wird damit auch zum Ausweis der politischen bzw. gesellschaftlichen Anerkennung kindheitspädagogischer Arbeit als professioneller Tätigkeit und letztlich zum Gradmesser dafür, inwiefern Kindheits- oder Frühpädagogik sich als Profession etablieren kann und wird.

Allerdings verbietet es sich angesichts der Befundlage, von einfachen Ursache-Wirkungs-Zusammenhängen auszugehen. Die Non-Linearität und Fluidität sozialer Prozesse und Komplexität institutioneller Logiken spiegelnd, verweist sie sowohl darauf, dass pädagogische Qualität nicht von einem einzigen, sondern von mehreren ineinandergreifenden strukturellen Parametern beeinflusst wird, als auch, dass bei der Herstellung pädagogischer Qualität vielfältige weitere Faktoren jenseits der strukturellen Bedingungen eine Rolle spielen. Teilweise dürfte es sich hier um Faktoren handeln, die in quantitativen Studiendesigns nur verkürzt abbildbar sind, wie pädagogische Orientierungen der Fachkräfte oder das Organisationsmilieu bzw. die Teamkultur in den Einrichtungen (vgl. Viernickel/Nentwig-Gesemann/Weßels 2014). Die Aussagekraft bisheriger Studien hat sich aber auch deshalb als eingeschränkt erwiesen, weil Operationalisierungen der Strukturvariablen teilweise unscharf, in den Veröffentlichungen nicht nachvollziehbar oder erhebungsmethodisch herausfordernd und damit fehleranfällig sind, und weil häufig lediglich lineare Zusammenhangsannahmen modelliert werden. Die teilweise ernüchternden Ergebnisse aktueller Meta-Analysen und ihre insgesamt geringen Varianzaufklärungsraten führen somit zu dem an Wissenschaft und Forschung gerichteten Auftrag, theoretische Zugänge weiter zu schärfen, Forschungsdesigns zu entwickeln und ein methodisches Repertoire einzusetzen, die der Komplexität des Gegenstands (besser) gerecht werden können.

Literatur

American Academy of Pediatrics, American Public Health Association & National Resource Center for Health and Safety in Child Care and Early Education (2011): Caring for our children: National health and safety performance standards; Guidelines for early care and education programs. 3rd Edition. Elk Grove Village, IL: American Academy of Pediatrics. Washington, D.C.: American Public Health Association.

Autorengruppe Fachkräftebarometer (2019): Fachkräftebarometer Frühe Bildung 2019. München: Weiterbildungsinitiative Frühpädagogische Fachkräfte.

Bensel, Joachim/Martinet, Franziska/Haug-Schnabel, Gabriele (2015): Raum und Ausstattung in Kindertageseinrichtungen und Kindertagespflege. In: Viernickel, Susanne/Fuchs-Rechlin, Kirsten/Strehmel, Petra/Preissing, Christa/Bensel, Joachim/Haug-Schnabel, Gabriele: Qualität für alle. Wissenschaftlich begründete Standards für die Kindertagesbetreuung. Freiburg i. Br.: Herder, S. 317-402.

Bigras, Nathalie/Bouchard, Caroline/Cantin, Gilles/Brunson, Liesette/Coutu, Sylvain/Lemay, Lise/Tremblay, Mélissa/Japel, Christa/Charron, Annie (2010): A Comparative Study of Structural and

Process Quality in Center-Based and Family-Based Child Care Services. In: Child & Youth Care Forum 39, H. 3, S. 129-150.
Blau, David M. (1999): The Effect of Child Care Characteristics on Child Development. In: The Journal of Human Resources 34, H. 4, S. 786-822.
Bock-Famulla, Kathrin/Münchow, Anne/Frings, Jana/Kempf, Felicitas/Schütz, Julia (2020): Länderreport Frühkindliche Bildungssysteme 2019. Gütersloh: Bertelsmann Stiftung.
Bohlinger, Sandra (2012): Internationale Standardklassifikation im Bildungswesen. In: Berufsbildung in Wissenschaft und Praxis H. 4, S. 16-19.
Castle, Sherry/Payton, Amy C./Young, Emisha/Stubblefield, Jessica/Lauren, Deborah/Pearce, Nicole (2016): Teacher-child interactions in early Head Start classrooms: Associations with teacher characteristics. In: Early Education and Development 27, H. 2, S. 259-274.
De Schipper, Elles J./Riksen-Walraven, J. Marianne/Geurts, Sabine A. E. (2006): Effects of child-caregiver ratio on the interactions between caregivers and children in child care centers: An experimental study. In: Child Development 77, H. 4, S. 861-874.
Deutsche Liga für das Kind (2015): Gute Qualität in Krippe und Kindertagespflege. Positionspapier. Berlin: Deutsche Liga für das Kind.
Dowsett, Chantelle J./Huston, Aletha C./Imes, Amy E./Gennetian, Lisa (2008): Structural and process features in three types of child care for children from high and low income families. In: Early Childhood Research Quarterly 23, H.1, S. 69-93.
Early, Diane M./Maxwell, Kelly M./Burchinal, Margaret/Bender, Randall H./Bryant, Donna/Cai, Karen/Clifford, Richard M./Ebanks, Caroline/Griffin, James A./Henry, Gary T./Iriondo-Perez, Jennifer/Jeon, Hyun-Joo/Mashburn, Andrew J./Peisner-Feinberg, Ellen/Pianta, Robert C./Vandergrift, Nathan/Zill, Nicholas (2007): Teachers' education, classroom quality, and young children's academic skills: Results from seven studies of preschool programs. In: Child Development 78, H. 2, S. 558-580.
Ebert, Susanne/Lockl, Kathrin/Weinert, Sabine/Anders, Yvonne/Kluczniok, Katharina/Rossbach, Hans-Günther (2013): Internal and external influences on vocabulary development in preschool children. In: School Effectiveness and School Improvement: An International Journal of Research, Policy and Practice 24, H. 2, S. 138-154.
Egert, Franziska (2015): Meta-analysis on the impact of in-service professionals development programs for preschool teachers on quality ratings and child outcomes. Doctoral dissertation, Bamberg, Germany.
Eurofound (Hrsg.) (2015): Early childhood care: working conditions, training and quality of services – A systematic review. Luxembourg: Publications Office of the European Union.
Europäische Kommission (1996): Netzwerk Kinderbetreuung und andere Maßnahmen zur Vereinbarkeit von Beruf und Familie für Frauen und Männer der Europäischen Kommission: Qualitätsziele in Einrichtungen für kleine Kinder. Vorschläge für ein zehnjähriges Aktionsprogramm. Brüssel: Europäische Kommission.
European Commission's Expert Group on Gender and Employment Issues (EGGE) (2009): The provision of childcare services – A comparative review of 30 European countries. http://ec.europa.eu/social/main.jsp?langId=en&catId=89&newsId=545&furtherNews=yes, (Abfrage: 29.01.2021).
Falenchuk, Olesya/Perlman, Michal/McMullen, Evelyn/Fletcher, Brooke/Shah, Prakesh S. (2017): Education of staff in preschool aged classrooms in child care centers and child outcomes: A meta-analysis and systematic review. In: PLoS ONE 12., H. 8, S. 1-33.
Fukking, Ruben G./Lont, Anna (2007): Does training matter? A meta-analysis and review of caregiver training studies. In: Early Childhood Research Quarterly 22, S. 294-311.
Groark, Christina J./McCall, Robert B./McCarthy, Stephanie K./Eichner, Joan C./Gee, Amy D. (2013): Structure, caregiver-child interactions, and children's general physical and behavioral development in three central American institutions. In: International Perspectives in Psychology: Research, Practice, Consultation 2, H. 3, S. 207-224.
Harms, Thelma/Clifford, Richard/Cryer, Deborah (2015): Early Childhood Environment Rating Scale (3rd ed.). New York: Teachers College Press.
Harrison, Linda J. (2008): Does child care quality matter? Associations between socio-emotional development and non-parental child care in a representative sample of Australian children. In: Family matters 79, S. 14-25.

Haug-Schnabel, Gabriele/Bensel, Joachim (2013): Altersmischung braucht Qualität. Bedingungen gelingender Arbeit mit altersgemischten Gruppen. In: Theorie und Praxis der Sozialpädagogik, 2, S. 4-7.

Horacek, Ulrike/Böhm, Rainer/Klein, Renate/Thyen, Ute/Wagner, Frank (2008): Positionspapier der Deutschen Gesellschaft für Sozialpädiatrie und Jugendmedizin (DGSPJ) zu Qualitätskriterien institutioneller Betreuung von Kindern unter 3 Jahren (Krippen). http://www.kindergartenpaedagogik.de/1897.html (Abfrage: 29.01.2021).

Howes, Carollee/Burchinal, Margaret/Pianta, Robert/Bryant, Donna/Early, Diane/Clifford, Richard/Barbarin, Oscar (2008): Ready to learn? Children's pre-academic achievement in pre-Kindergarten programs. In: Early Childhood Research Quarterly 23, S. 27-50.

Howes, Carollee/Phillips, Deborah A./Whitebook, Marcy (1992): Thresholds of Quality: Implications for the Social Development of Children in Center-based Child Care. In: Child Development 63, H. 2, S. 449-460.

Howes, Carollee/Smith, Ellen W./Galinsky, Ellen (1995): The Florida child care quality improvement study. Interim Report. New York, NY: Families and Work Institute.

Kuger, Susanne/Kluczniok, Katharina (2008): Prozessqualität im Kindergarten – Konzept, Umsetzung und Befunde. In: Zeitschrift für Erziehungswissenschaft, Sonderheft 11, S. 159-178.

Liga der Spitzenverbände der Freien Wohlfahrtspflege Sachsen (2018): Weil Kinder Zeit brauchen. Für einen besseren Personalschlüssel in Sachsens Kitas. Ein Positionspapier der Liga der Spitzenverbände der Freien Wohlfahrtspflege im Freistaat Sachsen. https://liga-sachsen.de/fileadmin/user_upload/news/2018/kita_positionspapier.pdf (Abfrage: 29.01.2021).

Manning, Matthew/Garvis, Susanne/Fleming, Christopher/Wong, Gabriel T. W. (2017): The relationship between teacher qualification and the quality of the early childhood education and care environment. In: Campbell Systematic Reviews 1, S. 1-82.

Markussen-Brown, Justin/Juhl, Carsten B./Piasta, Shayne B./Bleses, Dorthe/Højen, Anders/Justice, Laura (2017): The effects of language- and literacy focused professional development on early educators and children: A best-evidence meta-analysis. In: Early Childhood Research Quarterly 38, S. 97-115.

Munton, Tony/Mooney, Ann/Moss, Peter/Petrie, Pat/Clark, Alison/Woolner, Janette (2002): Research on ratios, group size and staff qualifications and training in early years and childcare settings. Part A: Review of international research on the relationship between ratios, staff qualifications and training, group size and the quality of provision in early years and childcare settings. London: Thomas Coram Research Unit, Institute of Education, University of London.

National Association for the Education of Young Children (NAEYC) (2018): Staff-to-Child-Ratio and Class Size. https://www.naeyc.org/sites/default/files/globally-shared/downloads/PDFs/accreditation/early-learning/staff_child_ratio_0.pdf (Abfrage: 29.01.2021).

NICHD ECCRN (1999): Child Outcomes when child care center classes meet recommended standards for quality. In: American Journal of Public Health 89, S. 1072-1077.

NICHD ECCRN (2000): Characteristics and Quality of Child Care for Toddlers and Preschoolers. In: Applied Developmental Science 4, H. 3, S. 116-135.

NICHD ECCRN (2002): Child-care structure → process → outcome: Direct and indirect effects of child-care quality on young children's development. In: Psychological Science 13, S. 199-206

OECD (2018): Engaging Young Children: Lessons from Research about Quality in Early Childhood Education and Care. Starting Strong. Paris: OECD Publishing.

Palmérus, Kerstin (1996): Child caregiver ratios in day care center groups: impact on verbal interactions. In: Early Child Development and Care 118, S. 45-57.

Pianta, Robert C./La Paro, Karen M./Hamre, Bridget K. (2007): Classroom Assessment Scoring System (Class) Manual, Pre-K. Maryland: Paul H. Brookes Publishing Co.

Russell, Alan (1990): The effects of child-staff-ratio on staff and child behavior in preschools: an experimental study. In: Journal of Research in Childhood Education 4. H. 2, S. 77-90.

Slot, Pauline (2018): Structural characteristics and process quality in early childhood education and care: A literature review. OECD Education Working Papers, 176. Paris: OECD Publishing.

Slot, Pauline/Lerkkanen, Marja-Kristiina/Leseman, Paul (2015): The relations between structural quality and process quality in European early childhood education and care provisions: Secondary data analyses of large scale studies in five countries. In: CARE: Curriculum Quality Analysis and Impact Review of European ECEC.

Sylva, Kathy/Melhuish, Edward/Sammons, Pam/Siraj-Blatchford, Iram/Taggart, Brenda (2004): The Effective Provision of Pre-School Education (EPPE) Project: Final Report. A longitudinal study funded by the DfES 1997-2004. University of London, Institute of Education.

Tietze, Wolfgang/Becker-Stoll, Fabienne/Bensel, Joachim/Eckhardt, Andrea G./Haug-Schnabel, Gabriele/Kalicki, Bernhard/Keller, Heidi/Leyendecker, Birgit (Hrsg.) (2013): NUBBEK. Nationale Untersuchung zur Bildung, Betreuung und Erziehung in der frühen Kindheit. Weimar/Berlin: das netz.

Tietze, Wolfgang/Meischner, Tatjana/Gänsfuß, Rüdiger/Grenner, Katja/Schuster, Käthe-Maria/Völkel, Petra/Tie, Hans-Günther (1998): Wie gut sind unsere Kindergärten? Eine Untersuchung zur pädagogischen Qualität in deutschen Kindergärten. Neuwied: Luchterhand.

Tietze, Wolfgang/Roßbach, Hans-Günther/Grenner, Katja (2005): Kinder von 4 bis 8 Jahren. Zur Qualität der Erziehung und Bildung in Kindergarten, Grundschule und Familie. Weinheim: Beltz.

Tout, Kathryn/Zaslow, Martha/Berry, Daniel (2006): Quality and qualifications: Links between professional development and quality in early care and education settings. In: Zaslow, Martha/Martinez-Beck, Ivelisse (Hrsg.): Critical issues in early childhood professional development. Maryland: Paul H. Brookes Publishing Co., S. 77-110.

Tran, Henry/Winsler, Adam (2011): Teacher and center stability and school readiness among low-income, ethnically diverse children in subsidized, center-based child care. In: Children and Youth Services Review 33, H. 11, 2241-2252.

Vallen, Ton/Steensel, Roel van/Kurvers, Jeanne (2011): Die Effekte von vorschulischen Bildungszentren in den Niederlanden: der Einfluss von organisatorischen Merkmalen und kindlichem Familienhintergrund. In: Diskurs Kindheits- und Jugendforschung 6, H. 4, S. 453-470.

Vermeer, Harriett, J./van IJzendoorn, Marinus H./Cárcamo, Rodrigo A./Harrison, Linda J. (2016): Quality of child care using the environmental rating scales: A meta-analysis of international studies. In: International Journal of Early Childhood 48, H. 1, S. 33-60.

Viernickel, Susanne/Fuchs-Rechlin, Kirsten (2015): Fachkraft-Kind-Relationen und Gruppengrößen in Kindertageseinrichtungen. Grundlagen, Analysen, Berechnungsmodell. In: Viernickel, Susanne/Fuchs-Rechlin, Kirsten/Strehmel, Petra/Preissing, Christa/Bensel, Joachim/Haug-Schnabel, Gabriele (Hrsg.): Qualität für alle. Wissenschaftlich begründete Standards für die Kindertagesbetreuung. Freiburg: Herder, S. 11-130.

Viernickel, Susanne/Nentwig-Gesemann, Iris/Nicolai, Katharina/Schwarz, Stefanie/Zenker, Luise (2013): Schlüssel zu guter Bildung, Erziehung und Betreuung. Bildungsaufgaben, Zeitkontingente und strukturelle Rahmenbedingungen in Kindertageseinrichtungen. Berlin: GEW, Diakonie Deutschland, Paritätischer Gesamtverband.

Viernickel, Susanne/Nentwig-Gesemann, Iris/Weßels, Holger (2014): Professionalisierung im Feld der Frühpädagogik – Zur Rolle von strukturellen Rahmenbedingungen und Organisationsmilieus. In: Fröhlich-Gildhoff, Klaus/Nentwig-Gesemann, Iris/Neuß, Norbert (Hrsg.): Forschung in der Frühpädagogik VII – Schwerpunkt Profession und Professionalisierung. Freiburg: FEL-Verlag, S. 135-171.

Viernickel, Susanne/Schwarz, Stefanie (2009): Schlüssel zu guter Bildung, Erziehung und Betreuung. Wissenschaftliche Parameter zur Bestimmung der pädagogischen Fachkraft-Kind-Relation in Kindertageseinrichtungen. Berlin: GEW, Diakonie Deutschland, Paritätischer Gesamtverband.

Viernickel, Susanne/Voss, Anja/Mauz, Elvira (2017): Arbeitsplatz Kita. Belastungen erkennen, Gesundheit fördern. München: Beltz Juventa.

Weltzien, Dörte/Fröhlich-Gildhoff, Klaus/Strohmer, Janina/Reutter, Annegret/ Tinius, Claudia (2016): Multiprofessionelle Teams in Kindertageseinrichtungen. Evaluation der Arbeitsprozesse und Arbeitszufriedenheit von multiprofessionell besetzten Teams in Baden-Württemberg. Weinheim und Basel: Beltz.

Whitebook, Marcy (1996): NAEYC accreditation as an indicator of program quality: What research tells us. In: Bredekamp, Sue/Willer, Barbara (Hrsg.): NAEYC accreditation: A decade of learning and the years ahead. Washington D. C.: NAEYC.

Qualität der Steuerung oder Steuerung der Qualität? – Theoretische und methodische Überlegungen am Beispiel der TrEiKo-Studie

Kirsten Fuchs-Rechlin, Justus Peters, Maria Gerth, Sylvia Müller, Tijen Atkaya, Christiane Meiner-Teubner

Einleitung

In den Debatten um Qualität in der frühen Bildung besteht angesichts vorliegender Befunde der empirischen Bildungsforschung mittlerweile Konsens darin, dass die Strukturqualität in Kindertageseinrichtungen (Kitas) ihren Niederschlag in der Prozessqualität findet. Dementsprechend beeinflusst die Strukturqualität auch die Wirksamkeit frühkindlicher Bildung bezogen auf kindliche Entwicklungsmaße wie etwa die kognitive oder die sozial-emotionale Entwicklung (vgl. Viernickel/Fuchs-Rechlin 2016). Fasst man Strukturqualität allgemein als situationsunabhängige, zeitlich relativ stabile Rahmenbedingungen pädagogischer Arbeit (vgl. Tietze et al. 2003, S. 11), sind neben der Frage, welche Rolle Träger für die Ressourcenausstattung der Einrichtungen spielen, auch Fragen der Steuerung und Unterstützung der Kitas durch die Träger und damit die Träger-Einrichtungs-Kooperation bedeutsam. Unterstützung wird in diesem Zusammenhang als eine Steuerungsstrategie verstanden.

Diese Fragen werden im Verbundprojekt „Träger und ihre Kitas – Träger-Einrichtungs-Kooperation im Spannungsfeld von Steuerung und Unterstützung" (TrEiKo) aufgegriffen. Dabei wird untersucht, wie Träger ihre Einrichtungen steuern und welchen Einfluss dieses Steuerungshandeln auf die Strukturqualität der Einrichtungen hat. TrEiKo wird vom Bundesministerium für Bildung und Forschung im Rahmen der Förderrichtlinie „Qualitätsentwicklung für gute Bildung in der frühen Kindheit" gefördert.

Der vorliegende Beitrag befasst sich – nach einem kurzen Einblick in den bisherigen Forschungsstand – mit der Frage, wie sich Steuerung und Strukturqualität theoretisch fassen lassen und wie die Schnittstelle zwischen diesen beiden Konstrukten entworfen werden kann. Im Anschluss an diese Überlegungen werden die damit verbundenen methodischen Implikationen skizziert. Der Beitrag schließt mit einer Zusammenfassung der wichtigsten Ergebnisse.

1. Forschungsstand zum Trägerhandeln

Trotz des ungebrochenen Forschungsinteresses am Arbeitsfeld Kita liegen bisher nur wenige empirisch gesicherte Befunde zu Steuerungsprozessen in den Trägerorganisationen hinsichtlich öffentlich vorgegebener Strukturmerkmale vor. Disparitäten in der Strukturqualität von Kitas wurden bislang vorrangig vor dem Hintergrund unterschiedlicher landesrechtlicher Regelungen analysiert. Der Beitrag der Träger für die Ausgestaltung der Strukturqualität und damit für die Rahmung der pädagogischen Arbeit ist hingegen kaum in den Blick geraten. Gleichwohl haben insbesondere in den vergangenen drei bis fünf Jahren Forschungsaktivitäten rund um Träger deutlich zugenommen.

Eine erste Befragung von Trägern zu ihren Aufgaben- und Verantwortungsbereichen wurde von Fthenakis u. a. im Rahmen des Teilprojekts V der „Nationalen Qualitätsinitiative im System der Tageseinrichtungen für Kinder" (NQI) durchgeführt und vor diesem Hintergrund Aufgabendimensionen und Gütekriterien von Trägerhandeln entwickelt (vgl. Fthenakis et al. 2003; Altgeld/Stöbe-Blossey 2009). Neuere Studien zu Kita-Trägern lassen sich entlang ihrer Themenschwerpunkte, ihrer länder- bzw. regionenspezifischen Zuschnitte, der einbezogenen Trägerarten sowie ihrer Untersuchungsdesigns differenzieren. Im Hinblick auf ihre thematisch-inhaltliche Ausrichtung widmen sich diese Studien zumeist ausgewählten Managementbereichen und insbesondere dem Qualitäts- und dem Personalmanagement. Dies dürfte nicht zuletzt den intensiven Qualitätsdebatten der vergangenen Jahre sowie dem zunehmenden Fachkräftebedarf geschuldet sein. So wurden etwa im Bereich des Qualitätsmanagements trägerspezifische Steuerungsstile (vgl. Mader/Menz 2019), die Aufgabenerfüllung von Trägern im Bereich des Qualitätsmanagements (Rückert 2011), das Vorhandensein trägerinterner Qualitätsmanagementsysteme (vgl. BMFSFJ 2017) sowie die Aushandlungsprozesse der beteiligten Akteure (vgl. Junne 2016) untersucht. Im Bereich des Personalmanagements standen Strategien der Personalrekrutierung und -bindung (vgl. Fröhlich-Gildhoff et al. 2018; Schneider 2018a) sowie Strategien und Maßnahmen der Personalentwicklung (vgl. Strehmel/Overmann 2018; Geiger 2019; Kless 2019) im Mittelpunkt. Daneben wurden vor dem Hintergrund der Akademisierung der frühen Bildung Qualifikationsanforderungen der Träger an das Kita-Personal in den Blick genommen (vgl. Altermann/Holmgaard 2016). Jenseits dieser Managementbereiche findet in den vorliegenden Studien eine Auseinandersetzung mit Trägerstrukturen (vgl. Rückert 2011) und unterschiedlichen Steuerungsstrategien (vgl. Mader/Menz 2019) statt. Neben dem Qualitäts- und Personalmanagement finden andere Managementbereiche wie etwa die Organisationsentwicklung (vgl. Schreyer et al. 2014), das Finanzmanagement oder die Konzeptions- und Leitbildentwicklung eher wenig Beachtung.

In methodischer Hinsicht weisen die vorliegenden Studien eine große Bandbreite auf. Diese reicht von bundesweiten Studien (vgl. Schreyer et al.

2014; Geiger 2019), über länderspezifische (vgl. Schneider 2018a; Viernickel/ Voss 2013) bis hin zu kommunalen Untersuchungen (vgl. Kless 2019). Letztere widmen sich i. d. R. der Untersuchung einzelner Träger(-verbünde), wie z. B. Diözesen (vgl. Rückert 2011; Schneider 2018b). Zugleich werden häufig die Träger- (vgl. Rückert 2011) oder die Kita-Perspektive (vgl. Schreyer et al. 2014; Geiger 2019) separat berücksichtigt. Eine multiperspektivische Sichtweise ist bislang eher die Ausnahme (Mader/Menz 2019; Fröhlich-Gildhoff et al. 2018).

Diese Forschungsdesiderate werden in TrEiKo aufgegriffen. Erstens werden die Träger- und Kita-Perspektive in systematischer Weise miteinander verknüpft und das Interaktionsgeschehen und damit die Aushandlungs- und Bearbeitungsstrategien fokussiert. Zweitens werden alle Managementbereiche, die in der Schnittstelle von Träger und Kita bearbeitet werden, einbezogen. Und schließlich wurden die Trägerorganisationen so ausgewählt, dass der Einfluss möglichst unterschiedlicher struktureller Rahmenbedingungen geprüft werden kann (vgl. hierzu Abschnitt 3.1).

2. Theoretische Überlegungen zu Steuerung und Qualität

Kitas sind in ein vergleichsweise komplexes Gesamtgefüge verschiedener, auf unterschiedlichen Ebenen agierender Steuerungsakteure eingebunden. Dabei wird den Trägern auf Bundesebene im Rahmen des SGB VIII und konkretisiert über Landesgesetze und -verordnungen eine Schlüsselrolle zugeschrieben. Die gesetzlichen Regelungen zielen darauf ab, Qualitätsstandards in der Kindertagesbetreuung sicherzustellen. Daraus ergeben sich Anforderungen und Verantwortungsbereiche für Träger, die auf die Einhaltung der gesetzlich vorgegebenen Mindeststandards in verschiedenen Managementbereichen wie etwa Personal, Bau- und Sachausstattung oder Qualitätsmanagement abzielen. Aufgrund des Subsidiaritätsprinzips ist den Trägern die konkrete Ausgestaltung der vorgegebenen Rahmenbedingungen selbst überlassen. Sie entscheiden, welche Arbeitsformen und Instrumente sie zur Gestaltung ihres Handlungsspielraums einsetzen. Damit sind Träger jedoch in letzter Instanz zuständig für die Ausgestaltung der Strukturqualität in den Einrichtungen. Ihre Steuerungsaktivitäten werden – vor dem Hintergrund rechtlicher Vorgaben und der damit verbundenen Finanzierungsmodalitäten – zum Dreh- und Angelpunkt der Strukturqualität in den Kitas.

2.1 Steuerung im System Kita

Steuerung wird in TrEiKo in Anlehnung an die Schulsystemforschung als zielgerichtetes Handeln in „komplexen Konstellationen individueller und korporativer Akteure mit je eigenen Interessen und Einflusspotenzialen" verstanden (Schimank 2009, S. 233). Der Systemtheorie zufolge vollzieht sich Steuerungshandeln in sozialen Systemen als Interaktionsprozess (Fischer 2009, S. 37 ff.) und damit zwischen einem „Steuerungssubjekt" und einem „Steuerungsobjekt", wobei „es das Steuerungssubjekt (ist), das sein Steuerungsobjekt definiert" (ebd., S. 367). Aufgrund der „eigengesetzlichen Relevanz- und Kausalstruktur" der Steuerungsobjekte und damit der Adressaten von Steuerung (Teubner/Wilke 1984) wird davon ausgegangen, dass eine direkte Steuerung von außen nicht möglich ist. Realisiert werden kann lediglich eine Kontextsteuerung, d. h. die Veränderung der für das zu steuernde (Sub-)System entscheidungsrelevanten Rahmenbedingungen. So versucht beispielsweise der Staat als Steuerungssubjekt über die Allokation von Ressourcen, wie etwa die indikatorgesteuerte Zuweisung von Sach- und Personalmitteln oder eine hierarchisch strukturierte Bildungsverwaltung, die Bedingungen im Bildungssystem zu gestalten und damit hinsichtlich einer guten Qualität zu beeinflussen (vgl. Tarazona/Brückner 2016). Die Bildungsinstitutionen als Steuerungsobjekte verarbeiten diese Rahmenbedingungen, indem sie eigenständig und vor dem Hintergrund ihrer „eigengesetzlichen Kausalstruktur" entsprechende Selektionen vornehmen, d. h. sich zwischen verschiedenen (prinzipiell möglichen) Handlungsoptionen entscheiden (Teubner/Willke 1984, S. 31). Ziel des Steuerungsakteurs ist es demnach „Rahmenbedingungen zu verändern oder zu schaffen, die dem Adressaten des Handelns die vom Steuernden gewünschten Selektionen attraktiv erscheinen lassen" (Fischer 2009, S. 362). Steuerungssubjekte können also lediglich Impulse setzen, ohne vorher die Reaktion der Steuerungsobjekte tatsächlich zu kennen bzw. diese vorhersehen zu können. Dies impliziert zugleich, dass es neben den intendierten auch nicht intendierte, d. h. unvorhergesehene Folgen zielgerichteter sozialer Handlung geben kann (vgl. Merton 1967).

Im Gesamtgefüge des Kita-Systems nehmen die Einrichtungsträger als Steuerungsakteure eine intermediäre Position zwischen staatlichen Vorgaben und deren Umsetzung in den Kitas ein (vgl. Mader/Menz 2019), sie *moderieren* über ihre Steuerungsaktivitäten die Steuerungsimpulse des Staates (vgl. Abbildung 1). Dies geschieht jedoch ebenfalls durch Kontextsteuerung, da sich innerhalb von Systemen (hier: Einrichtungsträger) durch funktionale Binnendifferenzierung Subsysteme (hier: Kitas) mit jeweils spezifischen Handlungslogiken bilden (vgl. Fischer 2009, S. 81). Während der Träger beispielsweise nach einer hierarchischen Verwaltungslogik funktionieren könnte, entscheiden seine Einrichtungen möglicherweise nach dem Prinzip der fachlichen Autorität, zumal auch jede Fachkraft eine andere Vorstellung von guter pädagogischer Arbeit haben kann. Steuerung zwischen Systemen und Subsystemen kann also nicht in einer mechanistischen Weise erfolgen. So kann sich zwar der Träger auf einer formalen Ebene Weisungsbefugnisse zuordnen, um darüber „das organisatorische System in enger Kopplung an den vorgegebenen Zweck bzw. [bspw. rechtlichen] Bedingungen auszurichten“ (vgl. Wolff 2010, S. 290). Wie mit diesen Steuerungsimpulsen umgegangen wird, entscheidet sich jedoch im Subsystem Kita akteursspezifisch.

Abb. 1: Träger als Steuerungsobjekt und Steuerungssubjekt

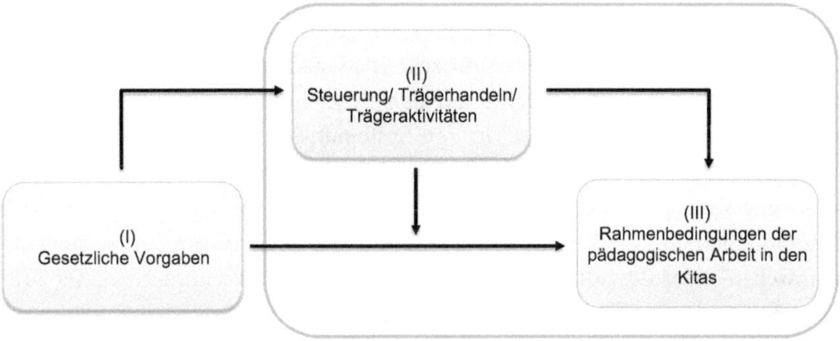

Die Steuerungsaktivitäten der Träger realisieren sich damit auch im Modus Operandi der „Kooperation“ als eine Form von Interaktion zwischen Träger und Einrichtung. Kooperation impliziert hier auch ein hierarchisches Verhältnis, sodass auch Weisungen darunter fallen können. Damit geht einher, dass Steuerung einem reziproken Verhältnis unterliegt und auch als intentionales Handeln prinzipiell ergebnisoffen ist; Steuerungsimpulse der Träger werden von den Kitas entsprechend ihrer jeweiligen Eigenlogiken interpretiert und bearbeitet. Steuerung ist also im Sinne Luhmanns und Schorrs (1982) nicht-technisierbar. Sie unterliegt typischen Spannungsfeldern, ja zuweilen dilemmatischen Bedingungen, die durch divergierende, z. T. konfligierende Interessen, Haltungen oder Aufträge entstehen und im Steuerungshandeln allenfalls ausbalanciert, in jedem Fall nicht aufgelöst werden können (Merchel 2015). Damit ist die Ausgestaltung der Strukturqualität ein spannungsreicher Herstellungs- und Aushandlungsprozess zwischen verschiedenen Akteuren in einer Organisation.

2.2 (Struktur-)Qualität

Steuerungshandeln im oben genannten Sinne beeinflusst wiederum die Qualität und insbesondere die Strukturqualität in Kitas. In der frühen Bildung finden sich unterschiedliche Vorstellungen von Qualität (vgl. Klinkhammer/Schäfer 2017; Mader/Menz 2019; Wünsche 2015). Sie lassen sich meist entweder einem objektiven oder einem subjektiven Qualitätsbegriff zuordnen. Qualität ist nach einem objektiven Verständnis anhand von generalisierten, strukturierten, objektiven und klar definierten Indikatoren – die idealerweise eine empirische Evidenz aufweisen – messbar (vgl. Klinkhammer/Schäfer 2017). Dies ist der Tatsache geschuldet, dass es sich hierbei oftmals um Bedingungen handelt, die größtenteils politisch reguliert werden bzw. regulierbar sind. Die prominentesten Strukturqualitätsmerkmale stellen der Personalschlüssel, die Gruppengröße und die Ausbildung des frühpädagogischen Fachpersonals dar, da sie die Prozessqualität beeinflussen, wenn auch nicht determinieren (Viernickel/Fuchs-Rechlin 2016, S. 31).

Dieses objektive, d. h. über empirische Evidenz abgesicherte, *verobjektivierte* Qualitätsverständnis findet sich unter den Bezeichnungen „fachlich-normativ" und „effekt-wirkungsorientiert" in den Systematisierungen von Schelle (2017), Wünsche (2015) sowie Klinkhammer und Schäfer (2017). Der subjektive Qualitätsbegriff hingegen lehnt objektive Kriterien zwar nicht ab (vgl. Schneider 2017), betont jedoch im Rahmen des „diskursiv-philosophischen", des „prozesshaft-dynamischen" oder des „dialogischen Ansatzes" (vgl. Klinkhammer/Schäfer 2017, S. 12; Schneider 2017; S. 43; Wünsche 2015, S. 56), dass Qualität ein Ergebnis von (subjektiven) Wertungen ist. Demzufolge wird Qualität erst durch die individuellen Perspektiven und Bewertungen in kommunikativen Aushandlungsprozessen konstituiert. Vorgaben, die der Träger macht, werden in einem dialogischen Kommunikationsprozess reflektiert, bearbeitet und gefiltert in der Praxis umgesetzt. Qualität ist hier wertebasiert, relational und dynamisch. Das bedeutet, dass auch ein einrichtungsspezifischer Austausch über Qualität stattfindet. Erst in diesem Austauschverhältnis entscheidet sich die Umsetzung der Trägervorgaben.

Der Begriff der Strukturqualität wurde ursprünglich von Avedis Donabedian bezogen auf den Gesundheitsbereich formuliert und neben den der Prozess- und der Ergebnisqualität gestellt. Strukturqualität bezieht sich demnach auf die „physical, organizational, and other characteristics of the system that provides care and of its environment" (Donabedian 1986, S. 100). Die Charakteristika haben einen Einfluss auf die Prozesse und das Ergebnis der Arbeit (Gesundheit, Einstellungen, Wissen und Verhaltensweisen der Dienstleistungsadressaten). Qualität ist bei Donabedian also umso höher, je geringer die Differenz zwischen tatsächlicher und von Experten gewünschter Versorgung ist.

Im (früh-)pädagogischen Kontext umfasst Strukturqualität i. d. R. die personalen, sozialen und räumlichen Rahmenbedingungen der pädagogischen Arbeit. Strukturqualität kann sich auf unterschiedliche Management- und Steuerungsbereiche beziehen: Im Bereich des Personalmanagements auf den Personalschlüssel oder die verfügbaren Leitungsressourcen, im Bereich der fachlichen Steuerung auf Strategien und Prozesse der Konzeptionsentwicklung und im Bereich von Bau- und Sachausstattung auf die räumlich-materiellen Ausstattungsmerkmale der Einrichtungen. In der Literatur finden sich Erweiterungen des ursprünglichen Modells von Struktur-, Prozess- und Ergebnisqualität. Hierzu zählen Dimensionen wie Orientierungsqualität, Kontextqualität sowie Organisations- und

Managementqualität (vgl. ebd.; Tietze 2008; Viernickel 2006; Schelle 2017). All diese Rahmenbedingungen stellen den Input dar, der politisch reguliert auf einen erwünschten Output wie etwa einen bestimmten Fachkraft-Kind-Schlüssel hinwirken soll. Bleibt man bei dem Beispiel des Personalschlüssels, dann zeigt sich jedoch, trotz gesetzlicher Rahmung, eine nicht unerhebliche Varianz zwischen den Einrichtungen. Dies liegt vorrangig darin begründet, dass in den gesetzlichen Vorgaben i.d.R. lediglich Mindeststandards formuliert werden, wodurch Spielräume für das Steuerungshandeln der nachgeordneten Steuerungsakteure entstehen. So kann etwa der Träger diese Mindeststandards durch die Bereitstellung bzw. Gewinnung zusätzlicher Personalressourcen oder durch ein strategisches Personalmanagement beeinflussen. Während der Gesetzgeber also objektive Standards und damit quantifizierbare Spezifikationen beispielsweise des Kriteriums Einrichtungspersonal vorgibt, hat der Träger die Möglichkeit im positiven Sinne davon abzuweichen und folglich über die (Mindest-)Standards hinauszugehen.

2.3 Trägerqualität

Bezogen auf die Steuerungsaktivitäten der Träger wurde in den vergangenen Jahren, insbesondere hinsichtlich der Strukturqualität, der Begriff der Trägerqualität geprägt, aber in der Literatur z.T. unterschiedlich definiert. Gemeinsam ist den vorliegenden Konzepten, dass Trägerqualität in dem Maße gegeben ist, wie Träger die Verantwortung für die Qualitätsentwicklung der Einrichtungen übernehmen und entsprechende qualitätsfördernde Rahmenbedingungen schaffen (vgl. Viernickel/Voss 2013; Altgeld/Stöbe-Blossey 2010). In der bestehenden Literatur existiert eine große Bandbreite, was unter diesen Rahmenbedingungen verstanden wird. Sie beziehen sich auf die Trägerstruktur, die Verwaltung, die Ressourcenausstattung, die Fachberatung, das Personal, die Räumlichkeiten und lassen sich mit Bezug auf Fthenakis et al. (2003) als strukturelle, personale und finanzielle Rahmenbedingungen zusammenfassen. Unklar bleibt in den vorliegenden Konzeptionierungen das Verhältnis von Trägerqualität und Strukturqualität: Sind diese Qualitätsdimensionen als jeweils eigenständige Dimensionen zu betrachten, ist die eine Dimension der anderen nachgeordnet oder sind sie identisch?

In TrEiKo wird davon ausgegangen, dass sich das Modell von Struktur-, Prozess- und Ergebnisqualität auch auf die Trägerebene übertragen lässt (vgl. Abbildung 2), wobei in diesem Verständnis die Ergebnisqualität auf Trägerebene mit der Strukturqualität auf Einrichtungsebene identisch ist. Die Prozessqualität auf Trägerebene bezieht sich dann auf die Steuerung der Kita und damit auf die Träger-Einrichtungs-Kooperation. Zugleich ist das Steuerungshandeln der Träger – analog zum pädagogischen Handeln in den Kitas – eingebunden in gegebene Rahmenbedingungen (Strukturqualität). Von Trägerqualität kann dann gesprochen werden, wenn es vor dem Hintergrund bestehender Rahmenbedingungen des Trägerhandelns (Strukturqualität auf Trägerebene) gelingt gute Voraussetzungen für pädagogisches Handeln (Strukturqualität auf Kita-Ebene) zu schaffen. Demzufolge wird Trägerqualität nicht als eigenständige Qualitätsdimension oder als Bestandteil der Strukturqualität von Kitas verstanden. Vielmehr ist die Trägerqualität der Kita-Qualität vorgeschaltet und wird an der Schnittstelle von Trägerhandeln und Einrichtungshandeln als Ergebnisqualität des Trägers sichtbar. Die Ergebnisqualität auf Trägerebene entspricht in diesem Verständnis der Strukturqualität auf Kitaebene.[1]

Abb. 2: Zusammenhang von Träger- und Kita-Qualität

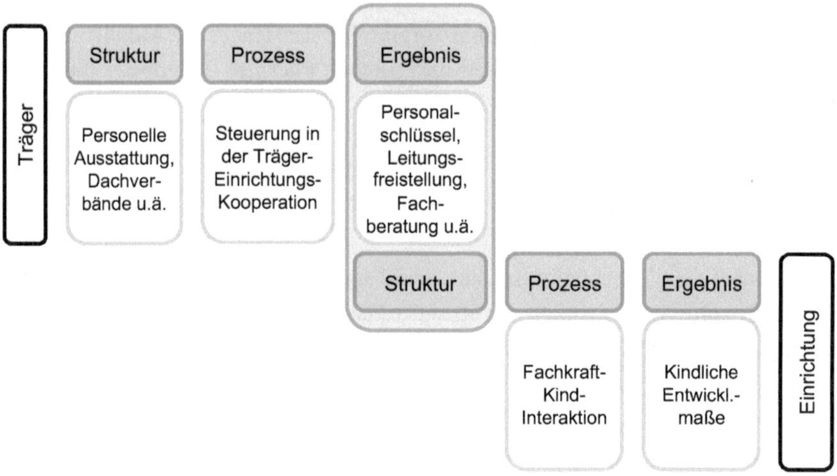

Steuerungshandeln von Trägern weist jedoch einen zweifachen Bezug zur Strukturqualität auf: Es beeinflusst bzw. gestaltet nicht nur die Merkmale der Strukturqualität. Steuerungshandeln selbst, und damit die Art und Weise der Kooperations- bzw. Interaktionsgestaltung zwischen Träger und Kita, kann zugleich auch als Merkmal von Strukturqualität verstanden werden. Dabei spielt eine besondere Rolle, wie Träger mit den Spannungsfeldern des Steuerungshandelns, wie etwa dem der individuellen vs. der kollektiven Interessen im Bereich des Personalmanagements oder dem von Stabilität vs. Entwicklungsoffenheit im Bereich der Organisationsgestaltung, umgehen (vgl. Merchel 2015).

1 Für Trägerhandeln spielt auch die Dimension der *Orientierungsqualität* eine wichtige Rolle, insbesondere dann, wenn es um die weltanschauliche Ausrichtung von Trägern geht, die wiederum eine wichtige Rolle für die konzeptionelle Ausgestaltung der Kita-Arbeit hat. An dieser Stelle haben wir auf eine weitere Differenzierung des Qualitätsmodells verzichtet – zum einen, weil wir in TrEiKo den Aspekt der Strukturqualität fokussieren, zum anderen um das Modell möglichst einfach zu halten.

3. Methodische Überlegungen zur Untersuchung des Zusammenhangs von Steuerung und Strukturqualität

In TrEiKo wird der Frage nach dem Zusammenhang von Steuerungshandeln und Strukturqualität auf der Basis eines Mixed-Methods-Design, genauer eines sequenziellen Verallgemeinerungsdesigns nachgegangen (vgl. Kuckartz 2014), bei dem auf dreizehn qualitativ angelegte Regionalstudien eine bundesweite quantitative Online-Befragung folgt. Diese unterschiedlichen methodischen Zugänge ermöglichen es, jeweils spezifische theoretische Zugänge von Strukturqualität in den Mittelpunkt zu rücken, d. h. die Ausgestaltung von Strukturqualität sowohl vor dem Hintergrund eines subjektiven als auch eines objektiven Qualitätsverständnisses empirisch auszuleuchten (vgl. Abschnitt 3.2).

3.1 Qualitative Teilstudie

Im Hinblick auf ein subjektives Verständnis von Strukturqualität werden in den Regionalstudien die verschiedenen Perspektiven der unmittelbar an der Kooperation beteiligten Akteure in den Blick genommen und dabei die Aushandlungs- und Bearbeitungsprozesse fokussiert. Die Durchführung von Regionalstudien basiert auf der Annahme, dass Träger immer vor dem Hintergrund regionaler Besonderheiten, seien diese landes- oder kommunenspezifisch ausgerichtet, agieren. Für die Regionalstudien wurden zwischen Juni 2019 und Februar 2020 in dreizehn Regionen aus sechs Bundesländern 126 leitfadengestützte Interviews mit verschiedenen Funktionsträger_innen auf Seiten des Trägers und auf Seiten der Kitas geführt. Die Auswahl der Träger erfolgte kriteriengeleitet: Auf der Länderebene wurde auf eine möglichst große Bandbreite bei den Finanzierungssystemen geachtet, auf der kommunalen Ebene wurden sowohl städtische als auch ländliche Regionen einbezogen.

Die Leitfäden sind für alle Akteure analog aufgebaut und thematisierten vorrangig das Kooperationsgeschehen, die Gestaltungs- und Entscheidungsspielräume sowie die Rahmenbedingungen des Handelns. Ziel ist es dabei, über die Synchronisation der Gesprächsgegenstände die unterschiedlichen Perspektiven der beteiligten Steuerungssubjekte und -objekte, also der Akteure auf Träger- und Kita-Ebene, auszuloten und auf Gemeinsamkeiten und Unterschiede hin zu untersuchen sowie die Aushandlungs- und Bearbeitungsprozesse herauszuarbeiten. Diese Multiperspektivität erlaubt eine vertiefte, differenzierte Betrachtung der formalen und informellen Strategien des Steuerungshandelns (vgl. Blau/Scott 1962) von Trägern und geht einher mit der Betrachtung von Strukturqualität als dialogischem Konzept (vgl. Abschnitt 2.2).

Dokumente wie Organigramme, Leitbilder, Kita-Konzeptionen oder QM-Handbücher, die im Rahmen der Regionalstudien bereitgestellt wurden, bieten zusätzlich zu den Interviews vertiefte Einblicke in die formale Rahmung der Zusammenarbeit; mit anderen Worten in die entschiedenen Entscheidungsprämissen (vgl. Kühl 2017). Ergänzende Interviews der jeweils zuständigen örtlichen Jugendhilfeträger geben Aufschluss über die kommunalen Gegebenheiten, unter denen die Träger agieren.

Mit den Regionalstudien sind Herausforderungen verbunden, die es bei der Auswertung des Interviewmaterials zu reflektieren gilt: So beruht die Teilnahme der Träger auf dem Prinzip der Freiwilligkeit und die Einrichtungen wurden von den Trägern selbst ausgewählt. Damit ist von einer positiven Selbstselektion auszugehen.

3.2 Quantitative Teilstudie

Die qualitative Teilstudie gibt zwar vertiefte Einblicke in spezifische Träger-Einrichtungs-Konstellationen, sie erlaubt aber keine Aussagen über die Trägerlandschaft im Allgemeinen. Daher wird die qualitative Studie durch eine quantitative Studie ergänzt. Ziel dieser bundesweiten, standardisierten Trägerbefragung ist es, Hypothesen zum Zusammenhang von Steuerung und Strukturqualität, die zum einen aus der Literatur und zum anderen aus den ersten Ergebnissen der qualitativen Teilstudie gewonnen wurden bzw. werden, mithilfe einer breiteren Datenbasis zu prüfen. Diese quantitative Befragung ist für Oktober bis Dezember 2020 geplant.

Aus forschungspraktischen Erwägungen wird bei der quantitativen Teilstudie der multiperspektivische Blick aufgegeben und lediglich die Trägerperspektive erhoben. Dies ermöglicht zwar einerseits die Fokussierung auf steuerungsrelevante Aufgaben und Strategien der Träger. Andererseits verengt sich aber das Erkenntnispotenzial dieser Befragung auf die Sicht der Träger. Eine Verschränkung oder gar „Überprüfung" der Aussagen der Träger, etwa über den Einbezug von Leitungskräften, und damit eine erneute Datentriangulation entfällt. Auch unterschiedliche Sichtweisen von Akteuren auf Trägerseite werden „geglättet". Zugleich hat diese Herangehensweise Konsequenzen für die Konzeptionierung von Strukturqualität. Während in der qualitativen Teilstudie ein dialogischer Ansatz verfolgt wird, wird in der quantitativen Befragung auf ein objektives Verständnis von Strukturqualität rekurriert.

Eine weitere Herausforderung stellt die Erfassung der Angaben zu den gesetzlich regulierten Strukturqualitätsmerkmalen dar. Gerade bei großen Trägern mit vielen Einrichtungen, wäre sowohl eine Aufschlüsselung der Merkmale für jede Einrichtung als auch deren Beantwortung durch die Befragten zu aufwändig. Eine durchschnittliche Angabe wäre zwar möglich, die Aussagekraft würde aber leiden, da die verschiedenen Einrichtungen eines Trägers über verschiedene Kommunen und/oder Jugendamtsbezirke verteilt sein können. Weiterhin ist auch fraglich, ob die Aggregation solcher Angaben nicht sehr fehlerbehaftet ist. Daher wird den Trägern eine Ziel-Einrichtung vorgegeben, für die die Angaben gelten soll. Ergänzend werden die Befragten um eine Einschätzung gebeten, inwiefern diese Einrichtung typisch für alle Einrichtungen des Trägers ist.

Eine zusätzliche Schwierigkeit bei der Befragung von Trägern stellt die Untersuchung der Unterschreitung von Mindeststandards und der damit zusammenhängenden hinderlichen Bedingungen dar. Bei einer direkten Befragung würde man die Träger dazu auffordern, Aussagen über „nicht-gesetzeskonformes" Handeln zu treffen. Solche Fragen unterliegen in hohem Maße der sozialen Erwünschtheit. Vor diesem Hintergrund werden die Befragten darum gebeten, einzuschätzen, wie schwierig die Erfüllung bestimmter Standards aus ihrer Sicht ist. Dies hat zum Ziel, eben jene Effekte sozialer Erwünschtheit (oder Nicht-Erwünschtheit) bei der Beantwortung der Fragen abzufedern.

Der Idee folgend, dass der Träger die Umsetzung der gesetzlichen Vorgaben verantwortet und somit Strukturqualität zu einem wesentlichen Teil das Ergebnis von Steuerungsaktivitäten der Träger ist (vgl. Abschnitt 2.1), werden neben den politisch regulierten Merkmalen der Strukturqualität insbesondere die formalen Strategien untersucht, die Träger anwenden, um die Rahmenbedingungen ihrer Einrichtungen zu gestalten. Hier sollen beispielsweise Umfang und Ausgestaltung der Aufgabendelegation an die Einrichtungsleitung, die Art und Weise der Koordination und das Ausmaß der Formalisierung in ausgewählten Managementbereichen erhoben werden. Schlussendlich sollen (potenzielle) Zusammenhänge zwischen Steuerungsaktivitäten und Strukturqualität untersucht werden.

3.3 Mixing-Strategien

Eine besondere Rolle bei Mixed-Methods-Designs spielt die Verzahnung der qualitativen und quantitativen Daten, denn nur, wenn dies gelingt, können die Erkenntnispotenziale des Methodenmix ausgeschöpft werden. Kuckartz (2014) unterscheidet drei Integrationsstrategien, und zwar datenbasierte, sequenzbasierte und resultatbasierte Strategien. In TrEiKo kommen sequenz- und resultatbasierte Strategien zum Einsatz. Auf datenbasierte Strategien wird aufgrund methodischer Schwierigkeiten, die mit der Überführung qualitativer in quantitative Daten und den damit verbundenen Analyseverfahren einhergehen, verzichtet (vgl. Fuchs-Rechlin 2018).

Bei einer resultatbasierten Mixingstrategie findet eine systematische Integration der beiden Teilstudien auf der Ebene der Dateninterpretation statt. Hierfür werden die quantitativen und qualitativen Daten zunächst unabhängig voneinander ausgewertet. Die so gewonnenen Ergebnisse werden dann auf bestimmte Kategorien (z. B. Steuerungsstrategien, Entscheidungsstrukturen) bezogen und auf Konsistenzen und Inkonsistenzen hin untersucht, um auf der Ebene der

Interpretation zu detaillierteren und tieferen Einsichten zum Untersuchungsgegenstand zu gelangen. Die Ergebnisse der Teilstudien können sich bestätigen, erweitern oder widersprechen (vgl. Kelle/Erzberger 1999), wobei unter Berücksichtigung der Schwerpunktsetzungen der Teilstudien kritisch zu reflektieren ist, „in welchem Maße eine Vergleichbarkeit der Befunde gegeben ist, ob sie sich also im engeren Sinne überhaupt widersprechen können oder ob sie sich allenfalls partiell auf denselben Gegenstand richten" (Burzan 2016, S. 36). Je nach Mixing-Strategie kann es sich auch lediglich um eine komplementäre Ergänzung der Befunde handeln, die keine Verallgemeinerung der Befunde der Teilstudien im engeren Sinne erlauben (ebd.).

Ziel ist es also, sogenannte Meta-Inferenzen (vgl. Tashakkori/Teddlie 2008) zu identifizieren. Diese werden „als gebündelte Schlussfolgerungen höherer Ordnung verstanden [...], die darauf abzielen, gemeinsame Schlussfolgerungen aus den [...] Ergebnissen zu ziehen und im gesamten Forschungskontext zu reflektieren" (Hense/Schork 2017, S. 381). Die Reflexion der Ergebnisse sollte durch die Diskussion von Fragen nach der Adäquanz des Designs für die Beantwortung der Forschungsfragen und die gezogenen Schlussfolgerungen flankiert werden (ebd.).

4. Zusammenfassung

Träger von Kitas spielen im System der Kindertagesbetreuung eine zentrale Rolle, da sie für die Umsetzung der rechtlichen Vorgaben und damit für die Ausgestaltung der Rahmenbedingungen der pädagogischen Arbeit in den Einrichtungen verantwortlich sind. In TrEiKo wird davon ausgegangen, dass sich Steuerungsaktivitäten der Träger auf die Ausgestaltung der Strukturqualität in verschiedenen Managementbereichen der Einrichtungen beziehen.

Strukturqualität wird in erster Linie als Ergebnis gesetzlicher Rahmenbedingungen und Vorgaben betrachtet, wobei dem Träger eine moderierende Funktion zukommt. Über die Ausgestaltung der Spielräume, die staatliche Vorgaben zulassen und über „geschicktes" Steuerungshandeln beeinflusst der Träger den Zusammenhang zwischen gesetzlicher Rahmung und Strukturqualität. In theoretischer Hinsicht wird in TrEiko Strukturqualität nicht nur als Ergebnis von Steuerungshandeln gefasst. Vielmehr besteht ein zweifaches Verhältnis zwischen Steuerung und Strukturqualität: Steuerungshandeln und damit die Art und Weise der Träger-Einrichtungs-Kooperation ist selbst eine Rahmenbedingung und damit ein Merkmal von Strukturqualität.

Um Antworten auf die Fragen nach der Rolle der Träger für die Ressourcenausstattung sowie für die Steuerung und Unterstützung der Kitas zu finden, wird im Rahmen von TrEiKo in der qualitativen Teilstudie von einem dialogischen Verständnis von Qualität ausgegangen, d.h. im Mittelpunkt stehen zum einen die Steuerungsaktivitäten der Träger und zum anderen die Bearbeitung dieser Steuerungsimpulse auf Seiten der Einrichtungen. Steuerung wird somit als Interaktionsprozess konzipiert, der sich in der Träger-Einrichtungs-Kooperation realisiert und aufgrund der Eigensinnigkeit und Eigenlogiken der Akteure nicht nur prinzipiell ergebnisoffen ist, sondern auch nicht-intendierte Ergebnisse mit sich bringen kann. Dabei wird ein besonderes Augenmerk auf die mehr oder weniger expliziten und die mehr oder weniger formalisierten Aushandlungsprozesse zwischen Träger und Einrichtungen zu richten sein. In der quantitativen Befragung werden hingegen formale Strategien des Steuerungshandelns und objektive Merkmale der Strukturqualität untersucht und miteinander in Beziehung gesetzt, um so einen umfassenderen, über Einzelfallstudien hinausgehenden Blick auf Trägerhandeln sowie seine förderlichen und hinderlichen Bedingungen zu erhalten.

Literatur

Altermann, André/Holmgaard, Marie (2016): Der Akademisierungsprozess im Arbeitsfeld Kita aus Sicht der Träger. WiFF Studien, Band 26. München: Weiterbildungsinitiative Frühpädagogische Fachkräfte.

Altgeld, Karin/Stöbe-Blossey, Sybille (2010): Die Trägerqualität und die Beschäftigungs- und Organisationsentwicklung in Kindertageseinrichtungen. In: Stöbe-Blossey, Sybille (Hrsg.): Kindertagesbetreuung im Wandel. Perspektiven für die Organisationsentwicklung. Wiesbaden: VS Verlag für Sozialwissenschaften, S. 195-211.

Blau, Peter M./Scott, Richard W. (1962): Formal Organizations. A Comparative Approach. San Francisco: Chandler Publishing Company.

Bundesministeriums für Familie, Senioren, Frauen und Jugend [BMFSFJ] (2017): Zoom auf: Qualitätsentwicklung und Qualitätssicherung. https://www.fruehe-chancen.de/ausbau/kindertagesbetreuung-zoom/zoom-auf-qualitaetsentwicklung-und-qualitaetssicherung/ (Abfrage: 26.10.2020).

Burzan, Nicole (2016): Methodenplurale Forschung. Chancen und Probleme von Mixed Methods. Weinheim und Basel: Beltz Juventa.

Donabedian, Avedis (1986): Criteria and Standards for Quality Assessment and Monitoring. In: QRB – Quality Review Bulletin 12, H. 3, S. 99-108.

Fischer, Jens Henning (2009): Steuerung in Organisationen. Wiesbaden: VS Verlag für Sozialwissenschaften.

Fthenakis, Wassilios E./Hanssen, Kirsten/Oberhuemer, Pamela/Schreyer, Inge (Hrsg.) (2003): Träger zeigen Profil. Qualitätshandbuch für Träger von Kindertageseinrichtungen. Weinheim und Basel: Beltz.

Fuchs-Rechlin, Kirsten (2018): Befragung von Akteuren in der frühkindlichen Bildung. Möglichkeiten von Mixed-Methods-Designs. In: Gasteiger, Hedwig/Bruns, Julia (Hrsg.): Methoden der empirischen Bildungsforschung im Kontext frühkindlicher Bildung und Entwicklung. Osnabrück: CEDER. www.repositorium.ub.uni-osnabrueck.de/handle/urn:nbn:de:gbv:700-2018052917199. (Abfrage: 29.05.2018).

Fröhlich-Gildhoff, Klaus/Hache, Eva/Limberger, Janina/Schwörer, Lena (2018): Projektbericht zur Untersuchung des Standes der Maßnahmen zur Fachkräftegewinnung und -sicherung im Feld der Frühkindlichen Bildung, Betreuung und Erziehung (FBBE) in Deutschland. http://zfkj.de/images/Projektbericht_Fachkraeftegewinnung_BMFSFJ.pdf (Abfrage: 17.06.2020).

Geiger, Kristina (2019): Personalgewinnung, Personalentwicklung, Personalbindung. Eine bundesweite Befragung von Kindertageseinrichtungen. WiFF Studien, Band 32. München: Weiterbildungsinitiative Frühpädagogische Fachkräfte.

Hense, Andrea/Schork, Franziska (2017): Doing Mixed Methods: Methodenintegrative Ansätze in der Organisationsforschung. In: Liebig, Stefan/Matiaske, Wenzel/Rosenbohm, Sophie (Hrsg.): Handbuch Empirische Organisationsforschung. Wiesbaden: Springer Gabler Verlag, S. 359-388.

Junne, Barbara (2016): Accountability: Qualitätsmanagement in Hamburger Kindertagesstätten. Wiesbaden: Springer VS.

Kelle, Udo/Erzberger, Christian (1999): Integration qualitativer und quantitativer Methoden. Methodologische Modelle und ihre Bedeutung für die Forschungspraxis. In: Kölner Zeitschrift für Soziologie und Sozialpsychologie 51, H. 3, S. 509-531.

Kless, Eva (2019): Which personnel development measures do companies operating daycare centers in Germany use? In: Strehmel, Petra/Heikka, Johanna/Hujala, Eeva/Rodd, Jillian/Waniganayake, Manjula (Hrsg.): Leadership in Early Education in Times of Change. Research from five continents. Opladen: Barbara Budrich, S. 71-83.

Klinkhammer, Nicole/Schäfer, Britta (2017): Qualitätsentwicklung und -sicherung in der frühkindlichen Bildung und Betreuung: internationale Perspektiven. In: Klinkhammer, Nicole/Schäfer, Britta/Harring, Dana/Gwinner, Anne (Hrsg.): Qualitätsmonitoring in der frühkindlichen Bildung und Betreuung. Ansätze und Erfahrungen aus ausgewählten Ländern. München: Verlag Deutsches Jugendinstitut, S. 11-32.

Kuckartz, Udo (2014): Mixed Methods. Wiesbaden: Verlag für Sozialwissenschaften.

Kühl, Stefan (2017): „Organisationskultur. Eine systemtheoretische Anwendung von Ockhams Rasiermesser. Working Paper 7/2017". http://docplayer.org/50694625-Organisationskultur-eine-systemtheoretische-anwendung-von-ockhams-rasiermesser-1-stefan-kuehl-working-paper-7-2017.html (Abfrage 27.10.2020).

Luhmann, Niklas/Schorr, Karl Eberhard (1982): Das Technologiedefizit der Erziehung und der Pädagogik. In: Luhmann, Niklas (Hrsg.): Zwischen Technologie und Selbstreferenz. Fragen an die Pädagogik. Frankfurt a. M.: Suhrkamp, S. 11-40.

Mader, Marius/Menz, Margarete (2019): Steuerung im Elementarbereich – Qualitätssicherung und -entwicklung aus Sicht von Trägern. In: Diskurs Kindheits- und Jugendforschung 14, H. 2, S. 213-226.

Merchel, Joachim (2015): Management in Organisationen der Sozialen Arbeit. Weinheim und Basel: Beltz Juventa.

Merton, Robert K. (1967): Die unvorhergesehenen Folgen zielgerichteter sozialer Handlung. In: Drietzel, Hans Peter (Hrsg.): Sozialer Wandel. Zivilisation und Fortschritt als Kategorien soziologischer Kategorien. München: Luchterhand, S. 169-183.

Rückert, Sylvia (2011): Herausforderung Kindergarten – Kindergartenträger und ihre Einrichtung: Trägeraufgaben und Trägerstrukturen im Wandel. Münster: LIT Verlag.

Schelle, Regine (2017): Qualität und Qualitätsentwicklung in Kitas. In: Skalla, Sabine (Hrsg.): Handbuch für die Kita-Leitung. Köln: Wolters-Kluwer/Carl Link, S. 551-566.

Schimank, Uwe (2009): Planung – Steuerung – Governance: Metamorphosen politischer Gesellschaftsgestaltung. In: Die Deutsche Schule 101, H.3, S. 231-239.

Schneider, Armin (2017): Zwischen Standard und Diskurs – Qualität in der frühen Bildung. In: Nachrichtendienst des Deutschen Vereins für Öffentliche und Private Fürsorge 2017, H.1, S. 19-21.

Schneider, Armin (2018a): Träger und Personalrekrutierung. Kindertagesbetreuung in Brandenburg. Befragung der Träger. Koblenz: Institut für Bildung, Erziehung und Betreuung in der Kindheit.

Schneider, Armin (2018b): Bürokratie- und Verwaltungsaufwand in Kitas in Rheinland-Pfalz. Limburg/Lahn: Verlag des Bischöflichen Ordinariats.

Schreyer, Inge/Krause, Martin/Brandl, Marion/Nicko, Oliver (2014): AQUA – Arbeitsplatz und Qualität in Kitas. Ergebnisse einer bundesweiten Befragung. Abschlussbericht. www.aqua-studie.de/Dokumente/AQUA_Endbericht.pdf (Abfrage: 17.06.2020).

Strehmel, Petra/Overmann, Julia (2018): Personalentwicklung in Kindertageseinrichtungen. Ziele, Strategien und Rolle der Träger. Eine Studie der Weiterbildungsinitiative Frühpädagogische Fachkräfte (WiFF). München: Deutsches Jugendinstitut e. V. (Arbeitsmarkt, Band 28).

Tarazona, Mareike/ Brückner, Yvonne (2016): Finanzierungsformen, Zielvereinbarung, New Public Management und Globalbudgets. In: Altrichter, Herbert/Maag Merki, Katharina (Hrsg.): Handbuch Neue Steuerung im Schulsystem. 2. Auflage. Wiesbaden: Springer VS, S. 75-105.

Tashakkori, Abbas/Teddlie, Charles (2008): Quality of inferences in mixed methods research: Calling for an integrative framework. In Bergmann, Manfred M. (Hrsg.): Advances in mixed methods research: Theories and applications. Los Angeles: Sage, S. 101-119.

Teubner, Gunther/Wilke, Helmut (1984): Kontext und Autonomie. Gesellschaftliche Selbststeuerung durch reflexives Recht. In: Zeitschrift für Rechtssoziologie 6, H. 1, S. 4-35.

Tietze, Wolfgang/Viernickel, Susanne/Dittrich, Irene/Grenner, Katja/Groot-Wilken, Bernd/Sommerfeld, Verena/Hanisch, Andrea (2003): Pädagogische Qualität in Tageseinrichtungen für Kinder. Ein nationaler Kriterienkatalog. Weinheim und Basel: Beltz.

Tietze, Wolfgang (2008): Qualitätssicherung im Elementarbereich. In: Klieme, Eckhard/Tippelt, Rudolf (Hrsg.): Qualitätssicherung im Bildungswesen. Weinheim und Basel: Beltz Juventa, S. 16-35.

Viernickel, Susanne (2006): Qualitätskriterien und -standards im Bereich der frühkindlichen Bildung und Betreuung. Studienbuch zum Bildungs- und Sozialmanagement. Remagen: ibus-Verlag.

Viernickel, Susanne/Voss, Anja (2013): STEGE – Strukturqualität und Erzieher_innengesundheit in Kindertageseinrichtungen. Berlin: Alice Salomon Hochschule. www.gew.de/index.php?eID=dumpFile&t=f&f=20674&token=9d0413d1612a043e64cd74e9e71d51fccefd13ec&sdownload= (Abfrage: 17.06.2020).

Viernickel, Susanne/Fuchs-Rechlin, Kirsten (2016): Fachkraft-Kind-Relationen und Gruppengrößen in Kindertageseinrichtungen. Grundlagen, Analysen, Berechnungsmodell. In: Viernickel, Susanne/Fuchs-Rechlin, Kirsten/Strehmel, Petra/Preissing, Christa/Bensel, Joachim/Haug-Schnabel, Gabriele: Qualität für alle. Wissenschaftlich begründete Standards für die Kindertagesbetreuung. 3. Auflage. Freiburg i. Breisgau: Herder, S. 11-130.

Wolff, Stephan (2010): Dienstleistungsorganisationen als lose gekoppelte Systeme und organisierte Anarchien. In: Klatetzki, Thomas: (Hrsg.): Soziale personenbezogene Dienstleistungsorganisationen. Wiesbaden: VS Verlag für Sozialwissenschaften.

Wünsche, Michael (2015): Konzeptualisierungen von Qualität und Kompetenzdiskurs im Feld der Kindheitspädagogik. In: Kalicki, Bernhard/Wolf-Martin, Catrin (Hrsg.): Qualität in aller Munde. Themen, Positionen, Perspektiven in der kindheitspädagogischen Debatte, Freiburg i. Breisgau: Herder, S. 54-61.

Wohlfahrtsstaatliche Interessen an der Qualität der Bedingungen des Aufwachsens und der Qualität der Kindertagesbetreuung

Thomas Grunau, Johanna Mierendorff

> „Seit zwölf Jahren misst die Bertelsmann-Stiftung die Qualität deutscher Kitas. Ihr Fazit: Es hat sich zwar einiges gebessert. Aber die Ansprüche an hochwertige Bildung werden oft nicht erfüllt. Und manche Kinder sind zu Hause einfach besser aufgehoben.
>
> Können Eltern ihr Kleinkind in Deutschland überall guten Gewissens in die Krippe geben? Folgt man den Erkenntnissen der Bertelsmann-Stiftung, lautet die Antwort: Kommt ganz darauf an […]. Die angespannte Personalsituation zwinge die Pädagogen allzu oft dazu, den Bildungsauftrag gegenüber der Aufsichtspflicht hintanzustellen, heißt es dort. Insgesamt habe die unzureichende personelle Ausstattung ‚erheblichen Einfluss auf die stattfindenden Bildungsprozesse, auf den Grad an Autonomieerleben der Kinder und ihr Wohlbefinden'. Statt individueller Förderung droht die Kollektivierung: ‚Den pädagogisch Tätigen gelingt es aufgrund personeller Unterbesetzung nicht mehr, das einzelne Kind und seine Bedürfnisse in den Blick zu nehmen, sondern das pädagogische Handeln richtet sich auf die ganze Gruppe oder auf ausgewählte Untergruppen', heißt es in der Studie. Vor dem Hintergrund, dass Kitas einen gesetzlichen Bildungsauftrag zu erfüllen haben, seien diese Befunde ‚hochbrisant'." (Welt.de 2020)

In dem zitierten Zeitungsartikel werden Ergebnisse einer Untersuchung der Qualität von Kindertagesstätten vorgestellt, die die Bertelsmann-Stiftung gemeinsam mit der Fernuniversität Hagen durchgeführt hat (vgl. Bock-Famulla et al. 2020). Die getätigten Aussagen geben einen ersten Einblick in den Zusammenhang von Wohlfahrtsstaat und Kindertagesbetreuung, um den es uns in diesem Beitrag gehen soll.

Zunächst fällt in dem im August 2020 erschienenen Artikel auf, dass Qualität etwas zu sein scheint, dass messbar ist bzw. dass mit messbaren Items zusammenhängt. Als letztere lassen sich u. a. der Personalschlüssel in Kitas, der „Grad an Autonomieerleben" oder auch Bildung beschreiben, die möglichst eine „hochwertige" sein solle, womit impliziert wird, dass es auch eine „niederwertige" Bildung gäbe. „Schlechte" bzw. gar keine Bildungsprozesse würden sich bei Kindern in Krippen mit einer unzureichenden Anzahl an pädagogischen Fachkräften einstellen. Letztere seien dann „gezwungen", die Kinder „lediglich" zu beaufsichtigen anstatt sie in bildungsrelevanter Hinsicht zu fördern. Diese Gegenüberstellung von „Aufsichtspflicht" und „Bildungsauftrag" wird in dem

Artikelauszug mit weiteren Qualitäten verbunden. Als „gut“ lasse sich die Betreuung in der Kita dann beschreiben, wenn eine an das Individuum und dessen „Autonomieerleben“ ausgerichtete Bildungsarbeit stattfände. Pädagogische Tätigkeiten, die sich hingegen (einzig) am Kollektiv ausrichten, werden als drohende Gefahr beschrieben.

Bei Betrachtung der Positionierung kollektiver Akteure, die in dem Bericht vorgenommen wird, fällt zunächst auf, dass der (Wohlfahrts-)Staat, um den es in diesem Beitrag gehen wird, zunächst nur am Rande in Erscheinung tritt. Im Fokus steht die Bertelsmann-Stiftung, die als Wissens-Produzentin und Expertin für Qualität in Kitas präsentiert wird und somit eine legitime Stimme erhält. Verdeutlicht wird dies durch die Betonung, dass die Stiftung bereits „seit 12 Jahren“ die Qualitätsmessungen vornimmt. Ebenfalls kollektiver Akteur treten Eltern in Erscheinung, die hinsichtlich ihrer Verantwortung in Bezug auf die Entscheidung adressiert werden, ob sie ihre Kinder „guten Gewissens“ im Krippenalter in eine Kita geben würden oder ob ihre Kinder nicht „zu Hause einfach besser aufgehoben“ seien. Auf diese Weise wird einerseits das Bild einer früheren, (westdeutschen) Familienkindheit aktiviert. Andererseits lässt sich der Artikel von Welt.de nicht als ein Appell an Eltern lesen, ihre Kinder nicht in die öffentlichen Institutionen der (Klein-)Kinderbetreuung zu geben. Vielmehr kann der Abschnitt als eine Anrufung des Wohlfahrtsstaates und seiner Politiken verstanden werden, der nicht nur dafür Sorge tragen solle, dass *genügend* Kitaplätze vorhanden sind, sondern dass diese den qualitativen Ansprüchen eines Bildungsimperativs in der frühen Kindheit gerecht werden. Schließlich gäbe es einen „gesetzlichen Bildungsauftrag“. Dass dieser laut der vorgestellten Studie nicht umgesetzt würde, wird skandalisiert („hochbrisant“).

Es stellt sich die Frage, welches Interesse der Wohlfahrtsstaat an der Bearbeitung dieses an ihn gerichteten Appells hat bzw. haben sollte. Warum sollten Kinderbetreuungsplätze nicht nur (bzw. wortwörtlich) ausreichend, sondern „gut“ sein? Im Folgenden setzen wir uns mit der Frage auseinander, welche Interessen der deutsche Wohlfahrtsstaat an der Sicherung, Gestaltung und Kontrolle der Bedingungen des Aufwachsens in der frühen Kindheit hat. Dabei verfolgen wir die These, dass dieser kontinuierliche Prozess als ein Ringen um die Qualität dieser Bedingungen im sich stetig vollziehendem gesellschaftlichen Wandel gefasst werden kann. Hierzu skizzieren wir zunächst (1) eine wohlfahrtstaatliche Perspektive auf die frühe Kindheit bzw. die Kindheitspädagogik und legen deren Potenziale dar. Der Wohlfahrtsstaat wird darin als konstitutiv für die Hervorbringung von Kindern und Kindheiten betrachtet (2). Hieran anschließend (3) zeigen wir zentrale wohlfahrtsstaatliche Transformationen und deren Auswirkungen auf das Muster (spät-)moderner Kindheit auf. Während die Norm einer behüteten Familienkindheit sowie fürsorglicher und zugleich informierter Eltern (vor allem Mütter) als Maßstab für die Qualität des Aufwachsens in Westdeutschland der Nachkriegsjahrzehnte galten, hat sich im Zuge des Übergangs vom fürsorgenden zum aktivierenden Wohlfahrtsstaat die Bildungskindheit als Dispositiv durchgesetzt. Im aktivierenden Wohlfahrtsstaat sollen, dies zeigen wir in Kapitel 4, Risiken des Aufwachsens und deren etwaige Langzeitfolgen vermieden werden. Dementsprechend ist der Ausbau der institutionellen Kleinkindbetreuung aus Vereinbarkeitsgründen für die Eltern, vor allem aber für die Vergesellschaftung der Kinder als zukünftige Erwachsene von Bedeutung. Die Sicherung der Qualität der Bedingungen des Aufwachsens wird in diesem Beitrag als ein Steuerungsinstrument entfaltet, durch dessen Nachweis das Dilemma aus der arbeitsmarktpolitischen Erfordernis der Nutzung institutioneller Betreuungsangebote und pädagogischen Forderungen zur Gestalt dieser Angebote bearbeitet werden kann. Diese und weitere Erkenntnisse dieses Beitrags wollen wir in unserer Schlussbetrachtung (5) festhalten.

1. Wohlfahrtsstaatliche Perspektiven auf (frühe) Kindheit

Bevor wir auf den Zusammenhang zwischen dem wohlfahrtsstaatlichen Interesse an der Qualität der Bedingungen des Aufwachsens bzw. der Institutionen der frühen Kindheit eingehen, skizzieren wir im Folgenden die zentralen Charakteristika einer wohlfahrtsstaatlichen Perspektive der Kindheitsforschung. Wie auch andere Bereiche des heterogenen Forschungsbündels der *New Childhood Studies* werden Kinder und Kindheiten als soziokulturelle Hervorbringungen in den Blick genommen. Untersucht wird die Bedeutung der Gesellschaft für die Erzeugung historisch wandelbarer Kindheitsmuster. Umgekehrt wird anerkannt, dass ein spezifisches Muster von Kindheit – bspw. die unten skizzierte Familienkindheit – eine wesentliche Bedeutung für die Konstitution von Gesellschaft hat (vgl. Mierendorff 2018) – so spricht bspw. Bühler-Niederberger (2011) vom Kindheitsmuster einer „langen, behüteten Kindheit“ (ebd. S. 110) als „Herstellung des erwünschten Verhältnisses zwischen Individuum und Gesellschaft – und dies in einer gesellschaftlichen Ordnung, die zunehmend auf den Einzelnen und seine innere Disziplin setzt“ (ebd.). Es wird also davon ausgegangen, dass Kindheit eine herausragende Position in der Sozialstruktur in nationalen und transnationalen Kontexten einnimmt. Diese Kontexte sind in Europa überwiegend wohlfahrtsstaatlich organisiert. Der Begriff des Wohlfahrtsstaats dient als Heuristik, die über einzelne Politiken hinausweist und stattdessen im Geflecht politischer doings und sayings nach gemeinsamen Charakteristika sucht. Für die BRD ist hier eine besondere Verknüpfung einer demokratischen Regierungs- mit einer privatkapitalistischen Wirtschaftsform sowie einer föderalen Bildungspolitik bedeutsam (Kaufmann 2004, S. 94). Sie steht in Verbindung mit einem zentralstaatlich regulierten Sozialsektor, „auf dessen Leistungen ein staatlich verbürgter Anspruch nach rechtlich definierten Bedarfskriterien für jedermann besteht“ (ebd.). Dabei lässt sich der Wohlfahrtsstaat nur unzureichend als Reaktion auf die Ausdifferenzierung des kapitalistischen Wirtschaftssystems in der Moderne beschreiben. In Rekurs auf Lenhardt und Offe (1977) ist Sozialpolitik vielmehr als „eine staatliche Strategie zur Eingliederung von Arbeitskräften in das Lohnarbeitsverhältnis" (ebd., S. 106) zu verstehen. Das bedeutet: Der Wohlfahrtsstaat westdeutscher Provenienz wird durch die kapitalistisch organisierte Ökonomie konstituiert, an deren Reproduktion der Wohlfahrtsstaat zugleich maßgeblich beteiligt ist. Konkret sind Wohlfahrtsstaat und Marktwirtschaft hinsichtlich dreier Dimensionen verflochten: a) Erhalt der Arbeitsmotivation, b) Produktion und Reproduktion der Arbeitskraft sowie c) Regulierung der Anzahl der Arbeitskräfte auf dem Arbeitsmarkt (vgl. ebd.).

Aus einer wohlfahrtsstaatlichen Perspektive der Kindheitsforschung heraus wird nun davon ausgegangen, dass sich moderne Kindheit als Muster im Kontext bestimmter wohlfahrtsstaatlicher Entwicklungen im 19. Jahrhundert herausgebildet hat (vgl. Mierendorff 2010, S. 57 ff.; Bühler-Niederberger 2005, S. 79 ff.). In Anwendung der drei von Offe und Lenhardt beschriebenen Dimensionen zeigt sich, dass das Muster einer „langen, behüteten Kindheit" von hoher sozialstruktureller Bedeutung für (post-)industrielle Gesellschaften ist (Qvortrup 2005) und dass sich aus dem wohlfahrtsstaatlichen Interesse an den Bedingungen und Ergebnissen des Aufwachsens ein Bedarf umfassender Regulierungen von Kindheit herausgebildet hat. Folgt man Mierendorff (2010, S. 62), die in Anlehnung an Lehnhardt und Offe ein Modell strukturbezogener Regulierungsaufgaben in Bezug auf Kindheit herausgearbeitet hat, besteht als erstes ein Interesse am „Erhalt des Vitalvermögens" (ebd., S. 63). Hierbei geht es um die Wohlfahrt von Kindern und deren kultureller Teilhabe (bspw. Vorsorgeuntersuchungen im Rahmen der Gesundheitspolitik, Familienpolitik mit ihrer Ausrichtung auf die sozialen Beziehungen in der Familie, Jugendhilfepolitik mit Elementen des Kinderschutzes, Wohnungsbaupolitiken). Als zweites steht die „Grundlegung zentraler Orientierungen" im Mittelpunkt des Regulierungshandelns (ebd.). Ziel ist die zu fördernde Motivation zur späteren Übernahme von Erwerbsarbeit (bspw. Organisation vorschulischer, schulischer und außerschulischer Bildung, Programme zur Prävention von Schulabsentismus), die Motivation zur Elternschaft (bspw. Förderung der Ehe als Sozialisationsinstanz, Partizipationsprojekte in Grundschulen) sowie die Motivation zur Übernahme als zentral erachteter kultureller Orientierungen (bspw. Finanzierung von Projekten wie „Die Kinderstube der Demokratie", vgl. Hansen/Knauer/Sturzenhecker 2009). Als drittes liegt ein wohlfahrtsstaatliches Interesse in der „Förderung zukünftiger Arbeitskraft und Elternschaft" (Mierendorff 2010, S. 63 f.; bspw. Bildungsprogramme der Länder für den Elementarbereich sowie die Schule, außerschulische Kinder- und Jugendarbeit/Jugendbildungsarbeit). Und nicht zuletzt geht es um die „Regulierung der Zahl zukünftigen Arbeitskräfte und Eltern" (Mierendorff 2010, S. 64; bspw. Regulierung der Einschulung oder Dauer von Schul- und Ausbildungszeiten). Im Rahmen dieses breiten Regulierungs- und Gestaltungsgeschehens, in das unterschiedlichste Akteure neben den staatlichen involviert sind (Wohlfahrtsverbände, Vereine, Träger, Einrichtungen etc.), werden die Institutionen der Kindheit hervorgebracht.

Bereits in dem einleitenden Abschnitt wurde darauf verwiesen, dass die wohlfahrtsstaatlichen Gestaltungs- und Regulierungsmechanismen in diesem Beitrag aus der Perspektive der Qualitätssicherung der Bedingungen des Aufwachsens gefasst werden. Es geht in den knapp skizzierten Regulierungsbereichen nicht allein um die Bereitstellung von Institutionen und institutionellen Strukturen, Leistungen, Programmen, Finanzierung etc. an und für sich. Denn liegt das Interesse des Wohlfahrtsstaates im Erhalt von Kindheit als Bildungsmoratorium (vgl. Zinnecker 2000) in einer sich stetig wandelnden Gesellschaft (Zeiher 2009, S. 109), in der Interessen an Teilhabemöglichkeiten für Kinder, an spezifischer Sozialisation und an zukünftiger Gesellschaft formuliert werden, dann geht es auch um die Frage nach „guter Kindheit", wie Bühler-Niederberger es formuliert hat (2011, S. 41). Und damit geht es um die Qualität dieser in den kindbezogenen Politiken sowie den Institutionen der Kindheit mit hervorgebrachten Bedingungen des Aufwachsens. Die Gestaltung der institutionellen Bedingungen der Erziehung, Bildung und Betreuung in der frühen Kindheit ist ein Teil davon.

Das Potenzial, Kindheit „als Modus der Vergesellschaftung von Kindern im Kontext einer in Deutschland nicht hintergehbaren Wohlfahrtsstaatlichkeit" (Mierendorff 2018, S. 133) zu betrachten, liegt u.a. in der Möglichkeit, Transformationen wohlfahrtsstaatlicher Praktiken und deren Konsequenzen für den Wandel des Musters (spät-)moderner Kindheit empirisch nachgehen zu können. Auf diese Weise kann eine „Fixierung" (Dietrich/Stenger/Stieve 2019, S. 11) und damit eine Verengung der Pädagogik der frühen Kindheit als Forschungsfeld auf das interaktionale Geschehen *innerhalb* von Kindertageseinrichtungen vermieden werden. Ein wohlfahrtstheoretischer Zugang verdeutlicht, dass pädagogisches Handeln stets in einen umfassenden gesellschaftlich-historischen Kontext eingebettet ist, auch wenn die in politischen Artikulationen und Handlungen erzeugten Kindheitsmuster erst in situ aktiviert und reproduziert werden müssen, um sozial wirkmächtig zu sein.

2. Was zunächst nach Gründung der Bundesrepublik Deutschland geschah – Qualitätssicherungsprozesse durch wohlfahrtsstaatliche Leistungen für Kinder im Vorschulalter und deren Eltern

Der (west-)deutsche Wohlfahrtsstaat hat spätestens seit der Gründung der Bundesrepublik Deutschland ein deutliches Interesse an seinem Nachwuchs und dies nicht allein im demografischen Sinne, sondern vor allem hinsichtlich der Art und Weise, wie Kinder im Vorschulalter aufwachsen und wie ihre Entwicklung gewährleistet wird. Damit rückt die Qualität der Bedingungen des Aufwachsens für ALLE Kinder – unabhängig von ihrer Herkunft – in den Blick staatlicher Regulierungs- und Steuerungsprozesse. Der Staat gestaltet, steuert und kontrolliert diese Bedingungen: Zum einen ist die staatliche Gemeinschaft durch das Grundgesetz dazu verpflichtet, über das den Eltern zugesicherte Grundrecht auf Erziehung und Pflege ihrer Kinder zu wachen (GG, Artikel 6 (2)). Kommen Eltern nicht in hinreichender Weise ihrem Pflege- und Erziehungsauftrag nach, ist der Staat berechtigt, einzugreifen. Hierfür wurden bspw. die Institutionen des Kinderschutzes geschaffen (vgl. Kelle/Mierendorff 2020). Zum anderen aber kontrolliert und gestaltet der Staat die Bedingungen des Aufwachsens durch die Schaffung von Instanzen und ihrer Fachaufsicht, die eine gedeihliche leibliche und geistige Entwicklung ermöglichen. Dazu zählen für Kinder im Vorschulalter u.a. die Institutionen der Kinderfürsorge, der Gesundheitsversorgung und der frühen Bildung, Betreuung und Erziehung, die bis in die 1970er Jahre vor allem an Kinder aus bedürftigen Familien gerichtet waren (Reyer 2006, S. 47, 64). Durch die Fachbehörde und die Kinder- und Jugendhilfeausschüsse wird über die Zulassung von Einrichtungen als Kindertagesstätten entschieden. Bis zu der Reform des SGB VIII im Jahr 2005 war die die Gemeinnützigkeit die gesetzlich festgeschriebene Voraussetzung für die staatliche Förderung (vgl. Ernst/Mader/Mierendorff 2014). Über die staatliche (und berufsständische) Fachaufsicht wird die Legitimität und die Qualität der dort angebotenen Dienstleistungen kontrolliert[1].

Das Muster früher Kindheit, das sich im Laufe des 20. Jahrhunderts in der BRD als Ideal fest etabliert hat, kann als Familienkindheit bezeichnet werden (vgl. Bühler-Niederberger 2010; Klinkhammer 2014). Die leitende und idealisierte Annahme war – gestützt von Bindungstheorien – dass das Kind im Vorschulalter zuvörderst im Schoße der Familie aufwachsen solle. Im Zentrum dieses in der zweiten Hälfte des 20. Jahrhunderts durchgesetzten Ideals in der BRD stand die kompetente mütterliche Erziehende. Die bürgerliche Versorgerehe (Bertram 1997, S. 165; vgl. auch Ostner 1978) wurde als Grundbedingung stabiler (ökonomischer) Versorgung, gelingender Erziehung und eines förderlichen Aufwachsens gesehen – das System der Kindertagesbetreuung war an diesem Ideal ausgerichtet und dementsprechend schwach ausgebaut (vgl. Kolbe 2002). Der korporatistisch organisierte Wohlfahrtsstaat, so kennzeichnet Esping-Anderson (1990) das deutsche Modell, ist durch seine Familienzentrierung im Kontext der Erbringung von Wohlfahrt und das dieser zugrunde liegende Subsididaritätsprinzip charakterisiert (vgl. auch Kaufmann 2003). D.h. Hilfe soll zunächst durch die privaten Gemeinschaften, bspw. durch die Familie oder Nachbarschaften,

1 SGB VIII, § 22, Abs. (4) Für die Erfüllung des Förderungsauftrags nach Absatz 3 sollen geeignete Maßnahmen zur Gewährleistung der Qualität der Förderung von Kindern in Tageseinrichtungen und in der Kindertagespflege weiterentwickelt werden. Näheres regelt das Landesrecht.

und erst zuletzt durch staatliche Unterstützung geleistet werden. Die Sozialhilfe funktioniert nach diesem Prinzip; und auch die Kindertagesbetreuung war bis in die 1970er Jahre hinein in diesem Sinne als Nothilfe für Kinder Bedürftiger und erwerbstätiger Mütter organisiert (vgl. Reyer 2006). Insbesondere nach dem Zweiten Weltkrieg schaffte der Wohlfahrtsstaat die Bedingungen für die Familienkindheit: Durch die Annäherung an einen Familienlohn, ein ehezentriertes Steuersystem, die Familienversicherung und den Ausbau der Familienfürsorge wurde dieses in bürgerlichen Familien weitgehend gelebte Ideal auch für Familien aus unteren Einkommensgruppen realisierbarer (vgl. Kolbe 2002). Vor diesem Hintergrund wurde ein die familiale Erziehung stützendes, förderndes und kontrollierendes System Professioneller aufgebaut. Die Qualität der Bedingungen des Aufwachsens sollte vor allem durch diese Bereitstellung professionell ausgebildeter Personen gefördert werden, die dem Kind in kindgerechter und professioneller Weise begegnen. Durch die Ausbildung von staatlich anerkannten Erzieher_innen, Fürsorgefachkräften, Hebammen, Kinderärzt_innen und Therapeut_innen unterschiedlichster Fachrichtungen konnte dieses Unterstützungsnetz entstehen. Um kleine Kinder kümmern sich neben den Eltern nun nicht mehr in erster Linie Laien oder „kindferne“ andere Professionen, wie noch im 19. Jahrhundert, sondern speziell geschulte Personen, die über Kenntnisse frühkindlicher Entwicklung verfügen und die kindliche Besonderheit im Blick haben (vgl. Franke-Meyer 2011).

Versorgung, Fürsorge, Betreuung, Bildung und Erziehung waren und sind ein Komplex institutioneller Bedingungen früher Kindheit, die mit der Herausbildung des Wohlfahrtsstaates immer umfassender staatlich reguliert wurden und es bis heute sind. So sind Kindertagesstätten neben der Familie nur eine der Institutionen der frühen Kindheit. Während Gesundheitsversorgung und Fürsorge vor allem durch Professionelle geleistet wurden, sollte Erziehung, aber auch Bildung bis in die 1970er Jahre hinein in Westdeutschland im Ideal- und Regelfall über die Mutter gesichert werden. Grundlegend war die Annahme, dass dieses Arrangement das Beste für die Förderung zukünftiger Schülerinnen und Schüler sowie künftiger Arbeiter_innen, Staatsbüger_innen und Eltern sei. Die Qualität der Bedingungen des Aufwachsens wurden an diesem Zusammenspiel gemessen.

3. Transformationen des Wohlfahrtsstaats in jüngerer Vergangenheit

Dieses Zusammenspiel kam Ende des 20. Jahrhunderts ins Wanken, denn wenn wohlfahrtsstaatliches Handeln, wovon wir ausgehen, konstitutiv für moderne Kindheit als Strukturmuster ist, dann kann diese von wohlfahrtsstaatlichen Transformationen nicht unberührt bleiben. In der BRD und in Westeuropa war es die normative Feststellung einer Krise des Wohlfahrtsstaats, die zu einem maßgeblichen Umbau des Sozialstaats geführt hat. Wirtschaftliche Krisen und demografische Entwicklungen sowie deren Konsequenzen wie z. B. eine sinkende Erwerbstätigenquote wurden seit den 1970er Jahren politisch derart interpretiert, dass der Sozialstaat an die Grenzen seiner Belastbarkeit komme, wenn er seine Leistungen nicht umstrukturiere (vgl. Kaufmann 1995; Lessenich 2013). So kam es in der Folge u. a. zur Entwicklung und Einführung neuer Steuerungsmodelle, zu einer „Verschlankung" des bürokratischen Apparats und insgesamt zur sukzessiven Übernahme betriebswirtschaftlicher Rationalitäten und sprachlicher Codes in staatlichen Institutionen (vgl. Radtke 2009). Diese und weitere Entwicklungen werden übergeordnet als Veränderung der Charakteristik des Wohlfahrtsstaats hin zu einem aktivierenden Sozialinvestitionsstaat gefasst (vgl. Lessenich 2013; Olk 2007). Dieser Prozess ist nicht gleichzusetzen mit einem Abbau des Sozialstaats, sondern wird durch einen Umbau des Leistungsprinzips charakterisiert: Prävention statt Intervention, Aktivieren statt Versorgen sowie Fördern und Fordern sind demnach die Kernaktivitäten sozialinvestiver Politiken (vgl. Lessenich 2013). Frühzeitige Investitionen in das Humankapital sollen vor langfristigen Kosten schützen (vgl. Esping-Andersen 2002). Im prognostizierten und konstatierten Übergang von der industriellen zur postindustriellen Gesellschaft werden zudem „Bildung" und „Wissen" zu bedeutsamen Ressourcen gemacht. Deren Reproduktion ist – so ein breit getragener politischer und gesellschaftlicher Diskurs – nicht mehr in erster Linie der Familie zu überlassen.

Die beschriebenen Charakteristika wohlfahrtsstaatlicher Transformationen hatten und haben Auswirkungen auf Kinder und Kindheiten. Zwar bleibt Kindheit ein zentrales Strukturmuster der (Spät-)Moderne. Aber es kommt zu Neujustierungen im Verhältnis privater und öffentlicher Erziehungs- und Bildungssphären (vgl. Mierendorff 2010). Dies gilt besonders für die frühe Kindheit, die ins Zentrum wohlfahrtsstaatlicher Politiken rückt (vgl. Olk 2009; Klinkhammer 2014). Denn im Sozialinvestitionsstaat sind „potenziell Arbeitsfähige, aber dennoch Arbeitslose" (Lessenich 2013, S. 97) von besonderem Interesse. Esping-Anderson (2002) hat appellartig herausgearbeitet, dass es sich vor dem Hintergrund des demografischen Wandels, steigender Armutszahlen und der Globalisierung der Wirtschaft kein Staat westlicher Provenienz mehr erlauben könne, das Entwicklungspozential von Kindern zu vergeuden – Teufelskreise der Armut durch mangelnde Bildung müssten durchbrochen werden, Familienarmut durch die Erwerbsarbeit von Frauen eingedämmt werden. Die stille Arbeitsmarktreserve sollte aktiviert werden. Dies alles trifft auf Kinder als zukünftige Erwachsene sowie Mütter in ihrem Arbeitsmarktpotenzial gleichermaßen zu. Letztere sollten (in der BRD) bereits in den 1970er Jahren als Arbeitskräfte gewonnen werden. Aber erst seit den Reformen Anfang der 2000er Jahre wurden diese als *erwerbstätige Mütter* umfassend aktiviert. Klinkhammer (2014) arbeitet in einer Diskursanalyse heraus, dass es in den deutschen Parlamentsdebatten vor diesem Hintergrund zu einer Verschiebung vom Dispositiv der Familienkindheit zum

Dispositiv der Bildungskindheit gekommen sei und bisher so nicht erwartbare Reformprozesse im Elementarbereich und in den Arbeitsmarktpolitiken möglich geworden seien (vgl. ebd.). Die Aktivierung von Müttern als Arbeitskräfte sowie das Anliegen, familiale Armutsteufelskreise durch deren Arbeitsmarktintegration zu durchbrechen, warfen Fragen nach der Vereinbarkeit von Familie und Beruf auf; dies führte zum Ausbau der institutionalisierten Kleinkindbetreuung, die eine wesentliche Aufwertung als Betreuungs- und vor allem Bildungseinrichtung erfuhr. Sie sollte nicht mehr (siehe Kapitel 2) familienergänzend und -unterstützend sein. Stattdessen wurde ihre originäre Bedeutsamkeit für Kinder hervorgehoben. Als Katalysatoren dieser Entwicklung lassen sich die Ergebnisse internationaler Schulleistungsvergleichsstudien seit der Jahrtausendwende beschreiben – deren Ergebnisse wurden dahingehend interpretiert, dass sozial ungleiche Leistungen in der Grundschule und in weiterführenden Schulen zukünftig nicht mehr auftreten, wenn ihr Entstehen „von Anfang an" verhindert werden würde (vgl. OECD 2001; BMFSFJ 2005). Die Kindertagesbetreuung ist nicht mehr nur notwendig, damit Eltern Familie und Beruf vereinbaren können, sondern ein Angebot, welches genutzt werden soll, um *alle* Kinder zu fördern und Risiken des Aufwachsens präventiv zu verringern (Betz/Bischoff 2013, S. 76 f., Klinkhammer 2014).

Dementsprechend lässt sich ein Wandel wohlfahrtsstaatlicher Politiken konstatieren, der mit einem Wandel des Musters früher Kindheit einhergeht. Auch wenn das Ideal der Familienkindheit weiterhin eine normative Strahlkraft besitzt, ist besonders die Bildungskindheit zum hegemonialen Leitkonzept geworden (vgl. Klinkhammer 2014). Bildung in der frühen Kindheit wird zu einer „Risikominimierungsstrategie" (Mierendorff 2018, S. 139), die mit dem Ziel eingesetzt wird, verlässliche und möglichst ungebrochene Bildungskarrieren zu ermöglichen. Sie tragen dazu bei, dass aus dem, durch Armut und sogenannter Bildungsferne des Herkunftsmilieus gefährdeten, Kind nicht der für den Wohlfahrtsstaat potenziell „gefährliche" Erwachsene wird (vgl. Bühler-Niederberger 2011). Die Sicherung der Qualität des kindlichen Aufwachsens hat eine veränderte normative Ausrichtung erfahren.

4. Wohlfahrtsstaatliche Interessen an der Qualität der Bedingungen des Aufwachsens und der Kindertagesbetreuung

Es ist festzuhalten: Auch im sozialinvestiv ausgerichteten Wohlfahrtsstaat gibt es ein reges Interesse an der Regulierung der Bedingungen des Aufwachsens von Kindern; jedoch hat sich dessen Muster verändert: In einem zyklisch-iterativen Prozess staatlicher Politiken (z. B. Aktivierung von Arbeitskräften), pädagogischer Forderungen (z. B. nach Chancengleichheit) und lebensweltlicher

Bedarfe familialer Lebenswelten (z. B. alleinerziehende Elternschaft, Doppelverdienerhaushalt) ist die institutionalisierte Bildungskindheit zur Norm geworden. Kinder und Familien sollen die Angebote institutioneller Kinderbetreuung nutzen – vor allem, wenn durch wohlfahrtsstaatliche Kontrollen Risikolagen identifiziert werden (vgl. Bischoff/Betz 2015). Dieses Netz an Kontrollen kann als ein Versuch der Sicherung der Qualität der Bedingungen kindlichen Aufwachsens verstanden werden. Kinder sollen sich im aktivierenden, sozialinvestiven Staat gesund ernähren, sportlich aktiv sein, sich möglichst den gesamten Tag über mit lernförderlichen Tätigkeiten beschäftigen und sich dabei insgesamt selbst bilden. Dementsprechend werden z. B. Ernährungsprogramme konzipiert und umgesetzt, in denen das Speisen von der Nahrungsaufnahme zum pädagogisierten Bildungsgegenstand wird (vgl. Rose/Schmidt/Schulz 2020); es werden sportliche Aktivitäten bereits im frühen Kindesalter gefördert; bspw. in der „Bewegungskita" oder eine durch sozialinvestive Anreize („Bildungsgutscheine") unterstützte Mitgliedschaft im Sportverein, die nicht nur Freizeit, sondern eine gesunde, sozialintegrative und „sinnvolle" Nachmittagsaktivität sein soll (vgl. Grunau 2021); es wurde und wird ein diagnostisches Netz gesponnen, das u. a. aus Frühen Hilfen, Sprachstandstests oder U-Untersuchungen geknüpft wird, an deren Nutzung durch Familien – siehe Bayern – finanzielle Leistungen wie das Elterngeld gebunden sind (vgl. Kelle/Mierendorff 2020); es wird nicht zuletzt (wieder) über eine gesetzliche Kindergartenpflicht diskutiert.

Besonders im letztgenannten Gebiet, dem der Kindertagesbetreuung, zeigt sich das über wohlfahrtsstaatliche Regulierungen gerahmte Anliegen, mehr staatliche Kontrolle über die kognitive und körperliche Entwicklung von (Klein-)Kindern zu erlangen. Unter dem Motto „No Child Left Behind"[2] wird der flächendeckende Ausbau von Kitas legitimiert (siehe bspw. Tagesbetreuungsausbaugesetz von 2005 und das Kinder- und Jugendhilfeweiterentwicklungsgesetz von 2005). Zudem wird die Ausbildung von Erzieher_innen auf den Prüfstand gestellt und die bundesdeutsche Weiterbildungsinitiative WiFF[3] gestartet sowie eine mögliche Akademisierung pädagogischer Fachkräfte in der Fachpolitik diskursiv verhandelt (vgl. Helm 2015). Kindertagesbetreuung, so lässt sich konstatieren, ist ein wesentlicher Bereich des wohlfahrtsstaatlichen Interesses an der Gestalt(ung) des Aufwachsens von Kindern. Hieraus lässt sich ein Interesse an der Qualität jener frühpädagogischen Settings selbst schlussfolgern. Die ausschließliche Familienerziehung wird in diesen staatlichen Politiken, die auf einer breiten politischen und gesellschaftlichen Akzeptanz ruhen, als nicht mehr ausreichend bewertet. Aus einer wohlfahrtsstaatlichen Perspektive sowie in Anlehnung an einen

2 2001 verabschiedete der Siebente Kongress der Vereinigten Staaten von Amerika den Act „No Child Left Behind (https://www2.ed.gov/policy/elsec/leg/esea02/beginning.html#sec1), Datum: 4.3.2021

3 https://www.weiterbildungsinitiative.de/, Datum: 4.3.2021

Gedanken Lenhardts und Offes, die aufzeigen, dass sozialstaatliche Leistungen sich aus dem Dilemma von „Erfordernissen und Belastbarkeiten der Ökonomie" (Lenhardt/Offe 1977, S. 118) einerseits und „zugelassenen Forderungen und sanktionierten [im Sinne von gebilligten, TG] Bedürfnissen" (ebd.) der Arbeitnehmer_innen andererseits evolvieren, lässt sich Qualität ebenfalls als Konstrukt verstehen, mit dem auf eine Spannung reagiert wird. Diese Spannung besteht (a) zwischen einem wohlfahrtsstaatlich definierten Erfordernis der Gestaltung früher Kindheit als Bildungskindheit (im Sinne der Erfordernisse der Ökonomie) und (b) den an den Wohlfahrtsstaat gerichteten Forderungen unterschiedlichster Akteure – Eltern, Professionelle, Fachverbände, politische Akteure, Medien etc. – an eine „gute" Betreuungssituation in den Kitas.

(a) Qualität dient in dieser Lesart in vielfacher Weise als Konstrukt, mit dem sich wohlfahrtsstaatliche Interessen bearbeiten und artikulieren lassen. Zunächst ist Qualität demnach ein *Steuerungsinstrument:* Es dient der Bestimmung von Items, an die sich Betreuungseinrichtungen ausrichten können und sollen. Somit lässt sich der inhaltliche Kompass dessen, was bspw. als angemessene Entwicklung oder unter Bildung zu verstehen ist, mitbestimmen. In grundlegender Hinsicht sollen spezifische Orientierungen und Kompetenzen von Kindern über Instrumente zur Sicherung von Qualität ermöglicht oder begrenzt werden. Qualität ist des Weiteren ein *Mittel zur Bestimmung und Auszeichnung von förderungswürdigen Einrichtungen und Programmen*. Auf diese Weise können Rankings erstellt und Anreize zur inhaltlichen Ausrichtung der Kitas gegeben werden. Spezifische Ausrichtungen können z. B. durch Nichtförderung begrenzt oder durch Förderanreize forciert werden. Beide Aspekte sind wichtige Aktivitäten im sozialinvestiven Wettbewerbsstaat (vgl. Höhne 2015). Über die Schaffung und Kontrolle von angemessenen Betreuungsbedingungen dient die Sicherung der Qualität des Aufwachsens dem Erhalt des Vitalvermögens von Kindern bzw. der zukünftigen Schüler_innen und Erwachsenen.
(b) Allerdings gilt es – trotz eines sozialinvestiven Interesses an der frühen Kindheit – festzuhalten, dass andere zweckrationale Kriterien – wie die Logiken und Bedingungen anderer wohlfahrtsstaatlicher Steuerungsbereiche oder aber andere zivilgesellschaftliche Interessen – diesem wohlfahrtstaatlichen Erfordernis entgegentreten können. So können bspw. ökonomische Krisen, fiskalische Überlegungen des Finanzressorts des Landes oder kostenintensive andere Großprojekte einer Kommune das Anliegen der Verbesserung der Qualität des Aufwachsens konterkarieren. Kommt es hier zu der Wahrnehmung eklatanter Fehlentwicklungen oder zu offensichtlichen Widersprüchen, wird Qualität zu einer Forderung, die *an den* Wohlfahrtsstaat und seine kindbezogenen Politiken gestellt wird. An dieser Stelle lässt sich der Bogen zu dem eingangs zitierten Zeitungsartikel spannen, in dem Ergebnisse einer

Studie der Bertelsmann Stiftung hinsichtlich der Qualität in Kitas präsentiert wurden. Kritisiert wurde dort u. a. eine unzureichende Personalausstattung in einigen Krippen und der damit zusammenhängende, fehlende Fokus auf Bildung. Kollektive Akteur_innen wie Eltern(verbände) oder besagte Stiftung, aber auch Oppositionsparteien können demnach die Forderung nach guter Betreuung artikulieren. Eltern sollen ihr Kind in die Kita geben, damit dieses gefördert wird und sie als Arbeitskräfte aus der Betreuungsarbeit freigestellt werden. Hieraus ergibt sich das legitime Anliegen, eine angemessene Betreuungssituation einzufordern. In dieser Hinsicht dient die Schaffung und Kontrolle, aber vor allem der Nachweis von Qualität in der Kindertagesbetreuung nicht zuletzt zur Sicherung der (zukünftigen) Elternschaft, da bereits werdende Eltern sich die Frage stellen, ob sie ihre Kinder „guten Gewissens“ (Welt.de 2020) institutionell betreuen lassen können.

5. Schlussbetrachtung

Unser Beitrag entfaltete sich entlang der Frage, warum es ein staatliches Interesse an der Qualität von Kindertagesbetreuung gibt, welches über die Schaffung einer *ausreichenden* Anzahl an Plätzen hinausgeht. Aus einer wohlfahrtsstaatlichen Perspektive heraus scheint die Antwort auf diese Frage zunächst einfach, denn es gibt im Wohlfahrtsstaat stets besondere Interessen an den Bedingungen des Aufwachsens von Kindern. Mehr noch besteht ein großes Anliegen darin, die Bedingungen zu gestalten, weshalb (spät-)moderne Kindheit (auch) eine Hervorbringung im Geflecht wohlfahrtsstaatlicher Praktiken darstellt. Mit dieser Entgegnung lässt sich jedoch noch nicht die Prominenz des Konstrukts der Qualität im Frühpädagogischen erklären. Schließlich wurde, wie wir zumindest skizziert haben, „gute“ Kindheit noch bis vor wenigen Jahrzehnten (und in der BRD) noch mit einer durch pädagogische Institutionen unterstützten und kontrollierten Familienkindheit assoziiert. Solange die Institutionen noch familienergänzend sein sollten, stellte sich die Frage nach der Güte frühpädagogischer Einrichtungen noch nicht in dem Maße wie heute. Dies änderte sich mit der normativ kontinuierlich dominanter werdenden außerfamilialen Bildung, Betreuung und Erziehung. Eingebettet war und ist dieser Prozess in den Übergang vom versorgenden Wohlfahrtsstaat zum sogenannten aktivierenden Sozialinvestitionsstaat. Neben der Ermöglichung von Erwerbsarbeit für beide Elternteile ist das Erkennen von und das Ausrichten an der Bedeutsamkeit frühkindlicher Bildungsprozesse zentral. Kinder werden in der postindustriellen Wissensgesellschaft als rohstoffartige Ressource betrachtet, in deren Eigenaktivität, Selbstbildung und Kreativität es vor dem Hintergrund moderner flexibler Leistungsanforderungen zu investieren gilt (vgl. Olk 2007; Klinkhammer 2014). Dementsprechend sollen Entwicklungsrisiken vermieden werden.

Dies wirft allerdings die nicht nur politische Frage danach auf, wie sichergestellt werden könne, dass sich die erwünschten Kompetenzen und Entwicklungsprozesse bei Kindern einstellen (skeptisch bspw. Böttcher/Hogrebe/Strietholt 2014 oder Olk 2007). Fraglich bleibt, welche Konsequenzen die *Abweichung* von Normvorstellungen in Bezug auf ein neues Kindheitsmuster für Kinder und Familien haben. Welche neuen, sich möglicherweise verstärkenden sozialen Ungleichheitsstrukturen resultieren aus den veränderten familien-, bildungs- und jugendpolitischen Steuerungsinstrumenten? Verringern sich herkunftsbedingte soziale Ungleichheit und Benachteiligungen über die Durchsetzung einer außerfamilialen Bildungskindheit oder den flächendeckenden Besuch einer Kindertageseinrichtung? Vor dem Hintergrund dieser Fragen erscheint die Fokussierung auf das Ermöglichen der Nutzung der institutionellen Kindertagesbetreuung als eine unzureichende Auseinandersetzung mit den sich wandelnden Anforderungen an die Gestaltung früher Kindheit. Denn schließlich sind es auch die Einrichtungen selbst, die danach bewertet werden, ob sie den in einer breiten Öffentlichkeit geteilten Forderungen nach „mehr Bildung" in der Kita entsprechen. An dieser Stelle wird das Konstrukt der Qualität nützlich. Qualität mutet als ein objektives Mittel zur Feststellung der Güte von Kindertagesbetreuung an. Mit ihr lassen sich Mindeststandards festlegen; zugleich dient sie im Sinne der Wettbewerbslogik sozialinvestiver Wohlfahrtsstaaten zur Erstellung von Rankings „höher- und niederwertiger" Bildungsangebote. Damit ist Qualität beides – Mittel zur Erreichung der Ziele des Wohlfahrtsstaats und Ausdruck seiner Charakteristik.

Qualität ist, so lässt sich festhalten, ein zentrales Instrument zur Steuerung wohlfahrtsstaatlicher Interessen wie der Festlegung von Bildungsinhalten oder der Förderung des Vitalvermögens aktueller (Klein)Kinder und zukünftiger Schüler_innen. Zudem dient der Begriff als Scharnier, der, wie wir aufzeigen konnten, zwischen Erfordernissen des Wohlfahrtsstaates wie z. B. des Aufenthalts von Kindern in Tagesbetreuungsinstitutionen und den Forderungen von Eltern und öffentlichen Akteuren (bspw. der Bertelsmann Stiftung) zu deren pädagogischen Ausgestaltung zu vermitteln vermag.

Literatur

Bertram, Hans (1997): Familien leben. Neue Wege zur flexiblen Gestaltung von Lebenszeit, Arbeitszeit und Familienzeit. Gütersloh: Verlag Bertelsmannstiftung.

Betz, Tanja/Bischoff, Stefanie (2013): Risikokind und Risiko Kind. Konstruktion von Risiken in politischen Berichten. In: Kelle, Helga/Mierendorff, Johanna (Hrsg.): Normierung und Normalisierung von Kindheit. Weinheim und Basel: Beltz Juventa, S. 60-81.

Bischoff, Stefanie/Betz, Tanja (2015): „Denn Bildung und Erziehung der Kinder sind in erster Linie auf die Unterstützung der Eltern angewiesen". In: Fegter, Susann/Kessl, Fabian/Langer, Antje/Ott, Marion/Rothe, Daniela/Wrana, Daniel (Hrsg.): Erziehungswissenschaftliche Diskursforschung. Wiesbaden: Springer VS, S. 263-282.

BMFSFJ (2005): Zwölfter Kinder- und Jugendbericht. Bericht über die Lebenssituation junger Menschen und die Leistungen der Kinder- und Jugendhilfe in Deutschland. Bildung, Betreuung und Erziehung vor und neben der Schule. Berlin.
Bock-Famulla, Kathrin/Münchow, Anne/Frings, Jana/Kempf, Felicitas/Schütz, Julia (2020): Länderreport frühkindliche Bildungssysteme. Gütersloh: Verlag Bertelsmann Stiftung.
Böttcher, Wolfgang/Hogrebe, Nina/Strietholt, Rolf (2014): Frühe Hilfen und Frühe Bildung. Chancen der Reduktion von Chancenungleichheit? In: Baur, Ulrich/Boldner, Axel/Bremer/Helmut/Dobischat, Rolf/Kutscha, Günter (Hrsg.): Expansive Bildungspolitik – Expansive Bildung? Wiesbaden: Springer VS, S. 107-125.
Bühler-Niederberger, Doris (2005): Kindheit und die Ordnung der Verhältnisse. Von der gesellschaftlichen Macht der Unschuld und dem kreativen Individuum. Weinheim und München: Juventa.
Bühler-Niederberger, Doris (2010): Organisierte Sorge für Kinder, Eigenarten und Fallstricke – eine generationale Perspektive. In: Bühler-Niederberger, Doris/Mierendorff, Johanna/Lange, Andreas (Hrsg.): Kindheit zwischen fürsorglichem Zugriff und gesellschaftlicher Teilhabe. Wiesbaden: Springer VS, S. 17-42.
Bühler-Niederberger, Doris (2011): Lebensphase Kindheit. Theoretische Ansätze, Akteure und Handlungsräume. Weinheim und München: Juventa.
Dietrich, Cornelie/Stenger, Ursula/Stieve, Claus (Hrsg.) (2019): Theoretische Zugänge zur Pädagogik der frühen Kindheit. Eine kritische Vergewisserung. Weinheim, Basel: Beltz Juventa.
Esping-Andersen, Gøsta (1990): The Three Worlds of Welfare Capitalism. Cambridge: Princeton University Press.
Esping-Andersen, Gøsta (2002): Why We Need a New Welfare State. Oxford: Oxford Univ. Press.
Ernst, Thilo/Mader, Marius/Mierendorff, Johanna (2014): Gewerbliche Anbieter von Kindertagesbetreuung – eine Systematisierung der Trägerlandschaft. In: Zeitschrift für Soziologie der Erziehung und Sozialisation 34, S. 373-388.
Franke-Meyer, Diana (2011): Kleinkindererziehung und Kindergarten im historischen Prozess. Ihre Rolle im Spannungsfeld zwischen Bildungspolitik, Familie und Schule. Bad Heilbrunn: Julius Klinkhardt.
Grunau, Thomas (2021): Kinderfußball – Fußball-Eltern. Neujustierungen im Verhältnis privater und öffentlicher Erziehungssphären. Weinheim und Basel: Beltz Juventa [In Vorbereitung].
Hansen, Rüdiger/Knauer, Raingard/Sturzenhecker, Bendedikt (2009): Die Kinderstube der Demokratie. Partizipation von Kindern in Kindertageseinrichtungen. Theorie und Praxis der Sozialpädagogik, H. 2, S. 46-50.
Helm, Jutta (2015): Die Kindheitspädagogik an deutschen Hochschulen. Eine empirische Studie zur Akademisierung einer pädagogischen Profession. Opladen, Berlin und Toronto: Budrich Academic Press.
Höhne, Thomas (2015): Ökonomisierung und Bildung. Zu den Formen ökonomischer Rationalisierung im Feld der Bildung. Wiesbaden: Springer VS.
Kaufmann, Franz-Xaver (1995): Zukunft der Familie im vereinten Deutschland. Gesellschaftliche und politische Bedingungen. München: C. H. Beck.
Kaufmann, Franz-Xaver (2003): Varianten des Wohlfahrtsstaates. Der deutsche Sozialstaat im internationalen Vergleich. Frankfurt a. M.: Suhrkamp.
Kaufmann, Franz-Xaver (2004): Herausforderungen des Sozialstaates. 6. Auflage. Frankfurt am Main: Suhrkamp.
Kelle, Helga/Mierendorff, Johanna (2020): Childcare, education, protection and prevention. The transformation of early childhood policies in Germany since 2000. In: Repo, Katja/Alasuutari, Maarit/Karila, Kirsti/Lammi-taskula, Johanna (Hrsg.): The Policies of Childcare and Early Childhood Education. Does equal access matter? Cheltenham Glos: Edward Elgar Publishin, S. 73-91.
Klinkhammer, Nicole (2014): Kindheit im Diskurs. Kontinuität und Wandel in der deutschen Bildungs- und Betreuungspolitik. Marburg: Tectum.
Kolbe, Wiebke (2002): Elternschaft im Wohlfahrtsstaat. Schweden und die Bundesrepublik im Vergleich 1945-2000. Frankfurt/Main und New York: Campus.
Lenhardt, Gero/Offe, Claus (1977): Staatstheorie und Sozialpolitik. Politisch-soziologische Erklärungsansätze für Funktionen und Innovationsprozesse der Sozialpolitik. In: Kölner Zeitschrift für Soziologie und Sozialpsychologie, Sonderheft 19, S. 98-127.

Lessenich, Stephan (2013): Die Neuerfindung des Sozialen. Der Sozialstaat im flexiblen Kapitalismus. 3., unveränderte Auflage 2013. Bielefeld: transcript.

Mierendorff, Johanna (2010): Kindheit und Wohlfahrtsstaat. Entstehung, Wandel und Kontinuität des Musters moderner Kindheit. Weinheim und München: Juventa.

Mierendorff, Johanna (2018): Potentiale eines wohlfahrtsstaatstheoretischen Zuganges in der Kindheitsforschung. In: Betz, Tanja/Bollig, Sabine/Joos, Magdalena/Neumann, Sascha (Hrsg.): Institutionalisierungen von Kindheit. Childhood Studies zwischen Soziologie und Erziehungswissenschaft. Weinheim und Basel: Beltz Juventa, S. 129-145.

OECD (2001): Starting Strong. Early Childhood Education and Care. Paris. DOI:https://dx.doi.org/10.1787/9789264192829-en. (Abfrage: 22.03.2021).

Olk, Thomas (2007): Kinder im Sozialinvestitionsstaat. Zeitschrift für Soziologie der Erziehung und Sozialisation, H. 1, S. 43-57.

Olk, Thomas (2009): Ungleichheit und Gerechtigkeit im Generationenverhältnis. Sind Kindheit und Kinder die Verlierer der Sozialstaatsreform? In: Honig, Michael-Sebastian (Hrsg.): Ordnungen der Kindheit. Problemstellungen und Perspektiven der Kindheitsforschung. Weinheim und München: Juventa, S. 127-153.

Ostner, Ilona (1978): Beruf und Hausarbeit. Die Arbeit der Frau in unserer Gesellschaft. Frankfurt und New York: Campus.

Qvortrup, Jens (2005): Kinder und Kindheit in der Sozialstruktur. In: Hengst, Heinz/Zeiher, Helga (Hrsg.): Kindheit soziologisch. Wiesbaden: VS Verlag für Sozialwissenschaften, S. 27-47.

Radtke, Frank-Olaf (2009): Ökonomisierung. In: Andresen, Sabine (Hrsg.): Handwörterbuch Erziehungswissenschaft. Weinheim: Beltz, S. 621-636.

Reyer, Jürgen (2006): Einführung in die Geschichte des Kindergartens und der Grundschule. Bad Heilbrunn: Julius Klinkhardt.

Rose, Lotte/Schmidt, Friederike/Schulz, Marc (2020): Kinderernährung in Institutionen der Bildung und Erziehung, Familien und Medien. In: Rose, Lotte/Schmidt, Friederike/Schulz, Marc (Hrsg.): Das Essen der Kinder. Aktuelle Perspektiven der erziehungswissenschaftlichen Essensforschung. Weinheim und Basel: Juventa, S. 9-14.

Welt.de (2020): In den Kitas droht Kollektivierung statt Individualisierung. www.welt.de/politik/deutschland/article214195118/Qualitaetsstudie-In-den-Kitas-droht-Kollektivierung-statt-Individualisierung.html (Abfrage: 21.2.2021).

Zeiher, Helga (2009): Ambivalenzen und Wiedersprüche der Institutionalisierung von Kindheit. In: Honig, Michael-Sebastian (Hrsg.): Ordnungen der Kindheit. Problemstellungen und Perspektiven der Kindheitsforschung. Weinheim und München: Juventa, S. 103-126.

Zinnecker, Jürgen (2000): Kindheit und Jugend als pädagogisches Moratorium. Zur Zivilisationsgeschichte der jüngeren Generation im 20. Jahrhundert. In: Brennen, Dietrich/Tenorth, Heinz-Elmar (Hrsg.): Bildungsprozesse und Erziehungsverhältnisse im 20. Jahrhundert. Praktische Entwicklungen und Formen der Reflexion im historischen Kontext. Zeitschrift für Pädagogik, 42. Beiheft. Weinheim und Basel: Beltz, S. 36-68.

Qualität für Alle? Materialistisch-feministische Impulse für die Qualitätsdebatte

Lena Scheuring

„Die Geschichte der Abwertung von feminisierter Betreuungs- und Sorgearbeit wird so lange weitergeschrieben, wie man eine idealisierte und individualisierte Rhetorik der Bildung von den sozial- und arbeitsmarktpolitischen sowie institutionellen Praktiken der Versorgung und Betreuung junger Kinder an je unterschiedlichen Orten diskutiert." (Dietrich/Wedemann 2019, S. 462f.)

„If, as we propose, the spatial separation between production (public) and reproduction (private) is a historical form of appearance, then the labor that is dispensed in both spheres must also be theorized integratively." (Bhattacharya 2017, S. 9)

Im vorliegenden Beitrag wird der Versuch unternommen, das pädagogische Verständnis von Qualität im Kontext der frühen Kindheit über den Umweg feministischer Ökonomiekritik zu erweitern.[1] Während in der aktuellen Qualitätsdebatte vor allem Struktur- und Prozessqualität von Kindertagesstätten im Fokus frühpädagogischer Forschung stehen (Viernickel et al. 2015), bleibt die Frage nach pädagogischer Qualität von nicht institutionellen Praxen frühkindlicher Bildung, Betreuung und Erziehung weitestgehend unerforscht.

Genießt die Kindertagesstätte nicht zuletzt durch politische Programme zur Qualitätssicherung (z. B. die *Starting Strong Studie* der OECD) den Ruf einer *Bildungseinrichtung*, wird spätestens durch ihre Schließung während der COVID-19-Pandemie deren zentrale gesellschaftliche Funktion als *Betreuungseinrichtung* und ihre immense Rolle für eine funktionierende Volkswirtschaft deutlich. Sichtbar wird aktuell allerdings auch, wie begrenzt pädagogisches Wissen über nicht institutionelle Sorgetätigkeiten ist.[2]

1 Der Artikel ist als ein erstes Zusammendenken marxistisch-feministischer Kritik an den gegenwärtigen gesellschaftlichen Möglichkeiten, Sorgetätigkeiten zu leben, und der Frage nach guter Bildung, Erziehung und Betreuung junger Kinder im Sinne eines Theorieimpulses zu verstehen. Die Explikation möglicher Anschlüsse an Forschung und Diskurs der Pädagogik der Frühen Kindheit würde den Rahmen des Artikels sprengen und muss Aufgabe weiterführender Forschung bleiben.

2 In der Soziologie beispielsweise erforscht Sarah Speck aktuell qualitativ über Telefoninterviews die Veränderungen häuslicher Sorge- und Reproduktionsarbeit während des Corona-Lockdowns (Melchers 2020).

Im aktuellen Bildungsbericht (2020) wird die Betreuung, Bildung und Erziehung junger Kinder folgendermaßen skizziert: 2018 haben in Deutschland 47 % der Menschen in Haushalten mit mindestens einem minderjährigen Kind zusammengelebt (Autorengruppe Bildungsberichterstattung 2020, S. 5). Die häufigste Form des familialen Zusammenlebens bildeten verheiratete und unverheiratete Paare mit Kindern, allerdings sei der Anteil an Alleinerziehenden auf jeden sechsten Haushalt (ebd., S. 39) angestiegen. Diese seien überproportional häufig von finanziellen, sozialen und bildungsspezifischen Risiken bedroht (ebd., S. 6). „[…], wobei die amtliche Statistik über die mannigfaltigen Erziehungs- und Betreuungskonstellationen, die auch in solchen Fällen möglich sind, nicht im Detail aussagekräftig ist." (ebd., S. 39). In Paarbeziehungen mit Kindern, die in einem Haushalt leben, hänge die Erwerbstätigkeit der Mutter stark mit dem Alter der zu betreuenden Kinder zusammen. Hier sei das Modell einer teilzeittätigen Mutter und eines vollzeittätigen Vaters am häufigsten vorzufinden (ebd., S. 36 ff.). Die Berufstätigkeit des Vaters hingegen werde von der Geburt seiner Kinder kaum beeinflusst (ebd., S. 46). 34 % der unter Dreijährigen und 94 % der unter Vierjährigen haben eine Kita (ebd., S. 63) besucht. Hier sei ein deutlicher Unterschied zwischen Ost- und Westdeutschland zu erkennen, da das durchschnittliche Eintrittsalter in die Kita in Ostdeutschland niedriger sei (ebd., S. 77). Die tatsächliche Zeit, die Eltern mit ihren Kindern verbringen, könne nur indirekt erhoben werden: „Da die faktischen Betreuungszeiten der Eltern nur schwer messbar sind, kann der Bezug von Elterngeld oder ElterngeldPlus als indirekter Parameter herangezogen werden." (ebd., S. 77) Andere Akteur_innen nicht institutioneller frühkindlicher Bildung, Betreuung und Erziehung, wie Verwandte, Freund_innen, Nachbar_innen oder Haushaltsangestellte, finden im Bericht kaum Erwähnung.

Im Folgenden sollen theoretische Impulse des materialistisch-feministischen Diskurses genutzt werden, um die Frage nach Qualität im frühkindlichen Bereich auch auf den scheinbar privaten Bereich nicht institutionalisierter Bildung, Erziehung und vor allem Betreuung zu erweitern. Mit Gabriele Winker (2015) kann gegenwärtig von einer Krise der Care-Arbeit[3] ausgegangen werden. Daran anschließend wird vorgeschlagen, die gesellschaftlichen Sphären der Ökonomie (Produktion) und der Sorgetätigkeiten (Reproduktion) sowie der organisationalen und nicht institutionellen Sorgepraxen zusammenzudenken, um umfassender klären zu können, was unter Qualität im Kontext der frühen Kindheit verstanden werden kann.

3 Die Krise der Care-Arbeit besteht nicht erst seit der Pandemie, sie spitzt sich durch diese allerdings zu und wird deshalb gegenwärtig offenkundig.

1. Care-Krise: Abspaltung der Produktions- von der Reproduktionssphäre

Da es „die Care-Debatte“ in dieser Homogenität nie gegeben hat (vgl. Brückner 2010), muss ihre Darstellung immer eine Auswahl und somit notwendigerweise auch eine Verkürzung bleiben. Ihre Wurzeln liegen primär in der Zweiten Frauenbewegung verbunden mit der Forderung nach Lohn für Hausarbeit um Mariosa Dalla Costa (1973) und den Analysen der *Hausfrauisierung* durch die Vertreter_innen der Bielefelder Schule um Maria Mies, Claudia von Werlhof und Veronika Bennholdt-Thomsen (1992). Ich beschränke mich im Folgenden vor allem auf neuere Beiträge von Nancy Fraser, Tithi Bhattacharya, Cinzia Arruzza (Arruzza/Bhattacharya/Fraser 2019a, Bhattacharya 2017, Fraser 2017a und 2017b), Gabriele Winker (2015 und 2011), Silvia Federici (2011, 2017 und 2020) und Roswitha Scholz (1999).[4]

Die Heterogenität der Debatte spiegelt sich auch im Ringen um angemessene Begrifflichkeiten wider. Während manche Autor_innen den *Care-Begriff* für ökonomisch verkürzt (Bilgi 2019) oder zu weit und nur eingeschränkt auf die deutsche Debatte übertragbar halten (Haug 2011 und Duden 2009) und es deswegen vorziehen, von *Sorge* zu sprechen, warnen andere Autor_innen vor einer Entpolitisierung durch den Sorgebegriff: *„Die Reproduktion wurde an die Familie delegiert, wo sie feminisiert und sentimentalisiert, als Sorge und nicht etwa als Arbeit definiert wurde: als etwas, das aus Liebe geleistet wird, nicht gegen Geld.“* (Arruzza/Bhattacharya/Fraser 2019b, S. 90). In Anschluss an Gabriele Winker werden hier, im Hinblick auf deren ökonomiekritisches Potenzial, die Termini *Reproduktionsarbeit* und *Care*[5] vorgeschlagen. Hierbei verweist *Reproduktionsarbeit* mehr auf die Funktion im jeweiligen wirtschaftlichen Produktionssystem und *Care* stärker auf die spezifisch fürsorgenden Tätigkeiten selbst (vgl. Winker 2015, S. 22).

4 Die Auswahl soll keine Geringschätzung gegenüber den klassischen Beiträgen feministischer Forschung zum Ausdruck bringen, sondern als Sammlung aktueller Diskurse über Care-Arbeit verstanden werden. Der Kritik und dem Hinweis der Vertreter_innen der Zweiten Frauenbewegung (z.B. Duden 2009, Haug 2011, Federici 2019), dass vieles von dem, was in der gegenwärtigen Care-Debatte beschrieben wird, damals bereits diskutiert und bearbeitet wurde, ist sicherlich zuzustimmen. Dieser Umstand drückt jedoch mehr die Not und Beständigkeit des Problems der Krise der Reproduktionsarbeit, als eine Geschichtsvergessenheit des gegenwärtigen Feminismus aus.

5 „Während […] in den Debatten um Reproduktionsarbeit weiter nach der ökonomischen Bedeutung der Reproduktion der Arbeitskraft gefragt wird, begnügt sich die Care-Debatte mit dem Gedanken der Aufrechterhaltung des Arbeitsvermögens.“ (Winker 2015, S. 22)

1.1 Reproduktion der Arbeitskraft bei Karl Marx

Feministisch-marxistischen Beiträgen zur Care- und Reproduktionsarbeit liegt die Annahme zugrunde, dass der Wert der Arbeitskraft, wie der jeder anderen Ware auch, durch die in sie investierte Arbeitszeit, die zur Produktion und Reproduktion der jeweiligen Ware nötig ist, bestimmt wird. In diesen Wert fließt allerdings nicht nur die Zeit für die Reproduktion der Arbeitsfähigkeit der Arbeitenden selbst, sondern auch die für Versorgung deren Kinder und Angehörigen mit ein.

> *„Der Wert der Arbeitskraft, gleich dem jeder andren Ware, ist bestimmt durch die zur Produktion, also auch Reproduktion, dieses spezifischen Artikels notwendige Arbeitszeit. Soweit sie Wert, repräsentiert die Arbeitskraft selbst nur ein bestimmtes Quantum in ihr vergegenständlichter gesellschaftlicher Durchschnittsarbeit. Die Arbeitskraft existiert nur als Anlage des lebendigen Individuums. Ihre Produktion setzt also seine Existenz voraus. Die Existenz des Individuums gegeben, besteht die Produktion der Arbeitskraft in seiner eignen Reproduktion oder Erhaltung.“* (MEW 23, S. 184 f.)

Marx wusste um die Notwendigkeit von Reproduktionsarbeit, hatte von dieser allerdings eine unterkomplexe Vorstellung. Im Folgenden nennt er zur Erläuterung die Befriedigung von Bedürfnissen, wie „Nahrung, Kleidung, Heizung, Wohnung“ (ebd., S. 185). Die Arbeit, die beispielsweise in Erziehung und Bildung der Arbeiter_innen investiert wird, bewertet Marx hingegen als „verschwindend klein für die gewöhnliche Arbeitskraft“ (ebd., S. 186). Nach Silvia Federici hat diese (Fehl-)Einschätzung Marx' mehrere Gründe: Erstens war die Hausarbeit zur damaligen Zeit tatsächlich auf das Notwendigste reduziert, da Frauen ebenso wie Männer täglich von morgens bis spätabends in den Fabriken arbeiteten. Zweitens fehlen der Reproduktionsarbeit nach Federici die entscheidenden Charakteristiken von industrialisierter Arbeit, sodass sie von zahlreichen Marxist_innen nicht als Arbeit erkannt wurde: *„Die Hausarbeit wurde, da sies in den eigenen vier Wänden verrichtet wurde, nichtkollektiv und nichtkooperativ organisiert und sogar im 20. Jahrhundert, dem Höhepunkt der Häuslichkeit, auf einem geringen Niveau der technologischen Entwicklung erledigt, und daher haben die Marxisten die Hausarbeit meist als einen kümmerlichen Überrest vorkapitalistischer Produktion klassifiziert“* (Federici 2017, S. 86). Damit einher ging, drittens, die Hoffnung auf eine Industrialisierung der Reproduktionsarbeit, durch die häusliche Arbeit effizient und technologisch erledigt und somit langfristig abgeschafft werden kann.

Da die Kosten für die Reproduktionsausgaben im direkten Verhältnis zum Lohn stehen, ist es für den kapitalistischen Verwertungszusammenhang zentral, die Ausgaben für Care-Tätigkeiten möglichst gering zu halten. Es kommt infolgedessen nach Gabriele Winker zur Abspaltung der als öffentlich wahrgenommen Produktions- von der scheinbar privaten Reproduktionsarbeit, die sich schon in Marx' Werk wiederfindet: „*Marx betrachtet […] bei der Wertbestimmung der Arbeitskraft nur die Sphäre der Warenproduktion und vernachlässigt damit den Teil der zur Reproduktion der Arbeitskraft notwendigen Arbeit, die nicht entlohnt wird.*" (Winker 2015, S. 20).

Die Frauen- und Geschlechterforschung setzt sich seit einem halben Jahrhundert gegen die Verkürzung von Arbeit auf Lohnarbeit ein (u. a. Bock/Duden 1997; Werlhof 1978; Scholz 1999; Haug 2011) und fordert eine gesteigerte gesellschaftliche Anerkennung von Sorgetätigkeiten als produktive Arbeit. Hierzu wurde von den Vertreterinnen der Zweiten Frauenbewegung der Begriff der Reproduktionsarbeit eingeführt: „*Unter Reproduktionsarbeit soll die unter den jeweiligen kapitalistischen Bedingungen zur Reproduktion der Arbeitskraft notwendigen Tätigkeiten verstanden werden, die nicht warenförmig, sondern ausschließlich am Gebrauchswert orientiert in familialen und ehrenamtlichen Bereichen realisiert werden. Dies umfasst vor allem die Ernährung, Erziehung und Bildung von Kindern und Jugendlichen als neue Generationen von Arbeitskräften sowie die Reproduktion der eigenen Arbeitsfähigkeit wie auch die Reproduktion anderer Erwerbspersonen.*" (Winker 2011, S. 333).

Allgemeiner fassen Cinzia Arruzza, Tithi Bhattacharya und Nancy Fraser unter sozialer Reproduktion *people making* und somit alles, was dazu beiträgt die Gesellschaft als solche zu reproduzieren, um ein *profit making* überhaupt erst zu ermöglichen (Arruzza/Bhattacharya/Fraser 2019a, S. 21).

Diese Reproduktionsarbeit wurde und wird hauptsächlich von Frauen und größtenteils unentgeltlich geleistet[6]. Die aktuelle OXFAM Studie (OXFAM Deutschland 2020) untersucht Care-Tätigkeiten im Zusammenhang mit sozialer Ungleichheit und beziffert die täglich weltweit von Frauen und Mädchen unbezahlt geleistete Haus-, Pflege- und Fürsorgetätigkeit auf über 12 Milliarden Stunden[7].

In Anschluss an Arbeiten von Roswitha Scholz, Gabriele Winker und Nancy Fraser soll im Folgenden die geschichtliche Entwicklung dieses Verhältnisses zwischen der Produktion- und Reproduktionssphäre genauer beschrieben werden, um deren Einfluss auf gegenwärtige Sorgetätigkeiten transparenter zu machen.

6 Wenn hier zwischen „männlich" und „weiblich" konnotiert unterschieden wird, hängt das damit zusammen, dass die ungleiche Aufteilung der Care-Arbeit eng mit den klassischen heterosexuellen Geschlechterrollen verbunden ist. Die Arbeitsteilung in homosexuellen Beziehungen beispielsweise scheint egalitärer organisiert zu sein (vgl. Buschner 2014). Dennoch sind Menschen mit nicht binärer Geschlechtszugehörigkeit oder in homosexuellen Beziehungen mit Care-Verpflichtung natürlich genauso von der Krise der sozialen Reproduktion betroffen und sind miteinzubeziehen.

7 Da gerade Frauen und Mädchen weltweit am stärksten von Armut betroffen sind, hier ist Deutschland vor allem hinsichtlich der Altersarmut von Frauen (Barisic/Consiglio 2020) und dem Gender-Pay-Gap von 21 % keine Ausnahme (Hobler et al. 2020), verweisen die Ergebnisse der OXFAM Studie auf eine umfassende soziale Benachteiligung entlang der Kategorie *Geschlecht*.

1.2 Wertabspaltungstheorie von Roswitha Scholz

Roswitha Scholz weist darauf hin, dass mit der Wert-Abspaltung zwischen Produktions- und Reproduktionsarbeit auch damit verbundene weiblich konnotierte Tätigkeiten und Eigenschaften separiert und zum „weiblichen Lebenszusammenhang“ deklariert wurden:

> *„Mit Wert-Abspaltung ist dabei im Kern gemeint, daß bestimmte Reproduktionstätigkeiten, aber auch damit verbundene Gefühle, Eigenschaften, Haltungen (Emotionalität, Sinnlichkeit, Fürsorglichkeit u. ä.) vom Wertverhältnis, dem System der abstrakten Arbeit, abgespalten und zum ‚weiblichen Lebenszusammenhang‘ gemacht werden. Diese ‚weiblichen‘ Reproduktionstätigkeiten haben so einen anderen Charakter als die abstrakte Arbeit und können deshalb nicht einfach unter den Arbeitsbegriff subsumiert werden. Sie sind gewissermaßen der Schatten, den der Wert wirft, und der durch das Marxsche Begriffsinstrumentarium nicht erfaßt werden kann.“ (Scholz 1999, o. S.)*[8].

Die Abspaltung des Wertes stellt für Scholz die notwendige andere Seite der Medaille abstrakter Arbeit dar. Die Marginalisierung der Hausarbeit ist somit kein vorkapitalistischer Anachronismus moderner Gesellschaften, sondern das Herzstück kapitalistischer Wertschöpfung. Oder mit Arruzza, Bhattacharya und Fraser gesprochen: *„Its key move was to separate the making of people from the making of profit, to assign the first job to women, and to subordinate it to the second.“* (Arruzza/Bhattacharya/Fraser 2019a, S. 21). Die nachträgliche Naturalisierung feminisierter Reproduktionsarbeit entpolitisiert diese und macht Ungleichheiten unsichtbar indem der Raum des Haushalts und der Reproduktion von der Sphäre des Politischen getrennt wird[9].

Scholz unterscheidet nun das Verhältnis von Wert und Abspaltung, also abstrakter Arbeit und Reproduktionsarbeit, in der Moderne und der Postmoderne[10]. Die Wert-Abspaltung der Moderne sei durch die Verallgemeinerung kapitalistischer Produktionsverhältnisse, dem Aufkommen der bürgerlichen Kleinfamilie und der Trennung zwischen der Sphäre des weiblich konnotierten Privaten und des männlich konnotierten Öffentlichen gekennzeichnet. In der bäuerlichen

8 Mit abstrakter Arbeit ist hier produktive Lohnarbeit gemeint. Mit der Spaltung der beiden Sphären können weiblich konnotierte Tätigkeiten nach Scholz gesellschaftlich entwertet werden, da sie nach kapitalistischer Logik angeblich keinen Mehrwert schaffen würden.

9 Hier ist auch auf die arendtsche Frontstellung zwischen dem Haushalt, dem *oikos*, und dem Raum des Politischen, der *polis*, hinzuweisen (Arendt 2013, S. 38 f.): „Die Sphäre des Haushalts war dadurch gekennzeichnet, daß das Zusammenleben in ihr vornehmlich von den menschlichen Bedürfnissen und Lebensnotwendigkeiten diktiert war.“ (ebd., S. 40)

10 Hier bleibt die Autorin den Lesenden eine genauere historische Einordung schuldig.

Gesellschaftsordnung sei ein *Ein-Geschlecht-Modell*[11] (Scholz 1999, o. S.) vorherrschend gewesen, auf das sich die Gesellschaft der Postmoderne nun wieder zubewege. Allerdings sei dies nicht identisch mit dem klassischen vormodernen Entwurf, da es bereits durch den Wert-Abspaltungsprozess hindurchgegangen sei, sodass einschlägige Kulturmuster von Männlichkeit und Weiblichkeit erhalten blieben. Das Verhältnis zwischen Produktion und Reproduktion sei in der Postmoderne nicht mehr adäquat durch den klassischen Dualismus von Hausfrauen und arbeitenden Männern zu beschreiben. Die Frau, hier argumentiert die Autorin mit Regina Becker-Schmidt, sei heute doppelt vergesellschaftet, d. h. für die Sphäre der Produktion ebenso verantwortlich wie für die Sphäre der Reproduktion. Scholz vergleicht das postmoderne *Ein-Geschlecht-Modell* deshalb mit der Situation von Frauen in Entwicklungsländern oder amerikanischen Slums, die ihre Kinder aufgrund der Abwesenheit der Väter alleine finanzieren *und* pflegen müssten. Kritisch wendet sie sich in diesem Zusammenhang gegen Judith Butlers dekonstruktivistischen Zugang und verweist darauf, dass bereits eine *Realdekonstruktion* (Scholz 1999, o. S.) klassischer Geschlechterdichotomien stattgefunden habe und man durch den Verzicht der Kategorie Frau nur die schlechte neue Geschlechterrealität affirmiere[12].

Scholz endet mit dem Hinweis, dass angesichts wachsender internationaler Ungleichheiten und Krisen eine einseitige Betonung der Globalisierung als Emanzipationschance unhaltbar werde[13].

1.3 Krise sozialer Reproduktion bei Gabriele Winker

Gabriele Winker geht davon aus, dass der Wechsel von Fordismus zu Postfordismus aufgrund der relativ hohen Kosten des *Ernährermodells* für den kapitalistischen Verwertungszusammenhang zu einer Transformation zum *Zwei-Verdiener-Modell* geführt habe. Sie weist mit Tove Soiland darauf hin, dass die finanzielle Unabhängigkeit der Frau zwar eine zentrale Errungenschaft der Zweiten Frauenbewegung sei, entgegnet aber sogleich mit Nancy Fraser, dass die

11 Unter dem bäuerlichen Ein-Geschlecht-Modell versteht Scholz das Arrangement, in dem Frauen aufgrund der Arbeitslast sowohl für die Erziehung der Kinder als auch für die anfallende Arbeiten verantwortlich sind und der Geschlechtsunterschied nebensächlich wird „Frauen sind Männer, nur anders“ (Scholz 1999, o. A.).

12 Auch Rita Casale verweist auf die Tendenz poststrukturalistischer Theoretiker_innen politische Fragestellungen durch die fehlende Rezeption gesellschaftstheoretischer Positionen zu etymologisieren: „Das Postulat der Gleichheit wird durch das der Differenz ersetzt.“ (Casale 2008, S. 202).

13 Hier argumentiert Scholz in der Tradition der Ökofeministin von Wehrlhof und nimmt dadurch Nancy Frasers Einsatz vorweg. Werlhof pointierte bereits in den 1980ern: „Nicht die Frauen haben den Status von Kolonien, sondern die Kolonien haben den Status von Frauen.“ (Werlhof 1978, S. 30).

Emanzipationsbestrebungen zunehmend in den Arbeitsmarkt integriert und kapitalistisch vereinnahmt wurde. Winker vertritt die These, dass die Abhängigkeit vom Ehemann nun den Zwang zur Selbstvermarktung bei nahezu gleichbleibender Reproduktionsarbeit gewichen sei. „*Familien werden zu Schaltstellen eines umfassenden und komplexen Managements. Wegen der nicht gesicherten Ganztagesbetreuung von Kindern ist es die Aufgabe von Eltern, primär von Müttern, mobil und flexibel für das warme Mittagessen, die Hausaufgabenbetreuung oder Fahrdienste zu Sport oder Musikaktivitäten zur Verfügung zu stehen.*" (Winker 2011, S. 337 f.). Die Gesamtheit der Mehrbelastung durch Haus- und Sorgetätigkeiten inklusive der vollständigen geistigen und physischen Organisationsarbeit, wird auch unter dem Begriff *mental load* diskutiert. Damit soll beispielsweise sichtbarer werden, dass ein einziges soziales Ereignis eine Vielzahl an komplexen Planungsschritten erfordert und die für andere Aktivitäten verfügbare geistige Kapazität verringert.

Nach Jutta Allmendinger hat das scheinbar persönliche Scheitern an den gesellschaftlichen Betreuungs- und Karriereerwartungen vieler Menschen mit Sorgeverpflichtung auch sozialstrukturelle Gründe: „*Früher passte vieles zusammen. Die Teilzeitbildung der Kinder mit der Nichterwerbstätigkeit der Mütter und der Absicherung durch die Ehe. Die Hausarbeit konnte am Morgen erledigt und das Essen gekocht werden, am Nachmittag wurden die Kinder beaufsichtigt, wenn sie Hausaufgaben machten. Es blieb Zeit, die Pflege von Eltern und Schwiegereltern zu übernehmen. Die gemeinsame Veranlagung bei der Steuer, die Mitversicherung bei der Kranken- und Rentenversicherung – all das passte. Wurde die Ehe geschieden, so regelte das Unterhaltsrecht für die Frau oft lebenslangen Unterhalt durch den Mann.*" (Allmendinger 2011, S. 6). Von dem hier beschriebenen traditionellen *Ernährermodell* mit alle seinen Vorzügen und Nachteilen – es sichert die Reproduktionsarbeit gesamtgesellschaftlich und intergenerationell ab, verursacht aber eine hohe finanzielle und soziale Abhängigkeit aller anderen Familienmitglieder von der alleinernährenden Person – kann gegenwärtig nicht mehr ausgegangen werden.

Gabriele Winker sieht im heutigen *Zwei-Verdiener-Modell* durch die entgrenzten und prekarisierten Arbeitsverhältnisse sowie die begrenzten staatlichen und institutionellen Angebote im Care-Sektor einen eklatanten Mangel an Geld, Zeit und Muße (vgl. Winker 2015, S. 19) für die lebensnotwendigen Care-Tätigkeiten und diagnostiziert gegenwärtig eine Krise sozialer Reproduktion (vgl. Winker 2011, S. 333).

Care-Arbeit, im Sinne der konkreten Sorgetätigkeiten und im Gegensatz zur stärker auf die Position der Sorge im ökonomischen System bezugnehmende Reproduktionstätigkeit, definiert sie als die „*Gesamtheit der bezahlten und unbezahlten Sorgearbeit als auch Erziehungs- und Betreuungstätigkeiten in Institutionen und Kindergärten, Schulen und Altersheimen*" (ebd., S. 336). In Anlehnung an Margit Brückner und Mascha Madörn fasst sie Care-Arbeit als „*Mix aus unbezahlten bzw. gering entlohnten Tätigkeiten innerhalb von Familien einerseits sowie staatlichen und privatwirtschaftlichen Dienstleistungen andererseits.*" (ebd., S. 336). Dies umfasst auch Praktiken der Selbstsorge.[14]

Die Verschränkung der Produktions- und der Reproduktionssphäre wird besonders deutlich, wenn man den finanziellen Hintergrund aktuell vorherrschender Care- und Familienmodelle vergleicht.

Winker beschreibt als die unter ökonomischen Aspekten günstigste Variante von Care-Arbeit, wenn Sorgetätigkeiten zusätzlich zur eigenen existenzsichernden Erwerbsarbeit oder Rente geleistet werden. Finanziell bessergestellte Erwerbstätige können Reproduktionsarbeit an Haushaltstätige abgeben. Die aus wirtschaftlicher Perspektive teuerste Variante hingegen stellt nach Winker die Ökonomisierung von Sorgearbeit durch privatwirtschaftliche und damit warenförmig organisierte Care-Arbeit dar.

Den drei Formen der gesellschaftlichen Organisation von Reproduktionsarbeit entsprechen nach Winker drei Familienmodelle. Im *ökonomisierten Familienmodell* hat die Familie die finanziellen Ressourcen, Care-Worker einzustellen, während im *prekären Familienmodell* eine Person wegen der Care-Arbeit nicht in der Lage ist, eine existenzsichernde Erwerbsarbeit auszuführen. Wenn aufgrund der Care-Arbeit eine Angewiesenheit auf staatliche Grundsicherung in Anspruch genommen werden muss, spricht Winker vom *subsistenzorientierten Familienmodell.*

Zusammenfassend benennt Winker es als das politisch-ökonomische Ziel im neoliberalen Anreizsystem, „*[…] dass Familien und dort insbesondere Frauen möglichst viele Care Tätigkeiten kostengünstig übernehmen*" (Winker 2011, S. 339). Die Folge ist, dass zahlreiche Menschen mit Sorgeverpflichtung Doppelbelastungen ausgesetzt sind und sich in finanziell prekären Lebenssituationen wiederfinden. Winker bezeichnet den Faktor *Mutterschaft* infolgedessen als eine zentrale Kategorie sozialer Ungleichheit[15].

1.4 Grenzkämpfe in unterschiedlichen ökonomischen Regimen bei Nancy Fraser

Nancy Fraser fasst den Wandel des Verhältnisses zwischen Produktion und Reproduktion als Folge von *Grenzkämpfen* (boundary struggels) unterschiedlicher

14 Frigga Haug weist zu Recht darauf hin, dass ein zu weiter Begriff von Sorgetätigkeiten Gefahr läuft, zu unpräzise zu werden. Sie schlägt als Minimalunterscheidung innerhalb der Care-Arbeit vor, die Gruppe derjenigen, die sich in regulären Lohnarbeitsverhältnissen befinden, von denjenigen, die in privaten Haushalten arbeiten und denen, die unbezahlt Sorgetätigkeit leisten, zu unterscheiden (Haug 2011, S. 362).

15 Die Autor_innen der Kurzexpertise „Frauen auf dem deutschen Arbeitsmarkt" der Bertelsmann Stiftung sprechen in diesem Zusammenhang vom *Gender Lifetime Earning Gap* und *Motherhood Lifetime Penalty* und verweisen darauf, dass die Entscheidung für ein Kind bei Müttern zu 40 % Gehaltseinbußen im Lebenserwerbseinkommen führt (Barisic/Consiglio 2020).

gesellschaftlicher Akteure im Ringen um eine neue Ordnung von Wirtschaft und Gesellschaft auf (vgl. Fraser 2017a, S. 109).

Sie unterscheidet drei Regime ökonomischer Organisation. Das erste Regime ist das des *liberalen Wettbewerbskapitalismus im 19. Jahrhundert* und zeichnet sich durch koloniale Ausbeutung im Externen und industrielle Ausbeutung im Kernbereich aus. Die Organisation der sozialen Reproduktion wird den Arbeiter_innen selbst überlassen, da der Staat hier keine aktive Rolle einnimmt. Wie Scholz bereits in ihrer Analyse der Moderne feststellt, etablierte sich hier nach und nach die Trennung zwischen privatem und öffentlichem Bereich. (vgl. Fraser ebd., S. 106).

Das zweite Regime ist das des *staatlich regulierten Kapitalismus im 20. Jahrhundert* (ebd. S. 109). Es zeichnet sich durch interne Konsumorientierung bei andauernder kolonialer und postkolonialer Ausbeutung der Peripherie aus. Dies entspricht in etwa den Prozessen, die Winker der fordistischen Arbeitsorganisation zuschreibt. Als Teil des ökonomischen Systems wird die soziale Reproduktion hier von Staat und Betrieb unterstützt, es bildet sich das *Ernährer-Modell* heraus. Als drittes Regime nennt Fraser das des *finanzialisierten Kapitalismus der Gegenwart* (Fraser 2017b, S. 93 f.), der sich durch eine Inanspruchnahme von Frauen als Arbeitskräfte und eine Verlagerung der industriellen Produktion in Niedriglohnländer auszeichnet. Es findet nach Kürzung staatlicher und betrieblicher Leistungen eine Rückverlagerung der Verantwortung für soziale Reproduktion auf die Arbeiter_innen statt. Der *Doppelverdiener-Haushalt* wurde zum gegenwärtigen Familienideal (ebd., S. 95). Fraser geht davon aus, dass es in einer kapitalistischen Wirtschaftsordnung immer einen *sozialen Widerspruch* zwischen Reproduktion und Produktion gibt, verweist aber darauf, dass der stetige Rückzug des Staates bei erhöhten (Flexibilisierungs-)Anforderungen des Marktes aktuell auf eine historisch neue Konstellation zusteuert, in der sich der *finanzialisierte Kapitalismus* seiner eigenen reproduktiven Grundlage beraubt (vgl. Fraser 2017a, S. 105).

Fraser hebt bei der Beschreibung des aktuellen Regimes zwei zusammenhängende Entwicklungen hervor: Die Erste ist die ökonomische Vereinnahmung der Emanzipationsbewegung und damit zusammenhängend, zweitens, die zunehmende Auslagerung von Sorgetätigkeiten auf häufig schlechter ausgebildete und bezahlte Arbeiter_innen, nicht selten mit Migrationshintergrund.

Das Ideal einer Emanzipation durch Frauenberufstätigkeit wurde nach Fraser von einer marktkonformen und unsolidarischen Variante des liberalen Feminismus instrumentalisiert, dem *lean in feminism*[16] (Arruzza/Bhattacharya/Fraser 2019a). Dieser spiele einer innovativen Art des Neoliberalismus zu, die einerseits in keinem Widerspruch mehr zu den Idealen der Meritokratie, Diversität und Emanzipation steht, auf der anderen Seite soziale Sicherungssysteme abbaut und die soziale Reproduktion an ökonomisch schlechter gestellte Arbeitskräfte

16 Der Begriff bezieht sich polemisch auf Sheryl Sandbergs „Lean in: Frauen und der Wille zum Erfolg" (Sandberg 2013).

verlagert. Das ermögliche, neben einer modernen Form postkolonialer Ausbeutung von ins Innere des finanzialisierten Kapitalismus importierten Arbeitskräften als Hausangestellten, auch die Entstehung sogenannter *Care Chains*. Als internationale Betreuungsketten bezeichnet man die Verlagerung von Sorgetätigkeiten auf Migrant_innen, die die Betreuung ihrer eigenen Kinder wiederum an billigere Arbeitskräfte oder Verwandte weitergeben, die dann wiederum das Gleiche mit ihren eigenen Kindern tun. Nach Ursula Apitzsch und Marianne Schmidbaur (Apitzsch/Schmidbaur 2011) sind weder die Auslagerung der sozialen Reproduktion an Migrant_innen, noch *Care Chains* für die Beteiligten zwingend problematisch. Die Autorinnen argumentieren in Anschluss an Studien von Juliane Karakayali (Karakayali 2010) sowie von Helma Lutz und Ewa Palenga-Möllenbeck (Lutz/Palenga-Möllenbeck 2011), dass Care-Worker_innen ihre Arbeit, je nach Alter und Versorgung aller beteiligen Kinder, auch als Möglichkeit des sozialen Aufstiegs bewerten können. Bedenkt man allerdings, dass schätzungsweise 100.000 bis 200.000 ausländische Care-Arbeiter_innen und Haushaltshilfen (Apitzsch/Schmidbaur 2011, S. 45) in Deutschland arbeiten und eine Vollzeitarbeitskraft, beispielsweise über Entsendeunternehmen zu Niedriglöhnen einstellbar ist, wird die Notwendigkeit weiterer Forschung zu den Arbeitsbedingungen und der in deutschen Haushalten von Migrant_innen geleisteten Care-Arbeit, insbesondere der Betreuung, Erziehung und Bildung kleiner Kinder, augenscheinlich.

2. Perspektiven: Care Revolution, radikale Ökonomiekritik und Commons

> „*We have no interest in breaking the glass ceiling while leaving the vast majority to clean up the shards.*" (Arruzza/Bhattacharya/Fraser 2019a, S. 13).

Teilt man die Diagnose einer Krise der Sorgearbeit, stellt sich nun die Frage, welche möglichen Auswege und Perspektiven denkbar sind. Hier sollen drei sehr unterschiedliche Schlussfolgerungen aus den dargestellten Gegenwartsdiagnosen umrissen werden.

Cinzia Arruzza, Tithi Bhattacharya und Nancy Fraser stellen in ihrem Manifest „Feminism for the 99 %" (2019) die Frage nach der Möglichkeit, Feminismus ökologisch, kapitalismus- und rassismuskritisch neu zu denken. Sie reformulieren die Soziale Frage im globalen Kontext und kritisieren eine liberale Engführung des Feminismus auf berufliche Gleichstellung. Sie machen deutlich, dass der Weg aus den verschiedenen aktuellen Krisen – namentlich die Krise der Ökonomie, des Klimas und durch Rassismus – nur über radikale Kapitalismuskritik zu realisieren ist. Eine Verbesserung der Situation sozialer Reproduktion ist ohne die Abschaffung der herrschenden Produktionsverhältnisse für die Autorinnen kaum möglich.

Obwohl auch Gabriele Winker von einer Care-Revolution (2015) spricht, versteht sie eher ein Ensemble gesamtgesellschaftlicher Reformen darunter: *„Dabei geht es um nichts weniger als die Forderung, dass nicht Profitmaximierung, sondern die Verwirklichung menschlicher Lebensinteressen und damit die Verfügung über die relevanten Lebensbedingungen zur Befriedigung grundlegender Bedürfnisse im Zentrum stehen"* (Winker 2011, S. 341). Hierfür müsse gesamtgesellschaftlich diskutiert werden, welche Bedürfnisse im Mittelpunkt dieses Wandels stehen sollen. Winker erhebt drei Forderungen für die Reformierung des Verhältnisses von Produktion und Sorgetätigkeiten: Erstens muss die generative Reproduktionsarbeit mit Zeit und existenzieller Absicherung für die ausführenden Personen verbindbar sein. Zweitens sollte freiwillig geleistete Reproduktionsarbeit immer mit einem Netz aus staatlichen oder genossenschaftlichen Dienstleistungen verbunden werden und drittens müssen personenbezogene Dienstleistungen deutlich höher entlohnt werden.

Eine dritte Perspektive führt Silvia Federici mit ihren Überlegungen zu den Commons ein. Zunächst ist festzuhalten, dass die Autorin wenig Hoffnungen in eine Lösung der Care-Krise durch Technisierung von Reproduktionstätigkeiten legt, da sie diese ihrem Wesen nach für nur bedingt technologisch optimierbar hält (vgl. Federici 2019, S. 93 f.). Auch bezweifelt sie das subversive Potenzial des Rückzuges ins private Glück „‚hochwertiger' Reproduktion" zwischen selbstangebautem Gemüse, hochwertigen Nahrungsmittel und großem Engagement für Erziehung und Bildung der *eigenen* Kinder (vgl. Federici 2020, S. 262). Stattdessen schlägt Federici vor den Fokus auf *„gemeinschaftliche Formen der gesellschaftlichen Organisation"* (ebd., S. 25) zu richten: *„Aus einer feministischen Perspektive beziehen die Commons ihren Reiz aus der Möglichkeit, die Isolation, in der reproduktive Tätigkeiten geleistet werden, und die Trennung der privaten und politischen Sphäre, die so viel dazu beitrug, die Ausbeutung von Frauen in der Familie und im Haus zu verbergen und zu legitimieren, zu überwinden"* (ebd.). Die Commons stellen für sie einerseits bereits existierende Praxen gegenseitiger Hilfe, wie beispielsweise die Einrichtung öffentlicher Suppenküchen, lokaler Betreuungsnetzwerke oder der gemeinsame Kampf um öffentliche Räume und Ressourcen dar, andererseits sind sie der Versuch, eine Utopie konsequent von der Reproduktion als Zentrum gesellschaftlicher Veränderung jenseits aktueller kapitalistischer Verhältnisse zu denken. Federici plädiert für eine Solidarisierung mit subsistenz-ökonomischen Praktiken der Gestaltung sozialer Reproduktion sowie den Kampf für gemeinschaftliche Güter und eine bedürfnisorientierte Organisation der Gesellschaft.

3. Pädagogische Qualität anders denken?

Es sollte gezeigt werden, dass gegenwärtige Sorgeverhältnisse einerseits maßgeblich von ökonomischen Rahmenbedingungen und kulturellen Zuschreibungsmustern geprägt sind, andererseits auch ein großes Potenzial zur besseren

Einrichtung der sozialen Reproduktion bergen. Es folgt nun eine knappe Diskussion möglicher Anschlüsse der dargestellten Beiträge zur Care-Debatte für die Pädagogik der frühen Kindheit.

Entscheidet man sich nicht, wie Gunilla Dahlberg, Peter Moss und Alan Pence (2013), generell dagegen mit dem Qualitätsbegriff zu arbeiten, weil er eine Tendenz zur Standardisierung habe und wenig geeignet sei, verschiedene Perspektiven zuzulassen, stellt sich die Frage, wie eine Qualität im Kontext frühkindlicher Bildung, Erziehung und Betreuung gedacht werden kann, die sich ihrer gesellschaftlichen Situiertheit bewusst ist. Qualität basiert zwangsläufig auf normativen Entscheidungen. Diese wären zugunsten einer Diskussion über die Frage nach dem *guten* Leben und *heterogenen gesellschaftlichen Bedürfnissen* offen zu legen. Die feministisch-materialistische Perspektive kann hierzu einen Beitrag leisten, indem sie die soziale Reproduktion ins Zentrum ihrer Überlegungen stellt. Wie könnte eine Gesellschaft beschaffen sein, die es allen Mitgliedern ermöglicht, lebenswerte soziale Sorgebeziehungen einzugehen und Care-Tätigkeiten ohne ökonomische Repressionen auszuführen?

Hierzu wäre zum einen eine Verschiebung des Fokus pädagogischer Forschung auf nicht institutionelle Praxen der Sorge- und Reproduktionstätigkeit nötig. Die „Social Reproduction Theory" Tithi Bhattacharyas (2017) fragt in diesem Kontext: Der/die Arbeiter_in produziert die Ware. Wer aber produziert den/die Arbeiter_in? Ihr Interesse richtet sich auf den scheinbar privaten Bereich der Reproduktion, der nach und vor der Lohnarbeit stattfindet. Im Hinblick auf frühkindliche Forschung wäre also vermehrt die Frage danach zu stellen, wer eigentlich, wie und wo erzieht, betreut und bildet nachdem und bevor die Kindertagesstätten geöffnet haben. Durch die Untersuchung nicht organisationaler Care-Praktiken könnten neben verwandtschaftlichen und freundschaftlichen Betreuungsnetzwerken auch die Reproduktionsarbeit durch (Pflege-)Eltern oder in und von privaten Haushalten angestellte Au-Pairs, Haushaltshilfen oder Tagesmütter/-väter sichtbar werden. Bollig, Honig und Nienhaus legen in ihrer ethnografischen Studie zur Vielfalt betreuter Kindheiten (Bollig/Honig/ Nienhaus 2016) einen vielversprechenden Ansatz vor, an dem mögliche Anschlusspunkte der dargestellten Reflexionen der Care-Debatte im frühkindlichen Bereich skizziert werden können. Die Studie stellt in acht ethnografischen Portraits die Frage *„was […] man über Bildung und Betreuung in früher Kindheit erfahren [kann, L. S.], wenn man sie von der Position der Kinder her betrachtet"* (Bollig/Honig/Nienhaus 2016, S. 2). Im Rahmen der Studie wurden 13 Kinder aus Luxemburg über einen Zeitraum von mehreren Monaten ethnografisch begleitet, um die tatsächlich praktizierten Betreuungsarrangements untersuchen zu können. Hierdurch wird vor allem *„die verschachtelten und sich verschränkenden Verhältnisse von Öffentlichkeit und Privatheit"* (ebd., S. 17) deutlich. Dargestellt werden Bereiche formaler Bildung in Form von institutioneller Früherziehung und Vorschulbildung sowie non-formaler Bildung im Kontext der Betreuung in Kita und durch Tageseltern. Die nicht-institutionell geleistete Sorgearbeit ist zwar, von Tageseltern abgesehen, nicht explizit Gegenstand der ethnografischen Beobachtung, wird aber durch die Darstellung der Wochenpläne der Kinder von Montag bis Freitag von 6.00 Uhr bis 20.00 Uhr, inklusive der Beschreibung der vor, während und nach der Betreuung stattfindenden Ortswechsel (z. B. das Holen- und Bringen sowie die regelmäßige Freizeitaktivitäten wie der Besuch eines Spielplatzes) und die Beschreibung der begleitenden Person (Eltern, Tageseltern, Großeltern, alleine zurückgelegter Weg), zumindest teilweise sichtbar. Hier wäre beispielsweise die Ergänzung eines vollständigen Wochenplanes, inklusive Wochenende und eine Erweiterung um die Wochenpläne aller betreuenden Personen denkbar, um einerseits Spannungen zwischen ökonomischen Anforderungen und Sorgetätigkeiten sichtbar zu machen und anderseits auch scheinbar private Betreuungssettings danach befragen zu können, wie sie von den einzelnen Akteur_innen erlebt werden. Nur durch ein erhöhtes Wissen über tatsächlich praktizierte Betreuungsarrangements kann die Frage nach Qualität im frühkindlichen Bereich umfassend beantwortet werden und implizite normative Setzungen offengelegt werden.

Die Impulse der Care-Debatte ermöglichen es, die Frage der Qualität von Sorgetätigkeiten zu erweitern, indem die Pluralität unterschiedlicher Lebensentwürfen berücksichtigt wird. Aus dieser Perspektive wäre es beispielsweise notwendig, zunächst zu untersuchen, ob die institutionelle Betreuung von Kindern für diese per se ein Mehr an Bildungs-, Betreuungs- und Erziehungsqualität sichert, bevor die seltenere Inanspruchnahme von Kindertagesstätten von Menschen mit Migrationshintergrund einseitig unter dem Label mangelnder Bildungsbeteiligung verhandelt wird (Autorengruppe Bildungsberichterstattung 2020, S. 87). Auch aus der Perspektive junger Frauen und Mütter kann es nicht als gesichert gelten, dass beispielsweise die Kinderlosigkeit gut ausgebildeter Frauen (ebd., S. 28) oder die fehlende Erwerbstätigkeit von Frauen, wenn die eigenen Kinder noch sehr jung sind, eine freiwillige Entscheidung darstellt oder im Zusammenhang mit fehlenden strukturellen Ressourcen qualitativ hochwertiger Kinderbetreuung steht. Der frühere Wiedereinstieg in den Beruf ostdeutscher Frauen weist darauf hin (ebd., S. 77 und S. 86). Hier könnte im Hinblick auf die Diversität der Lebensformen mit Kindern auch die Frage nach fehlenden Angeboten von 24-stündig geöffneten Betreuungsangeboten gestellt werden (Autorengruppe Bildungsberichterstattung 2020, S. 84). Gute Bildung, Erziehung und Betreuung im frühkindlichen Bereich kann institutionell und privat stattfinden. Dieser Tatsache ist mit weiterer Forschung über Vielfältigkeit praktizierter Betreuungsarrangements sowie die unterschiedlichen Bedürfnisse und Bedarfe der Betroffenen Rechnung zu tragen.

In Anschluss an die Impulse der Care-Debatte ist somit eine Verschiebung der Perspektive, *„die eine Weiterschreibung der Geschichte der Abwertung von feminisierter Betreuungs- und Sorgearbeit"* (Dietrich/Wedemann 2019, S. 463) durchbricht und sich solidarisch mit den in den Kämpfen der Reproduktionskrise stehenden Individuen zeigt, anzuvisieren.

Literatur

Allmendinger, Jutta (2011): Geschlecht als wichtige Kategorie der Sozialstrukturanalyse. In: Aus Politik und Zeitgeschehen, S. 3-7.

Apitzsch, Ursula/Schmidbaur, Marianne. (2011): Care, Migration und Geschlechtergerechtigkeit. In: Aus Politik und Zeitgeschehen, S. 43-49.

Arendt, Hannah (1967/2013): Vita activa oder Vom tätigen Leben. 12. Auflage. München: Piper.

Arruzza, Cinzia/Bhattacharya, Thitti/Fraser, Nancy (2019a): Feminism for the 99 Percent: A Manifesto. London: Verso.

Arruzza, Cinzia/Bhattacharya, Thitti/Fraser, Nancy (2019b): Feminismus für die 99%. Ein Manifest. Berlin: Matthes & Seitz.

Autorengruppe Bildungsberichterstattung (2020): Bildung in Deutschland 2020 – Ein indikatorengestützter Bericht mit einer Analyse zu Bildung in einer digitalisierten Welt. Bielefeld: wbv Publikation.

Barisic, Manuela/Consiglio, Valentina (2020): Frauen auf dem Arbeitsmarkt – Was es sie kostet, Mutter zu sein. www.bertelsmann-stiftung.de/fileadmin/files/user_upload/200616_Kurzexpertise_MotherhoodLifetimePenaltyFINAL.pdf (Abfrage: 28.06.2020).

Bhattacharya, Tithi (2017): Social Reproduction Theory. Remapping Class, Recentering Oppression. London: Pluto Press.

Bilgi, Oktay (2019): Betreuung – ein pädagogisch unterbestimmter Begriff. In: Dietrich, Cornelie/Stenger, Ursula/Stieve, Claus (Hrsg.): Theoretische Zugänge zur Pädagogik der frühen Kindheit. Eine kritische Vergewisserung. Weinheim: Belz Juventa, S. 465-474.

Bock, Gisela/Duden, Barbara (1977): Arbeit aus Liebe – Liebe als Arbeit. Zur Entstehung der Hausarbeit im Kapitalismus. In: Gruppe Berliner Dozentinnen (Hrsg.): Frauen und Wissenschaft. Beiträge zur Berliner Sommeruniversität der Frauen. Berlin: Courage Verlag, S. 118-199.

Bollig, Sabine/Honig, Michael-Sebastian/Nienhaus, Sylvia (2016): Vielfalt betreuter Kindheiten. Ethnographische Fallstudien zu den Bildungs- und Betreuungsarrangements 2-4jähriger Kinder. Luxemburg: Belval.

Buschner, Andrea (2014): Die Arbeitsteilung gleichgeschlechtlicher Paare in Deutschland. Bamberg: University Press.

Brückner, Margrit (2010): Entwicklungen der Care-Debatte – Wurzeln und Begrifflichkeiten. In: Apitzsch, Ursula/Schmiedbaur, Marianne (Hrsg.): Care und Migration. Opladen und Farmington Hills: Barbara Budrich, S. 43-58.

Casale, Rita (2008): Die Vierzigjährigen entdecken den Feminismus. Anmerkungen zur Epistemologisierung politischer Theorien. In: Feministische Studien, S. 197-207.

Dahlberg, Gunilla/Moss, Peter/Pence, Alan (2013): Beyond Quality in Early Childhood. Education and Care. 3. Auflage. New York: Routledge.

Dalla Costa, Mariosa (1973): Die Frauen und der Umsturz der Gesellschaft. Berlin: Merve.

Dietrich, Cornelie/Wedemann, Jutta (2019): Betreuung – ein pädagogisch unterbestimmter Begriff. In: Dietrich, Cornelie/Stenger, Ursula/Stieve, Claus (Hrsg.): Theoretische Zugänge zur Pädagogik der frühen Kindheit. Eine kritische Vergewisserung. Weinheim und Basel: Beltz Juventa, S. 452-464.

Duden, Barbara (2009): Arbeit aus Liebe – Liebe als Arbeit. Ein Rückblick. In: Olympe Feministische Arbeitshefte zur Politik, S. 16-26.

Federici, Silvia (2011): On affective labor. In: Peters, Michael/Bulut, Ergin (Hrsg.): Cognitive capitalism, education and digital labor. New York: Peter Lang, S. 23-56.

Federici, Silvia (2017): Marx, der Feminismus und der Aufbau der Commons. In: Birkner, Martin/Seibert, Thomas (Hrsg.): Kritik und Aktualität der Revolution. Wien: Mandelbaum, S. 71-104.

Federici, Silvia (2019): Social reproduction theory. History, issues and present challenges. In: Radical Philosophy 2.04. www.radicalphilosophy.com/article/social-reproduction-theory-2, (Abfrage: 27.06.2020).

Federici, Silvia (2020): Die Welt wieder verzaubern. Feminismus, Marxismus & Commons. Wien. Mandelbaum.

Fraser, Nancy (2017a): Who cares? Die Ausbeutung der Sorgearbeit und ihre Krise. In: Blätter für deutsche und internationale Politik, S 107-114.

Fraser, Nancy (2017b): Who cares? Die Ausbeutung der Sorgearbeit im neoliberalen Kapitalismus. In: Blätter für deutsche und internationale Politik, S. 91-100.
Haug, Frigga (2011): Das Care-Syndrom. Ohne Geschichte hat die Frauenbewegung keine Perspektive. In: Das Argument 292, S. 345-364.
Hobler, Dietmar/Lott, Yvonne/Pfahl, Svenja/Schulze-Buschof, Karin (2020): Report – Stand der Gleichstellung von Frauen und Männern in Deutschland. www.boeckler.de/pdf/p_wsi_report_56_2020.pdf. (Abfrage: 28.06.2020).
Karakayali, Juliane (2010): Prec(ar)ious Labor. Die biografische Verarbeitung widersprüchlicher Klassenmobilität transnationaler „care workers" aus Osteuropa. In: Apitzsch, Ursula/Schmidbaur, Marianne (Hrsg.): Care und Migration. Die Ent-Sorgung menschlicher Reproduktionsarbeit entlang von Geschlechter- und Armutsgrenzen. Opladen und Farmington Hills: Barbara Budrich, S. 165-175.
Lutz, Helma/Palenga-Möllenbeck, Ewa (2011): Das Care-Chain-Konzept auf dem Prüfstand. Eine Fallstudie der transnationalen Care-Arrangements polnischer und ukrainischer Migrantinnen. In: Gender. Zeitschrift für Geschlecht, Kultur und Gesellschaft, S. 9-27.
Marx, Karl (1890/1974): Das Kapital. Vierter Band. In: Marx-Engels-Werke, Band 23. Berlin: Dietz Verlag.
Melchers, Carl (2020): Die unsichtbare Grundlage des Kapitalismus wird sichtbar. Ein Gespräch über die Ordnung der Geschlechterverhältnisse unter den Bedingungen der Pandemie. In: Jungle World am 20.05.2020, o. S. (auch online unter jungle.world/artikel/2020/21/die-unsichtbare-grundlage-des-kapitalismus-wird-sichtbar, Abfrage 21.06.2020).
OXFAM Deutschland (2020): Im Schatten der Profite. www.oxfam.de/system/files/2020_oxfam_ungleichheit_studie_deutsch_schatten-der-profite.pdf (Abfrage: 24.06.2020)
Sandberg, Sheryl (2013): Lean in: Frauen und der Wille zum Erfolg. Berlin: Econ.
Scholz, Roswitha (1999): Wert und Geschlechterverhältnis. In: Streifzüge, S. 7-11 (auch online verfügbar: www.exit-online.org/textanz1.php?tabelle=autoren&index=14&posnr=37&backtext1=text1.php, Abfrage: 25.06.2020).
Viernickel, Susanne/Fuchs-Rechlin, Kirsten/Strehmel, Petra/Preissing, Christa/Bensel, Joachim/Haug-Schnabel, Gabriele (2015): Qualität für alle. Wissenschaftlich begründete Standards für die Kindertagesbetreuung. Freiburg, Basel und Wien: Herder.
Werlhof, Claudia von (1978): Frauenarbeit: Der blinde Fleck in der Kritik der politischen Ökonomie. In: beiträge zur feministischen theorie und praxis, S. 18-32.
Werlhof, Claudia von/Mies, Maria/Bennholdt-Thomsen, Veronika (1992): Frauen, die letzte Kolonie. Zur Hausfrauisierung der Arbeit. Zürich: Rotpunktverlag.
Winker, Gabriele (2011): Soziale Reproduktion in der Krise – Care Revolution an Perspektive. In: Das Argument 292, S. 333-344.
Winker, Gabriele (2015): Care Revolution. Schritte in eine solidarische Gesellschaft. Bielefeld: Transcript.

III Kindorientierung und Qualität aus der Perspektive von Kindern

Kinder als Akteure der Qualitätsentwicklung in KiTas

Iris Nentwig-Gesemann, Bastian Walther

1. Einleitung

Die Debatte über Qualität in Kindertageseinrichtungen hat in Deutschland eine lange Tradition und flammt immer wieder auf: Die Einführung des Rechtsanspruchs auf einen KiTa-Platz 1996 (vgl. König 2009, S. 49) und auch das vergleichsweise schlechte Abschneiden von Schüler_innen in internationalen und nationalen Studien (OECD 2001; Baumert 2001) forcierten unterschiedliche Ansätze der Qualitätsverbesserung im Feld der Frühkindlichen Bildung, Betreuung und Erziehung (FBBE). Neben einer Verbesserung der Strukturqualität, gilt die Professionalisierung der frühpädagogischen Fachkräfte (unter anderem über den Weg einer wissenschafts- und forschungsbasierten Ausbildung in kindheitspädagogischen Studiengängen) als ein Schlüsselelement der Qualitätsentwicklung (Friederich/ Schoyerer 2019). Forciert durch den internationalen Diskurs wird zunehmend auf das „kompetente System" verwiesen (Urban et al. 2012), um die subjektzentrierten Konzepte von Professionalisierung, Qualifizierung und Kompetenzentwicklung um eine systemische Perspektive zu ergänzen, die das Zusammenwirken von Akteuren der verschiedenen Ebenen, der Einrichtung und des Teams, der Zusammenarbeit mit Familien und im Sozialraum sowie der Politik, betont. Konzipieren wir Qualität in diesem Sinne als ein *interperspektivisches* Konstrukt, das nicht von einer Akteursgruppe, gar adultistisch von Erwachsenen, normiert werden kann, sondern im gemeinsamen Diskurs hervorgebracht wird, dann muss dabei ein besonderes Augenmerk zum einen auf die Kinder mit ihren Erfahrungen, Perspektiven, Meinungen und Wünschen gelegt werden, die in Qualitätsentwicklungsprozessen bislang kaum Gehör finden, zum anderen auf die Fachkräfte, die unmittelbar an der Ausgestaltung pädagogischer Wechselwirkungsbeziehungen beteiligt sind.

Mit dem sogenannten „Gute-KiTa-Gesetz" (Gesetz zur Weiterentwicklung der Qualität und zur Teilhabe in der Kindertagesbetreuung 2018) als einem politischen Steuerungshebel soll der Qualitätsentwicklungsprozess der FBBE forciert werden. Auch wenn darin kein interperspektivisches Qualitätsverständnis vorangetrieben wird, wird doch der Einbezug von Kindern gefordert. Zehn Handlungsfelder sollen zu einer Qualitätsverbesserung beitragen: Bedarfsgerechtes Angebot, Fachkraft-Kind-Schlüssel, Gewinnung und Sicherung qualifizierter Fachkräfte, Stärkung der Leitung, Verbesserung der räumlichen Gestaltung, Förderung der kindlichen Entwicklung, Gesundheit, Ernährung und Bewegung, Förderung der sprachlichen

Bildung, Stärkung der Kindertagespflege, Verbesserung der Steuerung des Systems und die Bewältigung inhaltlicher Herausforderungen (ebd., § 2). In diesem zehnten Handlungsfeld wird dann, neben anderen Aspekten, konkretisiert, dass es „insbesondere (um) die Umsetzung geeigneter Verfahren zur Beteiligung von Kindern" geht. Auch wenn hier eine prägnantere Formulierung wünschenswert gewesen wäre, deutet sich doch zumindest an, dass das Recht von Kindern auf Gehör und Beteiligung, das in Artikel 12 der Kinderrechtskonvention (BMFSFJ 2014; Kultusministerkonferenz 2006) formuliert und als „Respekt für die Sicht des Kindes" präzisiert wird (UNICEF 2007, S. 70), als unhintergehbare Konstituente von Qualitätsentwicklung anerkannt wird. Dass die Länder bei der Umsetzung die Einbeziehung von Kindern in Qualitätsentwicklungsprozesse nicht als Priorität setzen, lässt sich daran erkennen, dass vor allem Maßnahmen in den Handlungsfeldern „Guter Betreuungsschlüssel", „weniger Gebühren" und „Qualifizierte Fachkräfte" gewählt wurden (Bock-Famulla et al. 2019, S. 16). Hieran schließt sich unmittelbar die Frage an, wie es gerechtfertigt werden kann, dass Kindern in Qualitätserfassungs- und Qualitätsentwicklungsprozessen nicht das Gehör geschenkt wird, das ihnen rechtlich verbrieft ist. Aus wessen Perspektive wird Qualität beschrieben und bewertet, wer darf dabei mitreden und wer nicht?

Diejenigen, die für das Wohlergehen und Wohlbefinden von Kindern in Kitas zuständig und verantwortlich sind, sind also – u. a. durch das „Gute-Kita Gesetz" – aufgefordert, nach den Erfahrungen und Erlebnissen von Kindern zu fragen: Was ist ihnen wichtig, was mögen sie und was mögen sie nicht, was wünschen sie sich anders? Was trägt zu ihrem Wohlfühlen/Wohlbefinden[1] bei, was bereitet ihnen Kummer, was macht sie glücklich? Was stärkt sie als Individuum und als Teil der Gemeinschaft? Was eröffnet ihnen Raum für Prozesse der Selbst- und Welterkundung? Was und wen loben die Kinder, und über was und wen beschweren sie sich? Welche Veränderungsvorschläge haben sie? Das Recht der Kinder auf Gehör impliziert die Pflicht der Erwachsenen, ihnen aufmerksam zuzuhören, sich Mühe zu geben, ihre Themen und Anliegen zu verstehen, sie nicht gleich abzutun, wenn sie zunächst „sinnlos", unverständlich oder störend erscheinen. Das Recht, angehört zu werden, verpflichtet die Erwachsenen aber nicht nur dazu, den Kindern beobachtend und im Gespräch Fragen zu stellen, sondern auch dazu, sich dann wirklich Zeit zu nehmen, ihnen zuzusehen und -zuhören, mit ihnen zu diskutieren, Begründungen abzuwägen und Kompromisse auszuhandeln. Es geht nicht um eine „Machtübergabe" an die Kinder, wohl aber um eine dialogische, respektvolle Kultur des Miteinanders von Kindern und Erwachsenen, die in einem Resonanzraum (Rosa 2016) interagieren.

Zudem geht es keinesfalls nur um die Haltung der Fachkräfte, sondern um die Absicherung von demokratischen Strukturen und Mitbestimmungsrechten.

1 Für eine ausführliche Reflexion des Konstrukts Wohlbefinden vgl. Nentwig-Gesemann et al. 2021.

Längst noch nicht in allen Kitas stehen Kindern selbstverständlich strukturell verankerte Möglichkeiten zur Verfügung, sich an Meinungsbildungs- und Entscheidungsprozessen zu beteiligen. Und es ist noch immer nicht selbstverständlich, dass Kinder sich beschweren und darauf verlassen können, dass ihre Beschwerden dann auch verbindlich bearbeitet werden. Qualitätsentwicklung in Kitas verzichtet noch weitgehend darauf, die Potenziale der Entwicklungs- und Verbesserungsideen von Kindern zu nutzen.

2. Forschung zur Perspektive von Kindern

Im Rahmen der sogenannten „New-Childhood-Studies" (vgl. hierzu z. B. Honig/Leu/Nissen 1996; Prout/James 1990; Dahlberg/Moss/Pence 1999; Heinzel/Kränzl-Nagl/Mierendorff 2012; Spyrou/Rosen/Cook 2018) wird die eigenständige Bedeutung der Lebensphase Kindheit anerkannt und werden Kinder als „Personen aus eigenem Recht" betrachtet, die nicht nur an Erziehungs-, Bildungs- und Sozialisationsprozessen, sondern auch an der Herstellung von Wirklichkeit(en) eigenständig handelnd beteiligt sind. In diesem Zusammenhang wurde auch die Notwendigkeit deutlich, Methoden zu entwickeln, mit denen die Perspektiven von Kindern rekonstruiert werden können (Honig/Lange/Leu 1999). Dabei werden Kinder zunehmend auch im Rahmen von Forschung als aktive Mit-Gestalter_innen anerkannt, die in ihren Rechten und Kompetenzen ernst genommen werden müssen (Nentwig-Gesemann 2013a; Nentwig-Gesemann/Großmaß 2017). Inzwischen liegt in der qualitativen Forschung eine recht große und gut erprobte Anzahl von methodischen Ansätzen vor, mit denen ein Zugang zu den Erfahrungen und Orientierungen von Kindern gewonnen werden kann. Innerhalb biografischer, phänomenologischer, ethnografischer, hermeneutischer, diskursanalytischer und praxeologisch-dokumentarischer Forschungszugänge wird wiederum mit einer Vielzahl von Methoden gearbeitet: von Interviews und Gruppendiskussionen, über teilnehmende und videobasierte Beobachtung bis zur Interpretation von Kinderzeichnungen.[2]

2.1 Kinderperspektiven in der Qualitätsforschung

Für die Erfassung bzw. Messung von Kita-Qualität werden in Deutschland fast ausschließlich standardisierte Verfahren angewandt, die die Erfahrungen und

2 Zu den verschiedenen Methodologien und Methoden liegt eine Vielzahl an Publikationen vor. Da eine angemessen ausführliche und präzise Darstellung in diesem Beitrag aus Platzgründen nicht möglich ist, seien die Leser_innen hier auf die aktuellen Veröffentlichungen zur sozialwissenschaftlichen Kindheitsforschung verwiesen.

Perspektiven von Kindern selbst nicht einbeziehen; ein weit verbreitetes Instrument ist die Kindergarten-Skala (KES-R) (vgl. für einen Überblick: Becker-Stoll/Wertfein 2013). Damit kann auch die Weiterentwicklung von Qualität nicht unmittelbar an die Themen und Perspektiven der Kinder in einer Kita anknüpfen – diese stellen sozusagen den „blinden Fleck" im Qualitätsdiskurs des Common Sense dar. Auch Eltern und die Fachkräfte-Teams selbst sind in diese externen Evaluationen, ihre Kriterien und Bewertungslogiken oft nicht einbezogen, sodass Qualitätsbewertung und -entwicklung in paradoxer Weise voneinander abgekoppelt werden.

Das standardisierte Instrument zur Kinderbefragung „Kinder bewerten ihren Kindergarten" (KbiK) von Sommer-Himmel, Titze und Imhof (2016) reagiert auf diese Limitation und bezieht die subjektiven Sichtweisen von Kindern ein: Da sich die Antworten der Kinder allerdings auf vorab formulierte Qualitätskriterien beziehen müssen, erscheint auch dieses Verfahren nur begrenzt geeignet, im eigentlichen Sinne erkenntnisgenerierend zu wirken: Im Verborgenen liegende und den Erwachsenen irrelevant erscheinende Erfahrungen und Orientierungen von Kindern können mit der KbiK nicht erschlossen werden. Pionierin eines offeneren, qualitativen Forschungszugangs zu Kita-Qualität aus Kindersicht in Deutschland war Susanna Roux (2002), die in ihrer Studie wichtige methodische und inhaltliche Hinweise darauf gegeben hat, dass und wie Kinder in die Erforschung von Qualität einbezogen werden können. Aktuell werden im Projekt „KiKi – Qualität der Kinderbetreuung aus Kindersicht" (Heil et al. 2019 sowie in diesem Band) erneut Methoden erprobt, mit denen die Einschätzung von Qualität durch die Kinder erfolgt. Im internationalen Kontext lassen sich hingegen etwas mehr Ansätze finden, Kinder als kompetente Auskunft-Gebende in Sachen Qualität einzubeziehen (vgl. ausführlich hierzu: Nentwig-Gesemann et al. 2021).

Die explorative Studie „Kita-Qualität aus Kindersicht – Quaki" (Nentwig-Gesemann/Walther/Thedinga 2017) knüpfte vor allem an Ansätze der Kindheitsforschung aus dem internationalen Bereich sowie an umfangreiche Vorarbeiten der Forschungsgruppe im Rahmen einer praxeologischen Kindheitsforschung (vgl. als Überblick Nentwig-Gesemann 2013a) an. In der Quaki-Studie wurden erste empirisch abgesicherte Antworten auf die Frage erarbeitet, was vier- bis sechsjährige Kinder in einigen ausgewählten Kitas (vgl. 3.1 in diesem Beitrag) sich unter einer „guten" Kindertageseinrichtung vorstellen (Nentwig-Gesemann/Walther/Thedinga 2017, S. 26).

Die „Kinderperspektivenstudie"[3] (Nentwig-Gesemann et al. 2021) schloss an die QuaKi-Studie an, erweiterte die Stichprobe und auch die methodischen

---

3 Das Projekt „Kinder als Akteure der Qualitätsentwicklung in Kitas" (Januar 2018 bis Dezember 2019) wurde von der Bertelmann Stiftung in Auftrag gegeben (www.achtung-kinderperspektiven.de). Im Rahmen des umfangreichen Forschungs- und Praxisentwicklungsprojekts wurden nicht nur differenzierte Forschungsergebnisse zu den Erfahrungen und Orientierungen von vier- bis sechsjährigen Kindern gewonnen, sondern zudem eine Weiterbildung zur „Fachkraft für Kinderperspektiven" entwickelt, erprobt und evaluiert.

Zugänge erheblich und konnte damit die Erkenntnisse über Kita-Qualität aus der Perspektive von Kindern empirisch absichern, erweitern und ausdifferenzieren (vgl. zum Sampling Abschnitt 3.1 und zu den Ergebnissen 3.2 in diesem Beitrag).

3. Dokumentarische Kindheits- und Qualitätsforschung

Im Kontext der theoretischen Perspektive der Praxeologischen Wissenssoziologie und der methodischen Arbeitsweise der Dokumentarischen Methode wird davon ausgegangen, dass das Feld der FBBE mit seinen verschiedenen Ebenen und Akteuren dadurch geprägt ist, dass die Orientierungen und Praktiken der Akteure sich innerhalb normativer Erwartungshorizonte (wissenschaftliche Theorien und Erkenntnisse, aktuelle Programmatiken und Methoden der FBBE, organisationale Regeln und Normen) und in Auseinandersetzung mit diesen entwickeln. Gesellschaftlich, historisch, kulturell, organisational geprägte Qualitäts- und damit auch Rollenerwartungen und -normen zum einen, das konjunktive Erfahrungswissen von Akteuren, ihre habitualisierten und weitgehend prä-reflexiven Muster des Denkens, Deutens und Handelns (Orientierungsrahmen im engeren Sinne) zum anderen, treffen aufeinander. Die Eigenart professioneller Interaktionssysteme (z.B. Unterricht oder Arbeit mit einer Kita-Gruppe) und ihre habituelle Auseinandersetzung mit den oben genannten „Erst-Codierungen" (Bohnsack 2017, S. 136) sind Ergebnis der Bearbeitung dieser Spannungsverhältnisse, mit denen Akteure umgehen, die sie austarieren und aushandeln müssen. Die Herstellung, Einschätzung und Entwicklung von Qualität vollzieht sich in eben dieser „notorischen Diskrepanz" zwischen Norm und Habitus (Bohnsack 2017, S. 103) und zudem in einem mehrdimensionalen Feld, in dem unterschiedliche, nicht zwangsläufig kongruente Normative auf ebenfalls ganz unterschiedliche und nicht einheitliche habituelle Orientierungen treffen, z.B. auf sehr verschiedene Elterngruppen oder auf die Orientierungsrahmen der Fachkräfte zum einen, die der Kinder zum anderen.

Mit dem „Kinderperspektivenansatz" (Nentwig-Gesemann et al. 2021, 2020a, 2020b) und seinen methodischen Werkzeugen der dokumentarischen Forschung in der Frühpädagogik sowie der Dokumentarischen Kindheitsforschung legen die Autor_innen Verfahren vor, die nicht nur für die Forschung mit Kindern geeignet sind, sondern auch eine Ergänzung oder Alternative zu Qualitätserfassungsinstrumenten darstellen, in denen die Relevanzen von Kindern und ihre Kompetenzen, an der Ausgestaltung von Qualität mitzuwirken, ignoriert werden. Dies kann auch einen Beitrag zur Professionalisierung darstellen: Fachkräfte werden durch den „Kinderperspektivenansatz" dazu angeregt, über die Praxis des Forschens mit Kindern ihre eigene Perspektive kritisch zu befragen, sie in Beziehung zu anderen zu setzen und ihre Reflexivität durch den interpretativen Blick auf die Erfahrungen und Orientierungen der Kinder zu schärfen (vgl. Nentwig-Gesemann 2013b, 2017).

3.1 Kita-Qualität aus der Perspektive von Kindern: Die Ergebnisse von zwei empirischen Studien

Die Studien, die im Zuge der Entwicklung des „Kinderperspektivenansatzes“ von der Autorin und ihren Forschungsteams durchgeführt wurden – die explorative Studie „Kita-Qualität aus Kindersicht (QuaKi)“ (Nentwig-Gesemann/Walther/Thedinga 2017) und die wesentlich umfangreichere Studie „Kinder als Akteure in Qualitätsentwicklung und Forschung“ (Nentwig-Gesemann et al. 2021) zeigen zum einen, dass Kinder ausgesprochen kompetente und auskunftsfreudige, engagierte Akteure, wenn sie in die Qualitätseinschätzung und -entwicklung einbezogen werden. Bereits die vier- bis sechsjährigen haben ein sehr gutes Gespür dafür, dass sie sich nicht gut entwickeln, nicht gut lernen und auch nicht zu starken Persönlichkeiten werden können, wenn ihre grundlegenden Bedürfnisse nach Zugehörigkeit, Kompetenzerleben, Autonomie und Weltbegegnung/-erkundung (vgl. Fröhlich-Gildhoff/Rönnau-Böse/Tinius 2017, Kap. 2.2) nicht angemessen erfüllt werden.

Sieben *Qualitätsbereiche* und ihre 23 *Qualitätsdimensionen* stellen das Ergebnis einer intensiven Forschung mit rund 200 vier- bis sechsjährigen Kindern aus 13 Kindertageseinrichtungen in ganz Deutschland dar. Die 23 Qualitätsdimensionen wurden aus den Gesprächen, (videografischen) Beobachtungen, mit Kindern erstellten Plakaten, Kinderzeichnungen und Fotos herausgearbeitet – in ihnen dokumentieren sich die Erfahrungen und Orientierungen der in die Studie einbezogenen Kinder in einer „typisierten“ Form. Das bedeutet konkret: Nicht jedem Kind in jeder Kita ist jede Dimension gleich wichtig, aber die Erfahrungen, Perspektiven, Relevanzen und Wünsche von Kindern, die in den 23 Dimensionen beschrieben werden, lassen sich – mehr oder weniger intensiv – bei Kindern jeder Kita wiederfinden.

3.2 Sampling

In der Studie „KiTa-Qualität aus Kindersicht – QuaKi“, die im Zeitraum von April 2016 bis März 2017 durchgeführt wurde, wurden sechs KiTas mit unterschiedlichen pädagogischen Profilen ausgewählt, die von wissenschaftlich ausgewiesenen Expert_innen im frühpädagogischen Feld als „Good-Practice-Einrichtungen“ empfohlen wurden (zur Begründung vgl. Nentwig-Gesemann/Walther/Thedinga 2018a, 2018b). Diese wurden in der Studie „Kinder als Akteure der Qualitätsentwicklung in KiTas“ durch sieben weitere KiTas ergänzt, die insbesondere in Bezug auf das sozialräumliche Milieu nach dem Prinzip der maximalen Kontrastierung ausgewählt wurden – so wurden zwei Kindergärten in dörflicher Umgebung sowie zwei in sozial benachteiligten Quartieren von Städten ausgewählt; hinzu kamen eine Elterninitiativ-Einrichtung, eine bilinguale KiTa sowie eine ehemalige ‚Kinderkombination' in einer Kleinstadt in den neuen Bundesländern. Anders als in der QuaKi-Studie war eine Vorab-Einschätzung zur Qualität kein Kriterium für die Auswahl einer Einrichtung. Vielmehr wurde darauf geachtet, das Gesamtsample möglichst divers nach Ort, Größe, Träger und Profil zusammenzustellen. Zudem konnten auch zwei Teams für eine Teilnahme gewonnen werden, bei denen die jeweiligen Träger einen ausdrücklichen Qualitätsentwicklungsbedarf ausgemacht hatten.

3.3 Zentrale Ergebnisse der beiden Studien

Zusammenfassend können die Ergebnisse der beiden oben genannten Studien folgendermaßen formuliert werden: Kinder wünschen sich vor allem gute Freund_innen und in ihrem Sinne kindgerechte Orte zum Spielen (z. B. „geheime" Orte, Orte, die herausfordernde Bewegungsaktivitäten und intensive Naturbegegnungen ermöglichen). Sie schätzen freundliche, ihnen emotional positiv zugewandte und verlässliche Bezugspersonen, die ihnen interessante Weltzugänge und Lerngelegenheiten ermöglichen – eben das, was Hartmut Rosa in seiner Resonanzpädagogik (2016) mit dem „Aufschließen von Weltausschnitten" meint. Sie wünschen sich die Möglichkeit zur Partizipation in sozialen Gemeinschaften, je nach individueller Möglichkeit. Sich an der Gestaltung des Lebensortes Kindergarten zu beteiligen, den Ort zu ihrem Ort machen zu können, an dem sie sich gut auskennen und den sie nach ihren Vorstellungen mitgestalten, erfüllt Kinder mit Vertrauen nicht nur in ihre Selbstwirksamkeit, sondern auch in das Zusammenwirken einer Gemeinschaft, in der jedem Teilhabe und Teilgabe möglich sind. Kinder verlangen sehr intensiv nach Aufgaben und Herausforderungen, die sie erfolgreich bewältigen können, sodass sie sich als kompetent und selbstwirksam erleben können. Und sie beschweren sich, wenn ihr Recht auf Selbst- und Mitbestimmung nicht anerkannt wird, wenn sie nicht mitüberlegen und mitentscheiden können, wie der Kindergarten ein guter Ort für sie ist oder werden kann (siehe zu den Ergebnissen im Detail die Abb. 1 sowie zur exemplarischen Konkretisierung den Abschnitt 4 in diesem Beitrag.

3.4 Qualitätsbereiche und Qualitätsdimensionen

Im Folgenden (vgl. Abb. 1) werden die in der aktuellen Studie „Kinder als Akteure in Qualitätsentwicklung und Forschung" (Nentwig-Gesemann et al- 2021) rekonstruierten *Qualitätsbereiche und -dimensionen* aus Kindersicht überblickshaft dargestellt. Die Qualitätsbereiche und -dimensionen stellen das forschungsmethodisch generierte Ergebniskondensat der Studie dar. Sie sind zum einen publiziert in Nentwig-Gesemann et al. 2020a; zum anderen wird der

Prozess ihrer empirischen Generierung mit der Dokumentarischen Methode umfassend im Forschungsbericht nachgezeichnet (Nentwig-Gesemann et al. 2021).

Abb. 1: Kita-Qualität – Qualitätsbereiche und -dimensionen aus der Perspektive von Kindern © Bertelsmann Stiftung (Hrsg.), Achtung Kinderperspektiven! Mit Kindern Kita-Qualität entwickeln, Methodenschatz I, Gütersloh 2020.

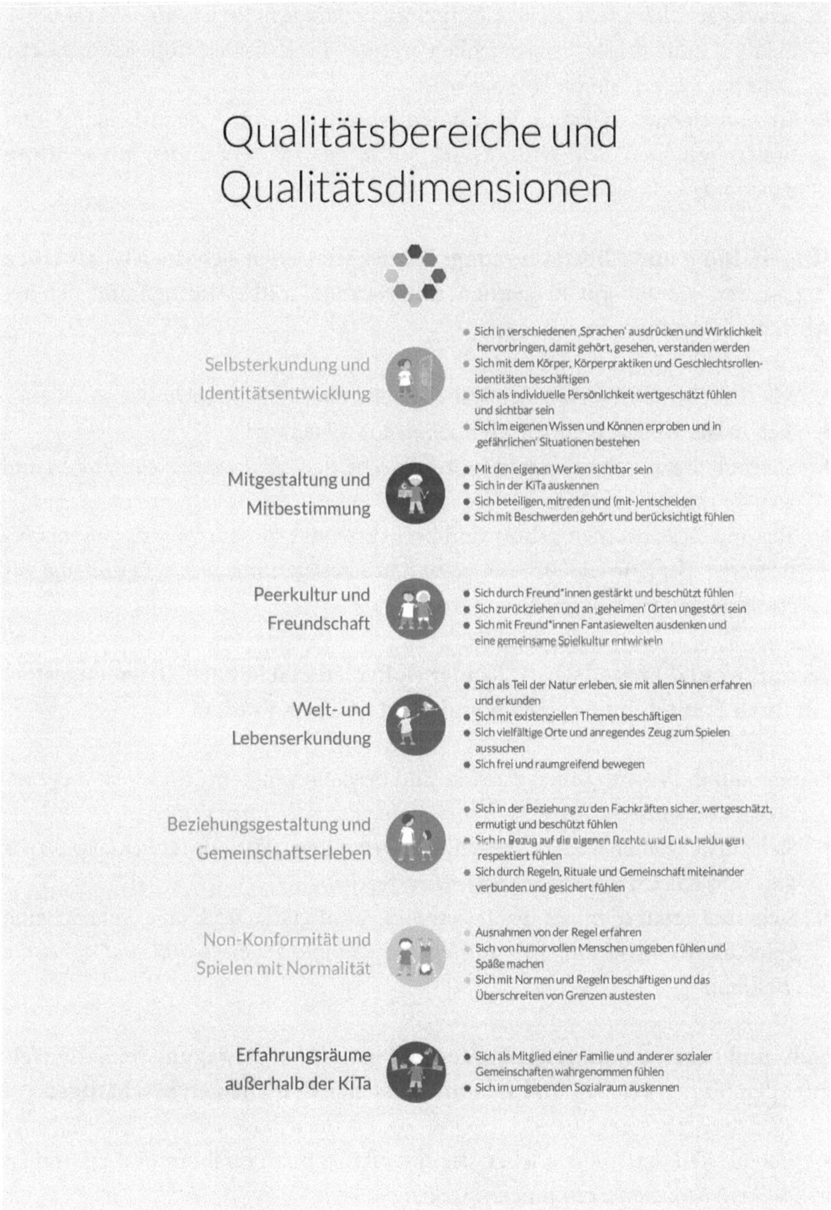

Selbsterkundung und Identitätsentwicklung: Kinder wollen sich als besondere und individuelle Menschen entfalten und (Be-) Achtung für sich und ihr Können erfahren.

- Sich in verschiedenen „Sprachen" ausdrücken und Wirklichkeit hervorbringen, damit gehört, gesehen, verstanden werden: *„Ich zeig dir was, hör mir zu!"*
- Sich mit dem Körper, Körperpraktiken und Geschlechtsrollenidentitäten beschäftigen: *„Ich erlebe meinen Körper und schlüpfe in verschiedene Rollen."*
- Sich als individuelle Persönlichkeit wertgeschätzt fühlen und sichtbar sein: *„Das bin ich, das sind meine Sachen."*
- Sich im eigenen Wissen und Können erproben und in „gefährlichen" Situationen bestehen: *„Ich weiß was, ich bin schon groß und mutig, mir wird was zugetraut."*

Mitgestaltung und Mitbestimmung: Kinder wünschen sich die Kita als einen Ort, an dem sie sich gut auskennen, mitgestalten, mitbestimmen und sich beschweren können.

- Mit den eigenen Werken sichtbar sein: *„Das habe ich gemacht."*
- Sich in der Kita auskennen: *„Wir kennen uns hier aus."*
- Sich beteiligen, mitreden und (mit-) entscheiden: *„Wir werden einbezogen und können (mit-) entscheiden."*
- Sich mit Beschwerden gehört und berücksichtigt fühlen: *„Wir dürfen uns beschweren, die Erwachsenen hören zu und überlegen mit uns, was und wie wir etwas verbessern können."*

Peerkultur und Freundschaft: Kinder wollen an geschützten Orten ungestört mit ihren Freund_innen spielen und nicht geärgert werden.

- Sich durch Freund_innen gestärkt und beschützt fühlen: *„Ich werde nicht geärgert und kann mich auf mich und meine Freund_innen verlassen."*
- Sich zurückziehen und an „geheimen" Orten ungestört sein: *„Hier können wir ungestört spielen und unter uns was besprechen."*
- Sich mit Freund_innen Fantasiewelten ausdenken und eine gemeinsame Spielkultur entwickeln: *„Wir spielen in Ruhe und zu Ende und sind dabei die ‚Bestimmer'."*

Welt- und Lebenserkundung: Kinder wollen in freier Bewegung sein, die Welt mit allen Sinnen erleben und sich mit existenziellen Themen beschäftigen.

- Sich als Teil der Natur erleben, sie mit allen Sinnen erfahren und erkunden: *„Wir erleben, entdecken und erforschen die Welt."*

- Sich mit existenziellen Themen beschäftigen: *„Wir suchen nach Antworten auf schwierige Fragen."*
- Sich vielfältige Orte und anregendes Zeug zum Spielen aussuchen: *„Wir können überall und mit allem spielen."*
- Sich frei und raumgreifend bewegen: *„Wir toben, rennen und klettern und trauen uns dabei was."*

Beziehungsgestaltung und Gemeinschaftserleben: Kinder wollen sich in der Gemeinschaft und den Beziehungen zu den Fachkräften sicher, wertgeschätzt und in ihren Rechten respektiert fühlen.

- Sich in der Beziehung zu den Fachkräften sicher, wertgeschätzt, ermutigt und beschützt fühlen: *„Ich mag meine_n Erzieher_in und fühle mich wohl und beschützt mit ihm_ihr."*
- Sich in Bezug auf die eigenen Rechte und Entscheidungen respektiert fühlen: *„Ich darf über mich bestimmen, meine Wünsche werden geachtet."*
- Sich durch Regeln, Rituale und Gemeinschaft miteinander verbunden und gesichert fühlen: *„Wir gestalten unseren Tag gemeinsam und gehören zusammen."*

Non-Konformität und Spielen mit Normalität: Kinder wollen Regeln und Grenzen in Frage stellen, von humorvollen Menschen umgeben sein und Ausnahmen von der Regel erleben.

- Ausnahmen von der Regel erfahren: *„Einmal durften wir das."*
- Sich von humorvollen Menschen umgeben fühlen und Späße machen: *„Wir können zusammen lachen und Quatsch machen."*
- Sich mit Normen und Regeln beschäftigen und das Überschreiten von Grenzen austesten: *„Wir tun nicht immer, was die Erwachsenen von uns wollen."*

Erfahrungsräume außerhalb der Kita: Kinder wünschen sich die Kita als einen Ort, der mit dem umgebenden Sozialraum verbunden ist und an dem ihre Familien willkommen sind.

- Sich als Mitglied einer Familie und anderer sozialer Gemeinschaften wahrgenommen fühlen: *„Meine Familie ist in der Kita willkommen, und ich kann zeigen und davon berichten, was ich mache, wenn ich nicht in der Kita bin."*
- Sich im umgebenden Sozialraum auskennen: *„Ich fühle mich in der Umgebung der Kita wohl und sicher."*

3.5 Konkretisierung: Der Qualitätsbereich „Non-Konformität und Spielen mit Normalität"

Indem wir die mit der Dokumentarischen Methode rekonstruierten typischen Erfahrungen und Orientierungsmuster der Kinder in eine solche Form „gegossen" haben, könnte der Eindruck entstehen, dass es sich um „feststehende" Qualitätsbereiche oder -dimensionen handelt, die nacheinander „abgearbeitet" werden können. Im Folgenden soll das rekonstruktive Vorgehen, mit dem eine verstehende Annäherung an das Erfahrungswissen der Kinder erarbeitet werden kann, an einem Beispiel aus dem Qualitätsbereich „Non-Konformität und Spielen mit Normalität" (vgl. Abb. 2) demonstriert werden.

Abb. 2: Qualitätsdimension Non-Konformität und Spielen mit Normalität
© Bertelsmann Stiftung (Hrsg.), Achtung Kinderperspektiven! Mit Kindern Kita-Qualität entwickeln, Methodenschatz I, Gütersloh 2020.

Die folgenden Facetten des Qualitätsbereichs konnten herausgearbeitet werden (Nentwig-Gesemann et al. 2021, Kap. 5.6): Er fasst von Kindern fokussierte Erfahrungen, Praktiken und Relevanzen zusammen, in denen sich ihr Wunsch nach Sicherheit und Verlässlichkeit in Form von transparenten, berechenbaren Regeln und Praxisabläufen dokumentiert. Zugleich ist es ihnen ein Bedürfnis, diese Regeln zu hinterfragen, über sie zu verhandeln, sie mitgestalten und verändern zu können. Dadurch fühlen sich Kinder der Organisation und den Erwachsenen gegenüber nicht ohnmächtig, sondern an der Ausgestaltung eines „geregelten" Zusammenlebens beteiligt. Gekennzeichnet ist dieser Qualitätsbereich also durch ein grundlegendes Spannungsverhältnis zwischen Fremd- und Selbstbestimmung, das im Alltag zwischen Fachkräften und Kindern immer wieder auszubalancieren ist.

Kinder lieben Ausnahmen, das heißt die zeitweilige Suspendierung von Regeln, weil sie so erfahren, dass ihren aktuellen Bedürfnissen und dem Erleben und Auskosten intensiver, glücklicher Erfahrungsmomente größere Bedeutung beigemessen wird als ausnahmsloser Regelbefolgung. Auch durch die reflexive oder handlungspraktische Beschäftigung mit der Möglichkeit, Regeln und Normen zu brechen bzw. ihre Grenzen auszutesten, setzen Kinder sich mit dem Möglichkeitsraum zwischen Fremd- und Selbstbestimmung auseinander. Praktiken des Spielens mit Regeln (und die Resonanz, die sie darauf erfahren) ermöglichen es Kindern erst, den (Un-)Sinn von Regeln zu erfahren und sie sich mimetisch zu eigen zu machen. Humor stellt für Kinder ein wichtiges Mittel dar, die Grundspannung zwischen Bedürfnis(-befriedigung) und Norm(-konformität) zu bearbeiten bzw. zu reduzieren. Kinder schätzen es außerordentlich, wenn auch Erwachsene Humor zeigen, über sich selbst und komische Situationen lachen können. Über das verbindende Sich-Verstehen im gemeinsamen Lachen und Sich-Amüsieren entsteht ebenso eine starke soziale Verbundenheit wie über das geteilte lustvolle Erleben von Ausnahmen.

3.5.1 Empirisches Beispiel: Rüberklettern

Während der Forschungsaufenthalte im Feld wurde immer wieder deutlich, wie intensiv sich die Kinder mit den Regeln, Ritualen, Verhaltens- und Rollenerwartungen in ihrer Kita beschäftigen. Vor allem im Rahmen von Kita-Führungen war es ihnen wichtig, sich als Kenner_innen bzw. Expert_innen für das geltende Regelwerk zu zeigen. Sich gut mit Regeln auszukennen, vermittelt Sicherheit und stärkt das Kompetenzerleben der Kinder – und zwar auch im Hinblick auf das – damit kalkulierbare – Risiko, das mit dem Brechen von Regeln und dem Überschreiten von Grenzen verbunden ist.

Abb. 3: Rüberklettern.

Quelle: Nentwig-Gesemann et al. 2021.

Y: ah, ich würde ja schon gerne wissen, was ihr so überlegt in der Jungsecke

Lenni: wir haben mal überlegt raus zu klettern;

Y: oh und hat das schonmal jemand gemacht?

Lenni: nein

Alex: L nee

Philipp: Emil, Emil, der ist übern Zaun geklettert und hat ist dann bis zum Alex gelaufen.

Y: bis zum Alex? Ganz alleine?

Lenni: *nein.*

Philipp: *doch.*

Lenni: *nein.*

Philipp: *doch.*

Lenni: woher weißt du das?

Philipp: woher willst du das wissen?

Alex: zum Ahornplatz.

Y: und (.)

Lenni: nein, nicht zum Ahornplatz, zum (.) das stimmt jetzt wirklich nich.

Alex: zum Alex?

Y: und was ist da passiert? ist da was passiert?

Alex: L die Polizei

Philipp: dann ist die Polizei gekommen, dann hat, durfte, dann ist E- is

Lenni: und da hat Mischa

Philipp: L und dann hat Emil, dann hat Emil Ärger gekriegt und die Kita.

(…)

Lenni: meine Schuhe sind nicht so gut zum Klettern;

Max: meine schon.

Lenni: also man *könnte* schon rüber klettern, aber machen wir nicht.

(Kita Fichte, Kita-Führung)

Reflektierende Interpretation

In der „Jungsecke" entfernen sich die Kinder so weit wie möglich aus dem Sichtfeld der Erwachsenen. Die Imagination des (nicht erlaubten) Übertretens einer Grenze ist mit einer besonderen Faszination verbunden. Wenn Lenni in seiner *Proposition* sagt, sie hätten „mal überlegt rauszuklettern", verdeutlicht dies den *positiven Horizont*, in dem der Mut steht, sich (unerlaubt) aus der geschützten Kita heraus zu begeben und die Außenwelt zu erkunden.

Am Beispiel von Emil, der schon einmal über den Zaun geklettert und die weite Strecke durch die gesamte Stadt bis zum Alexanderplatz gelaufen sei, *elaborieren* und diskutieren die Kinder verschiedene Fragen, die sowohl mit Selbstbestimmung als auch mit dem Eingehen eines Risikos zu tun haben. In diesem Reflektieren über das Für und Wider einer solchen Grenzüberschreitung dokumentiert sich, dass die Kinder Selbst-Verantwortung übernehmen und ihr Handeln nicht nur an den Ge- und Verboten der Erwachsenen ausrichten, sondern selbst nach Gründen und Begründungen suchen. Sie wollen also zum einen Eroberer und Abenteurer sein, sie lieben das kalkulierte Risiko, das ein bisschen riskante Spiel, das Gefährliche und Unheimliche. Und sie entwerfen zum anderen Gründe, die dagegensprechen, sich der Mutprobe des Herauskletterns zu stellen und das damit verbundene Risiko in Kauf zu nehmen. Dabei wird auch deutlich, dass sie nicht nur Konsequenzen für sich selbst, sondern auch für die Einrichtung bedenken, mit der sie sich ganz offenbar identifizieren.

In seiner *Konklusion* nimmt Lenni nochmals Bezug auf das „Rüberklettern". Hier wird deutlich, dass es als selbstbestimmte Entscheidung gerahmt wird, *nicht* auf die andere Seite zu klettern („man könnte schon rüberklettern, aber machen wir nicht"). Um bewusst die Entscheidung zu treffen, etwas Verbotenes *nicht* zu tun, ist es notwendig, über das Überschreiten einer Norm bzw. Regel nachdenken und reflektieren zu können. Das Risiko negativer Konsequenzen wird in diesem Fall von den Kindern also nicht in Kauf genommen. Sie deuten das Verbot, die Einrichtung zu verlassen, vielmehr als ein selbstbestimmtes Wollen.

Jeder rekonstruierten Qualitätsdimension liegt ein komplexer, komparativ angelegter Prozess zugrunde, in dem der Gesamtkorpus des empirischen Materials fortlaufend nach Gemeinsamkeiten und Unterschieden „durchforstet" wurde. Im Zuge der reflektierenden Interpretationen verlagerte sich dabei im Analyseprozess die Ebene des Vergleichens vom Konkreten zum Abstrakten: Während zu Beginn stärker inhaltlich-thematisch ähnliche Sequenzen miteinander verglichen wurden, bezog sich die Komparation zunehmend auf die Ebene der impliziten Wissensbestände der rund 200 in die Studie einbezogenen Kinder. Die Rekonstruktion der oben benannten 23 generalisierungsfähigen Qualitätsdimensionen – im Sinne „typischer" Erfahrungen, Praktiken und Orientierungen (kurz: Perspektiven) von vier- bis sechsjährigen Kindern im Hinblick auf Kita-Qualität – konnte nur durch den kontinuierlichen Vergleich, also die Suche nach minimalen und maximalen Kontrasten, vorangetrieben werden. Das Interpretationsbeispiel „Rüberklettern" verdeutlicht somit, dass sich die rekonstruierten Qualitätsbereiche und -dimensionen einer Logik des schnellen Überprüfens und Bewertens entziehen.

4. Fazit

Der „Kinderperspektivenansatz" verortet sich methodologisch-methodisch in einer spezifisch wissenssoziologisch fundierten, praxeologisch ausgerichteten Kindheitsforschung, in deren Zentrum die Dokumentarische Methode (Bohnsack 2014, 2017; Bohnsack/Nentwig-Gesemann/Nohl 2013) steht.

Er integriert einen Forschungs- und einen Professionalisierungsstrang: Als praxeologischer Forschungsansatz, in dessen Zentrum die Dokumentarische

Methode steht (Bohnsack 2017; Bohnsack/Nentwig-Gesemann/Nohl 2013), stellt er eine differenzierte Methodik für die Kindheitsforschung und die Forschung in der Frühpädagogik bereit (vgl. als Überblick Nentwig-Gesemann 2013a). Als Element der Professionalisierung führt der „Kinderperspektivenansatz" frühpädagogische Fachkräfte über den Weg der methodischen Qualifizierung in eine forschende Praxis mit Kindern ein (Nentwig-Gesemann 2013b, 2017; vgl. zum Thema Professionalisierung auch Bohnsack 2020 sowie Breitenbach/Nentwig-Gesemann 2013). In diesem Zusammenhang wurde ein „Methodenschatz" für die Praxisforschung im Kita-Alltag (Nentwig-Gesemann et al. 2020a und 2020b) sowie eine Weiterbildung zur „Fachkraft für Kinderperspektiven" (Nentwig-Gesemann et al. 2020c) entwickelt.

4.1 Potenziale dokumentarischer Kindheitsforschung

Die Dokumentarische Kindheitsforschung ist zum einen dadurch gekennzeichnet, dass die kollektiven Erfahrungen und Erlebnisse von Kindern, ihre handlungsleitenden Orientierungen und Praktiken sowie die sozialen (u. a. auch pädagogischen) Praktiken rekonstruiert werden, in denen Kindheit, Kinder und Kind-Sein immer wieder neu hervorgebracht und ausgestaltet werden. Dabei wird auch die Mit-Wirkung von räumlichen, materialen und zeitlichen Arrangements an der Hervorbringung bzw. Genese von Praxis in den empirischen Blick genommen. Die generationale Ordnung betrachten wir dabei nicht als binäres oppositionelles Gegeneinander, sondern als ein komplexes (pädagogisches) Feld, das im Sinne von Mannheim von Gleichzeitigkeit und Ungleichzeitigkeit geprägt ist: „Er [Mannheim] geht davon aus, dass auf der einen Seite jedes Individuum ‚mit Gleichaltrigen und Verschiedenaltrigen in einer Fülle gleichzeitiger Möglichkeiten' lebt, also in gemeinsamer Zeitgenossenschaft, dass auf der anderen Seite für jeden die gleiche Zeit eine andere Zeit, nämlich ein anderes Zeitalter selbst' ist, das er nur mit Gleichaltrigen teilt" (Hengst 2009, S. 59).

Der rekonstruktive Blick auf die Erfahrungen, Orientierungen und Handlungspraxen von Kindern in Kitas sucht also immer auch nach empirischen Spuren für den praktischen Umgang mit der generational-pädagogischen Rahmungshoheit der Erwachsenen zum einen und der organisationalen Rahmungshoheit zum anderen (Nentwig-Gesemann/Gerstenberg 2018). In der Kita werden nicht nur (inter- und intra-) generationale Ordnungen aus- und umgestaltet, sondern die Normen, Programmatiken und Rollenerwartungen von Kita als Institution treffen auf habituelle Muster der Akteure im Feld. Immer wieder stoßen Kinder mit ihrem kindspezifischen Orientierungsrahmen auf andere (organisationale, pädagogische und generationale) Rahmungen, die sich als nicht kongruent erweisen: Das, was die raum-zeitlichen Strukturen, die materialen und sozialen Arrangements, die organisationalen Regeln, Normen und Rollenerwartungen vorgeben, ist der „Raum", in dem die Kinder in Kitas sich bewegen und ihn mitgestalten. Immer dann, wenn Spannungen deutlich wurden, konnte in der Studie ein besonders klarer Blick auf die Spezifität der Perspektiven der Kinder geworfen werden – dies haben wir am Beispiel des „Rüberkletterns" (vgl. 4.1) deutlich gemacht. Es stellt ohne Zweifel ein noch nicht ausgeschöpftes Potenzial der Dokumentarischen (Kindheits-) Forschung dar, noch stärker als in der vorgestellten Kinderperspektivenstudie mit einer explizit soziogenetischen Einstellung auch nach „dahinter liegenden" gesellschaftlichen, organisationalen und interaktionalen Milieus bzw. konjunktiven Erfahrungsräumen, in die die Erfahrungen und Perspektiven der Kinder eingebettet sind, zu fragen. Die Potenziale dieser soziogenetischen Forschungshaltung für die Generierung von Erkenntnissen zum (milieuspezifischen) Geworden-Sein von Kindern deuten sich an, sind aber noch nicht ausgeschöpft.

4.2 Potenziale für die Professionalisierung

Der „Kinderperspektivenansatz" eröffnet mit seiner theoretischen und empirischen Fundierung sowie mit den anwendungsfreundlichen (forschungs-) methodischen Arbeitsmaterialien (Nentwig-Gesemann et al. 2021, 2020a, 2020b) eine gute und im Praxisfeld erprobte Grundlage, um sich dem Nachvollziehen und besseren Verstehen der Erfahrungen und Perspektiven von Kindern anzunähern. Damit bietet er eine sehr gute Grundlage für die Anbahnung und Stärkung einer forschenden Haltung von frühpädagogischen Fachkräften (Nentwig-Gesemann 2013b, 2017) – und zwar über den Weg der *forschenden Praxis*. Professionstheoretisch reflektiert sind frühpädagogische Fachkräfte „Wissensarbeiter_innen" einer innovationsfähigen Berufspraxis, die in der Lage sind, nicht nur wissenschaftliches Wissen anzuwenden, sondern Wissen zu transformieren und neue, eigene Wissensbestände im praktischen Vollzug zu generieren (North/Güldenberg/Dick 2016, S. 125). Der „Kinderperspektivenansatz" stellt damit auch einen Beitrag zu einer Qualitätsentwicklung dar, in der die frühpädagogischen Fachkräfte als diejenigen anerkannt und geachtet werden, die Qualität in Interaktion mit den Kindern (und den Familien) Tag für Tag hervorbringen, sichern, den feldimmanenten Veränderungen anpassen und verbessern.

4.3 Potenziale für die Qualitätsentwicklung

Eine konsequent interperspektivisch konzipierte Qualitätsentwicklung impliziert, dass es weder für die praktische Herstellung von Qualität und die Qualitätsentwicklung noch für den empirischen Zugang zu Qualität ausreicht, wenn die verschiedenen Perspektiven nebeneinander gedacht und behandelt werden.

Vielmehr muss es darum gehen, das Zusammenspiel der unterschiedlichen Ebenen und Akteursgruppen, die wechselseitigen Wirkmechanismen und Spannungsfelder zwischen Norm und Habitus, die bei ihrem Aufeinandertreffen entstehen, in den Blick zu nehmen.

Der „Kinderperspektivenansatz" beruht auf einem solchen interperspektiven Verständnis von Qualität: Demnach gehört es zu den selbstverständlichen Rechten von Kindern, als Qualitätsexpert_innen „in eigener Sache" einbezogen zu werden, wenn es um die Planung, Steuerung und Einschätzung von Qualitätsentwicklung in Kitas geht. Die Vorstellungen darüber, was „gute" Kita-Qualität ist, unterliegen einem stetigen Wandlungsprozess – Qualität ist ein dynamisches Konstrukt, das sich zwangsläufig mitverändert, wenn sich die gesellschaftlichen Vorstellungen zur FBBE verändern. Kita-Qualität kann in einem machtstrukturierten Prozess aus einer bestimmten Perspektive – z.B. des Trägers, der pädagogischen Fachkräfte, der Bildungsforschung – bestimmt und mehr oder weniger gut begründet werden. Sie kann aber auch dialogorientiert, in partizipativen Prozessen ausgehandelt werden. Hier geht es darum – demokratischen Prinzipien und einem kinderrechtsbasierten Ansatz folgend –, die Einschätzung von Qualität aus den verschiedenen Perspektiven wahrzunehmen, anzuerkennen und kompromissfähige Ziele für die Weiterentwicklung zu formulieren. Die Methoden des „Kinderperspektivenansatzes" stellen eine Vielfalt an Möglichkeiten bereit und können sowohl für Evaluation und Qualitätsentwicklung als auch für die Kindheitsforschung genutzt werden. Die besonderen wechselseitigen Anschlussmöglichkeiten, die damit verbunden sind, stellen die Sinnhaftigkeit der Grenzen und Abgrenzungen zwischen Forschung und „Praxis" bzw. Berufsfeld in Frage.

Literatur

Baumert, Jürgen (2001): PISA 2000. Basiskompetenzen von Schülerinnen und Schülern im internationalen Vergleich. Deutsches PISA-Konsortium. Opladen: Leske + Budrich.

Becker-Stoll, Fabienne/Wertfein, Monika (2013): Qualitätsmessung und Qualitätsentwicklung in Kindertageseinrichtungen. In: Stamm, Margrit/Edelmann, Doris (Hrsg.): Handbuch frühkindliche Bildungsforschung. Wiesbaden: Springer VS, S. 845-856.

BMFSFJ – Bundesministerium für Familie, Senioren, Frauen und Jugend (2014): Übereinkommen über die Rechte des Kindes. VN-Kinderrechtskonvention im Wortlaut mit Materialien. Berlin.

Bock-Famulla, Kathrin/Münchow, Anne/Frings, Jana/Kempf, Felicitas/Schütz, Julia (2019): Länderreport Frühkindliche Bildungssysteme 2019. Transparenz schaffen – Governance stärken. Gütersloh: Bertelsmann Stiftung.

Bohnsack, Ralf (2014): Rekonstruktive Sozialforschung. Einführung in qualitative Methoden. 9. Auflage. Opladen/Berlin/Toronto: B. Budrich.

Bohnsack, Ralf (2017): Praxeologische Wissenssoziologie. Opladen/Berlin/Toronto: Barbara Budrich.

Bohnsack, Ralf (2020): Professionalisierung in praxeologischer Perspektive. Opladen/Toronto: Barbara Budrich.

Bohnsack, Ralf/Nentwig-Gesemann, Iris/Nohl Arnd-Michael (Hrsg.) (2013): Die dokumentarische Methode und ihre Forschungspraxis. Wiesbaden: Springer VS.

Breitenbach, Eva/Nentwig-Gesemann, Iris (2013): Die dokumentarische Interpretation von biografischen Interviews und narrativen Episoden aus dem pädagogischen Alltag – Möglichkeiten der

Begleitung von Professionalisierungsprozessen in (früh-) pädagogischen Studiengängen. In: Loos, Peter/ Nohl, Arnd-Michael/Przyborski, Aglaja/Schäffer, Burkhard (Hrsg.): Dokumentarische Methode. Grundlagen-Entwicklungen-Anwendungen. Opladen: Barbara Budrich, S. 337-353.

Dahlberg, Gunilla/Moss, Peter Moss/Pence, Alan (1999): Beyond Quality in Early Childhood Education and Care: Postmodern Perspectives. London: Falmer Press.

Friederich, Tina/Schoyerer, Gabriel (2019): Professionalization of Germany's day care system for Young children – on the relationship between practitioners, structures and contexts // Вестник МГОУ. Серия: Психологические науки. 2019. №2. cyberleninka.ru/article/n/professionalization-of-germany-s-day-care-system-for-young-children-on-the-relationship-between-practitioners-structures-and-contexts (Abfrage: 13.08.2020).

Fröhlich-Gildhoff, Klaus/Rönnau-Böse, Maike/Tinius, Claudia (2017): Herausforderndes Verhalten in Kita und Grundschule. Erkennen, Verstehen, Begegnen. Stuttgart: Kohlhammer.

Gesetz zur Weiterentwicklung der Qualität und zur Teilhabe in der Kindertagesbetreuung, Bundesgesetzblatt Jahrgang 2018 Teil I Nr. 49, ausgegeben zu Bonn am 31. Dezember 2018. www.bmfsfj.de/blob/133310/80763d0f167ce2687eb79118b8b1e721/gute-kita-bgbl-data.pdf (Abfrage: 13.08.2020).

Heil, Julian/Roux, Susanna/Knör, Emely/Thalhofer, Katja/Bertrand, Ulrike (2019): Zur Qualität der Kindertagesbetreuung aus Kindersicht. In: Donie, Christian et al. (Hrsg.): Grundschulpädagogik zwischen Wissenschaft und Transfer. Jahrbuch Grundschulforschung 23, S. 257-262.

Heinzel, Friederike/Kränzl-Nagl, Renate/Mierendorff, Johanna (2012): Sozialwissenschaftliche Kindheitsforschung – Annäherungen an einen komplexen Forschungsbereich. In: Theo-Web. Zeitschrift für Religionspädagogik 11, H.1, S. 9-37.

Hengst, Heinz (2009): Generationale Ordnungen sind nicht alles. Über kollektive Identität und Erfahrungskonstitution heute. In: Honig, Michael-Sebastian (Hrsg.): Ordnungen der Kindheit. Problemstellungen und Perspektiven der Kindheitsforschung. Weinheim und München, S. 53-78.

Honig, Michael-Sebastian/Leu, Hans Rudolf, Nissen, Ursula (1996): Kindheit als Sozialisationsphase und als kulturelles Muster. Zur Strukturierung eines Forschungsfeldes. In: Honig, Michael-Sebastian/Leu, Hans Rudolf/Nissen, Ursula (Hrsg.): Kinder und Kindheit. Sozialstrukturelle Muster – sozialisationstheoretische Perspektiven. Weinheim: Juventa, S. 9-29.

Honig, Michael-Sebastian/Lange, Andreas/Leu, Hans Rudolf (Hrsg.) (1999): Aus der Perspektive von Kindern? Zur Methodologie der Kindheitsforschung. Weinheim und München: Juventa. In: König, Anke (2009): Interaktionsprozesse zwischen Erzieherinnen und Kindern. Wiesbaden: VS Verlag für Sozialwissenschaften.

König, Anke (2009): Interaktionsprozesse zwischen ErzieherInnen und Kindern. Eine Videostudie aus dem Kindergartenalltag. Wiesbaden: VS Verlag für Sozialwissenschaften.

Kultusministerkonferenz (2006): Erklärung der Kultusministerkonferenz vom 03.03.2006 zur Umsetzung des Übereinkommens der Vereinten Nationen über die Rechte des Kindes. www.kmk.org/fileadmin/veroeffentlichungen_beschluesse/2006/2006_03_03-Rechte-des-Kindes-UN.pdf (Abfrage: 25.02.2020).

Nentwig-Gesemann, Iris (2013a): Qualitative Methoden der Kindheitsforschung. In: Stamm, Margrit/Edelmann, Doris (Hrsg.): Handbuch frühkindliche Bildungsforschung. Wiesbaden: Springer VS, S. 759-770.

Nentwig-Gesemann, Iris (2013b): Professionelle Reflexivität. Herausforderungen an die Ausbildung frühpädagogischer Fachkräfte. In: Theorie und Praxis der Sozialpädagogik, 1/2013, S. 10-14.

Nentwig-Gesemann, Iris (2017): Berufsfeldbezogene Forschungskompetenz als Voraussetzung für die Professionalisierung der Frühen Bildung, Betreuung und Erziehung. In: von Balluseck, Hilde (Hrsg.): Professionalisierung der Frühpädagogik. 2. akt. und überarb. Auflage. Opladen/Berlin/Toronto: B. Budrich, S. 235-244.

Nentwig-Gesemann, Iris/Gerstenberg, Frauke (2018): Typen der Interaktionsorganisation in (früh-) pädagogischen Settings. In Bohnsack, Ralf/Hoffmann, Nora Friederike/Nentwig-Gesemann, Iris (Hrsg.): Typenbildung und Dokumentarische Methode. Forschungspraxis und methodologische Grundlagen. Opladen/Berlin/Toronto. S. 131 150.

Nentwig-Gesemann, Iris/Großmaß, Ruth (2017): Kinder als Forschungssubjekte – von den rechtlichen und forschungsethischen Grundlagen zur forschungspraktischen Realisierung. In:

Nentwig-Gesemann, Iris/Fröhlich-Gildhoff, Klaus (Hrsg.): Forschung in der Frühpädagogik X. Freiburg: FEL-Verlag, S. 209-227.

Nentwig-Gesemann, Iris/Walther, Bastian/Thedinga, Minste (2017): Kita-Qualität aus Kindersicht. Eine Studie im Auftrag der Deutschen Kinder- und Jugendstiftung. Wissenschaftlicher Abschlussbericht. www.dkjs.de/fileadmin/Redaktion/Dokumente/programme/180914_Quaki_Abschlussbericht_web.pdf (Abfrage: 13.08.2020).

Nentwig-Gesemann, Iris/Walther, Bastian/Thedinga, Minste (2018a): Kita-Qualität aus der Perspektive von Kindern. Forschungsmethodik und Ergebnisse einer explorativ-rekonstruktiven Studie. In: Frühe Bildung 7, H. 2, S. 77-87.

Nentwig-Gesemann, Iris/Walther, Bastian/Thedinga, Minste (2018b): Kinder als Expert*innen in eigener Sache – forschungsmethodische und forschungsethische Herausforderungen einer explorativ-rekonstruktiven Studie. In: Bloch, Bianca/Cloos, Peter/Koch, Sandra/Schulz, Marc/Smidt, Wilfried (Hrsg.): Kinder und Kindheiten. Frühpädagogische Perspektiven. Weinheim: Beltz Juventa, S. 192-209.

Nentwig-Gesemann, Iris/Walther, Bastian/Bakels, Elena/Munk, Lisa-Marie (2020a): Achtung Kinderperspektiven! Mit Kindern KiTa-Qualität entwickeln. Methodenschatz I: Qualitätsdimensionen. Bertelsmann Stiftung (Hrsg.). Gütersloh: Verlag Bertelsmann Stiftung.

Nentwig-Gesemann, Iris/Walther, Bastian/Bakels, Elena/Munk, Lisa-Marie (2020b): Achtung Kinderperspektiven! Mit Kindern KiTa-Qualität entwickeln. Methodenschatz II: Erhebung, Auswertung und Dokumentation. Bertelsmann Stiftung (Hrsg.). Gütersloh: Verlag Bertelsmann Stiftung.

Nentwig-Gesemann, Iris/Walther, Bastian/Bakels, Elena/Munk, Lisa-Marie (2020c): Mit Kindern KiTa-Qualität entwickeln. Fachkraft für Kinderperspektiven. Leitfaden für Studium, Aus-, Fort- und Weiterbildung. Bertelsmann Stiftung (Hrsg.). Gütersloh: Bertelsmann Stiftung.

Nentwig-Gesemann, Iris/Walther, Bastian/Bakels, Elena/Munk, Lisa-Marie (2021): Kinder als Akteure in Qualitätsentwicklung und Forschung. Eine rekonstruktive Studie zu KiTa-Qualität aus der Perspektive von Kindern. Gütersloh: Bertelsmann Stiftung. (im Erscheinen)

North, Klaus/Güldenberg, Stefan/Dick, Michael (2016): Wissensarbeit(er). In: Dick, Michael/Marotzki, Winfried/Mieg, Harald (Hrsg.): Handbuch Professionsentwicklung. Bad Heilbrunn: Verlag Julius Klinkhardt. S. 125-138.

OECD (Organisation for Economic Co-operation and Development) (2001): Starting Strong. Early Childhood Education and Care. read.oecd-ilibrary.org/education/starting-strong_9789264192829-en#page1 (Abfrage: 13.08.2020).

Prout, Alan/James, Alan (1990): A New Paradigm for the Sociology of Childhood? Provenance Promise and Problems. In: Prout, Alan/James, Alan (Hrsg.): Constructing and reconstructing childhood: contemporary issues in the sociological study of childhood. London: Routledge, S. 7-33.

Rosa, Hartmut (2016): Resonanzpädagogik. Weinheim und Basel: Beltz.

Roux, Susanna (2002): Wie sehen Kinder ihren Kindergarten? Theoretische und empirische Befunde zur Qualität von Kindertagesstätten. Weinheim und München: Juventa.

Sommer-Himmel, Roswitha/Titze, Karl/Imhof, Daniela (2016): Kinder bewerten ihren Kindergarten. Wie Kinder ihren Kindergarten sehen – Instrument und Implementierung von Kinderbefragung in der Kindertageseinrichtung. Berlin: Dohrmann.

Spyrou, Spyros/Rosen, Rachel/Cook, Daniel Thomas (Hrsg.) (2018): Reimagining Childhood Studies. London et al.: Bloomsbury Academic.

UNICEF (2007): A Human Rights-Based Approach to Education for All. Paris: UNICEF. www.unicef.org/publications/files/A_Human_Rights_Based_Approach_to_Education_for_All.pdf (Abfrage: 13.08.2020).

Urban, Mathias/Vandenbroeck, Michel/van Laere, Katrien/Lazzari, Arianna/Peeters, Jan (2012): Towards Competent Systems in Early Childhood Education and Care. Implications for Policy and Practice. In: European Journal of Education, S. 508-526.

Zur Relevanz von Kinderbefragungen als Zugang zur Qualität der Kindertagesbetreuung

Emely Knör, Susanna Roux (†), Julian Heil, Ulrike Bertrand, Katja Thalhofer

Abstract

Der Befund einer ausbaufähigen pädagogischen Qualität der Kindertageseinrichtungen in Deutschland sowie die dominierende erwachsenen-zentrierte Perspektive auf die Thematik der pädagogischen Qualität in Kindertageseinrichtungen (Kita) tragen zur Forderung bei, Kinder als aktive Forschungssubjekte in den Diskurs um pädagogische Qualität aufzunehmen (vgl. Tietze et al. 2017). Vor diesem Hintergrund befragt die Studie „Kindertagesbetreuung aus Kindersicht" (KiKi) 47 Vorschulkinder in dialogisch angelegten, teiloffenen Kleingruppen- und Einzelinterviews zu ihrem Alltag in der Kita. Neben dem inhaltlichen Schwerpunkt der Studie wurde untersucht, wie die Perspektive der Kinder zu Fragen der Qualität methodisch fundiert erforscht werden kann. Die kritisch-reflexive Betrachtung des methodischen Vorgehens bekräftigt, dass Kinder in der Lage sind, valide über ihre Erfahrungswelt Auskunft zu geben, dass Forschung mit Kindern aber besondere methodische und inhaltliche Herausforderungen beachten muss.

Problemaufriss

Um eine möglichst hohe pädagogische Qualität in den Kitas zu gewährleisten, hat die frühpädagogische Qualitätsforschung diverse Zugänge zur Erfassung und Sicherung der Qualität entwickelt (u. a. Tietze et al. 2016; Tietze et al. 2017). Trotz der Forderung, die Interessen und Perspektiven der betreuten Kinder stärker zu berücksichtigen (vgl. Tietze et al. 2017) und Hinweisen, dass Studien mit Vorschulkindern durchaus realisierbar sind (u. a. Nentwig-Gesemann/Mackowiak 2012; Pálmadóttir/Einarsdóttir 2015; Seddig 2014), hat die kindliche Perspektive auf die Qualität in Kitas lange Zeit in nur wenigen Ausnahmen Beachtung erfahren (vgl. Langsted 1994; Roux 2002). Der Einbezug der Perspektive von Kindern in den Qualitätsdiskurs wurde erst in den letzten Jahren vermehrt in den Fokus gerückt (vgl. Nentwig-Gesemann et al. 2020a; Nentwig-Gesemann/Walther/Thedinga 2017; Sommer-Himmel/Titze/Imhof 2016; siehe auch Nentwig-Gesemann/Walther in diesem Band). In diese Bemühungen lässt sich das Projekt „Kindertagesbetreuung aus Kindersicht" (KiKi) einreihen. Ziel des Projektes ist es einerseits, aus einer methodologisch-methodischen Sicht zu untersuchen, wie zu Fragen der Qualität aus der Perspektive von Kindern methodisch fundiert und kontrolliert geforscht werden kann. Andererseits interessiert, wie fünf- bis sechsjährige Kinder ihren Kita-Alltag wahrnehmen und welche Bedeutung der Zugang über die kindliche Perspektive für den Qualitätsdiskurs im Sinne der Qualitätsverbesserung darstellt. Im Fokus dieses Beitrags stehen dabei die genannten methodischen Fragen. Durch die Darlegung des methodischen Vorgehens und seiner Vorannahmen soll die Möglichkeit des Einbezugs von Kindern als Forschungssubjekte in den Qualitätsdiskurs am Beispiel der KiKi-Studie methodisch reflektiert werden.

Kinder als Forschungssubjekte in der Forschung zu pädagogischer Qualität

Die *neue Kindheitsforschung* fordert vermehrt die Schwerpunktverschiebung von Kindern als Forschungsobjekten zu Forschungssubjekten ein und somit explizit nach der Perspektive von Kindern zu fragen (vgl. Vogl 2015; Mey 2003). Demnach werden Kinder als Expert_innen ernst genommen, zu ihrer Lebenswelt befragt und beobachtet (vgl. Hunger et al. 2019). Eine Begründung findet sich in einer gewandelten Wahrnehmung von Kindern und dem Verständnis von Kindheit (vgl. Eckermann/Heinzel 2018; Grundmann/Welskopf/Sturzbecher 2001), wonach Kinder als kompetente (Ko-)Konstrukteure ihrer Lebenswelten und der gesellschaftlichen Wirklichkeit angesehen werden. In diesem Sinne fokussiert die Pädagogik gegenwärtig vermehrt das Kind und nicht mehr vorwiegend gesellschaftlich verfasste Kindheiten (vgl. ebd.).

Trotz verstärkter Bemühungen, Kinder in die Forschung über ihre Lebenswelt zu inkludieren, ist der Diskurs von Kontroversen geprägt (vgl. Sturzbecher/Grundmann 2001; Vogl 2015). Dass bereits junge Kinder valide über ihre Erfahrungswelt, Wissensbestände und Bewertungen Auskunft geben können, bestätigen mehrere Forschungsbefunde (u. a. Nentwig-Gesemann/Mackowiak 2012; Pálmadóttir/Einarsdóttir 2015; Seddig 2014). Demnach verfügen Kinder bereits im Vorschulalter über zentrale sprachliche und interaktionale Fähigkeiten (vgl. Vogl 2015). Kinder als aktive Forschungssubjekte wahrzunehmen, bedingt dennoch gewisse Vorüberlegungen, wie das methodische Vorgehen auf kindliche Voraussetzungen eingehen und entsprechend modifiziert werden kann. Die Forschungspraxis zeigt, dass nahezu alle sozialwissenschaftlichen Methoden einsetzbar sind (vgl. Mey 2003). Ungeachtet der letztendlich eingesetzten Methoden bedarf die Forschung in der frühen Kindheit spezifischer Anpassungen bestehender Verfahren (vgl. Honig/Lange/Leu 1999). Forschungsmethoden werden auf das Forschungssubjekt Kind und in Hinblick auf das Erkenntnisinteresse adaptiert und zum Teil modifiziert (vgl. Mey 2003). Verstehende Zugänge zu den

Perspektiven der Kinder ermöglichen deren soziale Wirklichkeiten zu beleuchten (vgl. Honig/Lange/Leu 1999).

Kindorientierte Verfahren, die sich mit der Erfassung der kindlichen Perspektive beschäftigen, liegen in unterschiedlichen Handlungsfeldern und im Rahmen verschiedener disziplinärer Settings vor (Hunger et al. 2019) – beispielsweise zur kindlichen Sicht auf das eigene Wohlbefinden und die Selbstbestimmung im Alltag (vgl. World Vision Deutschland e. V. 2018), auf Familie (vgl. Alt/Lange 2004) sowie auf die Transition von der Kita in die Grundschule (vgl. Seddig 2014).

Im Vergleich dazu gibt es erst in den letzten Jahren verstärkte Bemühungen um den Einbezug der Perspektive von Kindern in den Qualitätsdiskurs (vgl. Heil et al. 2019; Nentwig-Gesemannet al. 2020a; Nentwig-Gesemann/Walther/Thedinga 2017; Sommer-Himmel/Titze/Imhof 2016). Zuvor lagen bis auf wenige Ausnahmen kaum Befunde vor, wie Kinder selbst ihren frühpädagogischen Alltag aus einer Qualitätsperspektive wahrnehmen (vgl. Roux 2002).

Kindertagesbetreuung aus Kindersicht (KiKi) – Forschungsdesign und methodische Reflexion

Die Forderung, Kinder aktiv in den Qualitätsdiskurs einzubinden, birgt inhaltliche sowie methodische Herausforderungen. Die kritisch-reflexive Betrachtung des methodischen Vorgehens der vorliegenden Studie soll dazu genutzt werden zu diskutieren, wie Kinder als Forschungssubjekte im Qualitätsdiskurs der Kita miteinbezogen werden können. Dazu wird im Folgenden zunächst ein Überblick über das Forschungsdesign, die Stichprobe und die Auswertungsmethode gegeben. Im Anschluss wird anhand verschiedener Schritte und Aspekte im Forschungsprozess das methodische Vorgehen näher betrachtet und auf ihre Spezifität beim Einsatz mit jungen Kindern hin reflektiert.

Forschungsdesign, Stichprobe und Auswertungsmethode

Die KiKi-Studie ist qualitativ orientiert, da ein qualitativer Zugang sich besonders eignet, kindliche Verhaltens- und Denkformen vertiefend zu erfassen (vgl. Vogl 2015). Zur mehrperspektivischen Erschließung der Qualität aus Kindersicht, der Absicherung der Ergebnisse sowie der Ermöglichung unterschiedlicher Settings für die teilnehmenden Kinder, wurde die KiKi-Studie zweistufig in Form von Kleingruppen- und Einzelinterviews konzipiert (vgl. Mey 2003).

An der KiKi-Studie beteiligten sich zwölf Kitas aus dem Süd-Osten Baden-Württembergs unter kommunaler und kirchlicher Trägerschaft. Je vier der Kitas liegen im städtischen (> 20.000 Einwohner), mittel-städtischen Raum (20.000-5.000 Einwohner) sowie im ländlichen Raum (< 5.000 Einwohner). In jeder Kita wurden jeweils zwei Jungen und zwei Mädchen – zunächst über das Einverständnis der Eltern – zur Teilnahme an den Interviews eingeladen. Insgesamt nahmen schließlich 47 fünf- bis sechsjährige Kinder an den Interviews teil. Im Mittel waren die Kinder fünf Jahre und sieben Monate alt (67 Monate, $SD = 5.60$).

Die Dauer der Kleingruppeninterviews variierte zwischen 16 und 40 Minuten, die Einzelinterviews zwischen sechs und 20 Minuten. Die Interviews werden zunächst per Audioaufnahme gesichert und anschließend in Anlehnung an das Gesprächsanalytische Transkriptionssystem (vgl. Selting et al. 2009) transkribiert. Die inhaltliche Analyse der Transkripte folgte einer zusammenfassend-strukturierenden qualitativen Inhaltsanalyse (vgl. Mayring/Brunner 2010). Für die Auswertung, Interpretation und Reflexion von Daten aus (Kinder-)Interviews ist die Arbeit im Team ratsam (vgl. Vogl 2015). Der Kodierleitfaden ist deshalb auf Grundlage der Pretestdaten in mehreren Auswertungs- und Diskussionszyklen im Projektteam interkommunikativ entwickelt und überarbeitet worden.

Eine doppelte Blindkodierung dient zur Überprüfung der Interrater-Reliabilität. Insgesamt zwölf zufällig ausgewählte Einzelinterviews (26 %) und acht Gruppeninterviews (67 %) der Haupterhebung sind hierfür unabhängig von zwei Ratern des Forschungsteams ausgewertet worden. Die Abgleichung der beiden Kodierungen ergeben in den Gruppeninterviews eine prozentuale Übereinstimmung von durchschnittlich 81,9 % (min: 75,9 %, max: 88,3 %), für die Einzelinterviews im Schnitt 92,3 % (min: 83 %, max: 100 %).

Methodische Reflexion einzelner Umsetzungsschritte

Rolle der Interviewer_innen in Interviews mit Kindern

Der Rolle der Interviewer_innen kommt eine besondere Bedeutung in der Durchführung von Interviews, als komplexe Gesprächssituation, zu (vgl. Vogl 2015). Die Besonderheit in Interviewsituationen mit Kindern besteht im bestehenden Machtgefälle (vgl. ebd.). Die_der Interviewer_in sollte mit einer freundlichen, abwartenden, empathischen, rücksichtsvollen Grundhaltung dem Kind entgegentreten (vgl. Mey 2003). Denn für Kinder handelt es sich meist um eine neue unbekannte Situation, in welcher sich ein_e Erwachsene_r für die kindlichen Belange interessiert, ohne kritisch zu beurteilen (vgl. Vogl 2015). Die_der Interviewer_in ist dazu aufgefordert ein Gleichgewicht der Nähe und Distanz zu schaffen, um einerseits eine Vertrauensbasis zu schaffen, aber genügend Abstand zu wahren, um sozial erwünschte Antworten zu vermeiden (vgl. ebd.).

Für das Gelingen des Interviews ist die_der Interviewer_in zentral. Sie_er steuert maßgeblich den Verlauf und das Antwortverhalten der Kinder und sollte daher in verschiedenen Hinsichten Kompetenzen aufweisen und für das Interview vorbereitet sein (vgl. ebd.). Zu den Kompetenzen zählen einerseits Aspekte der Gesprächs-/Interviewführung, des Einsatzes technischer Geräte, der eingesetzten Leitfäden, des Settings, entwicklungspsychologischer Grundlagen (vgl. ebd.). Zudem bedingt es der Reflexion und des Bewusstwerdens der eigenen Haltung. Vor allem in Hinblick auf die, bei der Befragung von Kindern, tendenziell grundlegend positiven Grundhaltung und dem Vertrauen gegenüber den kindlichen Kompetenzen. Um die Komplexität der Interviewführung für alle Beteiligten zu bewältigen, sind Pilotinterviews vorweg ratsam.

Die KiKi-Studie erprobt deshalb die Interviewleitfäden sowie das geplante Vorgehen in Form von Kleingruppen- und Einzelinterview in vier Piloteinrichtungen. Somit kann einerseits der Leitfaden sowie der Struktur des Vorgehens getestet und andererseits, die Interviewer_innen auf den Prozess der Datenerhebung vorbereitet werden. Die Interviewer_innen können mögliche inhaltliche Unklarheiten vorab klären, das technische Hilfsmittel erproben und mit den Leitfäden vertraut werden (vgl. ebd.). In Anbetracht der Vielzahl von Aufgaben während des eigentlichen Interviews, ist ein selbstverständlicher Umgang mit den Methoden und Techniken essenziell, sodass letztendlich die Verständlichkeit der Instruktion und Information gewährleistet werden kann (vgl. ebd.). Der Leitfaden ist aufgrund der Erfahrungen in den Pretest-Erhebungen nochmals überarbeitet worden.

Durchgeführt wurde der Pretest sowie die anschließende Datenerhebung von Mitgliedern des Forschungsteams. Alle Interviewer_innen weisen einen einschlägig frühpädagogischen Hintergrund sowie praktische Erfahrung sowohl in frühpädagogischen als auch forschungspraktischen Kontexten auf. Aufgabe des Forschungsteams war es, die eigenen Rollen während des gesamten Prozesses, somit auch während der Durchführung der Interviews zu reflektieren.

Kleingruppen- und Einzelinterview

Die Kleingruppeninterviews sind Gruppendiskussionen (vgl. ebd.) ähnlich. Gruppendiskussionen erlauben es zu untersuchen, welche Erfahrungen und welches Wissen Kinder zu einem Thema haben und wie sie sich gegenseitig in ihrer Argumentation stützen und widersprechen, wie sie einen gemeinsamen Konsens herstellen und wie sie mit Meinungen umgehen, welche nicht der Mehrheit entsprechen (vgl. Krüger 2006). Die gleichzeitige Befragung mehrerer Personen ist eine anspruchsvolle Interviewform, die besondere kommunikative und koordinative Kompetenzen der Teilnehmer_innen voraussetzt, damit eine Bezugnahme zu vorherigen Beiträgen möglich ist (vgl. Mey 2003). In Gruppendiskussionen mit Kindern entsteht eine kindliche Überzahl, sodass die Interaktion mit den Peers in den Fokus rückt (vgl. Heinzel 2000). Die Herausforderungen an die Gesprächsführung seitens der Forschenden reichen von der Beeinflussung des Gesprächsverlaufs durch thematisch ausgerichtete Gesprächsimpulse bis hin zur Herstellung einer förderlichen Gesprächsatmosphäre, der gleichzeitigen

Beachtung der Gruppendynamik und des Zeitmanagements (vgl. Vogl 2015). Als sinnvoll erachtet wird es, Gruppendiskussionen mit Kindern in Forschungskontexten in ihrer Gruppengröße auf wenige Teilnehmer_innen zu beschränken und sogenannte Realgruppen einzuhalten (vgl. Mey 2003). Die Herausforderung eine positive Atmosphäre herzustellen, kann durch ein vertrautes Umfeld und dem Vermeiden von Störfaktoren bereits in der Anlage der Interviews grundlegend begünstigt werden (vgl. ebd.).

Die KiKi-Befragungen fanden an einem Vormittag in den Räumlichkeiten der jeweiligen Kita in einem separaten Raum statt. Für die Kleingruppen wurde eine Konstellation von jeweils zwei Mädchen und Jungen einer gewählt, die im Sinne einer Realgruppe gemeinsam zu einem Gespräch über ihre Kita eingeladen werden. Die Voraussetzung der Realgruppe, innerhalb der vertrauten Umgebung Kita, schafft ein geschütztes Setting (vgl. Vogl 2015).

Auch im zweiten Schritt des Erhebungsverfahrens greifen die Grundannahmen zum geschützten Setting. Alle Kinder des Kleingruppeninterviews werden in einem Eins-zu-Eins-Setting (Erwachsene_r-Kind) erneut befragt. Als tendenziell offenes Verfahren erscheinen Interviews besonders angemessen, um die Sicht des Subjektes zu erheben (vgl. Mey 2003).

Im Folgenden wird das Vorgehen der beiden Interviewformen der KiKi-Studie gemeinsam vorgestellt.

Warm-up-Phase

Bei einem Interview handelt es sich um eine komplexe Gesprächssituation, die Kindern meist unbekannt ist. Die Besonderheiten liegen darin, dass den Kindern ungeteilte Aufmerksamkeit von Erwachsenen zukommt, die seinem bisherigen Rollenverständnis widersprechen, sich jedoch offen auf die kindlichen Ideen, Haltungen und Gefühle einlassen, ohne diese zu kritisieren (vgl. Vogl 2015). Folglich bedarf es Explikationen zu Beginn des Interviews über den Ablauf, die Rollen im Gespräch sowie die genutzte Technik. Wichtig dabei ist genügend Information bereitzustellen, Unsicherheit zu verringern, jedoch den Beginn des Interviews nicht zu lange hinauszuzögern (vgl. ebd.). Die KiKi-Studie realisiert dies im Kleingruppeninterview mithilfe einer Warm-up-Phase mit mehrfacher Zielsetzung. Einerseits soll die Einwilligung aller Kinder zur Teilnahme am Interview eingeholt werden, was als Selbstverständlichkeit angesehen werden sollte, da „die Kinder ein Recht auf Schutz ihrer Privatsphäre haben und nicht ohne weiteres befragt und untersucht werden dürfen" (Richter 1997, S. 78). Andererseits wird explizit auf den Expertenstatus der Kinder verwiesen und das Interesse an der kindlichen Lebenswelt betont, um das Autoritätsgefälle zwischen der_dem Interviewenden_m und den Kindern zu reduzieren (vgl. Vogl 2015). Damit einher gilt es zu verdeutlichen, dass dieser Expertenstatus dazu führt, dass es keine richtigen und falschen Aussagen geben wird. Zur besonderen Betonung des Expertenstatus dient die Herstellung von Namensschildern, welche gemeinsam gestaltet werden. Zudem soll den Kindern die Möglichkeit gegeben werden, das zur Aufzeichnung des Gespräches genutzte Gerät in Kürze zu testen.

Inhaltlicher Einstieg in die Interviews

Kommunikationsunterstützende Mittel (z. B. Handpuppen, Zeichnungen, Fotos) können einen Anreiz darstellen, welcher die Kommunikation initiiert oder vertiert (vgl. Vogl 2015). Die visuellen Stimuli bieten einen zusätzlichen Reiz (vgl. ebd.). Eine Möglichkeit, die emotionale Sicherheit und das Wohlbefinden für das Kind zu unterstützen, bieten Ersatzbindungsobjekte (wie beispielsweise ein Lieblingskuscheltier oder -spielzeug) (vgl. ebd.). Der Einsatz von Ersatzbindungsobjekten hat nachweislich keinen Einfluss auf die inhaltlichen Ergebnisse (vgl. ebd.).

Zur Kommunikationsunterstützung nutzt die KiKi-Studie, als inhaltlichen Einstieg in das Kleingruppeninterview, eine Fotografie (vgl. Krüger 2006). Darauf zu sehen sind ein Mädchen und ein Junge in Rückansicht, wie sie in einen Raum blicken. Das Bild mit dem Erzählimpuls („*Ich habe euch ein Bild von zwei Kindern mitgebracht, die gerade in einen Kindergarten schauen. Was würden die beiden denn sehen, wenn sie in euren Kindergarten blicken würden?*") soll die Kinder dazu anregen zu äußern, was die beiden Kinder sehen würden, wenn sie in ihre Kita schauen. Die sich im Zentrum befindenden Kinder sollen den interviewten Kindern Identifikationsmöglichkeiten bieten und die Perspektivenübernahme initiieren. Die wenigen Elemente der Fotografie lassen Spielraum für eigene Assoziationen und Schwerpunktsetzungen. Den Kindern wird damit eine Orientierungshilfe geboten, ohne dass der visuelle Reiz stark suggestiv die Antworten der Kinder lenkt. Zielführend sollen neben allgemeinen Aspekten zu räumlich, materieller und personeller Ausstattung auch einrichtungsspezifische Besonderheiten zur Sprache kommen.

In den Einzelinterviews kommen ferner Ersatzbindungsobjekte in Form von Lieblingsspielzeugen aus der Kita zum Einsatz. Die Kinder werden zum Abschluss des Kleingruppeninterviews über den weiteren Ablauf der Einzelinterviews informiert und aufgefordert, sich ein Lieblingsspielzeug aus der Kita auszusuchen und zum Einzelinterview mitzubringen. Die Ersatzbindungsobjekte gestalten den Einstieg in das Einzelinterview.

Gesprächsführung und Leitfaden

Das Autoritätsgefälle zwischen Erwachsenem und Kind birgt die Gefahr einer starken Steuerung und großen Gesprächsanteilen der Interviewer_innen (vgl. Sturzbecher/Grundmann 2001), weshalb eine offene Gesprächsführung ohne allzu starke Einschränkung von Themen und Äußerungen essenziell ist. Dennoch ist es notwendig, dass in der Befragung von Kindern die Interviewer_innen eine aktive Rolle einnehmen, um den Gesprächsfluss aufrecht zu erhalten (vgl. Vogl 2015). Sie_er strukturiert die Situation und sichert mit Nachfragen das Verständnis. Um eine Balance zwischen der Thematisierung verschiedener Aspekte und einem freien Gespräch zu erreichen, können Leitfäden den inhaltlichen Ablauf von Interviews strukturieren und leiten (vgl. ebd.).

Auch die Kleingruppen- und Einzelinterviews der KiKi-Studie werden unter Zuhilfenahme von teilstrukturierten Leitfäden durchgeführt. Die inhaltliche Ausrichtung der Leitfäden für die Interviews wurde theoriegeleitet in mehreren Diskussionszyklen im Forschungsteam entwickelt, pilotiert und überarbeitet. Die Beiträge von Tietze et al. (2016; 2017) zur Sicherung und Erhebung pädagogischer Qualität bilden die Grundlage der inhaltlichen Auseinandersetzung.

Die Leitfäden führen das Interview mittels Erzählanlässen. Um das Gespräch zu strukturieren wurden der_dem Interviewer_in im Leitfaden zusätzlich zu den Erzählanlässen eine inhaltliche Checkliste und mögliche Nachfragen zur Verfügung gestellt. Zudem kommen Nachfragetechniken, welche sich in der Befragung von Erwachsenen bewährt haben und auch auf die Befragung von Kindern übertragen werden können, zum Einsatz. Neben aktivem Zuhören wird unter Zuhilfenahme der Tell-me-more Probe („*Das ist ja spannend. Könnt ihr mir darüber noch mehr erzählen?*“, „*Fällt euch noch etwas dazu ein?*“, „*Und wie ist das bei dir so?*“) oder der Echo Probe (wiederholen des bereits gesagten, um weiter fortzufahren) das Gespräch aufrechterhalten (vgl. Vogl 2015). Somit kann individuell, empathisch und flexibel auf die jeweiligen Antworten des Kindes reagiert werden. Der Gesprächsfluss darf somit nicht unnötig aufgrund eines fehlenden Aspektes aus dem Leitfaden gestört werden und unnötige inhaltliche Doppelungen sind zu vermeiden.

Durch das Kleingruppeninterview leiten nach der Warm-up und Einstiegsphase vier Erzählanlässe: *Planung und Routinen*, um mehr über die Tagesabläufe und Rituale zu erfahren; *Aktivität und Interaktion*, in welchem individuelle Spielvorlieben sowie Interaktionen mit Peers und pädagogischen Fachkräften angesprochen werden; *Kompetenzen*, in welchem die Kinder von ihrem Können erzählen und den dazugehörigen Lernwegen; *Wunsch*, in welchem mit der Frage „*Stellt euch mal vor, ihr seid die Chefs vom Kindergarten. Was würdet ihr dann machen?*“ Vorstellungen der Kinder zu ihrer Wunschkita erfragt werden.

Das Einzelinterview folgt nach dem Einstieg über das Ersatzbindungsobjekt drei Erzählanlässen: *Spielen*, in welchem die Spielpräferenzen der Kinder früher und heute in der Kita und zu Hause fokussiert werden; *Lernen*, in welchem Lerninhalte, -partner, -wege thematisiert werden und *Gelingensbedingungen*, in welchem es sich um Aspekte eines besonders gelungenen Kita-Tages dreht.

Einsatz von Post-Skripten

Um mögliche Störfaktoren oder Probleme in der Datenqualität festzuhalten und im Verlauf der weiteren Datenerhebung zu vermeiden, sind Gesprächsnotizen im unmittelbaren Anschluss an die Durchführung von Interviews ratsam (vgl. Vogl 2015). Diese können somit für die spätere Auswertung und Interpretation gesichert und im weiteren Verlauf der Datenerhebung berücksichtigt werden (vgl. ebd.). Die KiKi-Studie nutzt hierfür halb-standardisierte Post-Skripte. Einerseits ermöglichen diese die offene Reflexion des Gesprächsverlaufs, Besonderheiten, Anmerkungen zum kindlichen Verhalten und des Kontextes. Andererseits werden deskriptive Daten zum Interview (Beginn, Ende, Datum, Dauer), den teilnehmenden Kindern (Alter und Geschlecht) sowie einrichtungsspezifische Daten (Träger, Gruppengröße) erhoben. Im Einzelinterview wird das kindliche Verhalten während des Interviews zusätzlich in zehn Fragen auf einer vierstufigen Skala (gar nicht – sehr) eingeschätzt.

Diskussion

Die Perspektive von Kindern in Forschungen zu ihrer Lebenswelt einzubeziehen, ist in den letzten Jahrzehnten ein wichtiges Anliegen insbesondere der Kindheitsforschung geworden (vgl. Stenger/Dietrich/Deckert-Peaceman 2010; Eckermann/Heinzel 2018; Vogl 2015). Wie dies methodisch gelingen kann, stellt weiterhin eine besondere Herausforderung dar. Die KiKi-Studie untersucht methodische sowie inhaltliche Aspekte der Befragung von Kindern im Qualitätsdiskurs. Die Erfahrungen der KiKi-Studie bestätigen erneut, dass die Befragung von Kindern zu Aspekten ihrer Lebensumwelt möglich ist (vgl. Nentwig-Gesemann/Mackowiak 2012; Pálmadóttir/Einarsdóttir 2015; Seddig 2014). Dennoch sind Limitationen des Zuganges zu kennzeichnen. Im Folgenden soll deshalb das methodische Vorgehen kritisch reflektiert und in den Kontext der Möglichkeit des Einbezugs von Kindern als Forschungssubjekte in den Qualitätsdiskurs eingeordnet werden (für eine vertiefte Lektüre zu inhaltlichen Befunden der KiKi-Studie siehe Heil et al. 2017; Heil et al. 2019; Thalhofer et al. 2017).

Die Auswertung der offenen Anmerkungen der Post-Skripte ergab, dass die Interviews sehr individuell und unterschiedlich abliefen. Wie offen und fokussiert sich Kinder auf die Interviews einlassen, variiert von Kind zu Kind aber auch von Kleingruppeninterview zu Einzelinterview. Dabei zeigt sich keine Tendenz für die eine oder andere Gesprächsform.

Dennoch ist es bei allen Interviews den Erheber_innen gelungen die Kinder durch das Interview zu führen, sodass sich alle Kinder in den Interviews zu ihren konkreten Vorstellungen und Wahrnehmungen des Kita-Alltages äußerten. Die Einschätzungen zum Verhalten der Kinder von den Interviewenden sind sehr positiv, wonach die methodische Zugangsweise der geforderten Angemessenheit an die kindlichen Kompetenzen zu entsprechen scheint (vgl. Vogl 2015). Vor allem die Betonung des Expert_innenstatus der Kinder hat sich als besonders förderlich für den Verlauf der Interviews herausgestellt. Die Auswertung der Interviews zeigt, dass Kinder in diesen für sie meist neuen Situationen sehr unterschiedlich agieren. Die Gruppe als sicherheitsgebende Instanz wirkt sich aus Sicht des Forscherteams nicht für alle Kinder gleichermaßen aus. Zum Teil halten sich die Kinder im Schutz der Gruppe eher zurück und öffnen sich erst in der Eins-zu-Eins Situation des Einzelinterviews. Doch auch der umgekehrte Effekt ist zu finden, wonach Kinder im Gruppensetting Sicherheit in der Situation finden und sich öffnen, hingegen in der Einzelsituation zurückhaltend antworten. Um möglichst allen Kindern die Möglichkeit zu geben ihre Perspektive beizutragen, erscheint das zweistufige Vorgehen als angemessen, sodass die Kinder ihre individuellen Vorlieben und Stärken in der jeweiligen Situation nutzen können. Die vorliegenden Einschätzungen beruhen auf den Erfahrungen der Interviewer_innen, somit einer erwachsenen-zentrierten Perspektive. Aufgrund der fehlenden Bewertung der teilnehmenden Kinder, ist die Einschätzung der Kindangemessenheit, des Settings und der Methode aus kindlicher Perspektive nicht möglich. Eine Einschätzung der teilnehmenden Kinder ist für künftige Forschungsvorhaben anzustreben.

Der methodische Einsatz des Bildes im Kleingruppeninterview sowie des Ersatzbindungsobjektes im Einzelinterview bestärken den Bedarf besonderer methodischer Zugänge (vgl. Honig/Lange/Leu 1999; Vogl 2015). Auch in der Quaki-Studie (vgl. Nentwig-Gesemann/Walther/Thedinga 2017) finden sich solche Bemühungen beispielsweise in malbegleitenden Gesprächen und fotobasierten Kita-Führungen. Der KbiK nutzt hierfür beispielsweise ein Skulpturverfahren zur Einordnung der sozialen Beziehungen des Kindes (vgl. Sommer-Himmel/Titze/Imhof 2016). Offen bleibt an dieser Stelle, ob eine stärker spielbasierte Befragung einen vertieften Zugang zur Perspektive der Kinder eröffnen könnte.

Wenn Kinder in das Zentrum gestellt werden, ergeben sich nicht nur Herausforderungen im Sinne entwicklungspsychologischer Gesichtspunkte, sondern auch von Seiten der Forscher_innen und deren impliziter Einflussnahme. Die Selektion der Stichprobe (Alter, Kompetenz, Dauer des Kita-Besuches) schränkt die kindliche Perspektive auf eine spezifische Gruppe ein. Fraglich bleibt, wie in künftigen Forschungen, die Perspektiven einer größeren Anzahl von Kindern in vorschulischen Einrichtungen erfasst werden kann. In Anbetracht der kindlichen Entwicklung im Vorschulalter lassen sich die Befunde kritisch hinterfragen. Häufig werden die narrative Kompetenz sowie der Perspektivenwechsel als notwendige Entwicklungsvoraussetzungen für eine valide Auskunft über die eigene soziale Wirklichkeit benannt, welche nicht grundsätzlich im Vorschulalter vorausgesetzt werden könnten (vgl. Vogl 2015). Die Befunde aktueller Studien (vgl. Nentwig-Gesemann/Walther/Thedinga 2017; Sommer-Himmel/Titze/

Imhof 2016) hingegen bestärken nicht nur die Gültigkeit der inhaltlichen Befunde der KiKi-Studie, sondern auch die Validität kindlicher Aussagen generell. Für den Qualitätsdiskurs bedeutet dies eine zusätzliche Perspektive, welche für die Weiterentwicklung und Reflexion pädagogischer Qualität genutzt werden kann, indem den Aussagen nicht aus einer erwachsenen-zentrierten Perspektive die Gültigkeit und Relevanz abgesprochen wird. Das unterstreicht die Notwendigkeit einer Beschäftigung mit den eigenen, forscher_innenseitigen Bildern und Perspektiven auf Kindheit und Kinder.

Wenn Kinder zu ihrer Wahrnehmung des Betreuungskontextes befragt werden, steuert das Frageverhalten der Interviewer_innen maßgeblich das Antwortverhalten. Demnach gilt es kritisch zu hinterfragen, inwiefern die Fokussierung der im Leitfaden thematisierten Aspekte tatsächlich den kindlichen Relevanzen entsprechen. Indem bestimmte thematische Erzählanlässe vorgegeben werden, wird suggestiv eine erwachsenseitig orientierte Lenkung der inhaltlichen Ausrichtung ermöglicht. Aber auch die_der Interviewer_in trägt in gewisser Weise zur Lenkung der kindlichen Antworten bei, in dem durch Mimik, Gestik und der verbalen Reaktion auf die kindlichen Äußerungen dem Kind die eigene Erwartungshaltung suggeriert wird. Zusammenfassend gilt festzuhalten, dass zu überlegen ist, wie die für Kinder relevanten Aspekte herauskristallisiert werden können. Zudem gilt es Möglichkeiten anzudenken, wie die Herausforderungen an die_den Interviewer_in zu bewältigen sind. Für die pädagogische Praxis liegen seit kurzem Materialien bereit. Nentwig-Gesemann et al. (2020a) haben hierfür Material und Methoden entwickelt, um mit Kindern Kita-Qualität zu entwickeln. Neben inhaltlichen Qualitätsdimensionen aus Kindperspektive, wird ein Methodenschatz angeboten, um in der pädagogischen Praxis mit Kindern Qualität zu erheben und weiterzuentwickeln (vgl. Nentwig-Gesemann et al. 2020b, c). Zusätzlich werden Weiterbildungen angeboten, die speziell auf die Entwicklung von Kita-Qualität mit Kindern zielen (vgl. Nentwig-Gesemann et al. 2020a). Auch Sommer-Himmel, Titze und Imhof (2016) bieten mit dem KbiK eine Möglichkeit für die pädagogische Praxis, Kinder aktiv an der Qualitätsentwicklung zu beteiligen.

Ausblick

Zusammenfassend zeigen die Erfahrungen und Befunde aktueller Forschungsbemühungen, was es bedeuten kann, Kinder aktiv am Qualitätsdiskurs teilnehmen zu lassen (vgl. Heil et al. 2019; Nentwig-Gesemann et al. 2020a; Nentwig-Gesemann/Walther/Thedinga 2017; Sommer-Himmel/Titze/Imhof 2016). Die Parallelen der bisherigen Studien verdeutlichen, dass Kinder konkrete Vorstellungen ihrer Lebensumwelt in der Kita haben und diese mit unterschiedlichen Ansätzen zu erfassen sind. Die empirischen Befunde aus Kindersicht sind für die weiteren

Entwicklungen der Qualitätssicherung und -steigerung der Kitas von Bedeutung. Die Perspektive der Kinder sollte weiterhin kontinuierlich in den Diskurs miteinbezogen werden. Denn sie zeigt auf, wie sich Kinder zu unserem Bemühen, die Einrichtung kindgerecht zu gestalten, positionieren und wie sie diese wahrnehmen.

Literatur

Alt, Christian/Lange, Andreas (2004): Deine Familie, meine Familie? Die Perspektiven von Müttern und ihren Kindern. In: Zeitschrift für Familienforschung 15, H. 2, S. 111-129.

Eckermann, Torsten/Heinzel, Friederike (2018): Kindheitsforschung – eine erziehungswissenschaftliche Perspektive? In: Kleeberg-Niepage, Andrea/Rademacher, Sandra (Hrsg.): Kindheits- und Jugendforschung in der Kritik. Wiesbaden: Springer, S. 251-272.

Grundmann, Matthias/Welskopf, Rudolf/Sturzbecher Dietmar (2001): Wozu brauch man kindliche Einschätzungen von Betreuungskontexten. In: Sturzbecher, Dietmar (Hrsg.): Spielbasierte Befragungstechniken. Göttingen: Hogrefe, S. 11-23.

Heil, Julian/Roux, Susanna/Knör, Emely/Thalhofer, Katja/Betrand, Ulrike (2017): „Wenn einer haut oder beißt oder zwickt oder am Ohr zieht, dann halt, muss er an Tisch ziehen" (EI_08-03). Zur Qualität der Kindertagesbetreuung aus Kindersicht (KiKi). Poster präsentiert an der 26. Jahrestagung der Sektion Schulpädagogik, Kommission Grundschulforschung und Pädagogik der Primarstufe. Landau/Pfalz. www.zep.ph-weingarten.de/fileadmin/redaktuere/Subdomains/Zentrum_fuer_Elementar-_und_Primarbildung/KiKi_Poster_Einzelinterview_Grundschulforschungstagung_Landau.pdf (Abfrage: 29.10.2020).

Heil, Julian/Knör, Emely/Roux, Susanna/Thalhofer, Katja/Betrand, Ulrike (2019): Zur Qualität der Kindertagesbetreuung aus Kindersicht. In: Donie, Christian/Foerster, Frank/Obermayr, Marlene/Deckwerth, Anne/Kammermeyer, Gisela/Lenske, Gerlinde/Leuchter, Miriam/Wildemann, Anja (Hrsg.): Grundschulpädagogik zwischen Wissenschaft und Transfer. Wiesbaden: Springer VS, S. 257-262.

Heinzel, Friederike (2000): Kinder in Gruppendiskussionen und Kreisgesprächen. In: Heinzel, Friederike (Hrsg.): Methoden der Kindheitsforschung. Ein Überblick über Forschungszugänge zur kindlichen Perspektive. Weinheim und München: Juventa, S. 117-130.

Honig, Michael-Sebastian/Lange, Andreas/Leu, Hans-Rudolf (1999): Aus der Perspektive von Kindern? Zur Methodologie der Kindheitsforschung. Weinheim: Juventa.

Hunger, Ina/Zander, Benjamin/Zweigert, Maika/Schwark, Claudia P. (2019): Impulsinterviews mit Kindern im Kindergartenalter – praktische Entwicklung und methodologische Einordnung einer Datenerhebungsmethode. In: Hartnack, Florian (Hrsg.): Qualitative Forschung mit Kindern. Wiesbaden: Springer, S. 169-192.

Krüger Heinz-Hermann (2006): Forschugsmethoden in der Kindheitsforschung. In: Diskurs Kindheits- und Jugendforschung, H. 1, S. 91-115.

Langsted, Ole (1994): Looking at quality from the child's perspective. In: Moss, Peter/Pence, Alan (Hrsg.): Valuing quality in early childhood services. New approaches to defining quality. New York: Teachers College Press, S. 28-42.

Mayring, Philipp/Brunner, Eva (2010): Qualitative Inhaltsanalyse. In: Friebertshäuser, Barbara/Langer Antje/Prengel Annedore (Hrsg.): Handbuch Qualitative Methoden in der Erziehungswissenschaft. Weinheim: Juventa, S. 323-333.

Mey, Günther (2003): Zugänge zur kindlichen Perspektive. Methoden der Kindheitsforschung. www.psydok.psycharchives.de/jspui/bitstream/20.500.11780/917/1/ber200301.pdf (Abfrage: 02.06.2020).

Nentwig-Gesemann, Iris/Mackowiak, Katja (2012): Schwerpunkt: Interviews mit Kindern – methodische Herausforderungen und Potenziale. In: Frühe Bildung 1, H. 3, S. 121-124.

Nentwig-Gesemann, Iris/Bakels, Elena/Walther, Bastian/Munk, Lisa-Marie (2020a): Kinder als Akteure in Qualitätsentwicklung und Forschung. Eine rekonstruktive Studie zu KiTa-Qualität aus der Perspektive von Kindern. Gütersloh: Bertelsmann Stiftung.

Nentwig-Gesemann, Iris/Walther, Bastian/Bakels, Elena/Munk, Lisa-Marie (2020b): Achtung Kinderperspektiven! Mit Kindern KiTa-Qualität entwickeln. Methodenschatz Teil 1: Qualitätsdimensionen aus Kinderperspektiven. Gütersloh: Bertelsmann Stiftung.

Nentwig-Gesemann, Iris/Walther, Bastian/Bakels, Elena/Munk, Lisa-Marie (2020c): Achtung Kinderperspektiven! Mit Kindern KiTa-Qualität entwickeln. Methodenschatz Teil 2: Erhebung, Auswertung und Dokumentation von Kinderperspektiven. Gütersloh: Bertelsmann Stiftung.

Nentwig-Gesemann, Iris/Walther, Bastian/Thedinga, (2017): Kita-Qualität aus Kindersicht. Eine Studie des DESI-Instituts im Auftrag der Deutschen Kinder- und Jugendstiftung. www.dkjs.de/fileadmin/Redaktion/Dokumente/programme/171026_Quaki_Abschlussbericht_WEB.pdf (Abfrage: 02.06.2020).

Pálmadóttir, Hrönn/Einarsdóttir, Johanna (2015): Young children's views of the role of preschool educators. In: Early Child Development and Care 185, H. 9, S. 1480-1494.

Richter, Roland (1997): Qualitative Methoden in der Kindheitsforschung. In: Österreichische Zeitschrift für Soziologie 22, H. 4, S. 74-98.

Roux, Susanna (2002): Wie sehen Kinder ihren Kindergarten? Weinheim: Juventa.

Seddig, Nadine (2014): „In der Schule lernt man was und im Kindergarten nicht." Vorstellungen und Bilder von Kindern über Kindertageseinrichtung und Grundschule, vor und nach der Einschulung. In: Fröhlich-Gildhoff, Klaus/Nentwig-Gesemann Iris/Neuß Norbert (Hrsg.): Forschung in der Frühpädagogik VII – Schwerpunkt: Profession und Professionalisierung. Freiburg: FEL, S. 307-326.

Selting, Margret/Auer, Peter/Barth-Weingarten, Dagmar/Bergmann, Jörg/Bergmann, Pia/Birkner, Karin/Couper-Kuhlen, Elizabeth/Deppermann, Arnulf/Gilles, Peter/Günthner, Susanne/Hartung, Martin/Kern, Friederike/Mertzlufft, Christine/Meyer, Christian/ Morek, Miriam/Oberzaucher. Frank/Peters, Jörg/Quasthoff, Uta/Schütte, Wilfried/Stukenbrock Anja/Uhmann, Susanne (2009): Gesprächsanalytisches Transkriptionssystem 2 (GAT 2). Gesprächsforschung – Online-Zeitschrift zur verbalen Interaktion H.10, S. 353-402.

Sommer-Himmel, Roswitha/Titze, Karl/Imhof, Daniela (2016): Kinder bewerten ihren Kindergarten. Berlin: dohrmann.

Stenger, Ursula/Dietrich, Cornelie/Deckert-Peaceman, Heike (2010): Einführung in die Kindheitsforschung. Darmstadt: WBG.

Sturzbecher, Dietmar/Grundmann, Matthias (2001): Vorschulkinder als unsichere Informationsquelle – alte Klischees und neue Perspektiven. In: Sturzbecher, Dietmar (Hrsg.): Spielbasierte Befragungstechniken. Göttingen: Hogrefe, S. 37-50.

Thalhofer, Katja/Betrand, Ulrike/Heil, Julian/Knör, Emely/ Roux, Susanna (2017): „Soll ich dir mal mein schlimmstes Wort sagen? – Aufräumen". Kindertagesbetreuung aus Kindersicht (KiKi). Poster präsentiert an der Jahrestagung der DGfE-Kommission Pädagogik der frühen Kindheit. Hildesheim. www.zep.ph-weingarten.de/fileadmin/redaktuere/Subdomains/Zentrum_fuer_Elementar-_und_Primarbildung/KiKi_Kindertagesbetreuung_aus_Kindersicht_Gruppeninterview_PdfK-Tagung_Hildesheim.pdf (Abfrage: 29.10.2020).

Tietze, Wolfgang/Viernickel, Susann/Dittrich, Irene/Grenner, Katja/Hanisch, Andrea/Marx, Jule (2016): Pädagogische Qualität in Tageseinrichtungen für Kinder. Ein Nationaler Kriterienkatalog. Vollständig überarbeitete und aktualisierte Auflage. Weimar: das netz.

Tietze, Wolfgang/Roßbach, Hans-Günther/Nattefort, Rebecca/Grenner, Katja (2017): Kindergarten-Skala (KES- RZ). Revidierte Fassung mit Zusatzmerkmalen. 4. Erweiterte Auflage. Kiliansroda: das netz.

Vogl, Susanne (2015). Interviews mit Kindern führen. Eine praxisorientierte Einführung. Weinheim: Beltz.

World Vision e. V. (2018): Zusammenfassung der 4. World Vision Kinderstudie. www.worldvision.de/sites/worldvision.de/files/pdf/World-Vision-Zusammenfassung-vierte-Kinderstudie.pdf (Abfrage: 31.05.2020).

Zielkindbezogene Bewertung der pädagogischen Qualität in Kitas

Daten einer explorativen Feldstudie

Regine Schelle, Noemi Eberlein

Abstract

Um die Qualität in Kindertageseinrichtungen zu bewerten bzw. weiterzuentwickeln, werden in Forschung und Praxis u. a. standardisierte Verfahren eingesetzt, die – ausgehend von einem inhaltlich-programmatischen Verständnis von Qualität – Prozessqualität durch Beobachtungen einzelner Kinder und Kindergruppen erfassen wollen. Methodische Herausforderungen, die bei der Erfassung auftreten können, werden in der Forschung bislang wenig reflektiert und transparent beschrieben. Der vorliegende Beitrag ergründet und reflektiert unterschiedliche Zugänge zu „Qualität" und greift dafür auf Teilergebnisse der explorativen „Methodenstudie: Qualität in der Kindertageseinrichtung (MS-Kita)" zurück. Im Rahmen dieser Studie wurden Videosequenzen aus dem pädagogischen Alltag von Kindertageseinrichtungen genutzt um sowohl gruppen- als auch zielkindbezogene Qualitätsratings vergleichend durchzuführen. Ziel war es, herauszuarbeiten, worin sich die Qualitätsbewertungen mittels beider Vorgehen unterscheiden und welche methodischen Herausforderungen sich insbesondere mit Blick auf eine zielkindbezogene Qualitätserfassung zeigen.

Schlüsselwörter: zielkindbezogene Qualitätsbewertung; methodische Herausforderungen

1. Einleitung

Basierend auf einem inhaltlich-programmatischen Verständnis von Qualität werden im Rahmen einer standardisierten Erfassung pädagogischer Prozessqualität in Kindertageseinrichtungen (Kitas) zwei unterschiedliche Verfahrenswege genutzt: Bei der Bewertung auf Gruppenebene werden Prozessmerkmale einer Gruppe in ihrer Gesamtheit erfasst und die Anregungsqualität einer Kitagruppe bewertet (vgl. Schmidt et al. 2018). Die Bewertung auf der Zielkindebene hingegen fokussiert die Prozessqualität mit Blick auf das einzelne Kind (Zielkind). Die Aktivitäten und Interaktionen eines Zielkindes werden beobachtet und daraufhin anhand standardisierter Beobachtungsitems Rückschlüsse auf die von einzelnen Kindern erlebte Qualität in einer Kitagruppe gezogen (vgl. Chien et al. 2010). So können zum einen Zusammenhänge zwischen bestimmten kindlichen Merkmalen (z. B. dem Geschlecht) und der erlebten Qualität dargestellt werden. Zum anderen werden Unterschiede im Interaktionsverhalten zwischen den Kindern deutlich und eine Qualitätsbewertung scheint differenzierter möglich als durch eine alleinige gruppenbezogene Qualitätsbewertung (vgl. Riedmeier 2019; Brassard/Boehm 2007).

Wie solche Verfahren zur Qualitätsbewertung prozessiert werden und mit welchen methodischen Herausforderungen dies verbunden ist, war eine der Forschungsfragen, die im Rahmen der „Methodenstudie: Qualität in der Kindertageseinrichtung (MS-Kita)“[1] untersucht wurde. Dafür wurden für 18 Videosequenzen aus dem Kita-Alltag sowohl gruppen- als auch zielkindbezogene Bewertungen der Qualität durchgeführt. Für die zielkindbezogene Bewertung wurde das Instrument „Leuven Involvement Scale (LIS)“ (Laevers/Moons/Declercq 2012) ausgewählt. Nur in diesem Instrument werden ausschließlich das kindliche Wohlbefinden und die kindliche Engagiertheit eingeschätzt und darauf aufbauend die Prozessqualität, die jedes einzelne Kind erlebt, bewertet. Das Sichern und Fördern des kindlichen Wohlbefindens kann als Kernelement pädagogischer Arbeit in Kitas betrachtet werden und gewinnt auch im frühpädagogischen Qualitätsdiskurs zunehmend an Bedeutung (vgl. Mashford-Scott/Church/Tayler 2012; OECD 2016). Darüber hinaus unterscheidet sich der theoretische Zugang zur Prozessqualität dieses Instruments (was weiter unten expliziert wird), von denen der verwendeten gruppenbezogenen Beobachtungsinstrumente, sodass eine weitere Perspektive auf Qualität in die Studie einbezogen werden konnte.

Für den vorliegenden Beitrag werden Teilergebnisse der Studie „MS-Kita“ dargelegt. Dazu wurden in explorativen Fallanalysen zielkindbezogene LIS-Ratings untersucht und damit verbundene methodische Herausforderungen bei der Bewertung pädagogischer Prozessqualität identifiziert sowie der Frage nachgegangen, inwiefern zielkindbezogene Ratings ein differenzierteres Bild der Prozessqualität in Kitas wiedergeben. Zunächst werden der Forschungsstand zu zielkindbezogenen Qualitätsbewertungen wie auch das Vorgehen im Projekt vorgestellt. Abschließend werden die Auswertungsschritte anhand einer beispielhaften Videosequenz dargelegt und die Ergebnisse diskutiert.

1 Das Projekt „Methodenstudie: Qualität in der Kindertagesbetreuung (MS-Kita)“ wurde von Dezember 2016 bis Dezember 2018 am Deutschen Jugendinstitut in München durchgeführt und vom Bundeministerium für Familien, Senioren, Frauen und Jugend (BMFSFJ) gefördert.

2. Forschungsstand

Betrachtet man die Qualitätsforschung in der frühen Bildung, zeigt sich national wie international ein Übergewicht an Studien und Erhebungsverfahren, die pädagogische Qualität ausschließlich auf der Gruppenebene und standardisiert untersuchen (vgl. Riedmeier 2019; Halle/Whittaker/Anderson 2010). Zwar liegen Studienergebnisse vor, die die kindlichen Aktivitäten im Kita-Alltag abbilden, allerdings gibt es nur sehr wenige Befunde, die ebenso einen Rückschluss zur individuumsorientierten Prozessqualität erlauben (vgl. Smidt 2012). Zieht man diese Befunde heran, zeigt sich zum einen, dass sich Interaktionen der Fachkräfte mit Kindern sehr unterschiedlich in einer Gruppe verteilen. Manche Kinder haben etwa während bestimmter Beobachtungszeiträume keinerlei individuelle Interaktionen mit den Fachkräften. Zum anderen wird die festgestellte pädagogische Qualität auf Zielkindebene in den Studien häufig niedriger bewertet als die gruppenbezogene Qualität (vgl. Jeon et al. 2010; Clawson/Luze 2008). Smidt (2012) bestätigt solche Ergebnisse für den deutschsprachigen Raum. Darauf aufbauend liegt der Schluss nahe, dass es sich bei einer zielkindbezogenen Bewertung der Qualität nicht nur um ein anderes methodisches Vorgehen handelt, sondern diese auch abweichende Befunde zur Qualität durch eine Messung auf Gruppenebene produziert.

Hinweise auf mögliche methodische Herausforderungen einer zielkindbezogenen Bewertung der Qualität in Kitas finden sich in einer zusammenfassenden Analyse von Riedmeier (2019). Sie wählt für einen vergleichenden Überblick zehn zielkindbezogene Beobachtungsinstrumente[2], die auf einem struktural-prozessualen Qualitätsverständnis beruhen, also Qualität als messbares und mehrdimensionales Konstrukt definieren (vgl. Kluczniok 2018). Pädagogische Qualität zeichnet sich diesem Verständnis nach durch den Outcome aus: So kann von hoher Qualität gesprochen werden, wenn die kindliche Entwicklung und Bildung gefördert wird und Familien unterstützt werden (vgl. Tietze 2008).

Nur vier der zehn untersuchten Instrumente (InCLASS, C-COS, ORCE, ZiKib) ermöglichen neben dem Auftreten und der Häufigkeit von bestimmten kindlichen Aktivitäten auch die Bewertung der pädagogischen Prozessqualität. Riedmeier (2019) weist darauf hin, dass in den meisten Instrumenten

---

2 Child Focus Instrument (CFI), Target Child Observation Manual (TCOM); Observation of Activities in Preschool (OAP), Emergent Academic Snapshot (EAS), Child-Focused Observation (CFO); Language Interaction Snaps hot (LISn); Observational Record of the Caregiving Environment (ORCE); Child-Caregiver Observation System (C-COS), Zielkindbeobachtung (ZiKib), Individualized Classromm Assessement Scoring System (in-CLASS) (in Riedmeier 2019)

eine theoretische Fundierung im Manual fehlt. Ein Ergebnis einer Qualitätsbewertung wird so schwieriger interpretierbar, da die inhaltlich-programmatische Ausrichtung, die dem Instrument inhärent ist, nicht explizit ausgewiesen wird. Kritisch merkt Riedmeier (ebd.) darüber hinaus auch zum methodischen Vorgehen der Instrumente an, dass diese hoch-inferenten Instrumente zwar als „Goldstandard" der Qualitätsmessung angesehen werden, es aber durchaus offene Fragen zu deren Validität gibt. Einschränkungen, wie mögliche Verzerrungen z. B. durch Rater-Biases, sollten weiter analysiert und durch intensive Schulungen vermieden werden (vgl. Riedmeier 2019; Schmidt et al. 2018).

Im Gegensatz zu den von Riedmeier (2019) analysierten Instrumenten, liegt der „Leuven Involvement Scale (LIS)" ein anderes als das struktural-prozessuale Qualitätsverständnis zugrunde. Die LIS basiert auf dem Konzept der „Experiential Education (EXE)", die pädagogische Qualität nicht anhand der Inputs oder Outcomes der pädagogischen Arbeit erfasst, sondern vorrangig im pädagogischen Prozess selbst erkennen will. Dieser kann nach diesem Ansatz beurteilt werden, indem der Fokus auf das Wohlbefinden und die Engagiertheit der einzelnen Kinder gerichtet wird. Werden diese als hoch eingeschätzt, ist das Ausdruck einer hohen Prozessqualität. Die Kernfrage von Qualität in einer Kita ist nach diesem Verständnis also, wie es den Kindern im Setting geht (Laevers/Moons/Declercq 2012). Die Konstrukte „well-being (WB)" und „involvement (INV)" werden genutzt, um Rückschlüsse auf die von einzelnen Kindern erlebte Qualität in Tageseinrichtungen zu ziehen. Von kindlichem WB kann dann gesprochen werden, wenn die physischen und psychischen Grundbedürfnisse erfüllt sind. Kindliches INV hingegen drückt aus, wie sehr sich das Kind bei Aktivitäten engagiert und wie herausfordernd es diese erlebt (vgl. ebd.). In einer weiteren Analyse von Qualitätsmessinstrumenten von Ishimine und Tayler (2014) wird der LIS eine starke theoretische Fundierung bestätigt, allerdings liegen keine publizierten Aussagen zur Validität der Skala vor. Kritisch angemerkt wird von Ishimine und Tayler (2014) ebenso, dass die kurze Beobachtungsdauer womöglich die Aussagekraft einschränkt.

Wie die Ergebnisse einer LIS-Bewertung mit einem gruppenbezogenen Verfahren zur Qualitätsmessung in Bezug gesetzt werden können, wurde im Rahmen des Forschungsprojekts „Measurement and Monitoring of Quality in early childhood settings (0-3 years) (MeMoQ)" in Flandern, Belgien analysiert. Im Rahmen des Projekts wurden mittels der LIS sowohl 200 Kindertagespflegegruppen als auch 200 Kitas für Kinder von 0 bis 3 Jahren untersucht. Jede Gruppe wurde an einem Vormittag besucht und die Level von WB und INV der Kinder bewertet. Insgesamt wurden 6578 (2980 in Kindertagespflegesettings und 3598 in Kitas) zielkindbezogene Beobachtungen durchgeführt. Parallel wurde die Interaktionsqualität der Gruppen anhand der Instrumente

„Classroom Assessment Scoring System (CLASS)“ für Infant und Toddler bewertet. Laevers und Declercq (2018) halten fest, dass höhere Werte für WB und INV in Zusammenhang mit höheren Bewertungen der Interaktionsqualität durch das CLASS-Instrument stehen. Methodische Schwierigkeiten und Herausforderungen bei der Bewertung der Qualität und dem Vergleich der Ratings wurden dabei nicht explizit analysiert.

Der dargestellte Forschungsstand zeigt, dass die vorliegenden empirischen Studien Hinweise dazu liefern, welchen Mehrwert eine zielkindbezogene Qualitätsbewertung haben kann. Eine stringente Verbindung zwischen den einzelnen Verfahren sowie eine kritische Reflexion der methodischen Herausforderungen steht aber weitestgehend noch aus. Die hier dargestellte Teilauswertung des Forschungsprojekt MS-Kita will dazu einen Beitrag leisten, indem der Fokus nicht allein auf die Ergebnisse der Qualitätsratings gelegt wird, sondern auch auf die dahinterliegenden beobachteten Interaktionen in der jeweiligen Situation, um die Entstehung der Ratings nachzuzeichnen. So können Unterschiede zwischen ziel- und gruppenbezogenen Verfahren sowie damit verbundene methodische Herausforderungen reflektiert werden.

3. Untersuchungsdesign

Ziel der vorliegenden Teilauswertung war es,

- Unterschiede zwischen ziel- und gruppenbezogenen Verfahren aufzuzeigen, um zu untersuchen, ob durch die zielkindbezogene Methode ein differenzierterer Blick auf Prozessqualität möglich wird sowie
- potentielle methodische Herausforderungen zielkindbezogener standardisierter Qualitätsbewertungen herauszuarbeiten.

Dazu wurden zwei unterschiedliche Datenerhebungen durchgeführt.

3.1 Bausteine der Datenerhebung für die vorliegende Teilauswertung

Die Datenerhebung für die Teilauswertung zur zielkindbezogenen Bewertung pädagogischer Qualität bestand aus insgesamt zwei Bausteinen: einer Videografie von Interaktionen zwischen pädagogischen Fachkräften und Kindern in Kindergartengruppen, die sowohl mit drei gruppenbezogenen wie einem zielkindorientierten standardisierten Verfahren bewertet wurden, sowie einer Erhebung von Beobachtungsdaten anhand der Videosequenzen.

Videografie in Kindergartengruppen:

In sechs Kitas wurde in Gruppen für Kinder von drei bis sechs Jahren eine Videografie von insgesamt 36 Interaktionssequenzen von im Kitaalltag „typischen" Situationen (wie Freispiel- und Angebotssituationen, Mittagessen, ein pädagogischer Kreis) durchgeführt. Jede Situation umfasst 20 bis 30 Minuten und zeigt jeweils mindestens eine pädagogische Fachkraft in der Interaktion mit mindestens drei Kindern. 18 dieser Videos wurden an externe Rater_innen für die folgenden Qualitätserfassungsinstrumente übermittelt:

- Das „Classroom Assessment Scoring System" (CLASS-PreK) (Pianta/La Paro/Hamre 2011, S. 1), erhebt die Interaktionsqualität in einer Kita-Gruppe (Bewertung von 1 bis 7) und stellt diese durch die Bereiche „Emotional support" (Emotionale Unterstützung der Kinder), „Classroom organization" (Organisation der Gruppe) und „Instructional support" (Lernunterstützung der Kinder) dar.
- Das videogestützte Evaluationsinstrument „Gestaltung von Interaktionen im Alltag" (GInA) stellt die interaktionsbezogenen Handlungskompetenzen einer Fachkraft in den Fokus (vgl. Weltzien et al. 2017, S. 15 f.). Drei Skalen werden bewertet: „Beziehung gestalten", „Denken und Handeln anregen" und „Sprechen und Sprache anregen". Zur Bewertung der Filmsequenzen wird ein mikroanalytisches Vorgehen durchgeführt, indem jeweils vier- bis sechsminütige Filmsequenzen betrachtet wurden. Die Werte reichen von 1 bis 7.
- Das Instrument „Adult Style Observation Schedule (ASOS)" bewertet die Interaktionsqualität (von 1 bis 7) anhand dreier Bereiche: Sensitivity, Stimulation sowie Autonomy. Für die Feldstudie wurde für jede 20-minütige Film sequenz jeweils ein Wert für die genannten Aspekte vergeben und diese Einschätzung schriftlich in kurzen Ausführungen begründet.
- Die LIS bildet das kindliche WB und INV in einer Skala von 1 (niedrig) bis 5 (hoch) ab. Hierfür gibt es zwei unterschiedliche Verfahren: Im Rahmen des „Scanning"-Verfahrens werden die Kinder in der Gruppe jeweils zwei Minuten beobachtet und anschließend Werte für WB und INV vergeben. Dieses Verfahren wurde auch für die Videosequenzen der MS-Kita-Studie angewandt. Für das „Screening"-Verfahren werden die Kinder dreimal im Jahr beobachtet (vgl. Laevers/Moons/Declercq 2012). Tabelle 1 zeigt, welche Anhaltspunkte für die einzelnen Stufen der Ratings für das WB und das INV vorgegeben werden. Dabei können auch Zwischenstufen – 1,5; 2,5;… – vergeben werden, wenn die Beobachtungen nicht eindeutig einer Stufe zuzuordnen sind. In jeder Videosequenz wurden zehn bis 15 Beobachtungen durchgeführt. Für den Fall, dass weniger Kinder zu sehen waren, wurden die Kinder mehrmals beobachtet (vgl. Declercq/Laevers 2018).

Tab. 1: Vorgaben für das Rating mittels der LIS (vgl. Laevers/Declercq 2015)

	Well-being (WB)	Involvement (INV)
1 Extremely low	Klare Signale von Unwohlsein; weinen, schreien; traurig, ängstlich, panisch; wütend, aggressiv gegenüber anderen oder sich; vermeidet Kontakt, zieht sich zurück; reagiert nicht auf die Umgebung.	Kaum Aktivitäten; keine Konzentration; passiv; keine zielorientierte Aktivität; planlose Aktionen; keine Exploration, kein Interesse; keine mentale Aktivität.
2 Low	Gestik, Mimik und Handeln weisen darauf hin, dass sich das Kind nicht wohl fühlt. Signale sind weniger ausgeprägt als auf Stufe 1 oder nicht über die gesamte Dauer hinweg so stark.	Wenig Aktivität mit häufiger Unterbrechung; kaum Konzentration, blickt oft umher; leicht abzulenken; begrenzte Zielorientierung.
3 Moderate	Neutrale Gestik, Mimik, Ausdruck; zeigt wenig Emotionen; keine klaren Signale für Freude oder Trauer, Wohlsein oder Unwohlsein.	Beschäftigt, aber ohne große Konzentration; intensive geistige Aktivität nur selten; ohne große Anstrengung; routiniert; schnell ablenkbar; kurze Aktivitätsdauer; keine Herausforderung;
4 High	Offensichtliche Signale der Zufriedenheit (wie unter Level 5). Signale sind nicht konstant zu beobachten.	Klare Zeichen von INV, aber nicht konstant zu beobachten.
5 Extremely high	Sieht fröhlich aus, lächelt, strahlt; zeigt sich selbst; summt vor sich hin, macht Geräusche beim Spielen; ist entspannt, kein Signal von Stress oder Anspannung; ist offen für die Umgebung; voller Energie; selbstbewusst und Selbstvertrauen.	Kontinuierliche Konzentration, „completely absorbed“; ohne Unterbrechung; hoch motiviert; verfolgt beharrlich ein Ziel; keine Ablenkung; mentale Aktivität sehr hoch; alle Fähigkeiten gefordert; genießt die Aktivität.

Erhebung von Beobachtungsdaten

Der zweite Baustein der Datenerhebung bestand für die vorliegende Fragestellung aus nachträglichen Beobachtungen der Videosequenzen. Über die Methode einer qualitativen Beobachtung wurden die sozialen Interaktionen zwischen Handelnden und Lebenswelt fokussiert (Lamnek/Krell 2016; Flick 2010). Dabei wurde insbesondere der Blick auf Interaktionen und Aktivitäten der beteiligten Kinder gerichtet, die aufbauend auf den LIS-Ratings über die Zeit deutlich veränderte Werte bei INV oder WB zeigten. Einzelne Situationen wurden in Verbindung mit den – zeitlich markierten – Ratings der LIS gebracht. Zu diesem Zweck wurden die Sequenzen teilweise mehrfach von verschiedenen Forscherinnen des Teams betrachtet und transkribiert. So war die Beobachtung nicht völlig offen, sondern durch die Fragestellung teilweise strukturiert (Döring/Bortz 2016). Anzumerken bleibt zudem, dass bei diesem Vorgehen die Offenheit auch durch die Beobachtung bereits videografierter Situationen eingeschränkt wird, da durch den Einsatz einer Kamera eine Vorauswahl möglicher Beobachtungsfoki getroffen wird (Reichertz/Englert 2011). Die Beobachtungen sind in Protokollen festgehalten, die dann als Datenmaterial in die Analysen einbezogen wurden. Die Beobachtungen wurden als ergänzender methodischer Zugang hinzugezogen, um den Blick auf die Bewertungsergebnisse der Videosequenzen durch die standardisierten Verfahren zu erweitern und Rückschlüsse auf deren Entstehung zu diskutieren.

3.2 Auswertung der Daten

Leitend für die Auswertung der vorliegenden Daten waren folgende Fragen:

1. Wie können zielkindbezogene Ratings ein differenzierteres Bild der Prozessqualität in einer Kita wiedergeben als es gruppenbezogene Verfahren leisten?
2. Welche methodischen Herausforderungen sind bei einer zielkindbezogenen Qualitätsbewertung zu identifizieren?

Dafür wurden nicht allein die schriftlich fixierten Ratings analysiert oder untereinander verglichen, sondern auch die gewonnenen Beobachtungsdaten für die einzelne Sequenz herangezogen, um den Prozess der Qualitätserfassung deuten zu können. So eröffnete sich ein größerer Interpretationsspielraum, da die standardisierten Bewertungen der Sequenzen mit den kontextgebundenen Daten verbunden werden konnten, um Chancen und Grenzen des jeweiligen Verfahrens herauszuarbeiten.

Zu diesem Zweck wurde für jede der sechs Kitas eine Fallanalyse durchgeführt. Angelehnt an ein breites Verständnis von Merriam und Tisdell (2016) können alle verschriftlichten Beobachtungsergebnisse der externen Ratings und dazu auch alle Beobachtungsprotokolle, die zu Videosequenzen aus einer Kita entstanden sind, als ein Fall verstanden werden.

Zur Durchführung von qualitativen Fallanalysen sind nach Merriam und Tisdell (ebd.) zwei Schritte vorgesehen: Zunächst wird im Rahmen einer „within-case analysis" für jeden einzelnen Fall strukturiert Datenmaterial gesammelt, um sich auf Kontextinformationen, Ergebnisse oder auch Prozesse zu fokussieren, die sich im Datenmaterial zu einem Fall offenbaren. Nach Abschluss dieser Analysen folgt die „cross-case analysis", bei welcher unterschiedliche Analyseergebnisse miteinander verbunden werden, um eine fallübergreifende Abstraktion zu erreichen.

In einem ersten Schritt wurde für jede Kita einzeln ausformuliert, ob und wie sich die Ratingergebnisse anhand der verschiedenen Verfahren unterscheiden bzw. überschneiden, welche Spannbreite die Werte für einzelne Kinder bei den LIS-Ratings einzelner Sequenzen aufweisen und welche zeitlichen Verläufe sich bei den einzelnen Bewertungen der Kinder über die Sequenzen zeigen. Darüber hinaus wurden auch Zusammenhänge zwischen den Ratings der LIS sowie der anderen Instrumente, die die Interaktionsqualität auf Gruppenebene bewerten, beschrieben. Dem Datenmaterial näherte sich das Forscher_innenteam möglichst unvoreingenommen, um Phänomene, deren Bedingungen sowie daraus folgende Konsequenzen herauszuarbeiten. Beispielhaft wird dieses Vorgehen im Folgenden anhand einer Sequenz aus einer der teilnehmenden Kitas verdeutlicht.

4. Analyse des Datenmaterials der Sequenz Kita C „Basteln"

Kita C ist eine Einrichtung in freier Trägerschaft im Stadtgebiet München und besteht aus drei Krippengruppen, vier Kindergartengruppen sowie zwei Hortgruppen. Gefilmt wurde in einem Gruppenraum einer Kindergartengruppe, die 25 Kinder besuchen und in der zwei Fachkräfte tätig sind. Die 23-minütige Videosequenz entstand am zweiten Vormittag des Feldaufenthalts. Die folgenden Ausführungen fassen den groben Ablauf der Videosequenz überblicksartig zusammen.

Die Gruppenleitung und vier Kinder sitzen im Gruppenraum an einem Basteltisch, der mit einer Tischdecke geschützt ist und auf dem sich alle Utensilien für die Bastelarbeit finden (Stifte, Kleber, Watte, kleine Papierrollen etc.). Diese Utensilien werden für das Basteln einer kleinen Papierfigur (Haare aus Watte, Körper aus der Papierrolle) benötigt. Am Basteltisch liegt auch eine Heißklebepistole, die nur die Fachkraft verwenden darf, um die einzelnen Teile der Figuren zusammenzukleben. Gleichzeitig können nur vier Kinder basteln, da dann alle Plätze besetzt sind. Die anderen Kinder der Gruppe beschäftigen sich im gesamten Raum, spielen auf dem großen Teppich, im Spielhaus oder essen ihre Brotzeit an anderen Tischen. Die zweite Fachkraft im Raum sitzt am Schreibtisch und arbeitet zu Beginn (bis Minute 4) und zum Ende der Szene (ab Minute 14) am Computer, in der Mitte der Szene kümmert sie sich um ein weinendes Kind (nach Aufforderung der Gruppenleitung) und spielt mit den Kindern. Im Raum ist es laut, die Interaktionen am Basteltisch sind nur schwer zu verstehen. Die Fachkraft unterstützt die Kinder bei ihren Bastelarbeiten, sie sucht die Interaktion zu ihnen, gibt ihnen Rückmeldung. Sie lässt die Kinder selbst zwischen verschiedenen Materialien und Möglichkeiten wählen. Dabei wird sie sehr häufig von den anderen Kindern im Raum unterbrochen, etwas gefragt, um Hilfe gebeten oder zur Konfliktlösung hinzugezogen.

4.1 Datengrundlage: Ratings der Sequenz

Die Bewertung der Sequenz mittels vier standardisierter Beobachtungsinstrumente wurde durch die beauftragten Rater_innen in entsprechenden Beobachtungsbögen bzw. Datenblättern festgehalten. Tabelle 2 fasst die Ergebnisse im Durchschnitt für alle drei Sequenzen aus Kita C zusammen, Tabelle 3 das LIS-Rating für die Videosequenz „Basteln" aus Kita C.

Tab. 2: LIS-Rating „Kita C“ gesamt – Durchschnittswerte für WB und INV aus Kita C

	N	Well-being (WB)			Involvement (INV)		
		Min.	Max.	M (SD)	Min.	Max.	M (SD)
Kita C Päd. Kreis	14	2.5	3.5	**2.89**	1.0	3.0	**1.96**
Kita C Basteln	11	3.0	5.0	**3.79**	1.5	4.0	**3.14**
Kita C Puzzle	13	2.5	4	**3.27**	1	3.5	**2.73**
M Kita C				**3.32**			**2.61**

Zu jedem LIS-Rating wurde dem Forscher_innenteam durch die externen Rater_innen eine zusammenfassende Begründung für das jeweilige Rating zur Verfügung gestellt. Für die Sequenz „Basteln“ aus Kita C wird darin festgehalten, dass die Werte für WB gut seien und die meisten Kinder das Basteln genießen, Spaß haben und gerne ihre Ergebnisse mit der Fachkraft und den anderen Kindern teilen. Gespräche finden statt, die Kinder lachen am Tisch. Die Werte für INV werden als moderat bezeichnet. Zwar ist die Aktivität herausfordernd genug (jeder bastelt seine eigene Figur mit unterschiedlichem Material und es gibt ein klares Ziel), doch die Kinder werden zu oft durch äußere Einflüsse in ihrer Konzentration gestört. Das Setting wird dabei als problematisch eingeschätzt: die Regel, dass nur vier Kinder am Tisch gleichzeitig basteln können und auch die Positionierung der Klebepistole verursacht viele Unterbrechungen und Störungen durch die anderen Kinder, da die Fachkraft darauf achtet, dass sich kein Kind verletzt (vgl. Declercq/Laevers 2018).

Tabelle 3 bildet die LIS-Bewertungen der einzelnen Kinder im zeitlichen Verlauf mit entsprechender Minutenangabe (in Klammern) ab. Insgesamt wurden sechs Kinder beobachtet, manche davon auch mehrfach.

Tab. 3: LIS-Rating des WB und des INV für „Kita C Basteln“ zu unterschiedlichen Zeitpunkten (ZP) in Minuten und nach einzelnen Kindern (Kind 1, 2…)

Kind	WB 1. ZP	WB 2. ZP	WB 3. ZP	WB 4. ZP	INV 1. ZP	INV 2. ZP	INV 3. ZP	INV 4. ZP
1	4,5 (00:30)	4,5 (06:30)	4 (13:30)	4 (18:00)	3,5 (00:30)	4 (06:30)	3,5 (13:30)	3 (18:00)
2	4 (02:00)	5 (08:00)			3,5 (02:00)	4 (08:00)		
3	3 (03:30)	4 (09:30)			1,5 (03:30)	4 (09:30)		
4	3 (05:00)	3,5 (12:00)	3,5 (15:05)		3,5 (05:00)	3,5 (12:00)	2 (15:05)	
5	3 (16:30)	3 (19:30)			3 (16:30)	2 (19:30)		
6	4 (21:00)				2,5 (21:00)			

Für die Teilauswertung wurden neben den LIS-Ratings die Bewertungen der Interaktionsqualität anhand der weiteren Qualitätsbeobachtungsinstrumente analysiert. Tabellen 4 bis 6 zeigen diese Ratingergebnisse für die Sequenz „Basteln".

Tab. 4: Bewertungsergebnisse mittels ASOS im Durchschnitt für die Sequenz „Kita C Basteln"

Stimulation	**Sensitivity**	**Autonomy**
4	6	5

Tab. 5: Bewertungsergebnisse im Durchschnitt mittels CLASS-PreK für die Sequenz „Kita C Basteln"

Positive Climate	Negative Climate	Teacher Sensitivity	Regard for Student Perspectives	**Emotional Support**
7	1	7	6	**6,75**
Behavior Management	Productivity	Instructional Learning Formats		**Classroom Organisation**
7	7	7		**7**
Concept Development	Quality of Feedback	Language Modeling		**Instructional Support**
2	4	5		**3,67**

Tab. 6: Bewertungsergebnisse „Kita C Basteln" mittels GInA

	Zeitraum 1 (Min. 0-4)	**Zeitraum 2 (Min. 8-12)**	**Zeitraum 3 (Min. 16-20)**
Skala 1 „Beziehung gestalten"	5,09	5,27	4,82
Skala 2 „Denken und Handeln anregen"	4,43	4,83	4,20
Skala 3 „Sprechen und Sprache anregen"	4,25	4,25	3,50
Drei Ratings Pro 20-Minuten-Sequenz	**4,73**	**4,95**	**4,40**
Gesamt pro Film		4,69	

4.2 Datengrundlage: Beobachtung der Videosequenzen

Die Beobachtungsprotokolle zeigen, dass die Fachkraft sehr häufig, fast im Minutentakt, von Kindern „gestört" wird, die an der Bastelaktion nicht direkt beteiligt sind und so von der eigentlichen Aktivität am Basteltisch abgelenkt wird. Schließlich wurden insbesondere drei Kinder und deren Interaktionen beobachtet, bei denen sich im zeitlichen Verlauf hinsichtlich des INV Veränderungen zeigen. Beispielhaft wird hier ausschnitthaft und zusammenfassend das Protokoll der Interaktionen von Kind 3 (Lucia[3]) abgebildet. Leitende Frage war, wie sich die unterschiedlichen Werte im zeitlichen Verlauf erklären lassen und was sich zwischen den Beobachtungszeitpunkten, die mittels der LIS gewählt wurden, abgespielt hat.

Lucia (Kind 3)
Beim ersten LIS-Beobachtungszeitpunkt (03:30) hat Lucia gerade das Gesicht der Figur fertig bemalt und legt den Stift aus der Hand. Sie blickt im Raum umher und beobachtet ein Kind, das im Gruppenraum zu weinen beginnt. Den Kleber, den Lucia in die Hand nimmt, nutzt sie nicht, sondern spielt damit gedankenverloren. Auf Ansprache eines Mädchens, das neben ihr sitzt, reagiert Lucia nicht. Nach dem ersten LIS-Beobachtungszeitpunkt bleibt Lucia noch länger untätig am Tisch sitzen, blickt im Raum umher und beobachtet das Mädchen neben ihr beim Aufkleben von Watte auf die Figur („Haare"). Bei Minute 05:45 beginnt Lucia ohne erkennbaren äußeren Einfluss den Kleber, den sie immer noch in den Händen hält, zu öffnen und auf das Gesicht der Figur aufzutragen. Sie gibt den Kleber auf Nachfragen dem Mädchen neben ihr. „Ich brauch auch Watte!" sagt sie zur Fachkraft. Die Fachkraft reicht ihr einen Becher, der mit Watte gefüllt ist (Minute 06:20). Sie beginnt, die Watte aus dem Becher zu ziehen und auf die Figur aufzukleben. Beim zweiten LIS-Beobachtungszeitpunkt in Minute 9:30 (INV: 4,0) ist Lucia damit intensiv beschäftigt. Sie blickt von ihrer Tätigkeit nicht auf, ist von der Aktivität scheinbar vollkommen eingenommen.

4.3 Ergebnisse

Sowohl das WB als auch das INV der Kinder werden bei der Sequenz „Basteln" im Vergleich zu allen anderen Sequenzen aus Kita C durchschnittlich am höchsten eingeschätzt (Tab. 2). Wie diese Durchschnittswerte einzuordnen sind, lässt sich anhand des oben bereits beschriebenen Forschungsprojekts „MemoQ" reflektieren. Im Durchschnitt aller durchgeführten Beobachtungen wurde für WB der Wert von 3,36 und für INV der Wert von 2,27 errechnet. Um zu entscheiden, ob diese Werte im Sinne einer Prozessqualität akzeptabel sind, formulierten die Forscher_innen den Wert 3,5 als „minimal acceptable standard" als Durchschnittswert einer Gruppe. Die Ratings der einzelnen Kinder müssen also im Schnitt eine Tendenz zur positiven Bewertung aufweisen. Bezogen auf das WB liegt in der Studie „MemoQ" nur knapp ein Drittel der Werte über diesem Standard, bei dem kindlichen INV sind es sogar nur 8 Prozent (vgl. Laevers/Declercq 2018). Wendet man diesen „minimal acceptable standard" auf die Ratings aus Kita C an, so zeigt sich, dass bis auf den Wert für WB aus der Sequenz „Basteln" keine anderen

3 Alle Namen wurden entsprechend den Datenschutzrichtlinien verändert.

Durchschnittwerte über diesem Standard liegen und somit aus Perspektive des Instruments nicht akzeptabel sind. Grundsätzlich weisen die Ratings auch darauf hin, dass es vor allem für das INV herausfordernd scheint, dass die Kinder den „minimal acceptable standard" erreichen.

Im Zeitraum der Beobachtung wurden für insgesamt sechs Kinder Ratings durchgeführt, manche Kinder wurden dabei mehrfach beobachtet. Die Werte für WB bleiben eher stabil im Zeitverlauf, nur bei Kind 2 und 3 zeigt sich hier eine Veränderung von einer ganzen Stufe (Tab.3). Das INV hingegen verändert sich stärker im Zeitverlauf, bei Kind 3 (Lucia) sogar innerhalb von sechs Minuten von 1,5 auf 4,0. Scheinbar erleben Kinder die gleiche Situation sehr unterschiedlich, wie in diesem Beispiel die Bastelaktion am Tisch. Insbesondere das INV als Voraussetzung für Entwicklungs- und Lernprozesse erweist sich demnach als zeitlich instabiles Konstrukt. Betrachtet man in einem zweiten Schritt der Fallanalysen die Ratings mittels der LIS über alle sechs Kitas hinweg, zeigt sich, dass bei allen Sequenzen die Werte für WB und INV deutlich variieren. Diese große Spannbreite findet sich im Datenmaterial sowohl zwischen den beobachteten Kindern innerhalb *einer* Sequenz aber auch bei den Mittelwerten zwischen *allen* Sequenzen einer Kita.

Alle drei Instrumente zur Bewertung des Handelns der Fachkraft bestätigen der Sequenz „Basteln" eine gute bis sehr gute Interaktionsqualität bzw. -kompetenz (Tab. 4 bis 6). Mit dem Instrument GInA und ebenso mit dem CLASS wurde keine andere der 18 Videosequenzen aus allen teilnehmenden Kitas besser bewertet. Trotz dieser guten Bewertung des Interaktionshandelns liegen die Werte des WB der Kinder im Schnitt (M= 3,79) nur knapp über dem „minimal acceptable standard" von 3,50, die Werte für INV (3,14) sogar darunter (vgl. Laevers/ Declercq 2018). Blickt man auf die LIS-Ratings der einzelnen Kinder zeigt sich, dass diese scheinbar – insbesondere beim INV – unterschiedlich auf das durch die gruppenbezogenen Verfahren als positiv bewertete Interaktionsverhalten der Fachkraft reagieren. Auch hier spiegelt sich im fallübergreifenden Vergleich der Bewertung der Interaktionsqualität aller sechs Kitas durch die oben genannten Instrumente, dieses heterogene Bild wieder: so wird die Interaktionsqualität in manchen Sequenzen gut bzw. sehr gut bewertet, während die Werte der LIS für die einzelnen Kinder deutlich variieren. Auch gibt es moderate LIS-Werte bei einer zugleich als eher gering eingeschätzten Interaktionsqualität.

Zieht man die oben beschriebenen Beobachtungssequenzen zur Analyse der Ratings hinzu wird deutlich, dass durch die „Scanning-Methode" der LIS die Kinder nur einen sehr kurzen Moment lang beobachtet werden und damit ein tiefergehender Einblick in die Situation, die das Kind erlebt, vorenthalten wird. Die Beobachtungssequenzen der videografierten Situationen weisen darauf hin, dass Lucia beim zweiten Zeitpunkt gerade eine Aktivität beendet hatte und nicht sofort von sich aus in eine daran anschließende fand. Hier bleibt zu fragen, inwieweit eine solche „Übergangszeit" zwischen zwei Aktivitäten tatsächlich eine

Aussagekraft für das INV einzelner Kinder haben kann und ob die zufällig gewählten und kurzen Beobachtungszeiträume als Grundlage für eine Aussage dienen können. Laevers, Moons und Declercq (2012) heben hervor, dass es für einen Qualitätsentwicklungsprozess notwendig ist, die Methode des „Screening" durchzuführen, um einen besseren Einblick in das Erleben einzelner Kinder zu erhalten. Wiederholt niedrige Werte – sowohl für das WB als auch das INV – müssen dann noch mit anderen Beobachtungen, zum Beispiel der Lernumgebung und des Interaktionsverhaltens der Fachkraft, ergänzt werden.

5. Diskussion der Ergebnisse

Die Diskussion der Ergebnisse orientiert sich an den beiden oben formulierten zentralen Fragestellungen der Teilauswertung.

1. Wie können zielkindbezogene Ratings ein differenzierteres Bild der Prozessqualität in einer Kita wiedergeben als das gruppenbezogene Verfahren leisten?

Die Analyse der Ratings der Videosequenz „Basteln" aus Kita C verdeutlicht, dass unterschiedliche Rückschlüsse auf die erlebte Situation zwischen den Kindern zu ziehen sind. Nicht alle beobachteten Kinder scheinen sich, den Ergebnissen der LIS nach, gleich wohl zu fühlen und sind insbesondere auch nicht gleich stark in die Aktivität involviert. Auch über den Zeitverlauf zeigen sich hier Veränderungen. Somit sammelt jedes Kind individuelle Erfahrungen bei der Bastelaktion und erlebt im Sinne des EXE-Ansatzes (Teil 2) eine unterschiedliche Qualität in diesem Beobachtungszeitraum. Diese Ergebnisse schließen an den oben beschriebenen Forschungsstand an.

Der Vergleich zwischen den Bewertungen des Interaktionsverhaltens sowie den LIS-Ratings, zeigt, dass sich diese individuellen Erfahrungen durch gruppenbezogene Bewertungen kaum abbilden lassen, da der Beobachtungsfokus auf den Interaktionen der Fachkraft liegt. Aber eine als gut erachtete Interaktionsqualität in einer Gruppe führt nicht automatisch zu hohen, gleichbleibenden Werten für das kindliche WB und das kindliche INV. Nicht alle beobachteten Kinder profitieren gleich und andauernd von den Interaktionskompetenzen einer Fachkraft. Diese Ergebnisse heben die Bedeutung einer individualisierten Interaktion im Rahmen frühkindlicher Bildungssettings hervor: Kinder haben unterschiedliche Bedürfnisse, um sich wohl zu fühlen und unterschiedliche Weisen zu explorieren. Ein Zahlenwert für die Prozessqualität einer Gruppe hat entsprechend kaum Aussagekraft darüber, ob es der Fachkraft wirklich gelingt, auf die unterschiedlichen Bedürfnisse aller Kinder einzugehen. Zielkind- und gruppenbezogene Instrumente der Qualitätserhebung bilden also dieselbe Situation aufgrund unterschiedlicher Beobachtungsfoki auch unterschiedlich ab. Rückschlüsse auf individuelle Erfahrungen der Kinder ermöglichen allein zielkindbezogene Verfahren.

Anzumerken bleiben bei diesem Vergleich der unterschiedlichen methodischen Vorgehensweisen zwei weitere Aspekte: Zum einen bezieht sich die Bewertung der Interaktionsqualität der Fachkraft auf jede Interaktion, die sie führt, und somit auch auf ihre Reaktion auf „Störungen" von unbeteiligten Kindern an der Bastelaktion. Dass die Fachkraft selbst dadurch abgelenkt wird, kann insbesondere das INV der Kinder beeinflussen und verweist auf die Bedeutung des Settings für die vom Kind erlebte Qualität (vgl. Declercq/Laevers 2018). Zum anderen wird ein Vergleich zwischen den zielkind- und gruppenbezogenen Ratings, die sich auf die Interaktionsqualität beziehen, erschwert, da mittels der LIS nicht direkt die Qualität der erlebten Interaktionen der Kinder eingeschätzt wird, sodass ein Vergleich der Ratingergebnisse erschwert wird (vgl. dazu auch Schmidt et al. 2018).

2. Welche methodischen Herausforderungen sind bei einer zielkindbezogenen Qualitätsbewertung zu identifizieren?

Neben dieser differenzierteren, weil kindbezogenen Bewertung der Qualität der Bastelaktion durch zielkindbezogene Beobachtungen, zeigt sich, dass die zu bewertenden Phänomene WB und INV fragil sind und sich fortwährend verändern können. Geschuldet sind solche Veränderungen den einzigartigen, sich rasch wandelnden (Interaktions-)Situationen im pädagogischen Alltag wie auch dem Handeln und Erleben der einzelnen Kinder. Zu diskutieren bleibt an dieser Stelle, wie diese „normalen" Veränderungen für eine Aussage über pädagogische Qualität ins Gewicht fallen sollten bzw. wie diese einbezogen werden können. Dabei wird auch eine besondere methodische Herausforderung deutlich: Wie kann es in kurzen Momenten der Beobachtung überhaupt gelingen, die individuumsorientierte Qualität angesichts ihrer Dynamik zu erfassen? Die Beobachtungsdauer der LIS ist beim Scanning-Verfahren sehr kurz (ca. zwei Minuten), und auch bei anderen Instrumenten ist der zeitliche Aspekt ein wichtiger Faktor, will man die Aussagekraft der Bewertungsergebnisse einschätzen (vgl. Riedmeier 2019). Der Ausschnitt des Beobachtungsprotokolls von Lucia zeigt, wie Bewertungen davon abhängen, zu welchem Zeitpunkt die Beobachtung durchgeführt wird. Wie auch bei gruppenbezogenen Verfahren sollte diese zeitliche Begrenzung offengelegt werden. Zu klären bleibt, wie viele Beobachtungen notwendig sind, damit ein über die Zeitspanne recht stabiles Qualitätsurteil getroffen werden kann. Zudem kommt bei der zielkindbezogenen Bewertung noch die entscheidende Frage hinzu, nach welchem Vorgehen die zu beobachtenden Kinder ausgewählt werden.

Darüber hinaus kann die LIS – wie auch andere zielkindbezogene Instrumente (vgl. ebd.) – als hoch-inferentes Beobachtungsverfahren betrachtet werden. Innerhalb einer sehr kurzen Zeit müssen unterschiedliche und komplexe Zusammenhänge beobachtet und gleichzeitig bewertet werden. Inwiefern es gelingen kann, durch dieses Verfahren eine subjektive Bewertung möglichst auszuschließen, bleibt offen. Betrachtet man das Beobachtungsprotokoll von Lucia

(Kind 3) zeigt sich zum Beispiel, dass der niedrige LIS-Wert des INV von 1,5 auf ihr scheinbares „unbeschäftigt sein“ und Umherblicken zurückgeführt werden kann. Leerlauf und Übergänge bewältigen Kinder häufig sehr individuell und werden auch als problematisch eingeschätzt, wenn sie ein zu hohes Ausmaß annehmen (vgl. Smidt 2012). Aber war Lucia tatsächlich in keine Aktivität involviert? Solche innerpsychischen Vorgänge, die von außen wie ein Leerlauf wahrgenommen werden können, sind von außen nur schwer zu beurteilen. Auch hier liegen methodische Herausforderungen eines zielkindbezogenen Vorgehens begründet, die es offenzulegen gilt. Die Frage stellt sich also, wie nah man mittels der LIS den tatsächlichen Erlebnissen und Erfahrungen der Kinder kommt und ob weitere teilnehmende Beobachtungen oder auch Interviews mit den Kindern dafür notwendig sind. Zu erwähnen ist hier, dass Beobachtungen mit der LIS im „Process-Oriented Monitoring System for the Early Years (POMS)“ (Laevers/Moons/Declercq 2012), das für Fachkräfte entwickelt wurde, durch weitere Beobachtungsschritte, z. B. der Lernumgebung oder der Interaktionen zwischen Fachkräften und Kindern ergänzt werden.

6. Fazit

Die Ergebnisse der Analysen bestärken, was auch aufbauend auf den oben beschriebenen Forschungsergebnissen als Konsequenz gefordert wird: Gruppenbezogene Verfahren zur Qualitätsbewertung in Kitas sollten mit zielkindbezogenen Verfahren ergänzt werden. Denn so wird ein Rückschluss auf die heterogenen Voraussetzungen der Kinder, die sich auf die pädagogischen Prozesse auswirken, möglich. Für die Realisierung einer effektiven Unterstützung und Begleitung kindlicher Entwicklungs- und Bildungsprozesse ist es notwendig, verstärkt auf die erlebten Qualitäten der einzelnen Kinder zu blicken (vgl. Smidt/Roßbach 2015; Ishimine/Tayler 2014). Wichtig ist dabei, die methodischen Herausforderungen eines zielkindbezogenen Verfahrens transparent zu kommunizieren, damit die Aussagekraft der Ergebnisse entsprechend reflektiert werden kann. Weitere Auseinandersetzungen dazu sind aber sowohl auf einer theoretischen als auch empirischen Ebene notwendig.

Limitationen der Studie

Betrachtet man die zugrundeliegenden Ratingergebnisse als Konstruktionsleistungen der beauftragten Rater_innen (vgl. Reichertz 2016), sind diese durch die Forscher_innen letztlich nicht eindeutig rekonstruierbar. Das fallorientierte Vorgehen bringt darüber hinaus mit sich, dass die Übertragbarkeit auf Bewertungsmomente der pädagogischen Qualität in anderen Kindergartengruppen kontextabhängig reflektiert werden muss (vgl. Steinke 1999). Neben einem explorativen Vorgehen zeichnet sich die Studie auch durch ein innovatives Vorgehen aus, in dem durch eine standardisierte Methode gewonnene Daten qualitativ in Fallanalysen interpretiert werden. Eine solche Verbindung der beiden Paradigmen wirft neue methodische Fragen auf, die es weiterführend zu reflektieren gilt.

Literatur

Brassard, Marla R./Boehm, Ann E. (2007): Preschool assessment. Principles and practices. New York: Guilford Press.

Chien, Nina C./Howes, Carollee/Burchinal, Margaret/Pianta, Robert C./Ritchie, Sharon/Bryant, Donna M./Clifford, Richard M./Early, Diane M./Barbarin, Oscar A. (2010): Children's classroom engagement and school readiness gains in pre-kindergarten. In: Child Development 81, H. 5, S. 1534-1549.

Clawson, Carolyn/Luze, Gayle (2008): Individual Experiences of Children With and Without Disabilities in Early Childhood Settings. In: Topics in Early Childhood Special Education 28, H. 3, S. 132-147.

Declercq, Bart/Laevers, Ferre (2018): Method study – Quality in early childcare centers (MS-KITA) rated and validates with the Adult Style Observation Schedule and the Leuven Well-being and Involvement Scales. Unveröffentlichter Datenbericht. Leuven.

Döring, Nicola/Bortz, Jürgen (2016): Forschungsmethoden und Evaluation in den Sozial- und Humanwissenschaften. 5. Auflage. Berlin/Heidelberg.

Flick, Uwe (2010): Qualitative Sozialforschung. 3. Auflage. Reinbek bei Hamburg: Rowohlt.

Halle, Tamara/Whittaker, Jessica E. Vick/Anderson, Rachel (2010): Quality in Early Childhood Care and Education Settings. A Compendium of Measures. 2. Auflage. Washington: Child Trends.

Ishimine, Karin/Tayler, Collette (2014): Assessing Quality in Early Childhood Education and Care. In: European Journal of Education 49, H. 2, S. 272-290.

Jeon, Hyun-Joo/Langill, Carolyn C./Peterson, Carla A./Luze, Gayle J./Carta, Judith J./Atwater, Jane B. (2010): Children's Individual Experiences in Early Care and Education. Relations With Overall Classroom Quality and Children's School Readiness. In: Early Education and Development 21, H. 6, S. 912-939.

Kluczniok, Katharina (2018): Pädagogische Qualität im Kindergarten. In: Schmidt, Thilo/Smidt, Wilfried (Hrsg.): Handbuch empirische Forschung in der Pädagogik der frühen Kindheit. Münster und New York: Waxmann, S. 407-426.

Laevers, Ferre/Declercq, Bart (Hrsg.) (2015): Mein Portrait. Ressourcenorientiert beobachten in der Kita. Berlin.

Laevers, Ferre/Declercq, Bart (2018): How well-being and involvement fit into the commitment to children's rights. In: European Journal of Education 53, H. 3, S. 325-335.

Laevers, Ferre/Moons, Julia/Declercq, Bart (2012): A process-oriented child monitoring system for the early years [POMS]. Leuven: CEGO Publishers.

Lamnek, Siegfried/ Krell, Claudia (2016): Qualitative Sozialforschung. 6. Auflage. Weinheim und Basel: Beltz.

Mashford-Scott, Angela/Church, Amelia/Tayler, Collette (2012): Seeking Children's Perspectives on their Wellbeing in Early Childhood Settings. In: International Journal of Early Childhood 44, H. 3, S. 231-247.

Merriam, Sharran B./Tisdell, Elizabeth J. (2016): Qualitative research. A guide to design and implementation. 4. Auflage. San Francisco: Jossey-Bass.

OECD (2016): Starting Strong IV. Qualitätsmonitoring in der Frühkindlichen Bildung, Betreuung und Erziehung. München.

Pianta, Robert C./La Paro, Karen M./Hamre, Bridget K. (2011): Classroom Assessment Scoring System (CLASS) manual PRE-K. 7. Auflage. Baltimore, London, Sydney: Paul H. Brookes Publishing Co.

Reichertz, Jo (2016): Qualitative und interpretative Sozialforschung: Eine Einladung. Wiesbaden: Springer VS.

Reichertz, Jo/Englert, Carina Jasmin (2011): Einführung in die qualitative Videoanalyse. Eine hermeneutisch-wissenssoziologische Fallanalyse. Wiesbaden: Verlag für Sozialwissenschaften.

Riedmeier, Magdalena (2019): Standardisierte Verfahren zur Erhebung zielkindbezogener Prozessqualität in der Frühpädagogik. Ein vergleichender Überblick. In: Frühe Bildung 8, H. 3, S. 144-152.

Schmidt, Thilo/Smidt, Wilfried/Kluczniok, Katharina/Riedmeier, Magdalena (2018): Interaktionsqualität in Kindertageseinrichtungen. Eine vergleichende Betrachtung standardisierter gruppen- und zielkindbezogener Erhebungsverfahren. In: Diskurs Kindheits- und Jugendforschung 13, H. 4, S. 459-476.

Smidt, Wilfried (2012): Zielkindbezogene pädagogische Qualität im Kindergarten: Eine empirisch-quantitative Studie. Münster: Waxmann.

Smidt, Wilfried/Roßbach, Hans-Günther (2015): Educational process quality in preschools at the individual child level. findings from a German Study. In: Early Child Development and Care 186, H. 1, S. 78-95.

Steinke, Ines (1999): Kriterien qualitativer Forschung. Weinheim und München: Beltz Juventa.

Tietze, Wolfgang/Roßbach, Hans-Günther/Nattefort, Rebecca/Grenner, Katja (Hrsg.) (2017): Kindergarten-Skala (KES-RZ). Revidierte Fassung mit Zusatzmerkmalen. 4. Auflage. Kiliansroda: verlag das Netz.

Weltzien, Dörte/Fröhlich-Gildhoff, Klaus/Strohmer, Janina/Rönnau-Böse, Maike/Wünsche, Michael/Bücklein, Christina/Hoffer, Rieke/Tinnius, Claudia (2017): Gestaltung von Interaktionen. Ein videogestütztes Evaluationsinstrument. Manual. Weinheim und Basel: Beltz Juventa.

IV Erweiterte Perspektiven auf Prozesse und Interaktionen

Nachhaltige Implementierung der KoAkiK-Weiterqualifizierung zur Förderung der Qualität kognitiv aktivierender Fachkraft-Kind-Interaktionen im Kita-Alltag

Heike Wadepohl, Kathrin Hormann

Abstract

Die Ergebnisse (inter-)nationaler Studien machen deutlich, dass die Gestaltung lernförderlicher, kognitiv anregender bzw. aktivierender Interaktionen zwischen frühpädagogischen Fachkräften und den Kindern im Kita-Alltag lediglich eine untergeordnete Rolle spielt und für das Personal mit hohen Anforderungen verbunden ist (zusammenfassend Anders 2012; Wadepohl 2016). Mit dem KoAkiK-Weiterqualifizierungskonzept wird deshalb erstmals ein umfassendes Weiterqualifizierungskonzept zur Entwicklung der professionellen Kompetenzen frühpädagogischer Fachkräfte im Bereich der kognitiv aktivierenden Interaktionsgestaltung im Kita-Alltag entworfen, langfristig evaluiert und nachhaltig ins frühpädagogische Feld implementiert. In diesem Beitrag liegt der Fokus auf der Erläuterung der in KoAkiK genutzten Strategien zur langfristigen und nachhaltigen Implementation der o. g. Weiterqualifizierung sowie der Vorstellung und Diskussion erster empirischer Ergebnisse zur Evaluation des Implementationsprozesses auf verschiedenen Ebenen.

Schlüsselwörter: Fachkraft-Kind-Interaktionen; pädagogische Qualität; Professionalisierung; Implementierung; Implementationskontrolle

1. Einleitung und theoretische Rahmung

Die Relevanz einer qualitativ hochwertigen (institutionellen) frühkindlichen Bildung, Betreuung und Erziehung (FBBE) für die Entwicklung und Erhöhung der Bildungschancen von Kindern wird durch einschlägige Studien hervorgehoben (zusammenfassend Anders 2013). Zur Beschreibung der pädagogischen Qualität wird in der Regel eine Dreiteilung des Qualitätsbegriffs in Merkmale der Struktur-, Orientierungs- und Prozessqualität vorgenommen (Kuger/Kluczniok 2008; Tietze 1998). Die Strukturqualität umfasst die zeitlich stabilen und größtenteils politisch bzw. administrativ regulierten Rahmenbedingungen einer Einrichtung wie etwa die Festsetzung der Gruppengröße, des Fachkraft-Kind-Schlüssels oder der beruflichen Qualifikation des pädagogischen Personals (Kuger/Kluczniok 2008; Viernickel/Fuchs-Rechlin 2015). Die handlungsleitenden Einstellungen, Orientierungen und Werte der Fachkräfte wie z. B. Vorstellungen über die Entwicklung von Kindern oder über die Ziele der pädagogischen Arbeit werden unter dem Begriff der Orientierungsqualität subsummiert (Kuger/Kluczniok 2008). Die Prozessqualität stellt den „Zentralbereich pädagogischer Qualität" (Tietze 1998, S. 225) dar und umfasst die konkrete Gestaltung des frühpädagogischen Alltags, d.h. die sozialen Interaktionen zwischen den Fachkräften und Kindern sowie den Kindern untereinander, aber auch die Auseinandersetzung der Kinder mit der Umwelt (Tietze 1998). Auch wenn die Befunde zum Zusammenspiel der drei Qualitätsbereiche nicht eindeutig sind (Viernickel/Fuchs-Rechlin 2015) wird davon ausgegangen, dass die Struktur- und Orientierungsqualität eher indirekt über die pädagogischen Prozesse wirksam werden, während sich diese direkt auf die kindliche Entwicklung niederschlagen (Kuger/Kluczniok 2008).

Interaktionsgestaltung bzw. -qualität

Seit einigen Jahren rückt die Interaktionsgestaltung frühpädagogischer Fachkräfte (Interaktionsqualität) zunehmend in den Fokus der Forschung, da sich diese als besonders bedeutsame Facette der Prozessqualität herausgestellt hat (Hatfield et al. 2015; Mashburn/Pianta 2010; Sylva et al. 2004). Die Befunde zeigen jedoch, dass die Interaktionsqualität in den Kindertageseinrichtungen (Kitas) noch verbesserungsbedürftig ist, insbesondere der Bereich der sprachlich-kognitiven Lernunterstützung wird durchgehend auf einem niedrigen bis mittleren Qualitätsniveau eingeschätzt (für den deutschsprachigen Raum zusammenfassend Wadepohl 2016; vgl. auch Mackowiak/ Beckerle/ Wadepohl im Druck). Insbesondere kognitiv anregende bzw. aktivierende Interaktionen, die im Kontext einer ko-konstruktiven Auseinandersetzung mit Inhalten eine zentrale Rolle für das Lernen spielen, werden im Alltag bislang selten bzw. in niedriger Qualität realisiert (z. B. König 2009; Tournier/ Wadepohl/Kucharz 2014; von Suchodoletz et al. 2014; Wadepohl/Mackowiak 2016; Wildgruber/Wirts/Wertfein 2014). Aus diesen Ergebnissen lässt sich schlussfolgern, dass die Realisierung einer (kognitiv) anregenden, lernförderlichen und adaptiven Interaktionsgestaltung im Kita-Alltag offensichtlich eine Herausforderung darstellt und mit hohen Anforderungen an die Kompetenzen der Fachkräfte verbunden ist (Anders 2012; Fröhlich-Gildhoff et al. 2014).

Implementation von Weiterbildungen

Um die Kompetenzen der Fachkräfte zu stärken und damit die Prozess- bzw. Interaktionsqualität zu verbessern, werden vielfach Weiterbildungsmaßnahmen entwickelt (Friederich 2017). Obgleich in der FBBE eine Vielzahl an Weiterbildungen angeboten und von den Fachkräften hoch frequentiert werden, sind diese Weiterbildungskonzepte kaum wissenschaftlich evaluiert (Egert/Eckhardt/Fukkink 2017). Bislang existieren lediglich wenige (Meta-)Analysen, die insbesondere auf die (kurzfristige) Wirksamkeit solcher Interventionen fokussieren (Egert 2015; Egert/Eckhardt/Fukkink 2017; Fukkink/Lont 2007; auch Mischo/Fröhlich-Gildhoff 2011); Aussagen zur längerfristigen Wirksamkeit sowie zum Einfluss auf die kindliche Entwicklung (Outcome) sind eher selten zu finden (Friederich 2017). Auch der eigentliche Prozess der Umsetzung von Weiterqualifizierungsmaßnahmen wird in Interventionsstudien in der FBBE selten fokussiert, obgleich in der Literatur die Bedeutung der Implementationskontrolle – also die Frage, „in welcher Form die Maßnahme tatsächlich durchgeführt wird“ (Westermann 2002, S. 17) – im Kontext von (Prozess-)Evaluationen und z. B. hinsichtlich der Identifikation wirkungsrelevanter Faktoren hervorgehoben wird (Fröhlich-Gildhoff/Hoffer 2017) und eine nachhaltige Implementation eine große Herausforderung für alle beteiligten Akteure darstellt (Friederich 2017).

So formuliert Petermann (2014) acht Implementationsoutcomes – Akzeptanz, Übernahme, Angemessenheit, Machbarkeit, Verhältnis der Wiedergabetreue und Passgenauigkeit, Kosten/ Wirtschaftlichkeit, Durchdringung, Nachhaltigkeit -, die eine Aussage über den Erfolg einer angewandten Implementationsstrategie erlauben soll(t)en. Fröhlich-Gildhoff/Hoffer (2017) ergänzen diese um die Merkmale der einzelnen Einrichtung, Merkmale der pädagogischen Fachkräfte, Rolle der Person und wahrgenommene Kompetenz der Umsetzer_innen und Referent_innen, fachpolitischer Rückhalt und fokussieren damit noch stärker auf Passung der Maßnahme auf individuelle bzw. personen- und einrichtungsbezogene Variablen.

2. KoAkiK-Weiterqualifizierung

Die beiden KoAkiK-Verbundprojekte[1] setzen an den oben aufgeführten Desiderata an und haben das Ziel, Kinder durch eine alltagsintegrierte, lernunterstützende und kognitiv anregende Interaktionsgestaltung in ihren (kognitiven)

---

1 Forschungsprojekte „Alltagsintegrierte Unterstützung kindlicher Bildungsprozesse in inklusiven Kindertageseinrichtungen (KoAkiK I) und „Nachhaltige Implementation und differenzielle Wirksamkeit des Weiterqualifizierungsprojekts ‚KoAkiK-Kognitive Aktivierung in inklusiven Kitas‘ (KoAkiK II) gefördert vom Niedersächsischen Ministerium für Wissenschaft und Kultur, Laufzeit 2017-2021. Beteiligte Arbeitsgruppen: Prof. Dr. Katja Mackowiak, Dr. Heike Wadepohl, Dr. Johanna Steinberg, Cathleen Bethke, Theresa Johannson, Lisa Keller, Stefani Linck, Matthias Mai; Prof. Dr. Rolf Werning, Dr. Michael Lichtblau, Dr. Antje Rothe, Lisa Disep; Prof. Dr. Claudia Schomaker, Kathrin Hormann, Laisa Quittkat; Prof. Dr. Ulla Walter, Julia Feesche, Nicole Heinze, Antje Kula. Weitere Informationen: https://www.ifs.uni-hannover.de/de/forschung/projekte/verbundprojekte-koakik/

Kompetenzen zu stärken. Dazu wurde ein bislang einmaliges Weiterqualifizierungskonzept für Kita-Teams entworfen, das explizit die Entwicklung der professionellen Kompetenzen frühpädagogischer Fachkräfte im Bereich der alltagsintegrierten, kognitiv aktivierenden Interaktionsgestaltung fokussiert (vgl. Abb. 1). Das KoAkiK-Konzept erstreckt sich über ein knappes Jahr und besteht aus fünf halbtägigen Fortbildungsmodulen und einer ca. sechsmonatigen Prozessbegleitung vor Ort.

Abb. 1: Übersicht über die Teilmodule der KoAkiK-Weiterbildung

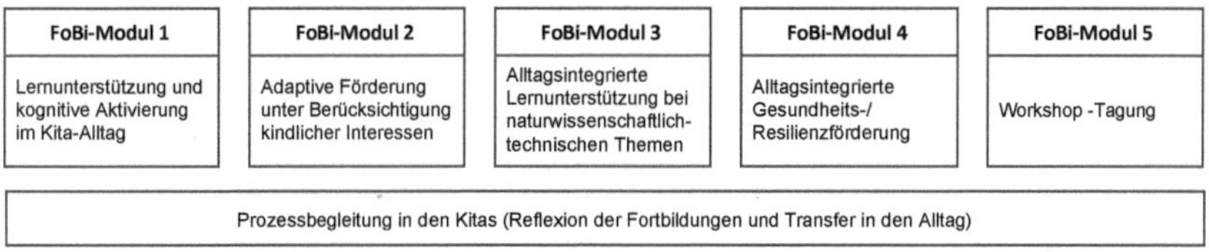

In den Fortbildungen werden zunächst zwei in der FBBE für eine kognitiv anregende Lernunterstützung grundlegenden Ansätze – das Scaffolding (Wood/Bruner/Ross 1976) sowie das Sustained shared thinking (Siraj-Blatchford et al. 2003) – vorgestellt und hinsichtlich ihrer Umsetzungsmöglichkeiten im Kita-Alltag diskutiert. In den folgenden drei Modulen werden diese grundlegenden Methoden jeweils exemplarisch für spezifische Perspektiven bzw. Domänen vertieft (in KoAkiK sind das die Adaption an kindliche Interessen sowie die Bildungsbereiche Naturwissenschaften/Technik und Gesundheits-/Resilienzförderung; vgl. für ausführlichere theoretische Bezüge auch Mackowiak/Wadepohl/Beckerle im Druck). Das abschließende Workshop-Modul mit allen beteiligten Kita-Teams bietet die Gelegenheit, spezifische Themen einrichtungsübergreifend zu vertiefen und zu reflektieren; zudem werden Möglichkeiten eines langfristigen und nachhaltigen Praxistransfers angesprochen. Die nach dem ersten Fortbildungsmodul beginnende Prozessbegleitung fokussiert die Umsetzung der Fortbildungsinhalte im Kita-Alltag. Die Fachkräfte werden in ihren Interaktionen im Kita-Alltag strukturiert beobachtet. In daran anschließenden Reflexionen in Kleingruppen werden die Beobachtungen ausgewertet sowie Ziele und nächste Schritte im Hinblick auf den Einsatz kognitiv aktivierender Interaktionsstrategien erarbeitet.

Bislang wurde das KoAkiK-Konzept in zwei Kohorten durchgeführt: Der erste Durchlauf des Konzepts im Jahr 2018 in 16 Kitas wurde durch das KoAkiK-Projektteam realisiert; die Fortbildungen wurden dabei jeweils von den Expert_innen der Themen angeleitet, die Prozessbegleitung wurde in festen Tandems durchgeführt, wobei darauf geachtet wurde, dass die beiden Tandempartner_innen jeweils besondere Expertisen für unterschiedliche Fortbildungsthemen aufwiesen. Der zweite Durchlauf im Jahr 2019 in zehn Kitas wurde durch vorher intensiv geschulte Multiplikator_innen aus der Praxis durchgeführt, wobei in der

Regel ein bis drei Multiplikator_innen für eine bestimmte Anzahl Kitas zuständig waren und dort das gesamte KoAkiK-Konzept (alle Fortbildungen und die Prozessbegleitung; jedoch aufgrund zeitlicher Kapazitäten z. T. in Kooperation mit Projektmitarbeiter_innen) umsetzten.

Die Wirksamkeit des KoAkiK-Konzepts wird mittels einer kontrollierten Interventionsstudie im Wartekontrollgruppendesign über drei Messzeitpunkte (prä, post und follow-up nach einem Jahr) evaluiert; die 16 Kitas des ersten Durchlaufs bilden dabei die Experimentalgruppe (mit 169 Fachkräften und 244 Kindern zum ersten Messzeitpunkt), weitere 11 Kitas (mit 132 Fachkräften und 166 Kindern zum ersten Messzeitpunkt) die Wartekontrollgruppe[2]. Zur Überprüfung der Wirksamkeit werden quantitative und qualitative Daten auf verschiedenen Ebenen (institutionelle Ebene, Ebene der frühpädagogischen Fachkräfte, Ebene der Kinder) erhoben, analysiert und miteinander trianguliert (vgl. für Teilergebnisse z. B. Mackowiak et al. 2020; Rothe et al. 2020). Die Ergebnisse der Wirksamkeitsstudie sind in diesem Beitrag nicht relevant, weshalb an dieser Stelle auf eine differenziertere Beschreibung der Interventionsstudie verzichtet wird.

Darüber hinaus findet zur Evaluation des Implementationsprozesses eine Begleitstudie statt, auf die dieser Beitrag fokussiert. Ziel der Begleitstudie ist es, wirkungsrelevante Faktoren für die Implementierung des KoAkiK-Konzepts in die Kita-Praxis zu identifizieren und Erkenntnisse zu den Gelingensbedingungen und Herausforderungen sowie zum notwendigen Unterstützungsbedarf der Praxis zu gewinnen.

3. Ziel und Fragestellungen

Ziel dieses Beitrags ist es konkrete Strategien zur langfristigen und nachhaltigen Implementation der KoAkiK-Weiterqualifizierungsmaßnahme darzustellen und erste empirische Ergebnisse aus der Begleitstudie zur Evaluation des Implementationsprozesses vorzustellen und zu diskutieren.

Dabei werden folgende Fragestellungen thematisiert, die sich einerseits auf die Entwicklung konkreter Implementationsstrategien (Fragestellung 1) und andererseits auf die Evaluation des Implementationsprozesses im Rahmen der Begleitstudie (Fragestellungen 2, 3 und 4) beziehen:

1. Welche Strategien werden zur langfristigen und nachhaltigen Implementation des KoAkiK-Konzepts eingesetzt?
2. In welcher Form wurde die KoAkiK-Weiterqualifizierung in der Praxis umgesetzt?

2 Die Wartekontrollgruppe beinhaltet die 10 Kitas aus dem zweiten Durchgang der Weiterqualifizierung sowie eine weitere Kita, die nicht an der Weiterqualifizierung teilgenommen hat.

3. Welche Gelingensbedingungen und Herausforderungen bei der nachhaltigen Implementation des Weiterqualifizierungskonzepts im Alltag sehen insbesondere
   a) die teilnehmenden Fachkräfte
   b) die Multiplikator_innen
4. Welche Unterstützung benötigen die Beteiligten, um das Weiterqualifizierungskonzept nachhaltig und trägerweit zu implementieren?

4. Implementationsstrategien in KoAkiK (Fragestellung 1)

Wie bereits beschrieben, scheint die Gestaltung kognitiv anregender Interaktionen mit den Kindern für die Fachkräfte im hoch komplexen Alltag mit hohen Anforderungen verbunden zu sein (Anders 2012; Fröhlich-Gildhoff et al. 2014) und bislang nicht ausreichend umgesetzt zu werden (Wadepohl 2016). Folglich erscheint es im Hinblick auf die Entwicklung und Evaluation entsprechender Weiterqualifizierungsmaßnahmen in diesem Bereich besonders bedeutsam, das Augenmerk auf den Implementationsprozess und dessen Überprüfung zu legen.

Die Strategien zur Implementation des KoAkiK-Konzepts lassen sich grob in zwei Schritte unterteilen: (1) die primäre, eher kurzfristige Implementation der Maßnahme in den teilnehmenden Einrichtungen, die per sé Teil des entwickelten KoAkiK-Konzepts ist und in allen bislang geschulten Einrichtungen stattfand sowie (2) die anschließende, längerfristige Begleitung des Implementationsprozesses, die in interessierten Kitas realisiert wird.[3]

Innerhalb der primären Implementation wird besonders der in der Literatur hervorgehobenen Bedeutung einer Umsetzungsbegleitung vor Ort Rechnung getragen (Egert/ Eckhardt/ Fukkink 2017). Regelmäßige Hospitationen der Projektmitarbeiter_innen in den Kitas mit strukturierten Beobachtungen der Fachkräfte hinsichtlich eines in der Beobachtungssituation intendierten und zuvor festgelegten Lernziels aus dem Bereich der kognitiv anregenden Interaktionsgestaltung sollen die Fachkräfte bei der Anwendung der Fortbildungsinhalte im Kita-Alltag sowie die Individualisierung der Maßnahme (ebd.) im Hinblick auf die jeweilige Einrichtung bzw. Gruppe unterstützen. Zudem bieten die Treffen vor Ort die Möglichkeit, neben inhaltlichen Aspekten auch auf strukturelle Herausforderungen oder Besonderheiten der Einrichtungen einzugehen (Möller et al. 2008).

3 Bislang nehmen acht Kitas aus dem ersten KoAkiK-Projekt an der langfristigen Implementation teil. Zudem planen die beteiligten Träger das KoAkiK-Konzept flächendeckend in ihren Kitas zu implementieren; bedingt durch die Maßnahmen zur Bekämpfung der Corona-Pandemie konnte hier bislang jedoch nur in Ansätzen mit der Umsetzung begonnen werden.

Dennoch verweisen Studien darauf, dass eine nachhaltige Implementation einer Maßnahme nicht durch eine (sorgsame) einmalige Durchführung geleistet werden kann, sondern vielmehr einen langfristigen Praxistransferprozess erfordert und dieser erst dann abgeschlossen werden kann, wenn sich Verhaltensweisen bzw. Handlungen im System institutionalisiert haben und routiniert genutzt werden (Fullan/Pomfret 1977; Klein/Knight 2005). Hinzu kommt, dass eine erfolgreiche Implementation ein „Zu-Eigen-Machen" (Hasselhorn et al. 2014 S. 142) der Veränderungen erfordert. Insbesondere wenn eine Neuerung von einer „externen" Institution – in KoAkiK durch zwei Hochschulen – initiiert wird (top-down-Strategie), müssen die an der Implementation beteiligten Vertreter_innen aus der Bildungspraxis die Verantwortung für den Reformprozess allmählich übernehmen und diesen weiter ausgestalten (ebd.). Vor diesem Hintergrund erfolgt in acht Einrichtungen eine längerfristige Begleitung des Implementationsprozesses durch das Projektteam sowie eine schrittweise Verantwortungsübertragung unter Berücksichtigung der verschiedenen (Ziel-)Ebenen (vgl. Tab. 1).

Tab. 1: (Ziel-)Ebenen der Implementation und Evaluation der Implementation in KoAkiK

Ebene	Träger	Multiplikator_innen	Einrichtung	Fachkräfte
Implementation	• Weiterführung der Kooperation • Schaffung von trägerinternen Veranstaltungsformaten zur Erweiterung des KoAkiK-Konzepts	• Regelmäßige Reflexionstreffen • Supervision durch das Projektteam • Entwicklung von (trägerspezifischen) Implementationsstrategien	• Einrichtungsübergreifende Workshops zur Erarbeitung von Prozessbegleitungs- und Reflexionsformen	• Umsetzung der in den Workshops erarbeiteten Formen
	• Bildung eines Netzwerks zur Entwicklung von trägerspezifischen und -übergreifenden Implementationsstrategien			
Evaluation	• Befragung	• Leitfadengestütztes Gruppeninterview	• Teilnahmelisten • Fragebögen • Gruppendiskussionen	

5. Evaluation der Implementation (Fragestellungen 2, 3 und 4)

Im Folgenden werden die Begleitstudie zur Evaluation des Implementationsprozesses sowie erste, z. T. explorative Ergebnisse zur Umsetzung der KoAkiK-Weiterqualifizierung in der Praxis (Implementationskontrolle) sowie zu den Gelingensbedingungen, Herausforderungen und zum notwendigen Unterstützungsbedarf der Praxis vorgestellt. Aus Platzgründen können dabei nicht alle

Zielebenen miteinbezogen werden, sondern es erfolgt eine Fokussierung auf die Ebene der Multiplikator_innen und Fachkräfte.

Stichprobe und Methoden

Die quantitative und deskriptive Analyse der Implementationskontrolle (Fragestellung 2) basiert auf der Gesamtstichprobe von N = 301 Fachkräften (im ersten Durchlauf: n = 169, davon 145 weiblich, 14 männlich, 10 ohne Angabe aus 16 Einrichtungen; im zweiten Durchlauf: n = 119 davon 105 weiblich, 9 männlich und 5 ohne Angabe aus 10 Einrichtungen). Die Teilnahme an den Weiterbildungsmodulen wurde mittels Selbsteintrag in Teilnehmer_innenlisten erfasst, die Prozessbegleitungstermine wurden von den Beobachter_innen notiert.

Für die qualitativen Analysen zur Evaluation des Implementationsprozesses (Fragestellungen 3 und 4) wurde eine Reihe verschieden stark strukturierter Daten erhoben:

Auf Ebene der Multiplikator_innen wurden nach der eigenständigen Durchführung der vier inhaltlichen Fortbildungsmodule sechs semi-strukturierte Gespräche (fünf Einzelgespräche und ein Tandemgespräch mit Multiplikator_innen desselben Kita-Trägers; Dauer: 60 Minuten) sowie ein leitfadengestütztes Gruppeninterview (Dauer: 90 Minuten) durchgeführt. Fokussiert wurden dabei z. B. die subjektiv wahrgenommenen Stärken und Schwächen des Konzepts, eigene Implementationsstrategien der Träger und weitere Möglichkeiten der Implementation.

Die Fachkräfte wurden auf den beiden Workshop-Tagungen (fünftes Fortbildungsmodul) ebenfalls mittels semi-strukturierter Gespräche (Dauer: 45 Minuten) befragt. An der ersten Tagung im Juni 2018 nahmen insgesamt 103 Fachkräfte aus dem ersten Weiterqualifizierungs-Durchlauf als Vertreter_innen ihrer Einrichtungen in fünf zufällig zusammengesetzten Gruppen und an der zweiten Tagung im Oktober 2019 28 Fachkräfte aus dem zweiten Durchlauf in drei Gruppen teil, sodass Sichtweisen aus verschiedenen Einrichtungen in die Gespräche eingebracht werden konnten. Diese sollen Hinweise darüber liefern, inwiefern aus Sicht der Fachkräfte die im KoAkiK-Konzept angebahnten Gestaltungsprinzipien von Fachkraft-Kind-Interaktionen an vorhandene Schwerpunkte aus der Konzeption und der pädagogischen Arbeit in der Einrichtung anknüpfen sowie welche Strategien dazu beitragen können, den Implementationsprozess zu optimieren.

Das Gruppeninterview mit den Multiplikator_innen wurde digital auditiv aufgezeichnet und anschließend gemäß den Transkriptionsregeln für die computerunterstützte Auswertung (Kuckartz 2012) transkribiert; darüber hinaus wurde ein Situationsprotokoll durch eine Protokollantin angefertigt. Die Auswertung des Gruppeninterviews erfolgte auf Basis der inhaltlich strukturierenden Inhaltsanalyse nach Kuckartz (2012). Für die semi-strukturierten Befragungen wurden Ergebnisprotokolle (Vogel/Funck 2018) angefertigt; die zentralen Aussagen wurden den analysierten Kategorien aus dem Gruppeninterview zugeordnet.

Ergebnisse zur Kontrolle der primären Implementation

In einem ersten Schritt werden deskriptive Ergebnisse zur Umsetzung des KoAkiK-Konzepts in der Praxis (Fragestellung 2) im Sinne einer Kontrolle der primären Implementation in beiden Durchläufen der Weiterqualifizierung (Durchführung in der ersten bzw. zweiten Kohorte durch das Projektteam bzw. geschulte Multiplikator_innen) dargestellt (vgl. Tab. 2).

Die Ergebnisse des ersten Durchlaufs der KoAkiK-Weiterqualifizierung zeigen, dass die Fachkräfte durchschnittlich an 3.24 (SD = 1.12) inhaltlichen Fortbildungsmodulen teilnahmen. Nur 60.2 % der Fachkräfte nahmen an allen vier Modulen; 16.3 % an drei Modulen; 18.7 % an zwei oder einem und 4.8 % an keinem Modul teil. Die vorgesehenen drei Prozessbegleitungstermine wurden lediglich bei 28.3 % der Fachkräfte (n = 47) absolviert; bei 32.5 % der Fachkräfte (n = 54) fand keine Prozessbegleitung in der Einrichtung statt. Im zweiten Durchlauf nahmen die Fachkräfte durchschnittlich an 2.24 (SD = 1.70) der vier Fortbildungsmodule teil. Hier absolvierten lediglich 37.0 % der Fachkräfte alle vier Module; 15.1 % drei; 15.9 % zwei oder eines der Module und 31.9 % der ursprünglich teilnehmenden Fachkräfte gar kein Fortbildungsmodul. Hinsichtlich der Prozessbegleitung lässt sich für den zweiten KoAkiK-Durchgang feststellen, dass bei nur 16.3 % der Fachkräfte (n = 13) die Zielsetzung von drei Terminen eingehalten wurde; bei insgesamt 55.0 % (n = 44) der dokumentierten Fachkräfte fand keine Prozessbegleitung statt

Tab. 2: Deskriptive Auswertung der Teilnahme am KoAkiK-Konzept

	1. KoAkiK-Durchlauf **n = 169** **Deskriptive Statistiken**			**2. KoAkiK-Durchlauf** **n = 119** **Deskriptive Statistiken**		
	n	*M*	*SD*	*n*	*M*	*SD*
Teilnahme Anzahl Fortbildungsmodule 1-4	166	3.24	*1.12*	119	2.24	*1.70*
Teilnahme Anzahl Prozessbegleitung (vorgesehen 3 pro Person)	166	1.49	*1.24*	80	0.94	*1.17*

Ergebnisse zum Implementationsprozess

Im zweiten Schritt werden zusammenfassende Ergebnisse aus Sicht der Multiplikator_innen und Fachkräfte zu den Gelingensbedingungen und Herausforderungen

(Fragestellung 3) sowie des berichteten Unterstützungsbedarfs (Fragestellung 4) bei der nachhaltigen Implementation des KoAkiK-Konzepts aufgeführt.

Die ***frühpädagogischen Fachkräfte*** aus beiden Durchläufen hoben bezüglich der *Gelingensbedingungen* hervor, dass durch KoAkiK Denk- und Reflexionsprozesse im Team angeregt wurden. Insbesondere durch die Kombination von Fortbildungen und Prozessbegleitungen wären ein qualitativ hochwertiger Austausch und Feedback-Prozesse ermöglicht worden. Ein Teil der Fachkräfte äußerte, dass sie sich in der eigenen Arbeit bestätigt fühlen, sie jetzt Begriffe für ihr pädagogisches Handeln erhalten haben und ein bewussterer Blick auf alltägliche Handlungsweisen gefördert wurde.

Im Rahmen der ersten Workshoptagung wird von den Fachkräften des ersten Durchlaufs Bezug darauf genommen, dass eine Aufwertung des beruflichen Handelns dadurch gefördert werden kann, dass die Durchführung der Fortbildungen von Mitarbeiter_innen der Universität erfolgte. Demgegenüber wird bei der zweiten Workshoptagung von den Fachkräften des zweiten Durchlaufs darauf hingewiesen, dass die Multiplikator_innen als engagiert und darüber hinaus als *gleichwertige* Diskussionspartner_innen wahrgenommen wurden.

Als größte *Herausforderung* nannten die Fachkräfte beider Durchläufe die (in diesem Beitrag nicht explizierten) Datenerhebungen im Rahmen der Interventionsstudie zur Überprüfung der Wirksamkeit des KoAkiK-Konzepts. Eine Unterscheidung zwischen Weiterbildung (Intervention) und Evaluation dieser war schwer nachvollziehbar, sodass beim Feedback immer wieder Bezug auf die Belastungen durch die Datenerhebungen der Evaluationsstudie genommen wurde. Die Rückmeldungen zu den Fortbildungsinhalten differierten dahingehend, dass ein Teil der Fachkräfte manche der Inhalte als zu theoretisch (erklärt) wahrgenommen hat, während ein anderer Teil äußerte, dass nichts Neues dabei war und „sie das alles schon kennen". Teilweise wurden die Transferaufgaben, die zwischen den einzelnen Modulen erledigt werden sollten, als herausfordernd empfunden, insbesondere wenn keine zeitlichen Ressourcen zur Erledigung der Aufgaben bereitgestellt wurden.

Im Hinblick auf weitere *Unterstützung* wünschten sich die Fachkräfte beider Durchläufe das Etablieren von Reflexions- und Feedbackstrukturen in den Kitas, um mithilfe von Fallbesprechungen über die Gestaltung von kognitiv anregenden Interaktionsprozessen diskutieren zu können. Zudem äußerte ein Großteil der Fachkräfte den Wunsch, die Prozessbegleitung in den Einrichtungen fortführen zu können, um Feedback und Impulse *von außen* zu erhalten.

Die ***Multiplikator_innen*** betonten im Gruppeninterview insbesondere den von ihnen wahrgenommenen Wert der Intervention: Sie hoben hervor, wie bedeutsam sie das KoAkiK-Konzept hinsichtlich der persönlichen Kompetenzentwicklung der Fachkräfte ansehen; insbesondere die Vertiefung der Inhalte in den Prozessbegleitungen vor Ort wurde positiv bewertet.

Für eine *gelingende Implementation* wäre es aus Sicht der Multiplikator_innen wichtig, den Kita-Trägern den langfristigen Nutzen zu verdeutlichen und aufzuzeigen, dass die professionelle Gestaltung von (kognitiv anregenden) Fachkraft-Kind-Interaktionen ein zentrales Qualitätsmerkmal für die Kitas und damit auch für den Träger darstellt. Weiterhin gaben sie als Nutzenargument für den Träger an, dass die Fachkraftfluktuation in den Kitas unter Umständen verringert werden kann, wenn Träger, Leitung und pädagogische Fachkräfte Inhalte aus KoAkiK langfristig und nachhaltig verankern sowie gemeinsam Strukturen zur Anregung von Reflexionsprozessen entwickeln. Hinsichtlich der zukünftigen Umsetzung des Konzepts wurden Anpassungsmöglichkeiten diskutiert. Dabei wurden insbesondere die Rahmenbedingungen (bspw. Fortbildung in Form von Studientagen oder in Form von Modulen; Kürzungsmöglichkeiten der Unterrichtseinheiten einzelner Module; Gruppenzusammensetzung: ganzes Team aus einer Einrichtung oder Kombination von mehreren Fachkräften einer Einrichtung mit Fachkräften weiterer Einrichtungen) in den Blick genommen, die jedoch unterschiedlich verhandelt wurden. Einigkeit herrschte dahingehend, dass die Prozessbegleitungen pro Fachkraft zukünftig noch intensiviert und ausgeweitet werden sollten.

Als *Herausforderungen* benannten die Multiplikator_innen unter anderem den Zeitaspekt und ihre Rollendiffusion. Sie führten an, dass der zeitliche Aufwand für die Vorbereitung, Durchführung und Reflexion des KoAkiK-Konzepts sowie für die Teilnahme an den Reflexionstreffen hoch und die Frage zu klären sei, wie und wodurch durch den Träger zukünftig sichergestellt wird, dass die zeitlichen Ressourcen auch weiterhin zur Verfügung gestellt werden. Insbesondere dadurch, dass die Multiplikator_innen auch noch andere Rollen (Fachberatung, Kita-Leitung, Fachkraft) beim Träger wahrnehmen, gilt es zu klären, inwieweit langfristig Freistellungsstunden oder Vertretungsregelungen aufrecht erhalten werden können. Gleichzeitig wurde in diesem Zusammenhang die Relevanz von Reflexionstreffen und Supervision hervorgehoben, um über mögliche Rollenkonflikte reflektieren zu können.

Ebenfalls herausfordernd empfanden die Multiplikator_innen die Fluktuation in den Kitas: *„Ja schwieriger war auch <vor allem> die Umsetzung, weil einfach zu viel Mitarbeiter hin und her geschoben wurden oder weg gegangen sind, oder wie auch immer. Durch die Fluktuation in den Einrichtungen war das Umsetzen einfach schwierig“* (GI, M5; Z. 33-36). Zusätzlich wurde beschrieben, dass einige Fachkräfte versucht haben, die Prozessbegleitung zu umgehen, indem Ausflüge oder andere Aufgaben am vereinbarten Termin erledigt wurden. Besonders hemmend empfanden die Multiplikator_innen Situationen, in denen der Eindruck entstand, dass die Leitung dem Team das KoAkiK-Konzept *verordnet* oder den Umsetzungsprozess nicht aktiv unterstützt hat. Dies hätte ungünstige Auswirkungen auf die Motivation im Team und die Durchführung des Konzepts gehabt. Basierend auf diesen Erfahrungen verwiesen die Multiplikator_innen auf die Schlüsselfunktion der Leitung. Wesentlich sei es daher die Leitung mit *ins Boot zu holen.*

Hinsichtlich der *Unterstützungsmöglichkeiten* wurden sowohl die Hochschulen als auch die Träger adressiert. Von der Hochschule wünschten die Multiplikator_innen sich eine Verstetigung der Zusammenarbeit und ein fortlaufendes Angebot (bspw. durch Reflexionstreffen, Intervisionen und Supervisionen) sowie eine personelle Kontinuität in der weiteren Begleitung – am besten in Form einer Koordinationsstelle. Darüber hinaus wäre ihnen wichtig, dass die Hochschule auch zukünftig Inputs gemeinsam mit den Multiplikator_innen gestaltet. Vom Träger erhofften die Multiplikator_innen sich, dass er die Relevanz des KoAkiK-Konzeptes als bildungsfördernd und qualitätssteigernd erkennt, ihnen Wertschätzung für die Tätigkeit als Multiplikator_in entgegenbringt, zeitliche Ressourcen zur Verfügung stellt, es klare Vertretungsregelungen gibt und die genannten Aspekte (im Sinne einer Übernahmeerklärung) bezüglich der weiteren Umsetzung schriftlich formuliert werden. Darüber hinaus würden sie eine Kooperation zwischen verschiedenen Trägern als sinnvoll erachten.

6. Diskussion und Ausblick

In diesem Beitrag wurden anhand des KoAkiK-Konzepts einerseits konkrete Implementationsstrategien für einen nachhaltigen und langfristigen Transfer von Weiterbildungsinhalten in die frühpädagogische Praxis vorgestellt. Andererseits wurden erste Ergebnisse aus der Evaluation des Implementationsprozesses auf den Zielebenen der Multiplikator_innen und Fachkräfte präsentiert, die im Folgenden insbesondere in Bezug auf die oben eingeführten Outcomeparameter (Petermann 2014; Fröhlich-Gildhoff/Hoffer 2017) diskutiert bzw. weitergedacht werden.

Machbarkeit

Im Hinblick auf die Machbarkeit bzw. Umsetzbarkeit der einzelnen Weiterbildungsmodule in der Praxis zeigen die deskriptiven Analysen im Rahmen der primären Implementationskontrolle deutlich, dass viele Fachkräfte nicht alle Bestandteile des KoAkiK-Konzepts durchlaufen haben. Insbesondere fällt auf, dass nur bei knapp einem Drittel im ersten und deutlich weniger als einem Viertel der Fachkräfte im zweiten Durchlauf die drei ursprünglich geplanten und in der Implementationsforschung als besonders effektiv (vgl. u. a. Egert/Eckhardt/Fukkink 2017) beschriebenen Prozessbegleitungstermine realisiert wurden. Hier spiegeln sich einerseits die in der frühpädagogischen Forschung bekannten Schwierigkeiten bei länger andauernden Vorhaben wider, Beispiele sind eine hohe Personalfluktuation, z. B. durch langfristige Krankschreibungen/Beschäftigungsverbote; interne Wechsel in andere Betreuungsformen wie Krippe oder Hort, Wechsel in andere, nicht am Forschungsprojekt teilnehmende Einrichtungen sowie der Aufrechterhaltung des Betreuungsangebots und z.T. damit verbundene häufige Absagen von Prozessbegleitungsterminen. Darüber hinaus gab es Einrichtungen, die sich aufgrund einrichtungsspezifischer Belastungen als Team von einzelnen Modulen abgemeldet haben. Auf der anderen Seite ist die Begrenzung des Zeitraums für die Weiterqualifizierung durch den aus forschungsdesigntechnischen Gründen festgesetzten Beginn des zweiten Messzeitpunkts zu nennen, sodass insbesondere Prozessbegleitungstermine nicht zeitlich unbegrenzt nach hinten verschoben werden konnten. Dies wäre in einem weiteren Durchlauf ohne begleitende Evaluationsstudie sicherlich flexibler möglich. Folglich kann festgehalten werden, dass die Intervention zum Zeitpunkt der Umsetzung auch realisierbar oder eine flexible Anpassung (bspw. hinsichtlich des Durchführungszeitraums) möglich sein sollte.

Übernahme

Hinsichtlich der Teilnahme an der Prozessbegleitung wurde sowohl von den Multiplikator_innen als auch von den Fachkräften angesprochen, dass die Hürde der Teilnahme an der Prozessbegleitung und die damit verbundene Offenbarung des eigenen pädagogischen Handelns sehr hoch erschien und darum Versuche unternommen wurden, diese zu umgehen.

In diesem Zusammenhang lassen sich einige Hinweise für möglicherweise noch gelingendere Strategien für die weitere Implementation ableiten. Zur Steigerung der Übernahmebereitschaft scheint es bedeutsam zu sein, den konkreten Bedarf der Fachkräfte und Kitas (Durlak/DuPre 2008) zu ermitteln und die Übereinstimmung zwischen diesem und den Interventionszielen anzustreben. Insbesondere bezogen auf die Prozessbegleitung gilt es zu klären, welches konkrete Anliegen die jeweilige Fachkraft hat und wie freiwillig sie an der Prozessbegleitung teilnimmt, da diese Grundwerte als wesentliche Voraussetzungen gelten (Rauen/Steinhübel 2005). Auch die Auseinandersetzung sowie ein offener und transparenter Umgang mit den möglichen Bedenken gegenüber der Prozessbegleitung werden als unabdingbar angesehen, da durch die Prozessbegleitung eine Reflexion von außen induziert werden soll. Dies kann eher gelingen, wenn Themen angesprochen werden, die die eigene Person betreffen und damit die lebenspraktisch-expansive Funktion von Reflexion erfüllt wird (Häcker 2017). Gleichzeitig ist zu bedenken, dass didaktisch induzierte Reflexionen nicht uneingeschränkt positiv zu bewerten sind, da eine Selbstbetrachtung durchaus auch negative Emotionen in den Beobachteten auslösen können

(Frankfurt 2007). Da die Reflexion der eigenen Handlungspraxis mit einer hohen persönlichen Bedeutung einhergeht und von den Fachkräften mit einer Bewertung der eigenen Person verbunden wird, erweist sich ein sensibler Umgang mit den Rückmeldungen – im Sinne einer wertschätzenden Gesprächsführung – als wesentliche Grundlage für eine vertrauensvolle Basis und der damit einhergehenden Bereitschaft der Fachkräfte, sich auf die Situation einzulassen und weiteren Praxisreflexionen gegenüber offen zu sein (Hormann/Disep 2020).

Akzeptanz

Darüber hinaus kann es zukünftig nützlich sein, die Motivation der Fachkräfte und eng damit verbunden, die wahrgenommene Nützlichkeit der Weiterqualifizierung und ihre Akzeptanz (Fröhlich-Gildhoff/Hoffer 2017), genauer in den Blick zu nehmen, da diese einen wichtigen Faktor für den Praxistransfer darstellen (Hoffer 2014). Friederich (2017) weist darauf hin, dass das Anknüpfen an den Vorerfahrungen und Vorkenntnissen der Teilnehmer_innen, ein hoher Praxisbezug sowie der Praxistransfer als übergreifende Gelingensfaktoren gelten. Während diese Aspekte im Rahmen der Prozessbegleitung weitestgehend berücksichtigt werden konnten, war dies innerhalb der Fortbildungsmodule nur bedingt möglich. Darüber hinaus scheint durch ein transparentes Vorgehen, eine offene Kommunikation und partizipative Entscheidungsprozesse eine Erhöhung der Akzeptanz auf Fachkraftebene erreichbar zu sein (Durlak/DuPre 2008). Im Rahmen des KoAkiK-Projektes wurde stets versucht Transparenz herzustellen, nichtsdestotrotz hat sich eine hohe Varianz bezüglich der Informiertheit und Einbindung der Fachkräfte gezeigt. In Bezug auf die Fachkräfte des zweiten Durchlaufs (die aufgrund unseres Studiendesigns ein Jahr auf die Weiterqualifizierung warten mussten) könnte eine Begründung für eine geringere Akzeptanz darin liegen, dass zwischen dem Projektstart und dem tatsächlichen Beginn der Weiterqualifizierung ein Jahr liegt und die Fachkräfte sich zwischenzeitlich weniger informiert bzw. eingebunden fühlten; eine differenzierte Analyse steht hier noch aus.

Die Multiplikator_innen betonen den erwarteten Wert der Intervention und eine hohe Akzeptanz des KoAkiK-Konzepts. Als hilfreiche Strategie kann rückblickend angesehen werden, dass die Multiplikator_innen bereits zu Beginn des Projektes mit ihrer Expertise einbezogen wurden (bspw. in die Planung der Fortbildungen, durch den Einsatz als Beobachter_innen mit Feedbackfunktion im ersten Durchlauf), um den kollegialen Austausch zu fördern, mögliche „hierarchische Akteursgefüge“ (Hasselhorn et al. 2014, S. 142) zu mindern und die Identifizierung mit dem KoAkiK-Konzept zu stärken.

Verhältnis der Wiedergabetreue und Passgenauigkeit

Im Rahmen der Entwicklung trägerspezifischer und trägerübergreifender Implementationsstrategien werden aktuell innerhalb verschiedener Arbeitstreffen mit Trägervertreter_innen und Multiplikator_innen unterschiedliche Ideen entwickelt, bei denen auch Anpassungen an träger- oder einrichtungsspezifische Anforderungen und Gegebenheiten diskutiert werden. Fraglich ist dabei unter anderem (1) wie und durch wen eine langfristige Qualitätssicherung gewährleistet werden kann, wenn zukünftig die Multiplikator_innen für die Durchführung der Fortbildungen und Prozessbegleitungen zuständig sind und (2) welche Kriterien erfüllt sein müssen, um eine langfristige Wiedergabetreue trotz trägerspezifischer Anpassungen zu erreichen. Bezüglich der Wiedergabetreue wurden in einem ersten Schritt Qualitätsstandards für die Durchführung der KoAkiK-Weiterqualifizierung entwickelt und in einem zweiten Schritt entsteht gerade ein manualisiertes Curriculum.

Während die Ergebnisse im ersten Schritt mit den von Petermann (2014) und Fröhlich-Gildhoff/Hoffer (2017) explizit auch für die FBBE relevanten Outcomeparameter verknüpft und mögliche Interpretationen bzw. Verbesserungsmöglichkeiten thematisiert wurden, soll nun in einem zweiten Schritt die Bedeutung der Implementation(skontrolle) für die frühpädagogische Weiterbildungslandschaft diskutiert werden. Die hier vorgestellten Evaluationsergebnisse der Implementation lassen den Schluss zu, dass die Inhalte der KoAkiK-Weiterbildung nicht in allen Einrichtungen und bei allen teilnehmenden Fachkräften zu einer intensiven Auseinandersetzung mit den Konzepten der kognitiven Aktivierung geführt haben: Einerseits, weil gar nicht alle in den Kitas tätigen Fachkräfte an allen Fortbildungsmodulen teilgenommen haben und andererseits, weil eine Reihe individueller (z. B. Passung der Fortbildungsinhalte zu eigenen Einstellungen, beispielsweise im Hinblick auf das Bildungsverständnis in der Kita und damit verbundene Akzeptanz) oder teaminterner Faktoren (z. B. „Verordnung" der Teilnahme durch Leitung/Träger; viele parallele Projekte) den Praxistransfer und dabei insbesondere die tatsächliche regelmäßige Anwendung der erlernten Inhalte in der Praxis (vermutlich) limitieren. Dies führt im nächsten Schritt zu dem Schluss, dass sich die im Sinne der klassischen Wirkungsforschung angenommene Kette, nämlich dass eine Weiterbildung über die (Weiter-)Entwicklung professioneller Fachkraft-Kompetenzen eine Verhaltensänderung im Kita-Alltag herbeiführt, die sich dann wiederum in einer höheren Interaktionsqualität niederschlägt und sich diese veränderte Lernumwelt langfristig auch in den Entwicklungsmaßen der Kinder abbilden lässt, nur dann „funktioniert", wenn die Implementation der Weiterbildung kontrolliert, transparent berichtet und in die entsprechenden Analysen (z. B. über differenzielle Effekte) miteinbezogen wird. Entsprechend ist es im Hinblick auf die klassische Frage nach der Wirksamkeit einer Intervention bedeutsam, nicht nur die tatsächlichen Effekte (z. B.

bei den Fachkräften und den Kindern) zu betrachten, sondern diese im Kontext der Qualität der Durchführung der Intervention (primäre Implementationskontrolle) zu sehen. Aktuell kommen nur wenige Wirksamkeitsstudien in der FBBE dieser Forderung nach, noch seltener wird dabei eine für die Praxis in besonderem Maße relevante, über die Laufzeit korrespondierender Forschungsprojekte andauernde Perspektive aufgegriffen (Fröhlich-Gildhoff/Hoffer 2017; Friederich 2017). Auch lässt sich vermuten, dass die bislang sehr dünnen Untersuchungen zur Wirksamkeit von Interventionen in der FBBE, die über die Darstellung kurzfristiger Effekte auf Ebene der Fachkräfte hinausgehen (zusammenfassend z. B. Egert 2015; Egert/Eckhardt/Fukkink 2017; Friederich 2017) mit (zu) geringen Investment in die Implementation(skontrolle) solcher Interventionen zusammenhängen (könnten). Hier stellt sich die Frage, ob die offensichtlich nicht abbildbaren langfristigen Effekte sowie der Outcome auf Seiten der Kinder auch auf Limitationen in der primären und insbesondere der nachhaltigen Implementation (im Sinne eines kompletten Praxistransfers und eine damit verbundene Verankerung der Inhalte im Alltag) zurückzuführen ist. Für den Kontext der KoAkiK-Weiterqualifizierung sollen demnach die bislang noch ausstehenden Analysen zur Wirksamkeit des Konzepts der hier nicht näher betrachteten Interventionsstudie in Zusammenhang mit den (hier zum Teil vorgestellten) Ergebnissen der Implementationsstudie gebracht werden, um zu einem möglichst differenzierten Erkenntnisgewinn im Sinne unterschiedlicher Erfolgskriterien der Wirksamkeit (Balzer/Beywl 2015) – nämlich einerseits im Hinblick auf (Null-) Effekte innerhalb der oben beschriebenen Wirkkette, aber auch im Hinblick auf vermeintlich weichere Implementationsfaktoren wie eine Verstetigung der Inhalte im Kita-Alltag) – zu generieren.

Literatur

Anders, Yvonne (2012): Modelle- professioneller Kompetenzen für frühpädagogische Fachkräfte. Aktueller Stand und ihr Bezug zur Professionalisierung. Expertise zum Gutachten „Professionalisierung in der Frühpädagogik". 1. Auflage. München.

Anders, Yvonne (2013): Stichwort: Auswirkungen frühkindlicher institutioneller Betreuung und Bildung. In: Zeitschrift für Erziehungswissenschaft 16, S. 237-275.

Balzer, Lars/Beywl, Wolfgang (2015): evaluiert. Planungsbuch für Evaluationen im Bildungsbereich. Bern: hep.

Durlak, Joseph A./DuPre, Emily P. (2008): Implementation Matters: A Review of Research on the Influence of lmplementation on Program Outcomes and the Factors Affecting Implementation. American Journal of Community Psychology 41 (3-4), S. 327-350.

Egert, Franziska (2015): Meta-analysis on the impact of in-service professional development programs for preschool teachers on quality ratings and child outcome. Inaugural Dissertation.

Egert, Franziska/Eckhardt, Andrea G./Fukkink, Ruben G. (2017): Zentrale Wirkmechanismen von Weiterbildungen zur Qualitätssteigerung in Kitas. Ein narratives Review. In: Frühe Bildung 6, H. 2, S. 58-66.

Frankfurt, Harry G. (2007): Sich selbst ernst nehmen. Frankfurt/M.: Suhrkamp.

Friederich, Tina (2017): Professionalisierung frühpädagogischer Fachkräfte in Aus- und Weiterbildung. Eine pädagogisch-professionstheoretische Verortung. 1. Auflage. Beltz Juventa.

Fröhlich-Gildhoff, Klaus/Hoffer, Rieke (2017): Methodische und methodologische Herausforderungen der Wirkungsforschung unter Praxisbedingungen in der Frühpädagogik – ein Rückbilck und Ausblick. In: Nentwig-Gesemann, Iris/Fröhlich-Gildhoff, Klaus (Hrsg.): Forschung in der Frühpädagogik X. Zehn Jahre frühpädagogische Forschung – Bilanzierungen und Reflexionen. Freiburg i. Breisgau: FEL. S. 185-208.

Fröhlich-Gildhoff, Klaus/Weltzien, Dörte/Kirstein, Nicole/Pietsch, Stefanie/Rauh, Katharina (2014): „Kompetenzen früh-/kindheitspädagogischer Fachkräfte im Spannungsfeld von normativen Vorgaben und Praxis. Expertise erstellt im Kontext der AG „Fachkräftegewinnung für die Kindertagesbetreuung“ in Koordination des BMFSFJ“. http://www.bmfsfj.de/RedaktionBMFSFJ/Abteilung5/Pdf-Anlagen/14-expertise-kindheitspaedagogische-fachkraefte,property=pdf,bereich=bmfsfj,sprache=de,rwb=true.pdf (Abfrage: 21.10.2014).

Fullan, Michael/Pomfret, Alan (1977): Research on curriculum and instruction implementation. American Educational Research Association 47, S. 335-397.

Fukkink, Ruben G./Lont, Anna (2007): Does training matter? A meta-analysis and review of caregiver training studies. In: Early Childhood Research Quarterly 22, S. 294-311.

Häcker, Thomas (2017): Grundlagen und Implikationen der Forderung nach Förderung von Reflexivität in der Lehrerinnen- und Lehrerbildung. In: Berndt, Constanze/Häcker, Thomas/Leonhard, Tobias (Hrsg.): Reflexive Lehrerbildung revisited. Traditionen – Zugänge – Perspektiven. Bad Heilbrunn: Julius Klinkhardt, S. 21-46.

Hasselhorn, Marcus/Köller, Olaf/Maaz, Kai/Zimmer, Karin (2014): Implementation wirksamer Handlungskonzepte im Bildungsbereich als Forschungsaufgabe. Psychologische Rundschau 65 (3), S. 140-149.

Hatfield, Bridget E./Burchinal, Margaret R./Pianta, Robert C./Sideris, John (2015): Thresholds in the association between quality of teacher-child interactions and preschool children's school readiness skills. In: Early Childhood Research Quarterly.

Hoffer, Rieke (2014): Kompetenzorientierte Methoden für die Weiterbildung von Leitungskräften in Kindertageseinrichtungen. In: DJI/ WiFF (Hrsg.): Leitung von Kindertageseinrichtungen. Grundlagen für die kompetenzorientierte Weiterbildung. Band 10. München: DJI, S. 233-248.

Hormann, Kathrin/Disep, Lisa (2020): Der Reflexion von Unterricht zuhören können? Eine Diskussion zum Einsatz von Stimulated Recalls als Format videobasierter Reflexion in der Lehrer*innenausbildung. In: Hauenschild, Katrin/Schmidt-Thieme, Barbara/Wolff, Dennis/Zourelidis, Sabrina (Hrsg.): Videografie in der Lehrer_innenbildung. Aktuelle Zugänge, Herausforderungen und Potentiale. Hildesheim: Universitätsverlag (DOI-Nummer: DOI 10.18442/100). https://www.uni-hildesheim.de/ojs/index.php/HiBSU/issue/archive (Abfrage: 23.02.2021).

Klein, Katherine J./Knight, Andrew P. (2005): Innovation implementation: Overcoming the challenge. Current Directions in Psychological Science 14, S. 243-246.

König, Anke (2009): Interaktionsprozesse zwischen Erzieherinnen und Kindern. Eine Videostudie aus dem Kindergartenalltag. 1. Auflage. Wiesbaden: VS Verlag für Sozialwissenschaften/GWV Fachverlage.

Kuckartz, Udo (2012): Qualitative Inhaltsanalyse. Methoden, Praxis, Computerunterstützung. 3. Auflage. Weinheim und Basel: Beltz.

Kuger, Susanne/Kluczniok, Katharina (2008): Prozessqualität im Kindergarten – Konzept, Umsetzung und Befunde. In: Zeitschrift für Erziehungswissenschaft 10, H. 11, S. 159-178.

Mackowiak, Katja/Kula, Antje/Brunemund, Laura/Walter, Ulla (2020): Förderung sozial-kognitiver Problemlösestrategien von Vorschulkindern – erste Ergebnisse des Verbundprojekts KoAkiK. Frühe Bildung 9 (3), S. 110-117.

Mackowiak, Katja/Mai, Matthias/Wadepohl, Heike/Bethke, Cathleen/Keller, Lisa/Linck, Stefani/Johannsen, Theresa (im Druck). Lernunterstützung in dyadischen Fachkraft-Kind-Interaktionen mit Kindern aus sozial (nicht) benachteiligten Familien – ausgewählte Ergebnisse aus den KoAkiK-Projekten. In: Bätge, Carolin/Cloos, Peter (Hrsg.): Inklusive Bildungsforschung der frühen Kindheit. Empirische Perspektiven und multidisziplinäre Zugänge. Weinheim und Basel: Beltz Juventa.

Mackowiak. Katja/Wadepohl, Heike/Beckerle, Christine (Hrsg.) (im Druck): Interaktionen im Kita-Alltag gestalten. Grundlagen und Anregungen für die Praxis. Stuttgart: Kohlhammer.

Mashburn, Andrew J./Pianta, Robert C. (2010): Opportunity in Early Education: Improving Teacher-Child Interactions and Child Outcomes. In: Reynolds, Arthur J./Rolnick, Arthur J./Enchind, Michelle M./Temple, Judy A. (Hrsg.): Childhood programs and practices in the first decade of life. A human capital integration. New York: Cambridge University Press. S. 243-265.

Mischo, Christoph/Fröhlich-Gildhoff, Klaus (2011): Professionalisierung und Professionsentwicklung im Bereich der frühen Bildung. In: Frühe Bildung 0, S. 4-11.

Möller, Kornelia/Vehmeyer, Julia/Stadelhofer, Beate/Tröbst, Steffen (2008): Lernen mit der Klasse(n) kiste ‚Schwimmen und Sinken' im Sachunterricht der Grundschule. Ergebnisse einer Befragung von Grundschullehrkräften. www.uni-muenster.de/imperia/md/content/didaktik_des_sachunterrichts/weiterbildung/evaluationsbericht_klassenkiste.pdf (Abruf: 24.06.2020).

Petermann, Franz (2014): Implementationsforschung: Grundbegriffe und Konzepte. Psychologische Rundschau 65 (3), S. 122-128.

Rauen, Christopher/Steinhübel, Andreas (2005): Coaching-Weiterbildungen. In: Rauen, Christopher (Hrsg.): Handbuch Coaching. 3. Auflage. Göttingen: Hogrefe. S. 289-312.

Rothe, Antje/Wadepohl, Heike/Disep, Lisa/Mai, Matthias/Bathke, Cathleen/Feesche, Julia/Hormann, Kathrin/Kula, Antje (2020). A ‚dialectic stance': Möglichkeiten von Mixed-Methods-Designs zur Erfassung von Professionalität und Professionalisierung – anhand videografischer Zugänge zu Fachkraft-Kind-Interaktionen. In: Bloch, Bianca/Kluge, Lucie/Tran, Hoa Mai/Zehbe, Katja (Hrsg.): Pädagogik der frühen Kindheit im Wandel. Weinheim und Basel: Beltz Juventa, S. 130-147.

Siraj-Blatchford, Iram/Sylva, Kathy/Taggart, Brenda/Sammons, Pam/Melhuish, Edward/Elliot, Karen (2003): The Effective Provision of Pre-School Education (EPPE) Project: Technical Paper 10 – Intensive Case Studies of Practice across the Foundation Stage. London: DfES/Institute of Education, University of London. https://dera.ioe.ac.uk/18189/14/EPPE_TechnicalPaper_10_2003.pdf (Abfrage: 26.10.2020)

Sylva, Kathy/Melhuish, Edward/Sammons, Pam/Siraj-Blatchford, Iram/Taggart, Brenda/Elliot, Karen (2004): The Effective Provision of Pre-School Education Project – Zu den Auswirkungen vorschulischer Einrichtungen in England. In: Faust, Gabriele/Götz, Margarete/Hacker, Hartmut/Roßbach, Hans-Günther (Hrsg.): Anschlussfähige Bildungsprozesse im Elementar- und Primarbereich. Bad Heilbrunn: Klinkhardt. S. 154-167.

Tietze, Wolfgang (Hrsg.) (1998): Wie gut sind unsere Kindergärten? eine Untersuchung zur pädagogischen Qualität in deutschen Kindergärten. Neuwied: Luchterhand.

Tournier, Maike/Wadepohl, Heike/Kucharz, Diemut (2014): Analyse des pädagogischen Handelns im Freispiel. In: Kucharz, Diemut/Mackowiak, Katja/Ziroli, Sergio/Kauertz, Alexander/Rathgeb-Schnierer, Elisabeth/Dieck, Margarete (Hrsg.): Professionelles Handeln im Elementarbereich (PRIMEL). Eine deutsch-schweizerische Videostudie. Münster: Waxmann. S. 99-121.

von Suchodoletz, Antje/Fäsche, Anika/Gunzenhauser, Catherine/Hamre, Bridget K. (2014): A typical morning in preschool: Observations of teacher-child interactions in German preschools. In: Early Childhood Research Quarterly 29, S. 509-519.

Viernickel, Susanne/Fuchs-Rechlin, Kirsten (2015): Fachkraft-Kind-Relationen und Gruppengrößen in Kitas. Grundlagen, Analysen, Berechnungsmodell. In: Viernickel, Susanne/Fuchs-Rechlin, Kirsten/Strehmel, Petra/Preissing, Christa/Bensel, Joachim/Haug-Schnabel, Gabriele (Hrsg.): Qualität für alle. Wissenschaftlich begründete Standards für die Kindertagesbetreuung. Freiburg: Herder. S. 11-130.

Vogel, Dita/Funck, Barbara J. (2018): Immer nur die zweitbeste Lösung? Protokolle als Dokumentationsmethode für qualitative Interviews. Forum Qualitative Sozialforschung/Forum: Qualitative Social Research 19(1), Art. 7. https://www.ssoar.info/ssoar/bitstream/handle/document/57924/ssoar-fqs-2018-1-vogel_et_al-Immer_nur_die_zweitbeste_Losung.pdf?sequence=1&isAllowed=y&lnkname=ssoar-fqs-2018-1-vogel_et_al-Immer_nur_die_zweitbeste_Losung.pdf (Abfrage: 23.02.2021).

Wadepohl, Heike (2016): „Interaktionsgestaltung frühpädagogischer Fachkräfte in Kitas". Kumulative Dissertation. Leibniz Universität Hannover. www.tib.eu/de/suchen/id/TIBKAT%3A876760140/Interaktionsgestaltung-fr%C3%BChp%C3%A4dagogischer-Fachkr%C3%A4fte/ (Abfrage: 24.06.2020).

Wadepohl, Heike/Mackowiak, Katja (2016): Beziehungsgestaltung und deren Bedeutung für die Unterstützung kindlicher Lernprozesse im Freispiel. In: Frühe Bildung, 5 (1), S. 22-30.
Westermann, Rainer (2002): Merkmale und Varianten von Evaluationen. Überblick und Klassifikation. In: Zeitschrift für Psychologie 210, H. 1, S. 4-26.
Wildgruber, Andreas/Wirts, Claudia/Wertfein, Monika (2014): Ergebnisse aus dem BIKE-Projekt zur Interaktionsqualität in Kitas. In: Prengel, Annedore/ Winklhofer, Ursula (Hrsg.): Kinderrechte in pädagogischen Beziehungen. Band 2: Forschungszugänge. Leverkusen: Budrich, S. 188-193.
Wood, David/Bruner, Jerome S./Ross, Gail (1976): The role of tutoring in problem solving. In: Journal of Child Psychology and Psychiatry and Allied Disciplines 17(2), S. 89-100.

Die Rolle des Kindes bei der Gestaltung der frühpädagogischen Praxis – schwer zu (er)fassen?

Sonja Perren, Isabelle Kalkusch, Carine Burkhardt Bossi

1. Die Rolle des Kindes: Kind-zentrierte oder kind-dominierte frühpädagogische Praxis?

Ein Kernkriterium guter pädagogischer Qualität ist die aktive Unterstützung der Kinder durch die Fachperson. Etablierte Qualitätsmessinstrumente, wie z. B. CLASS toddler, beurteilen das Verhalten der Fachpersonen gemäß verschiedener Kriterien, u. a. wie intensiv ihr Eingehen auf die kindlichen emotionalen Bedürfnisse oder die Förderung von Lernaktivitäten ist (Perren et al. 2016, S. 3). Dieses aus den USA geprägte Verständnis guter pädagogischer Qualität stützt sich auf empirische Befunde, die zeigen, dass responsive Fachpersonen-Kind-Interaktionen bedeutsam für die Entwicklung und das Wohlbefinden von kleinen Kindern sind (vgl. Mashburn et al. 2008, S. 732).

Diese Art von responsiver Fachpersonen-Kind-Interaktion ist im Einklang mit einer kind-zentrierten pädagogischen Haltung. Bei einer kind-zentrierten frühpädagogischen Praxis wird das Kind als aktiver Lerner gesehen. Die Lernumgebung wird von den Fachpersonen gestaltet und die Kinder nehmen partizipativ am Geschehen teil (Perren et al. 2017, S. 137). Dabei stehen die individuellen Bedürfnisse und das Entwicklungsniveau des Kindes im Vordergrund, welche von den Fachpersonen aktiv unterstützt werden (Copple/Bredekamp 2010, S. 16 ff.). Auch im Beobachtungsverfahren ECCOM wird eine kind-zentrierte Praxis ähnlich definiert (Stipek/Byler 2004, S. 375).

Obwohl von der pädagogischen Haltung her das Kind im Zentrum steht, wird bei Qualitätsmessinstrumenten häufig die Rolle und Aktivität der Fachperson in der Beurteilung fokussiert. Häufig eingesetzte Qualitätsmessinstrumente wie zum Beispiel CLASS blenden die aktive Rolle des Kindes weitgehend aus, bzw. wird die Rolle des Kindes jeweils aus der Perspektive des Verhaltens der Fachpersonen beurteilt. Beispielsweise wird bei CLASS toddler die Skala „kindliche Perspektive berücksichtigen" wie folgt beurteilt: Zum einen wird eingeschätzt, ob die Fachperson die Interessen und Bedürfnisse der Kinder aufnimmt und die Aktivitäten entsprechend anpasst, und zum anderen wird beurteilt, ob die Kinder in ihrer Selbstständigkeit unterstützt werden (vgl. Perren et al. 2016, S. 5). Es stellt sich die Frage, ob Situationen, in welchen Kinder Selbstregulation und

Eigeninitiative zeigen, ohne dass die Fachperson sie aktiv unterstützt, nicht auch die kindliche Entwicklung fördern und damit eine hohe pädagogische Qualität beinhalten können?

Diese Herausforderung für die Qualitätsmessung spiegelt sich auch im Spannungsfeld unterschiedlicher Bildungskonzeptionen von Selbstbildung zu Ko-Konstruktion bis hin zu Instruktion (vgl. Schmidt/Smidt, 2020). Bildung als ko-konstruktiver und sozialer Prozess verstanden findet im Handeln zweier oder mehrerer Akteure statt, demgegenüber steht bei der Selbstbildung das Kind als alleiniger Akteur im Vordergrund. Jedoch wird der Selbstbildungsansatz kritisiert, wenn dadurch eine „laisser-faire" Haltung begründet wird (Drieschner/Staege 2019, S. 46 ff.).

In Schweizer Spielgruppen wird ein großes Gewicht auf die Eigenaktivität und den Selbstbildungsprozesse des Kindes gelegt (www.spielgruppe.ch). Viele Kinder in der deutschsprachigen Schweiz besuchen im Jahr vor dem obligatorischen Kindergarten eine Spielgruppe. Die Kinder besuchen diese ein bis drei Mal pro Woche für jeweils zwei bis vier Stunden. Ein wichtiges Prinzip der Spielgruppenpädagogik ist es, dass Kinder ihre Aktivitäten selbst wählen. Die Rolle der SpielgruppenleiterIn ist es, dafür zu sorgen, anregende und altersgerechte Angebote zur Verfügung zu stellen, um den Selbstbildungsprozess zu unterstützen. Das Spiel und das Zusammensein in einer Peergruppe stehen im Vordergrund des pädagogischen Konzepts. Auch im Gesundheitsförderungsprojekt „Spielzeugfreier Kindergarten" steht die Selbstbildung im Vordergrund. Hier wird erwartet, dass sich die Fachperson bewusst aus der aktiven Rolle zurücknimmt und stattdessen wird von der Kindergruppe Eigeninitiative und Selbstregulation gefordert (vgl. Perren/Weiss-Hanselmann 2019, S. 1). Um den pädagogischen Ansätzen, die stark auf Selbstbildung und eigeninitiiertes Lernen abstützen, gerecht zu werden, bzw. dessen Wirkung genauer zu verstehen und untersuchen zu können, sollte bei der Beobachtung und Bewertung des pädagogischen Geschehens auch die Rolle des Kindes mehr Beachtung finden.

Um die Rolle des Kindes in der frühpädagogischen Praxis zu untersuchen, haben wir in unsere Studie das ECCOM-Beobachtungsverfahren (Stipek/Byler 2005) eingesetzt, welche gemäß den Autorinnen die Dimensionen *kind-zentrierte, kind-dominierte* und *lehrperson-geleitete* pädagogische Praxis erfasst. Wir waren insbesondere daran interessiert, die Dimension *kind-dominierte* Praxis zu erfassen. In diesem Artikel beschreiben wir den Einsatz dieses Beobachtungsverfahrens in Schweizer Spielgruppen und präsentieren Resultate zu den Gütekriterien (Reliabilität und Validität). Basierend auf den Resultaten der Studie und der festgestellten Grenzen des Verfahrens (insbesondere bezüglich der Inhaltsvalidität der Dimension kind-dominierte pädagogische Praxis) präsentieren wir im Ausblick ein von uns entwickeltes konzeptionelles Modell. In diesem Modell postulieren wir, beim Thema kind-initiierter pädagogischer Praxis spezifisch zwischen *kind-zentriert* versus *kind-dominiert* zu unterscheiden und damit die aktive Rolle des Kindes in der frühpädagogischen Praxis stärker in den Fokus von Qualitätsmessung zu stellen.

1.1 ECCOM-Beobachtungsverfahren: Beschreibung des Instruments

Das Early Childhood Classroom Observation Measure (ECCOM) ist ein globales Beobachtungsverfahren, welches drei pädagogische Praxen unterscheidet: *kind-zentriert, lehrperson-geleitet*[1] und *kind-dominiert* (Stipek/Byler 2004, S. 375). Die Autorinnen des ECCOM vertreten ein sozial-konstruktivistisches Verständnis optimaler pädagogischer Praxis. *Kind-zentrierte* Praxis wird als eine hohe Qualität und als „best practice" angesehen. Bei diesem Ansatz haben Lehrpersonen und Kinder eine geteilte Verantwortung für das Management (s. u.) und das Lernen. Demgegenüber stehen die beiden Dimensionen *lehrperson-geleitet* und *kind-dominiert,* welche beide gemäß ECCOM als nicht angemessen für die frühpädagogische Praxis angesehen werden. *Lehrperson-geleitete* Praxis ist didaktisch-instruktiv ausgerichtet, mit einer hohen Kontrolle der Lehrpersonen für Management und auf die Aneignung akademischer Fertigkeiten ausgerichtet. Hingegen haben bei einer *kind-dominierten* Praxis die Lehrpersonen wenig Kontrolle und die Kinder eine sehr hohe Autonomie. Das Verfahren hat demnach den Anspruch, drei Dimensionen von pädagogischer Praxis zu unterscheiden: *lehrperson-geleitet, kind-zentriert* und *kind-dominiert* (Stipek/Byler 2004, S. 375).

Im Manual wird zwischen sozialem Klima, Management und Instruktion (Instruktionsverhalten sowie spezifische Literacy and Mathe-Aktivitäten) differenziert.[2] Auf Grund unseres Untersuchungsinteresses und unserer Untersuchungspopulation (Pädagogische Praxis in Schweizer Spielgruppen), haben wir uns auf die Bereiche Management und soziales Klima beschränkt. Der Bereich Management umfasst die Items Verantwortung der Kinder, Regeln und Erwartungen, Wahl der Aktivitäten und Disziplin / Umgang mit Konflikten. Zum sozialen Klima gehören die Items Unterstützung der Kommunikationsfähigkeiten, Unterstützung sozialer Fähigkeiten, Engagement des Kindes und Individualisierung von Lernaktivitäten (siehe auch Tabelle 1).

Bei ECCOM wird üblicherweise für einen längeren zusammenhängenden Zeitabschnitt (z. B. ein dreistündiger Unterrichtshalbtag) global geratet. Die

1 Bei der Bezeichnung der Dimensionen verbleiben wir bei der Begrifflichkeit des Originalinstruments (=Lehrperson). Die Bezeichnung Fachperson und Lehrperson wird im Text synonym verwendet.

2 Das Beobachtungsmanual enthält neben den Verhaltensbeobachtungs-Skalen noch Checklisten zur Bewertung des vorhandenen Lernmaterials in der Gruppe, welche hier aber nicht berücksichtigt werden.

BeobachterInnen machen sich während der Beobachtungszeit Notizen und geben am Ende eine globale Einschätzung ab. Für jedes Item wird sowohl die Dimension *kind-zentriert, lehrperson-geleitet*, wie auch *kind-dominiert* auf einer fünfstufigen Skala geratet: von 1=Praxis wird selten gesehen (weniger als 20 % der Zeit) bis 5=Praxis dominiert (80-100 % der Zeit). Somit sind die drei Dimensionen zunächst nicht trennscharf definiert, sondern können in der gleichen Gruppe auch gleichzeitig als „zutreffend“ eingeschätzt werden. Tabelle 1 präsentiert die Items zu den Bereichen Klima und Management, wie sie in unserer Studie eingesetzt wurden. Zur Gewährleistung der Objektivität der Ratings sind die Items im Manual mit konkreten Verhaltensindikatoren weiter erläutert (Stipek/Byler 2005).

Tabelle 1: Items von ECCOM (Stipek/Byler 2005; übersetzt und leicht angepasst)

	Dimension		
Items	**kind-zentriert (A)**	**kind-dominiert (C)**	**lehrperson-geleitet (T)**
Bereich Management			
Verantwortung der Kinder	Geteilte Verantwortung; Kinder dürfen entsprechend ihren Fähigkeiten Verantwortung übernehmen	Keiner scheint Verantwortung für eine geordnete, vorhersehbare Umgebung zu tragen	Kontrolle liegt bei Lehrperson (LP); Kinder haben keine Gelegenheit Verantwortung zu übernehmen
Regeln und Erwartungen	LP hat klare, aber zu einem gewissen Grad flexible Regeln und Routinen	LP hat keine klar definierten Erwartungen und Regeln. Es ist chaotisch	LP hat klar kommunizierte Erwartungen und Regeln, an denen starr festgehalten wird
Wahl der Aktivitäten	Entscheidungen fällen sowohl LP als auch Kinder	Kinder treffen die meisten Entscheidungen	LP trifft die Entscheidungen
Disziplin / Umgang mit Konflikten	LP verwendet positive Techniken (ruhige, angemessene Disziplinierung oder Konfliktlösung)	LP interveniert selten (weder mit positiven noch mit negativen Techniken)	LP verwendet negative Techniken (bedrohende oder harsche Disziplinierung)
Bereich Klima			
Unterstützung der Kommunikationsfähigkeiten	LP regt die Kinder an, sich in Gespräche einzubringen und ihre Gedanken auszuarbeiten	LP bindet Kinder nicht in Gespräche ein und ermöglicht keine Kommunikation zwischen den Kindern	LP gibt den Kindern keine Anregung, sich in Gespräche einzubringen oder ihre Gedanken auszuarbeiten
Unterstützung sozialer Fähigkeiten	LP fördert die Entwicklung sozialer Fähigkeiten der Kinder	LP bietet Gelegenheiten, aber keine Unterstützung zur Entwicklung sozialer Fähigkeiten der Kinder	LP löst zwischenmenschliche Probleme, Konflikte und bietet keine Gelegenheiten für die Kinder, ihre sozialen Fähigkeiten zu entwickeln

	Dimension		
Items	kind-zentriert (A)	kind-dominiert (C)	lehrperson-geleitet (T)
Engagement des Kindes	LP versucht alle Kinder auf eine Art und Weise zu beschäftigen, die deren Fähigkeiten und Verstehen verbessert	LP zeigt keine systematischen Bemühungen Kinder in produktiven und lernanregenden Aktivitäten zu beschäftigen	LP beschäftigt Kinder in Routineaktivitäten.
Individualisierung von Lernaktivitäten	LP ist aufmerksam gegenüber dem individuellen Fähigkeitslevel der Kinder und passt die Aufgaben entsprechend an	LP bemerkt die individuellen Bedürfnisse der Kinder nicht oder spricht diese nicht an	Aufgaben sind nicht flexibel und LP berücksichtigt die individuellen Bedürfnisse der Kinder nicht
Ratingskala	1 – 2 – 3 – 4 – 5	1 – 2 – 3 – 4 – 5	1 – 2 – 3 – 4 – 5

1.2 Bisherige Resultate zu ECCOM: Fokus kind-dominierte Praxis

Obwohl im ECCOM-Manual die drei Dimensionen A, C, T beschrieben werden, gibt es bezogen auf die *kind-dominierte* Praxis viel weniger empirische Resultate als zu den Dimensionen *lehrperson-geleitet* versus *kind-zentriert*. In der ersten Validierungs-Studie von Stipek und Byler (2004, S. 375) wird die Skala *kind-dominiert* nicht erwähnt, obwohl sie im Manual beschrieben wird (Stipek/Byler 2005, o. S.). Auch weitere Studien haben ECCOM eingesetzt, aber die Skala *kind-dominiert* nicht verwendet (z. B. Hauser-Cram/Sirin/Stipek 2003; Lerkkanen et al. 2016, S. 145; Salminen et al. 2012, S. 654; Stipek 2004, S. 548).

Wir konnten vier Studien identifizieren, welche die *kind-dominierte* Dimension mit einbezogen haben. Die Studie von Lerkkanen et al. (2012, S. 323) in finnischen und estländischen Kindergärten untersuchte die Gütekriterien von ECCOM. Die Autorinnen berichten über eine hohe interne Konsistenz der Dimensionen (*kind-zentriert, lehrpersonen-geleitet* und *kind-dominiert*) und deren faktorielle Validität[3] (vgl. Lerkkanen et al. 2012, S. 336ff.). Es wurden drei einzelne konfirmatorische Faktorenanalysen (separat für die drei Dimensionen) berechnet, die Subskalen Management, Klima und Instruktion wurden als Indikatoren verwendet. Das theoretische Second-Order Faktorenmodell (Subdimensionen bilden einen gemeinsamen übergeordneten Faktor ab) konnte nicht bestätigt werden (Klima, Management und Instruktion waren zu hoch korreliert). Hingegen bestätigen die Ergebnisse der konfirmatorischen Faktorenanalyse ein

3 Mithilfe der konfirmatorischen Faktorenanalyse wird eine theoretisch angenommene faktorielle Struktur anhand von Daten empirisch überprüft. Faktorielle Validität ist gegeben, wenn sich für inhaltlich zusammengehörende Items eines Tests ein gemeinsamer Faktor empirisch bestätigt (vgl. Döring/Bortz 2016, S. 446). Bei mehrdimensionalen Tests sollte für jede Subdimension jeweils ein Faktor bestätigt werden können, um die angenommene faktorielle Struktur des Tests nachzuweisen.

1-Faktorenmodell. Das deutet daraufhin, dass es sich nicht um Subdimensionen, sondern eine Dimension handelt. In der Studie werden jedoch keine Zusammenhänge zwischen den Dimensionen berichtet (vgl. ebd.). In dieser Studie ist die Häufigkeit von *kind-dominierter* Praxis deutlicher seltener als die der *kind-zentrierten* Praxis.

Die Studie von Kimer/Tuul/Õun (2016, S. 368) setzte ECCOM ebenfalls in estländischen Kindergärten ein (Vier- bis Siebenjährige). Auch in dieser Studie wurden die drei Dimensionen durch die Skalen Management, Klima und Instruktion gebildet, die Dimensionen haben eine hohe interne Konsistenz. In dieser Studie wurden sowohl *kind-zentrierte, lehrperson-geleitete* und *kind-dominierte* Praxis beobachtet (etwas höher ausgeprägt als in der Studie von Lerkkanen et al. 2012, S. 323). *Kind-dominierte* Praxis wurde vor allem bei Lehrpersonen mit wenig Berufserfahrung gezeigt. In dieser Studie gibt es ebenfalls keine Angaben zu den Zusammenhängen zwischen den Dimensionen oder zur faktoriellen Validität über die drei Dimensionen hinweg.

In zwei weiteren Studien wurde ECCOM für Kinder in den ersten Schuljahren eingesetzt (wiederum in Finnland und Estland). Die Studie von Tang et al. (2017, S. 275) berichtet über eine Validierung des Verfahrens für das frühe Primarschulalter (1.-3. Klasse) in Finnland und Estland. Auch hier wurden für *kind-zentrierte, lehrperson-geleitete* und *kind-dominierte* Praxis separate konfirmatorische Faktorenanalysen berechnet. Diese geben ebenfalls keine Hinweise zu den Zusammenhängen zwischen den Dimensionen. Einzig die Studie von Kikas/Peets/Hodges (2014, S. 273) berichtet Korrelationen zwischen den Dimensionen: Die Dimension *kind-zentriert* ist negativ assoziiert mit *lehrperson-geleitet* (r=–.82) und *kind-dominiert* (r=–.44). *Lehrperson-geleitet* und *kind-dominiert* sind nicht signifikant assoziiert (r=.08). In der Studie wurden die Effekte der mit ECCOM beobachteten pädagogischen Praxis auf die akademischen Fähigkeiten und das Durchhaltevermögen der Kinder untersucht, es zeigten sich aber keine eindeutigen Effekte der pädagogischen Praxis auf die kindliche Entwicklung. Positive oder negative Effekte hängen insbesondere von den Voraussetzungen der Kinder ab (vgl. ebd., S. 279).

Zusammenfassend kann gesagt werden, dass nur wenige Studien die Dimension *kind-dominierte* Praxis des ECCOM in ihre Auswertungen einbezogen haben und sehr wenig Wissen über die faktorielle Struktur des Verfahrens über die Dimensionen hinweg vorhanden ist. Die Effekte *kind-dominierter* Praxis auf die kindliche Entwicklung wurden bisher nur in einer Studie betrachtet.

1.3 Fragestellungen der vorliegenden Studie

In unserer Studie setzten wir das ECCOM-Verfahren ein, um nähere Erkenntnisse zur Dimension *kind-dominierte Praxis* zu erhalten. Das Verfahren wurde erstmals für Drei- bis Vierjährige in Schweizer Spielgruppen eingesetzt. Das Ziel der Studie war die Überprüfung der Eignung des Instruments zur differenzierten Erfassung kind-initiierter pädagogischer Praxis (d.h. die Rolle des Kindes).

Im ersten Schritt überprüfen wir einige Indikatoren zur Reliabilität des ECCOM-Beobachtungsverfahrens an: Interrater-Reliabilität; interne Konsistenz über die Zeitpunkte bzw. über die Items hinweg. In einem zweiten Schritt fokussieren wir die Kriteriums- und Konstruktvalidität des Verfahrens: Unterschiede zwischen Aktivitätssettings, Zusammenhänge mit einem anderen standardisieren Qualitätsmessinstrument CLASS toddler (La Paro/Hamre/Pianta 2012, S. 1) sowie die faktorielle Validität.

2. Methodisches Vorgehen

2.1 Stichprobe

Im Rahmen unserer Interventionsstudie zur Bedeutung des Fantasiespiels für die kindliche soziale Kompetenz (Jaggy et al. 2020; Kalkusch et al. 2020) wurden in 18 Schweizer Spielgruppen wiederholt Ausschnitte aus dem pädagogischen Alltag gefilmt und bezogen auf die pädagogische Praxis analysiert. Die releFant-Studie ist eine Interventionsstudie mit verschiedenen Aktivitätsgruppen, welche die Veränderungen in den Kompetenzen der Kinder im Längsschnitt untersucht. Die insgesamt 27 Spielgruppen wurden randomisiert einer von drei Aktivitätsgruppen zugeordnet. In der Gruppe *Spieltutoring* spielte eine geschulte Mitarbeiterin gemeinsam mit den Kindern während ca. 30 Minuten zum Thema Feuerwehr. Dafür brachte sie ein standardisiertes Set mit Spielmaterialien mit. Für die Kinder war die Teilnahme an dieser Fantasiespielaktivität freiwillig. Die Forschungsmitarbeiterin unterstützte das Spiel der Kinder aktiv durch Modellieren, Verbalisieren und Spielhandlungen und Interaktionen anregen (Perren et al. 2019, S. 205). In der Gruppe *Material* erhielten die Spielgruppen das gleiche Set an Fantasiespielmaterialien. Die Kinder durften frei damit spielen. Die Spielgruppenleiterin führte die Gruppe wie gewohnt und hatte keinen spezifischen Auftrag bezüglich des Umgangs mit dem Material. In der Gruppe *Spielgruppenalltag* (Kontrollgruppe) fand der reguläre Spielgruppenbetrieb ohne zusätzliches Material und ohne Anregungen durch Forschungsmitarbeiterinnen statt.

Die Material- und Kontrollgruppen wurden von ihrer Spielgruppenleiterin geführt, welche angewiesen war, sich so zu verhalten, wie sie es normalerweise tun würde. Somit gewährt uns dies einen Blick in die frühpädagogische Praxis der Spielgruppen. Die Spieltutoringgruppe wurde durch eine externe Person geführt. In 18 von 27 Spielgruppen wurde das ECCOM-Verfahren (Stipek/

Byler 2005) eingesetzt: fünf Spieltutoring-Gruppen, acht Material-Gruppen und fünf Spielgruppenalltag-Gruppen. In den Gruppen waren jeweils zwischen vier bis zwölf Kinder anwesend. Von diesen Spielgruppen standen meist sechs Videoaufnahmen von 25-35 Minuten Länge zur Verfügung (in zwei von den 18 Gruppen standen weniger als sechs Aufnahmen zur Verfügung). Somit konnten insgesamt 104 (etwa halbstündige) Beobachtungssequenzen ausgewertet werden.

2.2 Beobachtungsverfahren

Das vorhandene Beobachtungsmaterial wurde von zwei unabhängigen Beobachterinnen mit dem ECCOM geratet. Wir beschränkten uns dabei auf die Bereiche soziales Klima und Management. Das Originalmanual (Stipek/Byler 2005) wurde von uns sprachlich und inhaltlich auf unser pädagogisches Setting geringfügig angepasst. Die Schulung der Beobachterinnen erfolgte anhand des Manuals. Für jeder der vorhandenen Beobachtungssequenzen wurde am Ende mit den ausgewählten Items des ECCOM die pädagogische Praxis eingeschätzt (siehe Tabelle 1).

In den Material- und Kontrollgruppen wurde neben den ECCOM-Ratings auch die Interaktionsqualität eingeschätzt. Eine unabhängige Beobachterin bewertete die Interaktionsgestaltung mit CLASS toddler (La Paro/Hamre/Pianta 2012, S. 1; Perren et al. 2016, S. 3). Diese Beobachterin wurde geschult und von Teachstone (Anbieter des Instruments aus den USA) zertifiziert, um CLASS toddler zu raten. Das Verfahren beurteilt die Qualität auf einer 7-stufigen Skala: 1-2 = niedrige, 3-5 = mittlere, 6-7 = hohe Qualität. Es werden zwei Skalen unterschieden: emotionale und Verhaltensunterstützung ($M=4.97$, $SD=0.64$, $\alpha=.94$) und aktive Lernunterstützung ($M=3.27$, $SD=0.57$, $\alpha=.91$).

3. Resultate

3.1 Reliabilität auf Itemebene

Es standen insgesamt 104 Beobachtungssequenzen zur Verfügung. Tabelle 2 zeigt die deskriptive Statistik der Items auf Sequenzebene. In einem nächsten Schritt wurden die Mittelwerte der Items über die sechs Beobachtungssequenzen hinweg berechnet (nur für die 16 Gruppen, die alle 6 Sequenzen hatten). Die interne Konsistenz der gemittelten Items ist moderat bis sehr gut. Im weiteren Verlauf der Auswertungen wird mit den gemittelten Itemwerten weitergerechnet. Von den 104 Sequenzen wurden 16 doppelt geratet. Tabelle 2 zeigt die Interrater Reliabilität auf Itemebene.

Tabelle 2: Deskriptive Statistik und Reliabilitätsindikatoren für die Items (Sequenzen)

[Dimension] Items	M	SD	min	max	Internale Konsistenz über die 6 Zeitpunkte hinweg	Prozentuale Übereinstimmung[b]
	N=102-104 Sequenzen				N=16 Gruppen	N=16 Sequenzen
[A] Verantwortung der Kinder	3.13	0.60	2	4	0.68	100
[C] Verantwortung der Kinder	1.72	0.85	1	4	0.87	100
[T] Verantwortung der Kinder	1.41	0.65	1	4	0.83	87.5
[A] Regeln und Erwartungen	4.07	0.42	3	5	0.75	93.8
[C] Regeln und Erwartungen	1.12	0.32	1	2	0.65	87.5
[T] Regeln und Erwartungen	1.13	0.50	1	4	0.50[a]	100
[A] Wahl der Aktivitäten	1.98	1.31	1	4	0.99	87.5
[C] Wahl der Aktivitäten	3.71	1.77	1	5	0.99	93.8
[T] Wahl der Aktivitäten	1.19	0.42	1	3	0.89	93.8
[A] Disziplin / Umgang mit Konflikten	3.94	0.36	2	5	0.76[a]	93.8
[C] Disziplin / Umgang mit Konflikten	1.14	0.35	1	2	0.48	100
[T] Disziplin / Umgang mit Konflikten	1.06	0.31	1	3	no variance	100
[A]Unterstützung der Kommunikationsfähigkeiten	2.70	0.79	1	4	0.88	100
[C]Unterstützung der Kommunikationsfähigkeiten	2.61	0.98	1	5	0.88	93.8
[T]Unterstützung der Kommunikationsfähigkeiten	1.16	0.36	1	2	0.50[a]	100
[A]Unterstützung sozialer Fähigkeiten	2.62	0.74	1	4	0.83	93.8
[C] Unterstützung sozialer Fähigkeiten	2.97	1.33	1	5	0.99	100
[T] Unterstützung sozialer Fähigkeiten	1.33	0.51	1	3	0.79	100
[A] Engagement des Kindes	2.88	0.75	1	4	0.75	56.2
[C] Engagement des Kindes	2.64	0.89	1	4	0.84	43.8
[T] Engagement des Kindes	1.00	0.00	1	1	no variance	93.3
[A] Individualisierung von Lernaktivitäten	2.65	0.89	1	4	0.87	100
[C] Individualisierung von Lernaktivitäten	3.04	0.98	1	5	0.81	93.8
[T] Individualisierung von Lernaktivitäten	1.01	0.10	1	2	no variance	100

Bemerkung: [a] Ein oder zwei Items ohne Varianz

[b] Toleranz für die Überstimmung war 1 Punkt Abweichung

3.2 Reliabilität auf Skalen- und Dimensionsebene

In einem nächsten Schritt betrachten wir die Reliabilität (interne Konsistenz der Items und über die Zeitpunkte hinweg) auf Skalen- und Dimensionsebene (s. Tabelle 3). Die Analysen werden auf Gruppenebene durchgeführt (N=18).

Tabelle 3: Deskriptive Statistik und Reliabilitätsindikatoren für die Skalen und Dimensionen

	N	Min	max	Mean	SD	Alpha über Items	Alpha über Zeitpunkte	ICC
Kind-zentrierte Praxis (A)	18	2.38	3.58	2.98	0.41	**0.79**	0.94	
Management (A)	18	3.00	4.00	3.35	0.40	0.22	0.94	0.50
Klima (A)	18	1.75	4.00	2.81	0.66	0.92	0.90	0.61
Kind-dominierte Praxis (C)	18	1.31	3.08	2.38	0.67	**0.88**	0.97	
Management (C)	18	1.00	2.75	1.88	0.58	0.52	0.81	0.69
Klima (C)	18	1.25	4.00	2.78	0.84	0.90	0.76	0.75
Lehrperson-geleitete Praxis (T)	18	1.00	1.58	1.16	0.18	**0.78**	0.86	
Management (T)	18	1.00	2.50	1.19	0.39	0.70	0.88	0.88
Klima (T)	18	1.00	1.50	1.07	0.17	0.44	0.56	0.71

Die interne Konsistenz der Beobachtung über die sechs Messzeitpunkte hinweg ist gut bis sehr gut, außer bei der Skala Klima (*lehrperson-geleitet*). Die interne Konsistenz der Items für die beiden Dimensionen und für einen Teil der Skalen ist gut bis sehr gut. Wie in Tabelle 3 zu sehen ist, haben die Skalen Management (*kind-zentriert* und *kind-dominiert*) sowie Klima (*lehrperson-geleitet*) eine schlechte interne Konsistenz. Die Skalen ließen sich leicht bis deutlich verbessern durch den Ausschluss einzelner Items: Bei der Skala Management (A) durch das Entfernen des Items *Wahl der Aktivitäten* (aber auch dann ist Alpha nur 0.50), bei der Skala Management (C) durch Ausschluss des Items *Wahl der Aktivitäten* (leicht verbessern auf 0.58) und bei der Skala Klima (T) durch Entfernen des Items *Individualisierung* (leicht verbessern auf 0.52). Die folgenden Berechnungen wurden allerdings mit der Originalzusammensetzung der Skalen vorgenommen.

3.3 Unterschiede zwischen den Aktivitätsgruppen

Als Hinweis für die Kriteriumsvalidität untersuchten wir Unterschiede zwischen den verschiedenen Settings (experimentell zugewiesene Aktivitätsbedingung) und den Beobachtungen. Da wir durch unser Interventionsdesign die pädagogische Praxis während der Beobachtungssequenzen systematisch manipuliert haben, sollte sich dies auch in den Beobachtungen widerspiegeln. Wir nehmen an, dass in Gruppen, in denen Spieltutoring, d. h. angeleitete Tätigkeit mit aktiver Fantasiespielbegleitung (Perren et al. 2019, S. 205) stattfindet, ein höheres Level an *lehrperson-geleiteter* Praxis und *kind-zentrierter* Praxis beobachtet wird, als in Gruppen mit normalem Spielgruppenalltag.

Es wurde eine GZLM gerechnet mit allen Skalen und Dimensionen als abhängige Variablen und die Aktivitätsbedingung als unabhängige Variable. Der multivariate Effekt war signifikant: Hotelling's T: 16.3, F=12.24; df: 12/18, p<.001. Die nachfolgenden univariaten Analysen zu den Unterschieden zeigen signifikante Unterschiede zwischen den Bedingungsgruppen für fünf der sechs Skalen. Bei der Skala Klima (A) ist der Unterschied nur tendenziell signifikant. Die Post-hoc-Analysen (LSD) zeigen auf, dass sich bei allen Skalen die Spieltutoringgruppen von den Gruppen Material- und Spielgruppenalltag unterscheiden. Material- und Alltagsgruppen unterscheiden sich hingegen nicht voneinander. Wie in Abbildung 1 abgebildet, ist die pädagogische Praxis in den Spieltutoringgruppen mehr *kind-zentriert*, weniger *kind-dominiert*, aber auch stärker *lehrperson-geleitet* als unter den beiden anderen Bedingungen. *Lehrperson-geleitete* pädagogische Praxis wurde in den Material- und Spielalltagsgruppen kaum beobachtet (Durchschnitt aller T-Skalen: M=1.094, min=1.02, max=1.17).

Abbildung 1: Mittelwertsunterschiede der ECCOM-Skalen und Dimensionen nach Aktivitätsgruppen

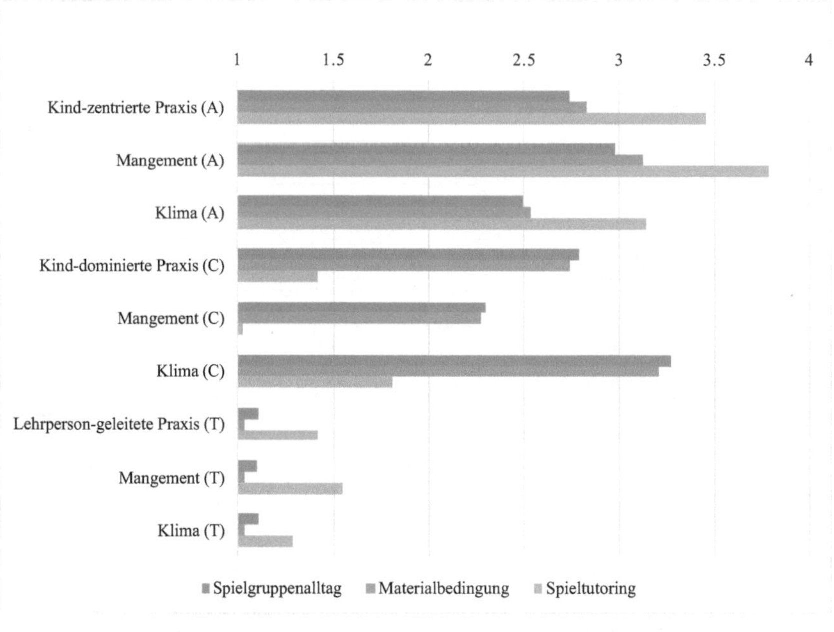

Anmerkung zur Abbildung: fünfstufige Ratingskala: von 1=Praxis wird selten gesehen (weniger als 20 % der Zeit) bis 5=Praxis dominiert (80-100 % der Zeit)

3.4 Faktorielle Validität

Wie oben bei der Reliabilität beschrieben, sind die internen Konsistenzen für die einzelnen Dimensionen als gut bis sehr gut zu bewerten. Dies entspricht den Ergebnissen bisheriger Studien. Allerdings finden wir für einen Teil der Skalen von Klima und Management keine angemessenen internen Konsistenzen. Deshalb nehmen wir nochmals die Faktorenstruktur der Dimensionen unter die Lupe: Lassen sich die beiden Bereiche Klima und Management klar unterscheiden?

Da wir insbesondere an der Unterscheidung zwischen *kind-zentriert* und *kind-dominiert* interessiert sind, sehen wir uns im Folgenden die Faktorenstruktur über diese beiden Dimensionen hinweg an. Dazu wurden die Items einer explorativen Faktorenanalyse unterzogen (Sequenzebene). Zuvor wurden Spieltutoringgruppen von der Faktorenanalyse ausgeschlossen, da diese von externen Mitarbeiterinnen durchgeführt wurden und daher nicht dem normalen pädagogischen Alltag von Spielgruppen entsprechen. Die Items der Dimension *lehrperson-geleitet* werden ebenfalls ausgeschlossen, da diese sehr selten waren und eigentlich nur in den Spieltutoringgruppen beobachtet wurden.

Diese Analyse zeigt, dass die A- und C-Skalen jeweils mit den identifizierten Faktoren positiv bzw. negativ laden (Tabelle 4). Das bedeutet, sie bilden eine Dimension ab und nicht zwei. Weiter bestätigte sich ein gemeinsamer Faktor für die Items der Skala Soziales Klima. Hingegen wurde die Skala Management in mehrere Faktoren aufgeteilt. Aber auch bei den verschiedenen Faktoren der Skala Management sind A und C nicht unterschiedliche Dimensionen, sondern bilden das Gegenteil voneinander ab.

Tabelle 4: Faktorielle Validität

	Komponente			
	1	**2**	**3**	**4**
[A] Verantwortung der Kinder	0.218	**-0.686**	0.049	-0.021
[C] Verantwortung der Kinder	-0.312	**0.694**	-0.055	0.38
[A] Regeln und Erwartungen	0.057	**-0.74**	0.089	0.082
[C] Regeln und Erwartungen	0.138	**0.725**	-0.028	0.113
[A] Wahl der Aktivitäten	0.122	-0.082	**0.932**	-0.088
[C] Wahl der Aktivitäten	-0.205	0.095	**-0.906**	0.134
[A] Disziplin / Umgang mit Konflikten	-0.075	-0.014	0.196	**-0.677**
[C] Disziplin / Umgang mit Konflikten	-0.157	0.059	-0.025	**0.714**
[A]Unterstützung der Kommunikationsfähigkeiten	**0.842**	-0.155	0.146	0.056
[C]Unterstützung der Kommunikationsfähigkeiten	**-0.802**	0.202	-0.005	0.043
[A]Unterstützung sozialer Fähigkeiten	**0.811**	0.208	-0.031	0.081
[C] Unterstützung sozialer Fähigkeiten	**-0.697**	0.258	-0.074	0.219

	Komponente			
	1	2	3	4
[A] Engagement des Kindes	**0.667**	-0.155	0.033	-0.422
[C] Engagement des Kindes	**-0.535**	0.376	0.105	0.477
[A] Individualisierung von Lernaktivitäten	**0.837**	0.099	0.292	-0.015
[C] Individualisierung von Lernaktivitäten	**-0.663**	0.13	-0.29	0.182

3.5 Zusammenhänge mit CLASS toddler

In einem letzten Schritt untersuchen wir Zusammenhänge zwischen den EC-COM-Ratings und einem anderen standardisieren Qualitätsmessinstrument (CLASS toddler, La Paro/Hamre/Pianta 2012, S. 1). Wir nehmen an, dass der Bereich soziales Klima (kindzentrierte Praxis) positiv mit der Interaktionsqualität zusammenhängt, die Skala *kind-dominiert* hingegen negativ (Salminen et al. 2012, S. 654). Die Skala *lehrperson-geleitet* wird wiederum weggelassen, da sie im normalen pädagogischen Alltag praktisch nicht beobachtet wurde (N=71 Sequenzen). Die Zusammenhänge entsprechen unseren Annahmen, die A-Skalen korrelieren positiv und die C-Skalen negativ mit der emotionalen und Verhaltensunterstützung (Tabelle 5). Bezüglich der aktiven Lernunterstützung sehen wir auch, dass nur die Skala Klima erwartungsgemäß korreliert, hingegen gibt es keine Zusammenhänge mit der Skala Management.

Tabelle 5: Zusammenhänge mit CLASS toddler

	CLASS toddler: Emotionale und Verhaltensunterstützung	CLASS toddler: Aktive Lernunterstützung
Kind-zentrierte Praxis (A)	.481**	.437**
Management (A)	.345**	-.008
Klima (A)	.428**	.530**
Kind-dominierte Praxis (C)	-.425**	-.290*
Management (C)	-.282*	-.032
Klima (C)	-.433**	-.384**

4. Diskussion

4.1 Das ECCOM-Beobachtungsverfahren: Möglichkeiten und Grenzen

Unsere Studie hat gezeigt, dass das ECCOM-Beobachtungsverfahren auch bei kleineren Kindern gut eingesetzt werden kann und eine gute Reliabilität erreicht. Die Resultate geben auch Hinweise zur Validität des Verfahrens. Wie es der Spielgruppenpädagogik entspricht, finden wir im Vergleich zu anderen Studien (Kimer/Tuul/Õun 2016; Lerkkanen et al. 2012, S. 323) deutlich höhere Werte bei der *kind-dominierten* Praxis. Insbesondere das Item Wahl der Aktivitäten der Skala Management ist sehr hoch. Aber auch im Bereich des sozialen Klimas werden für *kind-dominierte* Praxis tendenziell höhere Werte als in anderen Studien vergeben. Lehrperson-zentrierte Praxis kommt in den Spielgruppen kaum vor. Auch dies entspricht dem pädagogischen Konzept generell und dem beobachteten Setting einer Situation mit freiem Spiel und frei gewählten Aktivitäten. Auch die gefundenen positiven Zusammenhänge zwischen der Dimension *kind-zentriert* mit CLASS toddler bzw. negativ für *kind-dominiert* entsprechen den theoretischen Annahmen von Stipek und Byler (2005). Dies spricht für die Kriteriumsvalidität des Verfahrens.

Allerdings haben wir größere Bedenken bezüglich der Inhalts- und Konstruktvalidität der Dimension *kind-dominierte* Praxis. Der Einsatz des Instruments in unserer Studie hat gezeigt, dass die Skala *kind-dominiert* bei ECCOM empirisch gesehen die negative Ausprägung von *kind-zentriert* ist. Dies zeigt sich sowohl bei der internen faktoriellen Struktur wie auch anhand der Zusammenhänge mit den CLASS-toddler-Beobachtungen. Das entspricht aber nicht der theoretischen Annahme. Da diese unerwarteten Zusammenhänge in keiner der anderen Studien untersucht wurden, wissen wir nicht, ob dies auf Grund unseres speziellen Studiendesigns zustande kommt oder ob das ein generelles Phänomen des Instruments ist.

Bei der Interpretation dieser Befunde ist zu bedenken, dass sich unsere Studie methodisch von anderen Studien, die ECCOM eingesetzt haben, unterscheidet. Zum einen haben wir den Kontext Schweizer Spielgruppen mit drei- bis vierjährigen Kindern. In diesen Gruppen haben wir nicht einen Unterrichtshalbtag beobachtet, sondern sechs 25- bis 35-Minuten-Einheiten. Durch die Ziele der Gesamtstudie (Interventionsdesign mit Fokus Fantasiespiel) waren diese Beobachtungseinheiten auch mehrheitlich Spielsituationen. Letzteres entspricht allerdings auch der pädagogischen Ausrichtung von Spielgruppen, sodass die Verzerrungen vielleicht nicht so groß sind.

Wir kommen zum Schluss, dass ECCOM nicht geeignet ist, um kind-initiierte Pädagogik (d.h. die Rolle des Kindes) differenziert zu erfassen. Das Verfahren erfasst eher (wie andere Qualitätsmessinstrumente auch) das Ausmaß der Unterstützung und Initiative der Fachperson, und zwar nicht nur durch die Dimension *kind-zentriert*, bei dem dieser Aspekt im Vordergrund steht, sondern auch – diesmal negativ assoziiert – durch die Dimension *kind-dominiert*. Dies machen auch die Items der Dimension *kind-dominierte* Praxis deutlich (siehe Tabelle 1). Diese Dimension *kind-dominiert* erfasst also eher den Aspekt des (niedrigen) Umfangs der Beteiligung der Fachperson, und nicht inwieweit Kinder eine hohe Initiative übernehmen. Auch die Inhaltsvalidität ist gering. Die Items der Skala *kind-dominiert* werden negativ formuliert und bilden eher eine chaotische und unregulierte Organisation ab. Zudem werden die Items meist aus der Perspektive der Lehrperson formuliert, also was die Lehrperson nicht macht, und nicht, was die Kinder machen. Somit misst die Dimension *kind-dominiert* nicht „das Kind hat eine aktive Rolle", sondern die „Lehrperson ist nicht aktiv". Da das ECCOM-Beobachtungverfahren somit nicht die Initiative und aktive Rolle des Kindes misst, brauchen wir ein angepasstes Beobachtungsinstrument.

Ausblick: Ein Modell zur Erfassung von kind-initiierter pädagogischer Praxis

Stipek und Byler (2005) betrachten die erfassten pädagogischen Praxen als Teile eines (eindimensionalen) Kontinuums, in welchem die *lehrperson-geleitete* Praxis und die *kind-dominierte* Praxis die Enden des Kontinuums bilden, während die kind-zentrierte Praxis die balancierte Kombination von beiden beschreibt (Kimer/Tuul/Õun 2016). Wir hingegen denken, dass die pädagogische Praxis mehrdimensional betrachtet werden sollte. Wir postulieren, dass bei Gestaltung der frühpädagogischen Praxis sowohl das Kind wie auch die Fachperson initiativ und aktiv sein kann und dass beide Seiten miterfasst werden sollten. Diese beiden – orthogonal verstandenen – Dimensionen können mit einer Vierfelder-Tafel abgebildet werden (s. Abbildung 2): kind-zentriert, lehrperson-geleitet, kind-dominiert und unreguliert.

Abb. 2: Die Rolle des Kindes bei der pädagogischen Gestaltung

		Rolle der Lehrperson	
		Lehrperson: Initiative hoch	**Lehrperson: Initiative niedrig**
Rolle des Kindes	Kind: Initiative hoch	Kind-zentriert	Kind-dominiert
	Kind: Initiative niedrig	Lehrperson-zentriert	unreguliert

Wir denken, dass zur Beurteilung der Qualität frühpädagogischer Settings, die Aktivität und Initiative des Kindes stärker einbezogen werden sollte. Um zu untersuchen, welchen Einfluss neben der Interaktionsqualität unterschiedliche pädagogische Praxen für die kindliche Entwicklung haben, brauchen wir ein reliables und valides Beobachtungsverfahren. Basierend auf unserem Modell haben wir in Anlehnung an die Skala Classroom Management des ECCOM-Instruments ein Beobachtungsraster für diesen Bereich entwickelt und sind dies derzeit am Pilotieren. Hier unterscheiden wir konsequent die aktive Rolle des Kindes und der Fachperson (Beispielitems):

- *Kind-zentriert*: Lehrperson greift ein, wenn die Konflikte und Probleme von den Kindern nicht gelöst werden können
- *Kind-dominiert*: Kinder lösen ihre Konflikte und Probleme selber, ohne dass sie die Unterstützung der Lehrperson einfordern
- *Lehrperson-geleitet*: Lehrperson greift direkt in alle Konflikte und Probleme ein und löst sie für die Kinder
- *Unreguliert*: Konflikte und Probleme werden von niemandem gelöst

Durch die differenziertere Erfassung der Rolle des Kindes möchten wir in Zukunft untersuchen, welche Bedeutung die kindliche Initiative im frühpädagogischen Setting für die Qualität hat bzw. zeigen, ob und in welchem Ausmaß dies positiv für die kindliche Entwicklung ist.

Literatur

Copple, Carole/Bredekamp, Sue (2010): Developmentally appropriate practice in early childhood programs serving children from birth through age 8. National association for education of young children.

Döring, Nicola/Bortz, Jürgen (2016): Forschungsmethoden und Evaluation in den Sozial- und Humanwissenschaften. Berlin/Heidelberg: Springer.

Drieschner, Elmar/Staege, Roswitha (2019): Konstruktivistisches Paradigma. In: Dietrich, Cornelie/Stenger, Ursula/Stieve, Claus (Hrsg.): Theoretische Zugänge zur Pädagogik der frühen Kindheit. Eine kritische Vergewisserung. Weinheim und Basel: Beltz Juventa, S. 46-62.

Hauser-Cram, Penny/Sirin, Selcuk R./Stipek, Deborah (2003): When Teachers' and Parents' Values Differ: Teachers' Ratings of Academic Competence in Children From Low-Income Families. In: Journal of Educational Psychology 95, H.4, S. 813-820.

Jaggy, Ann-Kathrin/Kalkusch, Isabelle /Burkhardt Bossi, Carine/Weiss, Barbara/Sticca, Fabio/Perren, Sonja (2020): The Impact of Social Pretend Play on Preschooler's Social Development: Results of an Experimental Study. Manuscript Submitted for Publication.

Kalkusch, Isabelle/Jaggy, Ann-Kathrin/Burkhardt Bossi, Carine/Weiss, Barbara/Sticca, Fabio/Perren, Sonja (2020): Promoting Social Pretend Play in Preschool Age: Is Providing Role Play Material Enough? In: Early Education and Development.

Kikas, Eve/Peets, Kätlin/Hodges, Ernest V. E. (2014): Collective student characteristics alter the effects of teaching practices on academic outcomes. In: Journal of Applied Developmental Psychology 35, H. 4, 273-283.

Kimer, Merilin/Tuul, Maire/Õun, Tiia (2016): Implementation of different teaching approaches in early childhood education practices in Estonia. In: Early Years 36, H. 4, 368-382.

La Paro, Karen M./Hamre, Bridget K./Pianta, Robert C. (2012): Classroom assessment scoring system (CLASS) manual, toddler. Brookes Publishing Co, Inc.

Lerkkanen, Marja-Kristiina/Kikas, Eve/Pakarinen, Eija/Trossmann, Kaili/Poikkeus, Anna-Maija/Rasku-Puttonen, Helena/Siekkinen, Martti/Nurmi, Jari-Erik (2012): A validation of the early childhood classroom observation measure in Finnish and Estonian kindergartens. In: Early Education and Development 23, H. 3, 323-350.

Lerkkanen, Marja-Kristiina Kiuru, Noona/Pakarinen, Eija/Poikkeus, Anna-Maija/Rasku-Puttonen, Helena/Siekkinen, Martti/Nurmi, Jari-Erik (2016): Child-centered versus teacher-directed teaching practices: Associations with the development of academic skills in the first grade at school. In: Early Childhood Research Quarterly 36, 145-156.

Mashburn, Andrew J./Pianta, Robert C./Hamre, Bridget K./Downer, Jason T./Barbarin, Oscar A./Bryant, Donna/Burchinal, Margret/Early, Diane M./Howes, Carollee (2008): Measures of classroom quality in prekindergarten and children's development of academic, language, and social skills. In: Child Development 79. H. 3, 732-749.

Perren, Sonja/Frei, Doris/Herrmann, Sandra (2016): Pädagogische Qualität in frühkindlichen Bildungs- und Betreuungseinrichtungen in der Schweiz: Erste Erfahrungen und Befunde mit dem CLASS toddler Beobachtungsverfahren. In: Frühe Bildung 5, H. 1, 3-12.

Perren, Sonja/Herrmann, Sandra/Iljuschin, Irina/Frei, Doris/Körner, Carolin/Sticca, Fabio (2017): Child-centred educational practice in different early education settings: Associations with professionals' attitudes, self-efficacy, and professional background. In: Early Childhood Research Quarterly 38, 137-148.

Perren, Sonja/Sticca, Fabio/Weiss-Hanselmann, Barbara/Burkhardt Bossi, Carine (2019): Let us play together! Can play tutoring stimulate children's social pretend play level? In: Journal of Early Childhood Research 17, H. 3, 205-219.

Perren, Sonja/Weiss-Hanselmann, Barbara (2019): Spielzeugfreier Kindergarten. In: Socialnet Lexikon. www.socialnet.de/lexikon/Spielzeugfreier-Kindergarten (Abfrage: 25.03.2021).

Salminen, Jenni/Lerkkanen, Marja-Kristiina/Poikkeus, Anna-Maija/Pakarinen, Eija/Siekkinen, Martti/Hännikäinen, Maritta/Poikonen, Pirjo-Liisa/Rasku-Puttonen, Helena (2012): Observed classroom quality profiles of kindergarten classrooms in Finland. In: Early Education and Development 23, H. 5, 654-677.

Schmidt, Thilo/Smidt, Wilfried (2020): Selbstbildung, Ko-Konstruktion oder Instruktion? Orientierungen von Erzieherinnen und Kindheitspädagoginnen zur Förderung von Kindern im Kindergarten. In: Zeitschrift für Pädagogik.

Stipek, Deborah (2004): Teaching practices in kindergarten and first grade: Different strokes for different folks. In: Early Childhood Research Quarterly 19, H. 4, 548-568.

Stipek, Deborah/Byler, Patricia (2004): The early childhood classroom observation measure. In: Early Childhood Research Quarterly 19, H. 3, 375-397.

Stipek, Deborah/Byler, Patricia (2005): Early Childhood Classroom Observation Measure: Coding Manual. School of Education: University of Standford.

Tang, Xin/Pakarinen, Eija/Lerkkanen, Marja-Kristiina/Kikas, Eve/Muotka, Joona/Nurmi, Jari-Erik (2017): Validating the early childhood classroom observation measure in first and third grade classrooms. In: Scandinavian Journal of Educational Research 61, H. 3, 275-294.

Autor_innenverzeichnis

Tijen Atkaya, M. A, Jg. 1988, wissenschaftliche Mitarbeiterin im Projekt TrEi-Ko – Träger und ihre Kitas am Forschungsverbund DJI/TU Dortmund. Arbeitsschwerpunkte: Organisationen im System der frühkindlichen Bildung, Betreuung und Erziehung.

Ulrike Bertrand, M. A. Early Childhood, Jg.1963, Promovierende an der PH Weingarten im Fach Erziehungswissenschaft mit Schwerpunkt Elementarbildung und Frühe Kindheit, Dozentin am Institut für soziale Berufe in Ravensburg, Fachbereich Sozialpädagogik mit Erzieher_innenausbildung.

Dr. phil. Oktay Bilgi, Jg. 1982, wissenschaftlicher Mitarbeiter am Arbeitsbereich Erziehungswissenschaft mit Schwerpunkt Kindheit und Familie an der Universität zu Köln. Arbeitsschwerpunkte: Theoriebildung in der Pädagogik der frühen Kindheit, ästhetische Bildung, Didaktik und Ethik im Anthropozän, Pädagogische Anthropologie und Bildungsphilosophie.

Dr. phil. Gerald Blaschke-Nacak, 1977, Lehrkraft für besondere Aufgaben an der Humboldt Universität Berlin. Arbeitsschwerpunkte: Kindheits- und Grundschulforschung (insb. Ethnografie, Dokumentarische Methode und Phänomenologie), Pädagogische Anthropologie der Kinder, Ritual- und Performativitätstheorie.

Dr. phil. Carine Burkhardt Bossi, Jg. 1968, Leiterin Bereich und Masterstudiengang Frühe Kindheit an der Pädagogischen Hochschule Thurgau. Arbeitsschwerpunkte: Spielkultur, Tagesstrukturen, Teamteaching, Lernen und Entwicklung von Kindern sowie Qualität in der frühkindlichen Bildung, Betreuung und Erziehung.

Dr. phil. Elmar Drieschner, Jg. 1979, Professor für Erziehungswissenschaft mit Schwerpunkt frühkindliche Bildung und Erziehung an der Pädagogischen Hochschule Ludwigsburg. Arbeitsschwerpunkte: Historisch-systematische Erziehungswissenschaft, Erziehungs- und Bildungstheorie, Theorien und Konzepte der Frühpädagogik.

Judith Durand, Dipl.-Päd., Jg.1978, Grundsatzreferentin der Fachgruppe „Pädagogische Konzepte für die Kindheit" am Deutschen Jugendinstitut (DJI) in München. Arbeitsschwerpunkte: (Früh-)Pädagogische Konzepte, Qualität in der Kindertagesbetreuung, Fachkraft-Kind-Interaktionen sowie Demokratiebildung und in der Frühpädagogik.

Noemi Eberlein, M. A., Jg. 1990, ehemalige wissenschaftliche Referentin am Deutschen Jugendinstitut, aktuell Volontärin in einer Online-Redaktion. Arbeitsschwerpunkte: Qualität in der Kindertagesbetreuung, Demokratiebildung mit Kindern, Projektmanagement.

Dr. phil. Kirsten Fuchs-Rechlin, Jg. 1966, Professorin für das Lehrgebiet Bildung und Erziehung in der Kindheit an der Fliedner Fachhochschule Düsseldorf, Projektleitung der Weiterbildungsinitiative Frühpädagogische Fachkräfte (WiFF) am Deutschen Jugendinstitut. Arbeitsschwerpunkte: Systeme frühkindlicher Bildung, Betreuung und Erziehung, Berufsfeld- und Professionsforschung, Sekundäranalysen amtlicher Statistiken.

Maria Gerth, M. A., Jg. 1989, wissenschaftliche Mitarbeiterin im Projekt TrEiKo – Träger und ihre Kitas am Forschungsverbund DJI/TU Dortmund. Arbeitsschwerpunkte: Strukturelle Bedingungen der Kindertagesbetreuung, Ungleichheiten im Bildungssystem, Schuldelinquenz.

Dr. phil. Thomas Grunau, Jg. 1987, wissenschaftlicher Mitarbeiter im Arbeitsbereich Sozialpädagogik mit Schwerpunkt Pädagogik der frühen Kindheit an der Martin-Luther-Universität Halle-Wittenberg. Arbeitsschwerpunkte: Verhältnis von privater und öffentlicher Erziehung und Bildung, Kindheitsforschung, Soziale Ungleichheit und das Verhältnis von Ökonomie und Erziehung, Qualitative Sozialforschung mit Schwerpunkt Ethnografie und Situationsanalyse.

Julian Heil, M. A., Jg. 1988, Dozent und Lehrbeauftragter am Institut für Soziale Berufe Ravensburg und der Pädagogischen Hochschule Weingarten. Arbeitsschwerpunkte: Spielpädagogik, Kindlicher Spracherbwerb, Soziologie und Medienpädagogik.

Kathrin Hormann, Dipl.-Hdl., Jg. 1973, wissenschaftliche Mitarbeiterin in der Abteilung Sachunterricht und Inklusive Didaktik, Institut für Sonderpädagogik, Leibniz Universität Hannover. Forschungsschwerpunkte: (Interaktions-) Qualität in frühpädagogischen Institutionen, Lernwerkstattarbeit und Raumgestaltung in Kindertageseinrichtungen, naturwissenschaftsbezogene und technische Bildung im Elementarbereich.

Isabelle Kalkusch, M. Sc., Jg. 1989, wissenschaftliche Mitarbeiterin an der Interkantonalen Hochschule für Heilpädagogik, Zürich. Arbeitsschwerpunkte: Fantasiespiel und Spielbegleitung, Bildung und Entwicklung in der frühen Kindheit, empirische Bildungsforschung.

Stephanie Karcher, M. A., Jg.1977, Kindheitspädagogin. Arbeitsschwerpunkte: Qualitative Kindheitsforschung, mit Schwerpunkt auf visuelle Erhebungsmethoden zu Materialität, Räumlichkeit und Performativität frühkindlicher Bildung, Betreuung und Erziehung in Kindertageseinrichtungen und Kindertagespflege.

Emely Knör, M. A., Jg. 1995, Promovendin und akademische Mitarbeiterin mit dem Schwerpunkt frühe Kindheit an der PH Weingarten. Arbeitsschwerpunkte: Kindheitsforschung, Qualität aus Kindersicht, alltagsintegrierte sprachliche Bildung, Mehrsprachigkeit, Familienbildung.

Dr. phil. Annett Maiwald, wissenschaftliche Assistentin am Lehrstuhl für Bildungssoziologie der Martin-Luther-Universität Halle-Wittenberg. Arbeitsschwerpunkte: Theoriebildung in der Soziologie der Bildung und Erziehung in der frühen Kindheit, Kleinkinderziehung in Familie und Organisationssettings, Professionssoziologie pädagogischer Berufe, Interdependenzen von Wissenschafts- und Erziehungssystem, Akademisierungsprozesse in der Frühpädagogik.

Dr. phil. Christiane Meiner-Teubner, Jg. 1982, wissenschaftliche Mitarbeiterin am Forschungsverbund DJI/TU Dortmund. Arbeitsschwerpunkte: Strukturelle Bedingungen der Kindertagesbetreuung, Elternbeiträge und weitere Kosten für die Kindertagesbetreuung, Ganztagsbetreuung im Grundschulalter, Bildungs- und Sozialberichtserstattung, Sekundäranalysen amtlicher Statistiken.

Dr. phil. habil. Johanna Mierendorff, Professorin für Sozialpädagogik mit dem Schwerpunkt Pädagogik der frühen Kinhdeit an der Martin-Luther-Universität Halle-Wittenberg. Arbeitsschwerpunkte. Kindheitsforschung, Wandel der Kindheit, Soziale Ungleichheit in der Kindheit, Wandel des Elementarbereichs.

Sylvia Müller, M. A., Jg. 1983, wissenschaftliche Mitarbeiterin an der Fliedner Fachhochschule Düsseldorf. Arbeitsschwerpunkte: Bildungs- und Sozialisationsforschung, Organisationsforschung sowie Methoden qualitativer Sozialforschung.

Dr. phil. Iris Nentwig-Gesemann, Jg. 1964, Professorin für Allgemeine Pädagogik und Sozialpädagogik/Schwerpunkt Frühpädagogik an der Freien Universität Bozen, Italien. Arbeitsschwerpunkte: Kindheitsforschung und Forschen mit Kindern, Qualitative Forschungsmethoden, insbes. Dokumentarische Methode, Sprachbildung und Gesprächskultur in der Kindheit, Professionalisierung und Qualitätsentwicklung im Feld der FBBE.

Dr. phil. Sonja Perren, Jg. 1970, Professorin für Entwicklung und Bildung in der frühen Kindheit an der Universität Konstanz und Pädagogischen Hochschule Thurgau. Arbeitsschwerpunkte: Sozio-emotionale Kompetenzen, Peerbeziehungen und psychische Gesundheit, (b) Qualität frühkindlicher Bildung und Betreuung in Kindertagesstätten und Spielgruppen und (c) die Bedeutung von Spiel für die frühe Förderung.

Justus Peters, M. A., Jg. 1988, wissenschaftlicher Mitarbeiter im Forschungsprojekt TrEiKo – Träger und ihre Kitas an der Fliedner Fachhochschule Düsseldorf, Arbeitsschwerpunkte: Steuerung in der frühkindlichen Bildung, Betreuung und Erziehung und in sozialen Diensten, Sozioökonomie, Organisationssoziologie.

Dr. phil. Susanna Roux, 1963-2020, Professorin für Elementarbildung an der Pädagogischen Hochschule Weingarten, Leiterin des Bachelorstudiengangs Elementarbildung und des Masterstudiengangs Early Childhood Studies (in Kooperation mit der PH St. Gallen) und stellvertretende Direktorin des Forschungszentrums für Elementar- und Primarbildung der PH Weingarten. Arbeitsschwerpunkte, u. a.: Sprachpädagogik, -förderung, -diagnostik, Pädagogik der frühen Kindheit, Familienpädagogik, Sozial-emotionale Entwicklung und ihre Förderung, Pädagogische Qualität.

Dr. phil. Regine Schelle, Jg. 1978, wissenschaftliche Referentin am Deutschen Jugendinstitut. Arbeitsschwerpunkte: Qualität in der Kindertagesbetreuung, Elementardidaktik, Inklusion, Professionalisierung.

Lena Scheuring, Dipl.-Päd., Jg. 1986, Kinder- und Jugendlichenpsychotherapeutin in Ausbildung. Arbeitsschwerpunkte: Bildungs- und Erziehungsphilosophie insbesondere Pädagogische Phänomenologie und Kritische Theorie sowie Studien zur Aufmerksamkeit.

Dr. phil. Thilo Schmidt, Jg. 1975, Akademischer Rat am Arbeitsbereich Pädagogik der frühen Kindheit der Universität Koblenz-Landau. Arbeitsschwerpunkte: Förderung von Kindern in der frühen Kindheit, Interaktionsqualität und Leitungsqualität in Kindertageseinrichtungen, Professionsentwicklung und beruflicher Verbleib in pädagogischen Berufen.

Dr. phil. Ursula Stenger, Jg. 1964, Professorin für Erziehungswissenschaft mit Schwerpunkt Kindheit und Familie an der Universität zu Köln. Arbeitsschwerpunkte: Theoriebildung in der Pädagogik der frühen Kindheit, Kulturelle und ästhetische Bildung in der Kindheit, Kindheitsforschung, Pädagogische Anthropologie und Phänomenologie.

Dr. phil. Claus Stieve, Jg. 1964, Professor für Erziehungswissenschaft mit Schwerpunkt frühe Kindheit an der Technischen Hochschule Köln. Arbeitsschwerpunkte: Phänomenologie frühkindlicher Erfahrung; Frühpädagogische Bildungstheorie; Gegenstandstheorien der Frühpädagogik; Frühpädagogische Didaktik (insb. pädagogischer Räume).

Katja Thalhofer, Jg. 1974, Master Early Childhood Studies (M. A.), Fachschullehrerin Institut für soziale Berufe Ravensburg, Arbeitsschwerpunkte pädagogische Qualität in frühkindlichen Einrichtungen, Inklusion von Kindern mit Behinderung.

Dr. phil. Christiane Thompson, Professorin für Theorie und Geschichte von Bildung und Erziehung an der Goethe-Universität Frankfurt am Main. Arbeitsschwerpunkte: Bildungs- und Erziehungsphilosophie, Kritik in der Pädagogik, kulturwissenschaftliche Perspektiven der Erziehungswissenschaft.

Dr. phil. Susanne Viernickel, Jg. 1960, Professorin für Pädagogik der frühen Kindheit an der Universität Leipzig. Arbeitsschwerpunkte: Systemische Qualitäts- und Professionalisierungsforschung; Bildungs- und Gesundheitsqualität sowie Entwicklung und Wohlbefinden von Kindern in frühpädagogischen Institutionen.

Dr. phil. Heike Wadepohl, Jg. 1987, Akademische Rätin in der Abteilung Sonderpädagogische Psychologie, Institut für Sonderpädagogik, Leibniz Universität Hannover. Forschungsschwerpunkte: (Interaktions-)Qualität in frühpädagogischen Institutionen, Entwicklungs- und Bildungsverläufe von Kindern in den ersten Lebensjahren, Professionalisierung in der Aus- und Weiterbildung (früh-)pädagogischer Fachkräfte.

Bastian Walther, Jg. 1989, Bildungswissenschaftler (M. A.), wissenschaftlicher Mitarbeiter am DESI-Institut und Lehrbeauftragter der Alice-Salomon-Hochschule in Berlin. Interessensgebiete: Forschen mit Kindern, Qualitätsentwicklung, Freundschaft von Kindern und Dokumentarische Methode.